MÉTODO DE 100 HORAS PARA ESCRIBIR LA TESIS DOCTORAL

Caja de herramientas para la sobrevivencia del tesista [muy] apurado

Victoriano Garza Almanza

fabro

MÉTODO DE 100 HORAS PARA ESCRIBIR LA TESIS DOCTORAL

Caja de herramientas para la sobrevivencia del tesista [muy] apurado

Método de 100 horas para escribir la tesis doctoral
Manual de sobrevivencia para el tesista [muy] apurado

Copyright © 2018 by Victoriano Garza Almanza. All rights reserved.

Fabro Editores

Garza Almanza, Victoriano
Método de 100 horas para escribir la tesis doctoral: Caja de herramientas para el tesista [muy] apurado

Ciudad Juárez, Chihuahua. MÉXICO

Colección Publica o Perece N° 3

1. Tesis | Disertación doctoral – Autoría
2. Escritura de reportes
3. Escritura académica – Manual, guía, etc.

LC – LB2369 G37 2018

ISBN del eBook: 978-1-938038-05-1
ISBN del libro impreso: 978-1-938038-08-2

---

www.fabro.com.mx
E-mail: hola@fabro.com.mx
Para reportar errores, envíanos una nota a errata@fabro.com.mx

Derechos exclusivos de edición reservados. Prohibida la reproducción total o parcial por cualquier medio sin autorización escrita del autor.

Quedan rigurosamente prohibidas, sin la autorización escrita de los titulares del copyright, bajo las sanciones establecidas por las leyes, la reproducción total o parcial de esta obra por cualquier medio o procedimiento, comprendidos la repografía, y el tratamiento informático, y la distribución de ejemplares de aquella mediante alquiler o prestamos públicos.

Para más información y libros del autor visita su sitio www.publicaoperece.com

Primera Edición: Marzo del 2018
Impreso en los Estados Unidos de América

Para Beatriz, Toto y Milena, que a mi lado acompañaron este proyecto.

A Betty, Claudio, Matías y Santiago, que a la distancia siempre estuvieron presentes.

A mis padres. Delia, en su 89º aniversario, y Enrique (QEPD) que siempre me impulsó.

A los tesistas desesperados de cualquier universidad, que en la calma puedan encontrar el modo de resolver el rompecabezas de la tesis inconclusa y culminar con éxito su cometido.

Ciudad Juárez, Chihuahua.
México
Noviembre 19, 2017

Contenidos

PREFACIO
PROPÓSITO DEL LIBRO. XI

OBERTURA
LECCIONES DE NATACIÓN PARA UN BAÑISTA EN APUROS 1

INTRODUCCIÓN
TODO, MENOS LA TESIS (ABD). 3
¿EN QUÉ CONSISTE EL MÉTODO DE 100 HORAS PARA ESCRIBIR LA TESIS DOCTORAL? 5
¿QUIÉN NECESITA ESTE MÉTODO? 6
¿CÓMO TE PUEDE AYUDAR ESTE MÉTODO? 7
¿CÓMO SACARLE PROVECHO A ESTE MÉTODO? 7

PRIMERA PARTE
NO HAY TESIS, NO HAY TÍTULO 10
SIN GUÍA ES FÁCIL PERDERSE 11
HORA CERO 13
¿POR QUÉ ES POSIBLE ESCRIBIR LA TESIS EN 100 HORAS? 17

SEGUNDA PARTE
AUTOEVALUACIÓN. 30
LA FUERZA DE UNO. 50

TERCERA PARTE
¿QUÉ TAN EXTENSA DEBE SER UNA TESIS?. 56
¿QUÉ DICEN LAS TESIS DE SUS AUTORES?. 60
DIFERENTES TIPOS DE TESIS 63
TESIS FUERA DE LO COMÚN 64
FORMATOS PARA LA ESCRITURA DE TESIS MÁS COMUNES 67
FORMATO DE TESIS IMRYD 67
FORMATO DE TESIS POR CAPÍTULOS. 72
FORMATO DE TESIS POR ARTÍCULOS 74
FORMATO DE TESIS COMO ENSAYO O TRATADO. 76
FORMATO DE TESIS COMO MONOGRAFÍA. 78
FORMATO DE TESIS COMO BIBLIOGRAFÍA ANOTADA 82

CUARTA PARTE

MATERIALES ÚTILES PARA LA ESCRITURA DE LA TESIS. 86
MATERIALES DEL TEMA DE TESIS. 88
MATERIALES EN LA PROPUESTA DE INVESTIGACIÓN 90
MATERIALES DEL PROCESO DE INVESTIGACIÓN 93

QUINTA PARTE
CÓMO EMPEZAR A ESCRIBIR LA TESIS, Y CONTINUAR ESCRIBIÉNDOLA 98
MANEJO DEL PROYECTO DE ESCRITURA DE TESIS. 102
CÓMO ESTABLECER EL CRONOGRAMA DE 100 HORAS 110
CÓMO ESCRIBIR LA INTRODUCCIÓN DE LA TESIS. 114
QUÉ ES LA REVISIÓN DE LITERATURA DE LA TESIS Y CÓMO SE ESCRIBE. 133
CÓMO ESCRIBIR LA SECCIÓN DE MÉTODOS DE LA TESIS 149
CÓMO ESCRIBIR LA SECCIÓN DE RESULTADOS DE LA TESIS. 169
Cómo manejar los resultados de investigación 179
CÓMO ESCRIBIR LA SECCIÓN DE DISCUSIÓN Y CONCLUSIÓN DE LA TESIS. 183
CÓMO ESCRIBIR LOS ARTEFACTOS DE LA TESIS: FIGURAS Y TABLAS. 215
CÓMO ESCRIBIR EL TÍTULO DE LA TESIS 220
CÓMO ESCRIBIR EL ABSTRACT DE LA TESIS. 227
CÓMO SE ESCRIBEN LOS RECONOCIMIENTOS 234

SEXTA PARTE
LOS ESTUDIOS DE POSGRADO COMO MACRO PROYECTO. 246
AUDIENCIA: ¿HACIA QUIÉN VA DIRIGIDA LA TESIS? 251
PROCRASTINACIÓN: EL ARTE DE NO HACER NADA A PESAR DE TENER QUE HACERLO 255
EL BLOQUEO ESCRITURAL EN EL TESISTA 259
LA EDAD EN EL DOCTORADO 274

SÉPTIMA PARTE
EL ESTILO DE LA ESCRITURA CIENTÍFICA, AUTORÍA Y MULTIAUTORÍA. 284
CONSTRUCCIÓN DEL CONOCIMIENTO A TRAVÉS DE CITAS Y REFERENCIAS 293
EL PLAGIO EN LA TESIS 303
CÓMO ELABORAR UNA MINI-TESIS. 309
LA ESCRITURA LIBRE COMO EJERCICIO PRÁCTICO APLICADO AL DESARROLLO DE LA TESIS . . 312
CÓMO MEDIR Y APROVECHAR EL TIEMPO DEDICADO A LA REDACCIÓN DE LA TESIS 320

POSTSCRIPT 327
COLOFÓN 329
ANEXOS I, II, III 330
ANEXO I 331
ANEXO II 359
ANEXO III. 367
ANEXO IV 377
ANEXO V 387

El método es un instrumento intelectual que produce el conocimiento de lo desconocido a partir de lo conocido. El método tiene la fuerza de la inferencia y conecta esto con aquello.

De Methodis. Jacopo Zaberalla (1580)

Citado por Taqi Hasan Kizilbash
Method man

Doctoral dissertation. University of California, Berkeley. 2004

La escritura es uno de los supremos logros humanos.
¡Oh, No!, ¿por qué debería ser razonable?

¡LA ESCRITURA ES EL LOGRO SUPREMO!

Alice W. Flaherty

---

100 Horas
Sólo necesitas 100 horas.
100 horas de trabajo efectivo.

Muchos proyectos en la vida se realizan más eficientemente cuando se establece una cantidad de tiempo para hacerlos...

TA Pychyl
Personal projects, subjective well-being and the lives of doctoral students.
Doctoral dissertation. Carleton, University. 1995

"Te lo he estado diciendo desde hace mucho tiempo: escribe tu disertación lo más rápido que puedas"

Dimitri Mendeleiev
Científico que formuló la tabla periódica de los elementos.

Citado por Michael D. Gordin
The ordered society and its enemies. D. I. Mendeleev and the Russian Empire, 1861–1905.

Doctoral dissertation. Harvard University. 2001.

Sé que si yo no escribo la muerte no lo hará por mí.

Carlos Fuentes Citado por Stwart Lindh

El tema de este libro es importante e interesante. Importante con respecto a sus implicaciones, e interesante en términos de su valor inherente.

Roderick Scott

The personalistic insights in ancient Chinese philosophy Doctoral dissertation.

The University of Southern California. 1946

Usted es, señor, una de las pocas personas para quien fue hecho este libro, y a quien espero tener como lector; y por esto mismo estoy obligado a enviarle el presente ejemplar.

Christiaan Huyens a Pierre Bayle Febrero 17, 1690

LA TESIS COMO PRODUCTO ESCRITO Y LA TESIS COMO PROCESO

La tesis de posgrado significa un producto que cosechará el cuerpo académico y un dato estadístico en los anales de la universidad. Para el estudiante, la escritura de la tesis será un arduo y largo proceso de trabajo que, por lo general, deberá recorrer por su cuenta, con sus propios recursos, y que, por sus habilidades o falta de ellas, podrá o no podrá lograrla al final del camino.

La razón está en que la mayoría de los profesores universitarios que asesoran a estudiantes de posgrado, consideran que el propósito fundamental de la realización de la disertación es para entrenarlos con rigor y disciplina en el dominio de sus profesiones; en la localización, obtención y manejo de fuentes especializadas; en la selección y uso competitivo de metodologías para la investigación; en la generación de conocimiento; y en el constante deseo de contribuir a la ciencia con hallazgos originales.

VGA

§

La escritura es un trabajo lento, pero cuando en la urgencia se tienen que hacer las cosas, porque no nos queda de otra más que hacerlas, en la angustia de una hora se obtiene el rendimiento de lo que normalmente se produciría en una jornada laboral de 8 horas.

Lin Tai Wao

§

No existe un protocolo universal o estándar que guíe a los asesores y directores de tesis, ni a los estudiantes de posgrado, en la elaboración de una disertación de calidad.

Charlotte E. Foster
Analysis of elements of award-winning dissertations in education
Doctoral dissertation. Arkansas State University. 2012

> Ningún libro está completo sin un prefacio. Mejor un prefacio sin un libro. Christopher Morley
>
> *The literary concerns of Sir William Osler*
> William White MA thesis.
> 1937

> Una de mis teorías es que cuando la gente te da consejos, en realidad sólo está hablando con su yo del pasado. Este libro soy yo, hablándole a una versión más joven de mí mismo.
>
> Austin Kleon

PREFACIO

Antes de comenzar a escribir este libro y durante el proceso de su redacción, busqué, encontré, seleccioné, recopilé y consulté alrededor de 4500 tesis de posgrado, en su mayoría de nivel doctoral y todas en formato digital. Esas tesis son la base de este libro, y sin ellas no hubiera sido posible escribirlo; al menos no en la forma como lo elaboré.

La mayoría de las tesis consultadas, que proceden principalmente de universidades de los Estados Unidos, así como algunas otras de Inglaterra, Canadá y Australia, pero de estudiantes provenientes de todos los continentes, y algunas de ellas de reconocidos científicos e intelectuales, las obtuve a través de la base de datos ProQuest: Dissertation and Thesis database. Tuve acceso a esta base de datos gracias al excelente servicio que el sistema de bibliotecas de la Universidad Autónoma de Ciudad Juárez (UACJ), en la cual me desempeño como profesor titular "C" de tiempo completo, ofrecen a la comunidad universitaria.

Otras tesis, provenientes de universidades españolas y latinoamericanas, las encontré mediante búsquedas dirigidas en internet, pues muchas de las bases de datos de tesis con sede en algunas instituciones de educación superior son poco amigables en su manejo. Incluso, algunas bases de datos que son presentadas como repositorios, no son tales sino meros directorios, pues a lo sumo proporcionan datos generales de las tesis y no guardan ni refieren a documento alguno.

Sin embargo, como ProQuest cuenta con un amplio acervo de tesis de maestría y disertaciones doctorales en texto completo de los siglos XIX, XX y XXI –sumando ya decenas de miles las pertenecientes al año 2017, año en que escribo este libro–, y por la experiencia desarrollada por las instituciones de educación superior de los Estados Unidos, Canadá y otros países en esta materia, por economía de tiempo y esfuerzo opté por enfocar mi empeño analizando las características de una pequeña muestra de los millones de tesis ahí depositadas.

ORIGEN DEL MÉTODO DE 100 HORAS PARA ESCRIBIR LA TESIS DOCTORAL

La idea de este proyecto surgió a raíz del contacto que por más de 25 años he tenido con estudiantes de posgrado, por el incontable número de talleres de escritura de tesis que he impartido, y porque, como director de tesis de posgrado que he sido en algunas ocasiones, he atestiguado los problemas y dificultades por los que atraviesan los estudiantes cuando tienen que plantear y escribir sus tesis, y visto la ansiedad y el estrés al que se ven sometidos cuando, en la mayoría de los casos, se les vencen los plazos de entrega del borrador de sus reportes o tesis de investigación. Y también, porque por años he escuchado a ex–estudiantes de posgrado de otras universidades y países, confesar que vivieron momentos de intensa presión psicológica durante el período en que tuvieron que escribir sus tesis o disertaciones.

Otro de los motivos que me llevaron a emprender este proyecto, es el de que casi todos los libros de autoayuda dirigidos a los estudiantes de posgrado sobre cómo escribir sus tesis de maestría y disertaciones doctorales, de los cuales revisé alrededor de un centenar de ellos, no contienen, paradójicamente, ninguna referencia a tesis ni a disertaciones. La única excepción encontrada es el manual de Bjorn Gustavii (2012). Este libro está diseñado para ayudar al estudiante a escribir su tesis bajo un esquema basado en artículos. Gustavii cita en su trabajo alrededor de 112 tesis – suecas en su mayoría–. Por tal motivo, no abre el abanico de posibilidades en que puede redactarse una tesis porque, según el autor, la tesis por artículos es el tipo de formato de mayor uso en las universidades de Suecia.

En la misma sintonía, sobre la utilidad de los manuales de escritura de tesis, Kamler y Thomson (2008) mencionan haber obtenido una lista de 4594 títulos en Amazon bajo el concepto de "doctoral thesis writing" [solo títulos en inglés]. Entre ellos, seleccionaron los 11 libros más populares de acuerdo al ranking de Amazon.com. Las autoras refieren que "haber leído esos aparentemente útiles volúmenes no fue una experiencia gratificante, quedamos sacudidas por los numerosos patrones comunes que emergían a través de los textos".

Entre otras cosas que de esos 11 libros destacan Kamler y Thomson, es que los manuales analizados "presentan un modelo rígido de tesis que sigue un solo formato y estilo", que en la inmensa mayoría se basa en el esquema IMRYD (Introducción, Método, Resultados y Discusión). Pero la elaboración de la tesis es más que la simple aplicación de una serie de técnicas, razonan las autoras, pues su redacción debe ser "la práctica discursiva del estudioso", o sea, del tesista, pues "la preparación de la disertación se encuentra en el centro de la educación doctoral. Y es por la escritura que los estudiantes dan a conocer sus hallazgos al público y por medio de la cual desarrollan un sentido de sí mismos como académicos autorizados en sus campos de práctica".

Se supone que eso es lo ideal, pero no siempre ocurre así, pues lo que más se presenta cuando los estudiantes se entregan a la redacción de la tesis, es que la labor de escritura permanece disociada del trabajo de investigación; es decir, la escritura de la tesis se acomete mecánicamente, llenando un formato que empieza con la introducción y termina con la discusión, sin imbuirse a consciencia en el contexto de la comunicación escrita de sus experiencias.

Asimismo, Kemler y Thomson agregan que la escritura de la tesis doctoral, especialmente cuando se hace con entrega y no como una respuesta instintiva para llenar un requisito escolar, es más que el seguimiento de un conjunto de reglas y estructuras lineales; es un "trabajo de texto/identidad" personal del estudiante. En concreto, la tesis es un documento que transmite más que datos y explicaciones que se derivan lógicamente; es un texto que lleva implícita la voz de su autor, la presentación del tema, su justificación, el proceso de la investigación, los resultados y su relación con los antecedentes, y la discusión en función a la realidad, y está cargada de esa experiencia que ganó durante los años de entrenamiento posgraduado, ya sea de maestría o doctoral.

Aunque la mayoría de los autores de guías sobre cómo planear, garabatear, emborronar, escribir y reescribir las tesis de posgrado, como los que mencionan en su artículo Kemler y Thomson, ostentan: (1) estudios doctorales, (2) son profesores universitarios, (3) practican rutinariamente investigación científica o académica, (4) escriben y publican constantemente, y (5) a menudo asesoran a estudiantes en sus investigaciones de tesis, (6) tristemente, no hacen referencia a ninguna tesis en sus manuales de "cómo escribir la tesis", sino a artículos académicos sobre la escritura de tesis publicados en journals –que tampoco citan tesis. Es decir, las tesis y disertaciones, que se cuentan por millones y están al alcance de cualquiera que se proponga consultarlas, no son tenidas en cuenta como fuente de información.

UN PARÉNTESIS. ¿TIENE ALGÚN VALOR LA INFORMACIÓN DE LAS TESIS DE MAESTRÍA Y DOCTORADO?

La posible explicación a lo mencionado en el último párrafo, a por qué razón las tesis de doctorado no son consideradas fuentes de información científica provechosa por los escritores de manuales de tesis ni por los propios investigadores académicos o científicos que las dirigen, es porque por décadas ha prevalecido la idea que el bibliotecario Norman D. Stevens (1971) arrojó tan lapidariamente sobre la utilidad de esos reportes de investigación estudiantil.

Stevens, al referirse al libro Management personnel in libraries: Theoretical model for analysis (K.H. Plate, 1971), que había revisado meticulosamente, y que estaba presentando como reseña bibliográfica (libro que tuvo su origen en la tesis doctoral Middle management in university libraries: The development of a theoretical model for analysis, Rutgers The State University of New Jersey, 1969), declaró que sería mejor que ese libro, "como todas las tesis doctorales, hubiera sido dejado en la decente oscuridad de los Dissertation Abstracts, ('Resúmenes de Disertaciones', publicación periódica americana que existe desde 1861), y de los microfilms" de las bibliotecas universitarias".

Sobre esa misma tesis/libro se expresó Shaffer (1971) de la siguiente forma: "al igual que muchas disertaciones doctorales en bibliotecología, el estudio de Plate sólo prueba lo obvio. El alcance y tamaño de ese delgado volumen sólo levanta la interrogante de si acaso merecía publicarse como monografía". Pero abandonar las tesis en los estantes de las bibliotecas o en las plataformas de tesis digitales, nomás porque algunos académicos consideran que se trata de documentos de escaso valor –sin que necesariamente sea así en todos los casos, pero definitivamente si en muchos–, no es justificación para que sean ignoradas por quienes preparan manuales de escritura de tesis.

Debido a lo anterior, a la fuerte discriminación que los científicos hacen de las tesis doctorales y al presunto valor que como fuente de información guardan esos documentos, Boyer (1972) enfocó su estudio doctoral para sustentar –con argumentos– la idea de que las tesis son piezas de investigación que contribuyeron al cuerpo de conocimiento en sus campos respectivos, y que son de utilidad académica y científica.

Después de examinar 441 disertaciones doctorales producidas en las universidades de Berkeley, Penn State y UT Austin, trabajos pertenecientes a las áreas de botánica, ingeniería química, química y psicología, y de buscar rastros de ellas y de sus autores en el Science Citation Index, Boyer encontró que: "la disertación, como una forma de literatura, constituye un pequeño porcentaje de citas tomadas de la literatura publicada... hay un vacío total de datos empíricos disponibles sobre el grado en que las disertaciones, dentro de un conjunto de tesis, sirven como fuente de información".

Le llamó la atención encontrar autores de artículos científicos que se publicaban con datos derivados de los resultados de sus propias tesis, pero que no hacían referencia a ellas. Es decir, ellos mismos evitaban mencionar que sus trabajos provenían de una investigación académica. Esto sigue ocurriendo en la actualidad. Numerosos artículos publicados en journals o en memorias de conferencias y que fueron redactados como parte integral de la tesis de grado, no mencionan su origen.

En un reciente estudio sobre los patrones de información de los estudiantes de posgrado al escribir sus tesis, donde se analizaron 14,377 citas contenidas en una muestra de 54 tesis doctorales, Abdullah y colaboradores (2014) encontraron que únicamente el 3% de las citas se refería a otras tesis. Pero, a diferencia de lo que expone Boyer, en este otro caso se trata de citas de tesis que aparecen en otras tesis; es decir, ni los estudiantes de doctorado tienen la costumbre de revisar lo generado por otros estudiantes. Cierro el paréntesis.

Y SI EL CONTENIDO DE LAS TESIS ES IGNORADO POR LOS INVESTIGADORES, ¿QUÉ PUEDE DECIR SU ESTRUCTURA Y LA RELACIÓN QUE HAY ENTRE SUS PARTES A LOS ESCRITORES DE MANUALES DE REDACCIÓN DE TESIS?

Es en las entrañas de las propias tesis y disertaciones en donde se encuentra el verdadero 'know how" (el cómo hacer) de la escritura de tesis, de los argumentos de los trabajos de investigación. Asimismo, también es posible escuchar las voces de los jóvenes tesistas, que desesperadas surgen a través de sus propias investigaciones y escritos de tesis; ya sea porque (1) como catarsis unos investigan y escriben sobre este tema, pues hay numerosas tesis que abordan la problemática por la que pasan miles de estudiantes de maestría y doctorado, particularmente con la redacción de sus disertaciones, y abundan en explicaciones sobre su tardanza para terminar de escribir el reporte, o (2) porque entre las páginas de agradecimiento expresan el desgaste que les ocasionó el empeño puesto en la escritura de sus tesis, por el cual a punto estuvieron de renunciar a sus estudios o que les costó alguna pérdida, como el matrimonio o la bancarrota. Las tribulaciones por las que han pasado miles de ellos pueden advertirse en sus tesis, pues se hacen oír como si se tratase de ecos fantasmales en casas abandonadas y desdeñadas. En esta sociedad de tesistas desmotivados y necesitados de empuje, también existen numerosos estudios doctorales de jóvenes que escucharon las voces de quienes no pudieron culminar sus estudios de posgrado, que son decenas de miles, a pesar de que cursaron todas las asignaturas e hicieron sus investigaciones, y que hallaron que el principal factor que les orilló a desertar fue que estuvieron mentalmente impedidos para escribir sus tesis.

MÉTODO DE 100 HORAS PARA ESCRIBIR LA TESIS DOCTORAL

Si bien este método sobre cómo escribir la tesis doctoral en 100 horas está dirigido a estudiantes de maestría y doctorado y especialidad médica, también puede ser de utilidad para aquellos estudiantes de licenciatura que tengan la obligación de realizar una investigación y presentar el reporte o tesis para titularse. Asimismo, debo recalcar que no se trata de una receta para seguir paso a paso. El método presenta diversos modos en cómo los estudiantes resolvieron la redacción de las diferentes etapas de su tesis; así, cada usuario verá qué esquema de tesis y qué modos de resolver las diferentes etapas de su tesis le viene mejor.

El método de 100 horas proporciona, como una caja de herramientas, los utensilios conceptuales para que cada usuario o tesista prepare su propia estrategia para emprender la redacción de su tesis. De igual forma, he tratado de evitar, en la medida de lo posible, que la guía sea exclusivamente para estudiantes de ciencias o ingeniería, introduciendo ejemplos de disciplinas tan diversas como historia, ciencias políticas, religión, escritura creativa, antropología, psicología, música y retórica, entre otros.

También, para aquellos estudiantes que aún no deciden el esquema de sus tesis, aquí encontrarán los esquemas más comunes que se utilizan en las universidades americanas y del mundo en general, ilustrados con mapas conceptuales de algunos modelos, que les ayudarán a visualizar el formato más adecuado para representar sus trabajos de investigación. Igualmente, debo mencionar que esta guía en mucho se inspira en las voces de los estudiantes que escuché en los talleres de escritura que impartí, y en aquellas que surgen entre las líneas y párrafos de las tesis que revisé, consulté y cité, así como en la intención de ofrecer un método sencillo, práctico y de utilidad.

METODOLOGÍA EN LA ESCRITURA DE ESTE LIBRO

Ahora bien, una pregunta que los lectores del borrador del libro me plantearon: ¿cómo fue posible revisar 4500 tesis de maestría y disertaciones doctorales en menos de 5 meses, y, además, escribir este libro?

Dada la "amigabilidad" del sistema digital ProQuest, me fue posible la ideación, desarrollo e implementación de metodologías y técnicas, para (1) la búsqueda sistemática de temas específicos, (2) la extracción de contenidos, (3) la revisión dinámica de los contenidos seleccionados, (4) la clasificación de los contenidos escogidos, (5) el análisis de las estructuras esquemáticas utilizadas por los estudiantes para mostrar sus investigaciones, (6) la comparación entre temas y estructuras de presentación de los escritos, (7) el escudriñamiento rápido de la información contenida en cada tesis, (8) el seguimiento instantáneo de otras tesis y/o artículos referenciados en la tesis bajo revisión, (9) el manejo de varias tesis a la vez, (10) la detección de otras tesis de un mismo autor, (11) la identificación del director de tesis, (12) la localización de las tesis asesoradas por un mismo director de tesis, (13) el seguimiento genealógico en retrospectiva del director de tesis, (14) la profundización en programas de una misma o varias instituciones, (15) la elaboración de mapas conceptuales con el software libre CmapTool, y (16) el reconocimiento de tesis que sus autores convirtieron en libros y que luego publicaron, entre otros detalles más.

De esas 4500 tesis, hubo una revisión y decantación de material, según los temas y subtemas tratados, y tomando en cuenta los diferentes esquemas estructurales utilizados, y el trabajo del libro se vino elaborando con sustancia proveniente de más de 300 tesis; de nivel doctoral la mayoría de ellas. Ahora bien, puede quedar la duda en el lector, ¿es factible un estudio que tenga como base a tal cantidad de tesis? ¡Sin duda! Con los modernos equipos de cómputo y programas de software que permiten un rápido manejo de la información, y sabiendo qué hacer y cómo resolver los problemas que surjan sobre la marcha, se puede.

Por ejemplo, en la universidad de Stanford, Jodie Archer (2014) desarrolló una metodología ad hoc para analizar más de

20,000 (veinte mil) bestsellers de ficción como recurso material de su investigación doctoral, y, como resultado esencial, entre otros hallazgos, proporcionó numerosas claves sobre lo que tienen en común los libros más vendidos.

Finalmente, no faltará quien diga o piense, "¿cómo, un método para escribir una tesis en 100 horas que me tomaría al menos tres días completos para leer?" Pues sí, es un método tipo caja de herramientas para revisar y seleccionar instrucciones útiles, para diseñar la estrategia que más convenga, y para aplicarlo en el o los puntos que mejor convengan; no es una novela de entretenimiento para leerse de un tirón, aunque podría probar hacerlo y de pasada divertirse.

El método de 100 horas es un procedimiento estratégico de apoyo, es una herramienta conceptual para ayudarse con ella del mismo modo en que se consulta el mapa de una ciudad cuando uno se pierde y desea ubicarse; para checar solamente las coordenadas de interés y no para aprenderse de memoria, como taxista londinense, el entramado de calles y avenidas. El método de 100 horas es una guía para acompañar la escritura de la tesis y aprender que algo tan aparentemente difícil, como la redacción de una tesis de maestría o una disertación doctoral, puede ser realizable en un corto plazo, particularmente cuando el tiempo apremia, y, sobretodo, puede ser una herramienta intelectualmente disfrutable y reproducible en otros ámbitos. Y así, al arrancar la escritura de la tesis, tener en mente, como un himno de batalla, las palabras de Cesare Pavese:

"La única alegría en el mundo es comenzar"

Y, en seguida, ponerse a trabajar, a comenzar y recomenzar a escribir la tesis cada día, cada hora, cada minuto, hasta terminar.

> Sálvame, oh Dios, porque las aguas han entrado hasta el alma. Estoy hundido en el cieno profundo, donde no puedo hacer pie; He venido a abismos de aguas, y la corriente me ha anegado. Cansado estoy de llamar; mi garganta se ha enronquecido; Han desfallecido mis ojos esperando a mi Dios.
>
> Salmo 69: 1-3

OBERTURA

LECCIONES DE NATACIÓN PARA UN BAÑISTA EN APUROS

Nadie quiere lecciones de natación cuando se está ahogando; sin embargo, los minutos que le restan al desafortunado aprendiz de nadador antes de ahogarse en medio del agua no los debe desaprovechar, sólo hará más angustioso y sufrido el momento definitivo. Manoteará, pataleará, gritará, se desesperará, tragará agua, pero nada de eso le va a ayudar a sobrevivir. Lo mejor que puede hacer, al menos lo último racionalmente posible, es serenarse y tratar de mantenerse a flote. Esto le podrá valer mientras encuentra una salida a su situación y, en el mejor de los casos, logrará salvarse.

Esta método guía para el tesista de última hora no son lecciones de natación para el bañista que se ahoga, ni siquiera una tabla de salvación. Es un conjunto de ideas para ayudarle a conseguir la calma que más necesita en los últimos días que le restan para entregar el borrador de la tesis; es una estrategia de trabajo, para que sobre la marcha, con aplomo y con inteligencia, enfoque su mente y su cuerpo enteros hacia un estado de concentración productiva que le permita escribir su tesis en un tiempo record y, de esta manera, pueda llegar a salvo a la orilla.

INTRODUCCIÓN

El grado doctoral (PhD) es el grado más alto otorgado por las universidades americanas. Es concedido a aquellos que han demostrado maestría en el campo, completado [por escrito] y defendido exitosamente su disertación.

Council of Graduate Schools, 1979
Madesn, D.1983. Successful dissertations and theses.
 USA: Jossey-Bass Pub.

TODO, MENOS LA TESIS (ABD)

La mayoría de las universidades están reduciendo los tiempos de duración de sus posgrados. Desde el inicio de la investigación de tesis hasta la escritura del reporte y su defensa ante un sínodo, y sin contar los años de cursos, los tiempos que están aplicando son de 12 meses para maestría y 18 meses para doctorado (Horn, 2012). Lejos de ser práctico el cambio, la limitación del tiempo para cumplir con el proyecto de tesis en toda su amplitud está haciendo más opresivo y selectivo al proceso, y, en consecuencia, se prevé que el porcentaje de los estudiantes que no se titularán por no alcanzar a escribir su tesis irá en aumento.

Los estudios universitarios son mucho más que la profesionalización del individuo y su transformación en un ser enriquecido con conocimientos y métodos para innovar y hacer cosas, con nuevas formas de mirar y de pensar; son ilusiones, planes, afianzamiento de la personalidad y renovación del estilo de vida de quien los saca adelante. Es por esto que cada vez son más los jóvenes, y también personas no tan jóvenes, que se embarcan en proyectos doctorales.

Culminar con éxito un programa de posgrado (especialidad, maestría o doctorado), implica perseverar durante años, bajo condiciones extremas y difíciles la mayoría de las veces, para vencer un reto intelectual que eleva a la persona –en el caso del doctorado–, a la máxima categoría educativa del mundo. El último obstáculo que para vencer este desafío encaran los estudiantes, es la redacción de la tesis; sin embargo, para un gran número de jóvenes la tesis es el muro contra el cual se estrellan todos sus anhelos y en el que su voluntad se hace trizas.

No tiene por qué ser así, pero ocurre más a menudo de lo que se pudiera pensar. La dificultad que entraña la escritura de la tesis y la decepción al no lograr plasmarla, viene a demostrar que el estudiante posgraduado no sólo está hecho de (1) cono-

---

"Si fracasara en finalizar la tesis, no me graduaría ni recibiría el grado doctoral por el que trabajé los últimos seis años de mi vida. Estaría descartada del mercado laboral, inevitablemente prohibitivo desde los empleos universitarios a los que aspiro".

L.B. Birk. *The sounds of silence: A structural analysis of academic "writer's block".*

Disertación doctoral. Boston College. 2013

En el año 2009, 556,762 personas provenientes de los Estados Unidos y del extranjero, aplicaron a los programas doctorales que ofrecen las universidades americanas. No todas fueron aceptadas, y de las que ingresaron se esperaba que menos del 50% obtuviera el grado doctoral.

TL Colon, 2012

cimientos científicos, tecnológicos, sociales, humanísticos o artísticos asimilados en el aula y la biblioteca, (2) ni del manejo especializado y práctico de metodologías y herramientas adquiridas en el laboratorio, la sala de operaciones o el campo; sino que, también, (3) está hecho de habilidades, de emociones, de sentimientos, de relaciones y funciones orgánicas. Y cuando cualquiera de los factores enunciados en el punto (3) falla, ya sea desde el principio, en el medio o al final de los estudios, el período de vida que el estudiante dedicó para cursar y obtener un grado académico, sin que al final alcanzara su objetivo, marcará a su persona por el resto de la vida.

En el año 2012 las universidades americanas confirieron 51,008 títulos de doctorado. La cifra representa al 50% de los que se pudieron haber graduado ese año, pero que no lo hicieron porque renunciaron o no tuvieron la habilidad suficiente para escribir la tesis.

LA Margerum. 2014

En una investigación sobre lo que ayuda o impide a un estudiante de posgrado escribir su tesis, Ho (2005) señaló que cuando dos ex–estudiantes que no concluyeron sus tesis y que por azar se descubren uno al otro, "se produce una conexión instantánea. Entienden su pena, su infortunio, la frustración de haber empujado por largo tiempo un proyecto" y no haberlo llevado hasta el final.

La antesala de ese escenario que describe Ho, es el momento en que te puedes encontrar ahora mismo, a escasas semanas de que la fecha de entrega de la tesis se venza y con los nervios hechos nudos. Sólo estás a un paso para ser un número más de la estadística que expone el altísimo número de universitarios de posgrado que no se titulan porque no pudieron concluir sus tesis.

Las guías sobre cómo escribir la tesis, que abundan en el mercado de libros universitarios, no te fueron de gran ayuda, no respondieron a tus necesidades, y eso te llena de frustración y desesperación. Y es que sus autores se centran más en la cuestión técnica y metodológica, en el manejo de los antecedentes y de los resultados obtenidos en la investigación, y en cómo llenar el formato que te dieron de la tesis. Esas guías no orientan al estudiante que busca una ayuda práctica que le diga qué hacer y qué cosas tomar en cuenta para expresar por escrito lo que quiere decir de su investigación, cómo preparar esa extensa memoria que el comité de tesis le exige, y que no sabe cómo escribir.

Los estudios de posgrado son programas que forman el carácter de una persona, que por su grado de exigencia, firmeza y disciplina adiestran a sus alumnos para que sean pensadores independientes y líderes en las actividades que emprendan. Esas aptitudes deberían ser suficientes para que el estudiante se sobrepusiera a al hándicap escritural que le arrincona... pero, en un alto número de estudiantes de posgrado no ocurre así. La escritura es el fantasma que los encajona en vida.

El *Método de 100 horas para escribir la tesis doctoral* está diseñado para ubicar al tesista en ese mar de confusión en el que está inmerso, y le dice cómo evaluar su situación para tomar ventaja donde aparentemente no la hay. Le aconseja cómo proceder para sobreponerse a la parálisis mental que crece dentro de sí como una sombra, y que siente que le avisa con antelación que la tesis que debe escribir nunca será escrita
.

El *Método de 100 horas para escribir la tesis doctoral* se enfoca en brindar orientación al estudiante que carece de experiencia como autor de ensayos largos, que tiene el tiempo contado para poder cumplir con ese objetivo, y que está falto de motivación. Soy de la idea de que existiendo un resquicio de tiempo, el estudiante que ya cumplió con sus créditos y con su investigación puede escribir su tesis en 100 horas.

¿EN QUÉ CONSISTE EL MÉTODO DE 100 HORAS PARA ESCRIBIR LA TESIS DOCTORAL?

Se trata de una estrategia diseñada específicamente para aquellos jóvenes que después de cursar una maestría o doctorado, agotaron casi todo el tiempo que tenían para redactar y entregar su tesis bajo la pena de quedarse sin nada si no la presentan en tiempo y forma. Ahora bien, si en tu maestría o doctorado aún te queda oxígeno para un mes, para quince días o incluso para una semana, puedes escribir tu tesis si te lo propones y tomas como brújula esta guía. No tienes nada que perder, sobre todo si ya estabas dándote por perdido.

¿QUIÉN NECESITA ESTE MÉTODO?

Esta guía proporciona valiosa información para los estudiantes universitarios de posgrado, para los asesores, y para los administradores de los programas.

Cinco tipos de estudiantes necesitan esta guía:

1. En primer lugar, aquellos que cuentan con escaso tiempo para escribir y entregar la tesis al asesor y al comité del programa académico.
2. Los que tienen tiempo pero que son morosos en la preparación de los trabajos y el cumplimiento de las fechas.
3. Los que tienen tiempo pero que son desorganizados.
4. Los que están iniciando el posgrado y desean tener una panorámica del reto que representa la escritura de la tesis.
5. ¡Tú!

Tres diferentes tipos de profesores, que:

1. Asesoren a estudiantes en su investigación de tesis y les orienten en su escritura.
2. Coordinen seminarios de investigación.
3. Tengan a su cargo cursos de escritura de tesis.

Tres clases de administrativos:

1. Los coordinadores de la especialidad médica, maestría o doctorado.
2. Los jefes de departamento académico.
3. Los encargados de desarrollo académico y científico de la institución.

¿CÓMO TE PUEDE AYUDAR ESTE MÉTODO?

El *Método de 100 horas para escribir la tesis doctoral* te puede ayudar a que redactes el reporte de tu investigación de tesis que está deteniendo la obtención de tu grado universitario.

o Te ayuda a identificar lo que afecta y estorba tu desempeño.
o A controlar eso que te aflige y te estresa.
o A buscar en tus archivos, reconocer y recopilar el material que te puede servir.
o A evaluar la utilidad del material.
o A seleccionar, catalogar, manejar y trabajar ese material.
o A manejar los componentes del modelo de tesis que te indique el programa
o A depender de ti mismo para esta tarea.

¿CÓMO SACARLE PROVECHO A ESTE MÉTODO?

El *Método de 100 horas para escribir la tesis doctoral* te proporciona un enfoque diferente sobre cómo manejar tu situación y alcanzar tu propósito. Apunta más a las necesidades personales y a cómo lidiar con ellas, para que a su vez el estudiante contienda con sus problemas, los enfrente y se ponga a escribir más que a describir la estructura de la tesis y definirle cada una de sus partes.

Para comenzar y para que pronto conozcas y le saques jugo a la guía, es conveniente emplear algunos minutos para que:

o De un vistazo revises el libro y localices aquellos aspectos con que te sientas más familiarizado.
o Después, concéntrate en la autoevaluación y escribe todo lo que te venga a la cabeza en cada uno de los puntos.
o Resalta aquellos aspectos personales que tendrás que vigilar y someter.
o Toma nota del tiempo que te queda para preparar y entre-

gar la tesis al comité.
o Calendariza tus actividades.
o Organiza tu espacio de trabajo.
o Maneja tu tiempo.
o ¡No te detengas!

Probablemente ahora estás en un momento en que la sola idea de ponerte a escribir la tesis te provoca revulsión. Sabes que deberías de aplicarte en ello, pues de no realizarla significaría la muerte de un sueño. Tienes que desembarazarte de todos esos prejuicios que te impiden avanzar y ponerte a trabajar.

La escritura de la tesis es un proceso activo, la única manera de aprender a escribirla es escribiéndola. Si quieres aprender el arte de la escritura de la tesis y obtener tu título, haz algo, comienza a escribirla.

PARTE 1

NO HAY TESIS, NO HAY TÍTULO

El título universitario es el documento que acredita los estudios de posgrado y el entrenamiento en investigación al estudiante egresado. Por esto, la importancia de la tesis es fundamental, pues es el boleto de entrada al examen de titulación y, en consecuencia, el pase de salida de la universidad con el título en la mano. Es por esto que, sin tesis no hay título. Abandonar la tesis es lo mismo que abortar los estudios. Aunque el estudiante haya cumplido con la mayoría de los requisitos académicos, como cursos, exposiciones, trabajo de campo o laboratorio, ayudantía, estancias, e investigación de tesis, si no elabora su tesis en el tiempo establecido por la universidad, entonces quedará al margen del programa.

En los Estados Unidos, alrededor del 50% de las personas que ingresan a programas universitarios de posgrado, en especial los de nivel doctoral, no logran titularse porque no pueden elaborar sus tesis (Bair, 1999). A estos estudiantes se les conoce como ABD's (All But Dissertation); que significa: "Todo, Menos la Disertación" o la tesis.

Esto quiere decir que el estudiante cumplió con todo lo exigido por el programa académico al cuál se inscribió, y donde pasó dos, tres, cuatro o más años de su vida, pero..., y esto es lo lamentable del asunto, no logró escribir su tesis o disertación para obtener el anhelado título.

En México, y tal vez en la mayoría de los países latinoamericanos, no se utiliza el término ABD. A nivel licenciatura, a aquella persona que no escribe su tesis y en consecuencia no se titula, se le denomina "pasante". No ocurre lo mismo si cursó una maestría o un doctorado y no lo concluyó, simplemente no se le reconocen esos estudios, aunque algunos les da por llamarle "maestría trunca" o "doctorado trunco", que sería un equivalente a ABD.

Actualmente, en algunos sectores del mercado laboral de los Estados Unidos se reconoce el esfuerzo de los ABDs y bajo esas condiciones se les contrata. Hacen el trabajo experto de un master o de un doctor, pero no les pagan lo mismo.

De acuerdo a Kluever et al. (1997), el fracaso del ABD no solamente tiene un costo profesional y emocional, sino que también es desafortunado para los asesores y oprobioso para la institución, pues la no graduación de uno de sus estudiantes, por no poder concluir su tesis, es también considerada como una falla de la universidad.

SIN GUÍA ES FÁCIL PERDERSE

Los estudiantes de posgrado que concluyeron los créditos de sus materias y su investigación de tesis, tuvieron orientación a lo largo de sus estudios. Y es que los estudios universitarios de especialidad médica, maestría o doctorado son complejos, por lo que la tutoría es imprescindible. Sin embargo, cuando esta clase de estudiantes ha tenido que redactar el reporte de sus estudios clínicos o investigaciones académicas o científicas, la mayoría de las veces han estado solos, ha faltado alguien a su lado que les diga qué hacer, cómo proceder.

Es por esto que el mercado editorial académico ha sido inundado por manuales de autoayuda dirigidos a los estudiantes universitarios que no han aprendido a escribir sus tesis, ni tampoco tienen idea de cómo resolver ese dilema.

Se han publicado cientos de libros sobre cómo escribir la tesis, la mayoría de ellos en inglés, dirigidos a estudiantes de maestría y doctorado. He revisado muchos de ellos. Hay de todas clases. Algunos son muy generales, de utilidad a cualquier estudiante, pero otros son demasiado específicos, pues fueron escritos teniendo en mente al estudiante de alguna disciplina concreta, como ingeniería, ciencias biológicas, ciencias químicas, ciencias de la salud, ciencias sociales, psicología, ciencias de la información, ciencias sociales, ciencias políticas, arquitectura, diseño, literatura, y muchas otras más.

Por lo regular, todas las tesis tienen una misma estructura, un esqueleto con los mismos tipos de huesos, pues los esquemas de esta clase de documentos son iguales en una u otra parte del mundo. Sí cambia, por supuesto, el estilo de los autores para explicar cada pieza de la tesis y para ejemplificar. Existen casos, los más raros, en que los autores comentan los problemas psicológicos que enfrentan los estudiantes cuando, después de concluida la investigación de laboratorio o campo, se les llega el momento en que tienen que escribir sus reportes o tesis. El paso que los estudiantes están a punto de dar les significa, a una gran mayoría, entrar a una *dimensión desconocida.*

También, esos textos describen con gran propiedad cómo es que cada parte de la tesis se articula una con otra, y cómo funcionan. Pero, ¿qué pasa cuando a los estudiantes se les agotó el tiempo para dedicarse a escribir, y se les vino encima la hora de entregar el borrador final?

Es como los preparativos de lanzamiento de una nave espacial. Desde el instante en que se da luz verde al proyecto comienza la cuenta regresiva para llevarlo a cabo. Los años pasan a ser meses y el trabajo continúa. Los meses se convierten en semanas, luego en días, después en horas, finalmente en minutos, hasta que el contador de segundos reclama toda la atención. El momento cumbre del proyecto llegó. Todas las miradas están puestas en la nave a punto de despegar.

Así debió haber sido tu proyecto de tesis. No tan inmenso como el de la nave espacial pero si más importante para ti, pues es algo que te concierne personalmente y marcará tu futuro. Pero, bueno, no es hora de lamentarse y si de evaluar la situación para encontrar una forma de salir del atolladero.

HORA CERO

El plazo se vence. Tienes que entregar el borrador de tu tesis en la fecha establecida por el departamento o programa de estudios. Ya sea dentro de un mes, o en tres semanas, o en quince días, y no sabes qué hacer con el montón de datos de campo, registros de pruebas de laboratorio, fotografías, y apuntes que tienes en archivos digitales en tu laptop, cuadernos de notas y hasta en tu memoria.

Ya quedaron atrás las clases y las horas de estudio, el trabajo de laboratorio y/o campo de tu investigación de tesis, la documentación en línea y las visitas a la biblioteca, las entrevistas con tu asesor, y montones de cosas más. Ya nada más te queda hacer entrega oficial del borrador final de tu tesis al departamento, de acuerdo a lo programado por el reglamento, esperar la revisión para mejorarlo según las indicaciones que recibas del asesor y de los lectores que acompañarán la evaluación, entregarlo de nueva cuenta, ya como la tesis concluida, y, ¡al fin!, preparar la defensa.

Pero... hay un problema. Yo diría que un gran problema. ¡Estás consciente de que aún no tienes el borrador de la tesis y de lo que eso significa! El tiempo pasa y cada vez estás más nervioso. No encuentras qué hacer ni a quién acudir para que te eche una mano. Cualquier idea loca que se te venga a la cabeza nomás te distraerá y te restará minutos, horas, y hasta días. Y en un escenario de alto riesgo donde fácilmente se pierde la calma, el único perdedor eres tú. Estás inmerso en un ciclo dentro del cual no descubres la forma de salir; en un estado mental que, como bola de nieve, se desliza por la empinada montaña, crece y se hace imparable (Figura 1).

Figura 1. Ciclo del tesista desesperado

El tiempo es ahora tu mayor enemigo. Pero no sólo el tiempo, también tu nerviosa preocupación, las ideas locas que se te ocurren y tu inacción te están inmovilizando e impidiendo pensar con claridad. ¡Concéntrate! ¡Pon atención! No eres el primero que pasa por esta situación –además de que miles ha de haber igual que tú en este momento–, y muchos más se encontraron en esta situación y se dejaron vencer.

No querrás quedarte empantanado ni pertenecer al grupo de estos últimos.

Dejar inconclusa la tesis –no terminarla a tiempo o abandonarla por hastío o por no saber qué hacer–, es el principal motivo por el cual pierde la oportunidad de graduarse un alto número de estudiantes de maestría o doctorado.

Elaborar una tesis en 100 horas no es cosa de otro mundo. Sólo se necesitan cuatro cosas:

(1) los días suficientes para acomodar esas horas sin caerse muerto de cansancio (Tabla 1)
(2) organizar el material de la investigación de tesis que hayas acumulado desde el inicio de tu tesis
(3) elaborar el plan de actividades, y
(4) ponerse a trabajar.

Cuando hablo de trabajar 100 horas eso quiero decir, trabajar 100 horas. Tiempo de trabajo efectivo y no tiempo perdido pensando en el momento de empezar a trabajar o en adivinar cómo empezar a trabajar.

Tabla 1
Distribución de horas de trabajo según la cantidad de días para entregar el borrador.

Escenario	Días	Horas
1*	30	3.33
2*	25	4
3*	20	5
4**	15	6.66
5**	12	8.33
6***	10	10
7***	8	12.5

* Escenario óptimo
** Escenario aceptable
*** Escenario forzoso

La clave está en medir el tiempo efectivo de trabajo, y en llevar un recuento de cada actividad realizada. Así verás exactamente los que estás haciendo y, lo más importante para tu ánimo, lo que estás avanzando.

En un escenario donde el número de días con que se cuente para elaborar la tesis sea mayor a un mes, permitirá trabajar con holgura de 4 a 5 horas diarias. Tu plan de trabajo podrá hacer énfasis en los aspectos que consideres más débiles.

La prioridad es la tesis, por lo menos durante los días que te queden para escribirla. Todo compromiso deberá ser cancelado o pospuesto hasta que hayas finalizado.

¿POR QUÉ ES POSIBLE ESCRIBIR LA TESIS EN 100 HORAS?

Para comprender porque aseguro que la tesis puede escribirse en 100 horas, hay que entender primero que la tesis de investigación no es una sola cosa, sino que son varias cosas que se van produciendo en diferentes momentos a lo largo de los estudios universitarios. Sucede de la siguiente forma: la tesis inicia con la elección del tema y la detección del asesor, se estiliza con la preparación de la propuesta de investigación, se sigue con la investigación del asunto escogido, se ralentiza en la etapa de redacción del reporte, y culmina con la titulación. Esto puede subdividirse como indica la Figura 2.

Vamos por partes para repasar en qué consiste cada una de las fases de la tesis, de manera que no queden dudas a la hora de comenzar con la estrategia de las 100 horas.

Fase 1. <u>Identificación y selección del tema</u>

Cuando el estudiante va a iniciar su tesis y no tiene experiencia alguna, comienza por el principio que es la selección de su tema de investigación. Suena fácil, pero no es así. Es como estar volando plácidamente a solas y, de pronto, en un instante, estar metido entre las nubes, sin brújula. Se pierde contacto con el sol, con el suelo, y todo alrededor es bruma. No hay arriba ni abajo. El desamparo hace presa de uno. Cualquier pista que ayude a salir de la confusión será bienvenida.

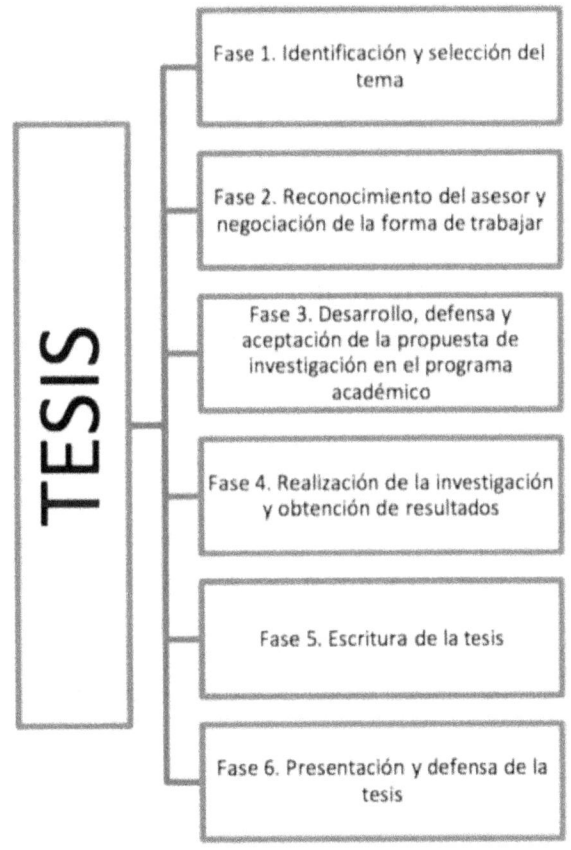

Figura 2. Fases del concepto sistémico de la tesis

En ocasiones el estudiante piensa que la selección del tema no tiene chiste, y se queda con el tema que más le gusta o le llama la atención o cualquier otra cosa que le permita seguir adelante. Pero no es así, el tema es el germen de la investigación, y es de crucial importancia.

En algunos programas de posgrado, especialmente a nivel doctoral, es tal la exigencia en la selección y cuidado del tema que, para poder examinarlo y pulirlo, al estudiante le toma en promedio de 12 meses. De tal forma, la calidad de la propuesta va a estar directamente asociada al trabajo de selección y pulimiento del tema. Cuando no hubo gran trabajo en la selección del tema, porque te lo endosaron o lo pescaste al aire, pudiste no haberlo explorado con detenimiento y la propuesta será menos sólida de lo que pudo ser.

Para seguir adelante revisa el punto A de la autoevaluación.

Fase 2. <u>Reconocimiento del asesor y negociación de la forma de trabajar</u>

El estudiante necesitará un consejero que le ayude a transitar por los estudios de posgrado y sea su preparador científico; esto es, un profesor investigador que le enseñe a investigar el tema seleccionado, y lo acondicione para la realización de futuras investigaciones.

Sin embargo, lo primero que debe saber el estudiante que ingresa a la maestría o al doctorado, es que en cualquier programa de posgrado de cualquier universidad del mundo, existen los malos asesores. Y esta clase de asesores implica para los estudiantes dinero malgastado, tiempo invertido, y, en muchas ocasiones, la no obtención del título. Pero además, los malos asesores pueden llegar afectar de por vida el estado de ánimo de las personas que estuvieron bajo su tutela. Es por esto que la cuidadosa elección del asesor es fundamental para el estudiante de nuevo ingreso.

El asesor, en sus responsabilidades básicas hacia el estudiante, deberá:

- Educarlo y entrenarlo en actividades científicas.
- Guiarlo en la selección del tema, el desarrollo de la propuesta de tesis, las actividades de investigación, el registro de los datos, en el análisis de la información, en la revisión del borrador de tesis.
- Facilitarle información que coadyuve al buen desempeño de su investigación.
- Foguearlo en seminarios, reuniones y conferencias.
- Retroalimentarlo con sus observaciones.
- Reforzarle valores de buenas prácticas científicas.
- Supervisar su desempeño y cumplimiento con las fechas de entrega de avances marcadas por el programa.
- Seleccionar el comité de tesis.

Como podrás ver, la selección del asesor es una cuestión delicada, puesto que el profesor elegido dirigirá las acciones del estudiante por uno o dos o más años. Y tal vez ni te lo imagines, pero la empatía es un aspecto vital en la relación. La razón es que el asesor y el estudiante conformarán un binomio asimétrico, donde el asesor determinará la forma de hacerse las cosas y el estudiante se encargará de realizarlas atendiendo a su guía y a su mejor juicio. Deberá existir un entendimiento entre ambas partes.

Cuando al estudiante no le endilgan a su asesor, lo cual sucede en algunos programas, el estudiante deberá elegir al suyo. A veces el estudiante se decide por uno u otro profesor deslumbrado por la cantidad de proyectos que aquel tiene en su haber, por el financiamiento que maneja, porque viaja mucho, por su popularidad, porque es un perdonavidas o por cualquier otro motivo. Raramente pone atención a la personalidad del individuo, a su carácter, a su historial de relaciones y resultados con anteriores estudiantes.

El asesor no está obligado a crear vínculos de confianza amistosa con el estudiante que asesora. Cuando esto ocurre, puede presentarse lo que se denomina "mentoría", y surge de la siguiente forma:

- Se crean vínculos de familiaridad.
- Se da aliento al estudiante en su investigación y estudios.
- Le escucha y aconseja en aspectos más personales.
- Le participa enseñanzas sobre temas extracurriculares.

Pero también como hay malos asesores, también existen los malos estudiantes. Pero estos no duran mucho en un programa exigente.

La relación asesor–asesorado es fundamental para el éxito del estudiante. Si tú llegaste hasta la orilla del tiempo concedido para entregar la tesis y te quedaste entrampado, con pocas posibilidades de entregarla, deberás de analizar el punto D de la autoevaluación para ver si encuentras pistas que te ayuden a salvar la situación. Y, si la relación con tu asesor es sensible, trata de limar asperezas. Sobre todo, no te dejes vencer... todavía no.

Fase 3. <u>Desarrollo, defensa y aceptación de la propuesta de investigación en el programa académico</u>

Después de haber elegido el tema de investigación y al asesor de tesis, el siguiente paso será la elaboración de la propuesta de investigación. La preparación de la propuesta, como debes de saber ya, no se redacta sobre las rodillas, con ideas simples sobre cómo abordar el tema de tu interés. De hecho, puede ser tan desafiante como la misma escritura de la tesis.

La propuesta de investigación de tesis es el primer escrito serio que elabora el estudiante de posgrado. A diferencia de la tesis, que es un argumento sobre una investigación terminada, la propuesta es una herramienta de trabajo. Para confeccionarla se proporciona al estudiante una plantilla estándar que, como cuestionario, contiene varios rubros que se deben llenar.

La propuesta describe el problema a estudiar, la revisión de artículos de investigación de interés al tema, la metodología que guiará el estudio, los procedimientos que se emplearán para analizar los resultados que obtengas, el plan de trabajo (ya sea de laboratorio, campo o gabinete o cualquiera de sus combinaciones), el calendario de actividades, los aspectos de bioética (en caso de que apliquen), y lo que esperas descubrir o comprobar con tu trabajo.

El desarrollo de la propuesta de tesis no consiste en el llenado de los espacios en blanco de la plantilla, si así fuera cualquiera lo haría. La propuesta es un razonamiento sobre la investigación que se pretende realizar. Propone el asunto, enuncia cual es el estado que guarda dicho asunto con la realidad, declara cuál es su importancia con respecto a qué, expone cómo y con qué recursos se intenta llevar a cabo, cuándo y en dónde. Cierra con un supuesto sobre lo que se puede obtener con la investigación.

Resumiendo, para alistar la propuesta tuviste que hacer investigación documental, escuchar los consejos de tu asesor, quizá preguntar y escuchar a otros profesores, reflexionar, llegar a tus propias conclusiones, y escribirla. Al mismo tiempo, probablemente a lo largo de un semestre, hiciste varias presentaciones ante un comité hasta que se aprobó.

Para que captes que enseñanza te dejó la preparación de tu propuesta de investigación de tesis, deberás de practicar una autoevaluación siguiendo las instrucciones del punto B.

Fase 4. <u>Realización de la investigación y obtención de resultados</u>

Llevar la propuesta de investigación desde el papel hasta su realización material, lo que vendría siendo la ejecución práctica de una idea, significa transitar por una enorme brecha que separa la teoría de la realidad. Es decir, entre proponer hacer una investigación (que es tu proyecto ya escrito) y comenzar a investigar hasta lo último (que es el uso de métodos y materiales para tratar de obtener resultados que respondan a la interrogante planteada), se origina un paréntesis de duda, un trance durante el cual no se sabe qué hacer, qué pasos dar.

Este momento de duda, o de aturdimiento porque el novato no tiene la menor pista de cómo reaccionar, es una inevitable etapa de aprendizaje, de golpes duros y de adquisición de confianza; se conoce como la interfaz de inicio de la investigación (Figura 3). Y es que el asesor no está encima de su asesorado para decirle qué pie mover y qué rumbo tomar, y haría mal estándolo. Debe guiarlo, sí, pero el estudiante tendrá que manejar su proyecto, equivocarse y madurar. A medida que se distancie de su asesor y aprenda a tomar decisiones por su cuenta, será más independiente.

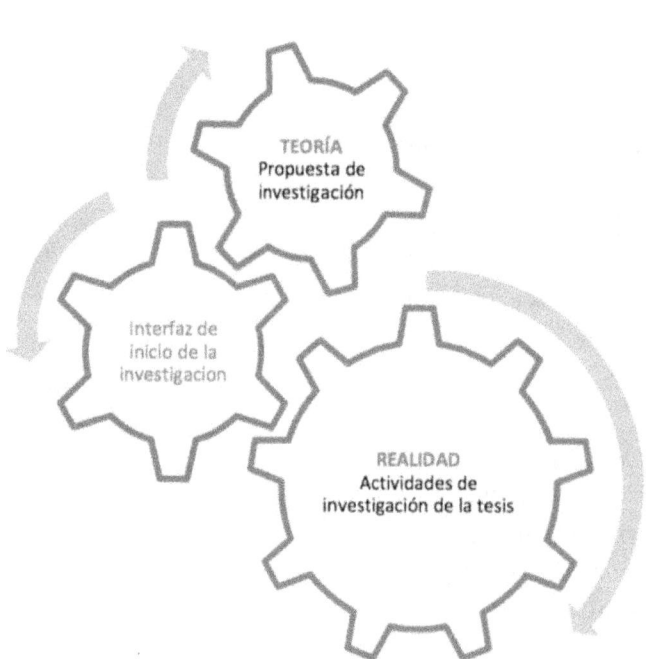

Figura 3. De la teoría a la realidad

El trabajo de investigación de tesis, lejos de ser metódicamente limpio, como se describe en el proyecto, está plagado de sobresaltos, decepciones, recursos malogrados, tiempo desperdiciado, interpretaciones equivocadas, pasos en falso y demás sorpresas, que con su persistente golpeteo desesperan al estudiante hasta el desánimo. Seguramente podrás estar familiarizado con algunas de estas reacciones, y ya deberás saber que esto es parte del entrenamiento del investigador, de la forja del futuro científico.

Pero, ¿qué es lo que hace que esta etapa de inicio de la investigación sea tan especial? Porque es el momento en que el estudiante novato tiene que poner en práctica sus habilidades y actitudes, demostrar que el conocimiento teórico-práctico adquirido durante sus estudios, así como la guía de su asesor, es compatible con sus acciones; es cuando aprende a hacer uso de las técnicas y a afinar los procedimientos de generación de datos, a reconocer errores y rectificar, a interpretar la información que su trabajo produce, a registrar y organizar sus anotaciones. La mejor receta para aprender a investigar es lanzarse sin miedo a investigar y a hacer las cosas con la mejor intención, hasta donde a uno le sea dable entender que así se hacen.

Esta etapa empodera al estudiante y le infunde la confianza que necesita para cumplimentar su investigación de tesis. Pero, las cosas no terminan en este punto. El trabajo de investigación cosecha resultados. Es el momento en que finaliza la fase 4 (Figura 4).

Ahora, ¿qué sigue? Pues hay que darle forma a los resultados obtenidos y razonar su significado en referencia al propósito descrito en el proyecto y a otros pronunciamientos científicos sobre el tema. Pero, ¿cómo se hace esto? Pues por escrito, que es el documento que los estudiantes conocen como "tesis".

Si tú tienes esta guía entre manos, quiere decir que ya pasaste por todo el proceso de la investigación y recordarás tu experiencia. Te encuentras dónde lo muestra la figura 4. Sin embargo, para que entiendas mejor tu situación ante la etapa de ascenso o redacción de tu tesis, te será de ayuda responder los puntos C y E de la autoevaluación.

Fase 5. <u>Escritura de la tesis</u>

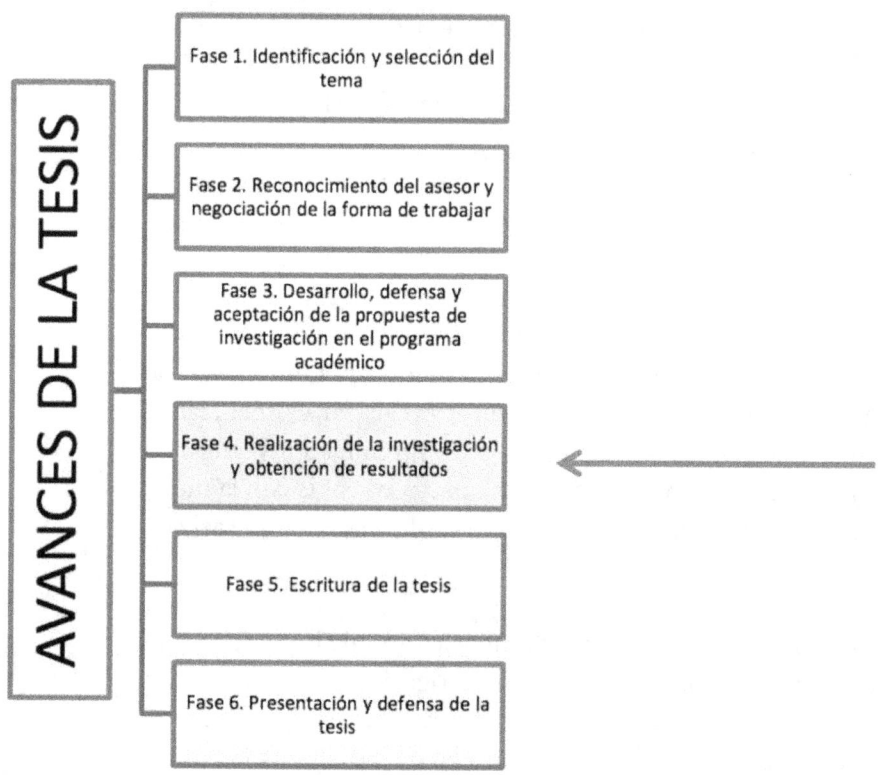

Figura 4. Fases de la investigación concluida

Esta fase se distingue de las otras porque en ella se trata de ir desde los resultados de la investigación (que llamaremos 'realidad'), al borrador de la tesis (que denominaremos 'teoría'). A diferencia de la fase 4, donde se trabaja con una propuesta teórica para ir al laboratorio o campo y obtener datos sobre una realidad, en esta fase 5 se trabajan esos datos concretos obtenidos por la investigación, para crear un modelo teórico que se representará en la tesis escrita.

Entre la realidad de los resultados y su exposición escrita en la tesis, existe una interfaz que es el trabajo de composición de la tesis (Figura 5). La composición de la tesis, es otro nuevo camino que tendrá que recorrer el estudiante. Algunos lo comparan, por lo escabroso del trayecto, con el ascenso a una accidentada montaña. Es en este recorrido donde desisten los que por muchos motivos no pueden escribir sus tesis de maestría o disertaciones doctorales.

Las universidades acostumbran a publicar internamente sus guías para la preparación de la tesis, donde indican el estilo y el formato estándar que deben de cumplir los borradores de la tesis antes de recibir la aprobación final. Señalan los pasos a seguir para entregar el documento, ya sea en formato impreso o digital (la tendencia es el formato electrónico), los tiempos, el procedimiento administrativo, costos y demás.

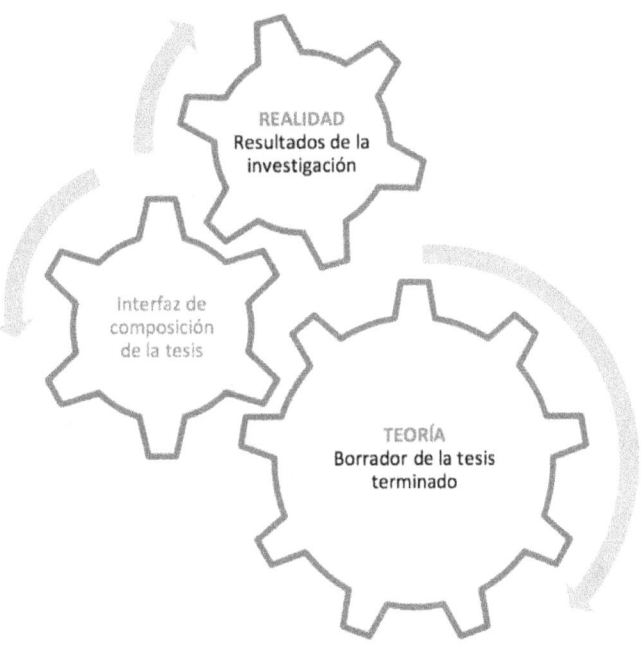

Figura 5. Fase previa a la escritura de la tesis

Las dudas y preocupaciones de los estudiantes comienzan cuando el asesor o el programa les reglamentan la medida de la tesis, el tamaño en número de páginas o en número de palabras, como si la cantidad fuera prueba da calidad. Confeccionar un documento a partir de un puñado de datos, particularmente en las ciencias e ingenierías, somete a los jóvenes a nuevas presiones psicológicas, diferentes a las tenidas en las fases anteriores a la fase 5.

No es suficiente la guía o plantilla que los programas de posgrado proporcionan a sus estudiantes para que, como si fuera un examen, escriban sus ideas y conclusiones dentro de los espacios vacíos y la tesis quede lista. Te dicen qué debes hacer y no cómo debes hacerlo. Si fuera tan simple como eso, como llenar un formulario, no existirían tantos ABDs.

Ahora bien, supongo que en este momento en que acudes a la guía de "Cómo escribir la tesis en 100 horas", te encuentras estancado sin poder resolver esa cosa que es la tesis. Lo preocupante de tu historia es que ya pasó demasiado tiempo y escribiste muy poco o nada de la tesis, tal vez algunos cuantos párrafos, que son insuficientes para armar un borrador.

En este contexto, lo que llamo 'interfaz de composición de la tesis', que es el trabajo creador del estudiante para producir su borrador de tesis, la estrategia de las 100 horas se orienta en proporcionarte modos de hacer para que culmines la redacción de la tesis con tiempo (Figura 6).

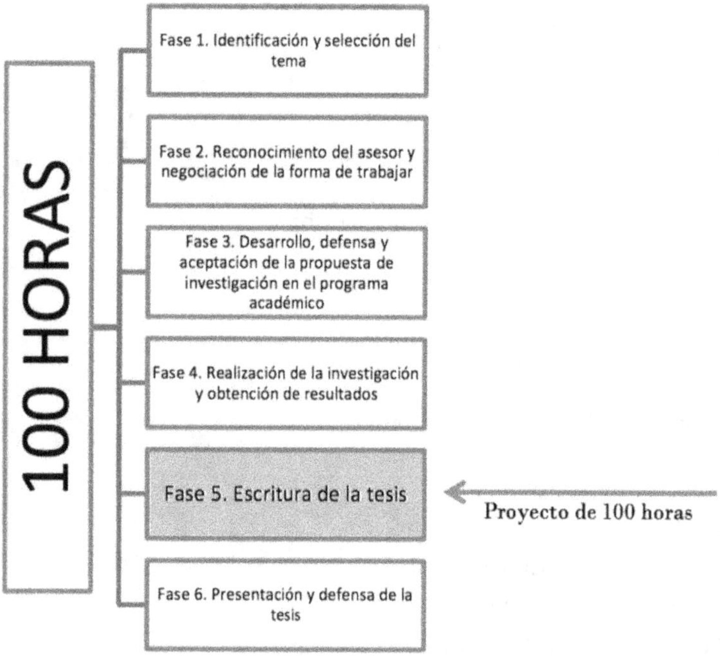

Pues bien, para eso es esta guía, para ayudarte a visualizar lo que hiciste desde la preparación de la propuesta de la tesis hasta concluir la investigación, identificar lo salvable, organizar tu expediente, y comenzar a estructurar tu escrito.

La autoevaluación te será de utilidad para que generes una radiografía del estado de tu situación, y con propiedad puedas plantear y organizar la elaboración de tu tesis en 100 horas.

Fase 6. <u>Presentación y defensa de la tesis</u>

100 HORAS

- Fase 1. Identificación y selección del tema
- Fase 2. Reconocimiento del asesor y negociación de la forma de trabajar
- Fase 3. Desarrollo, defensa y aceptación de la propuesta de investigación en el programa académico
- Fase 4. Realización de la investigación y obtención de resultados
- Fase 5. Escritura de la tesis ← Proyecto de 100 horas
- Fase 6. Presentación y defensa de la tesis

Figura 6. Escritura de la tesis.

Esta fase es consecuencia lógica de la fase 5. Consiste en preparar la presentación visual de tu tesis, generalmente resumida en una secuencia de cuadros PowerPoint, para proyectarla y explicarla al jurado evaluador que te examinará. En base a tu tesis escrita y a lo que aquí expongas, los miembros del jurado te harán toda clase de preguntas. Es lo que se denomina "defensa de la tesis".

2
PARTE

AUTOEVALUACIÓN

La autoevaluación consiste en un (auto) diagnóstico del estado que guarda tu investigación de tesis, un inventario de los materiales recabados, reconocimiento del ambiente académico en tu programa de estudios, tu situación emocional, tu actitud y predisposición para continuar hasta lo último.

Lo único que te queda por hacer al haber terminado la investigación de tu tesis es, en apariencia, escribirla. Tu laptop está cargada de datos, los cuadernos de campo llenos de anotaciones, el tarjetero rebosante de fichas bibliográficas, las memorias de tu cámara fotográfica saturadas de imágenes, tu mente impregnada de vivencias científicas. ¿Qué más puedes pedir? Tienes por delante toda una historia que contar, que compartir con colegas y familiares, y que heredar a tu futura descendencia.

Pero, no tan aprisa, vamos por partes. Estás aquí conmigo, frente a esta guía, porque por una o varias razones no has podido contar la historia que coronaría tus estudios de maestría o de doctorado, ¿cierto? El tiempo se te acaba y no sabes cómo desentrañar este enigma, este nudo gordiano donde se entrecruza toda clase de información (teorías, hipótesis, ideas propias, ideas de otros, datos, citas, tablas, figuras, videos, audios, nuevos descubrimientos, etc.) que, siguiendo un hilo conductor, debes de referir coherentemente por escrito.

Y digo "nudo gordiano" en referencia al relato histórico que, como primer ejercicio de esta guía, deberás de averiguar en qué consistía eso, y para que entiendas hasta qué grado de enmarañada puedes tener toda tu información. Pero no te preocupes, vas a deshacer el nudo gordiano del mismo modo en que Alejandro Magno lo hizo. Yo te diré como.

Para empezar, es importante revisar los siguientes puntos, mismos que te permitirán establecer una estrategia a la medida de tus necesidades para la redacción de la tesis en 100 horas. Vas a tener que ser muy honesto y claro contigo mismo, pues la respuesta que des a cada punto te ayudará a ver y entender bajo una nueva y diferente perspectiva el trabajo académico que hiciste durante 2, 3, 4 años o más, y que, en conjunto, la información que sobre ti y tu trabajo obtengas te servirá para redactar con propiedad tu tesis.

A. ¿Cómo escogiste el tema?
B. ¿Cuál fue tu experiencia al desarrollar la propuesta de investigación?
C. Todo arranque de proyecto tiene sus dificultades. ¿Los tuvo el tuyo?
D. ¿Cómo fue la relación con tu asesor y cómo sigue siendo actualmente?
E. ¿De qué manera se desarrolló tu trabajo de investigación?
F. ¿Cómo fue la presentación de avances y la retroalimentación con tu asesor?
G. ¿Hubo profesores, administrativos, compañeros castrantes que te afectaran emocionalmente?
H. ¿Tuviste cursos, seminarios o talleres que te ayudaron con tu tesis?
I. ¿Qué fue lo que determinó que ya había que parar la investigación o que te indicó que ya había concluido?
J. ¿Qué fue lo que hiciste después de que paraste tu investigación?
K. ¿Qué puedes decir del ambiente académico vivido, tus relaciones creadas y tus sueños?
L. Reconociendo aquellas experiencias perdidas

A. ¿Cómo escogiste tu tema?

La selección del tema para la investigación de tesis es quizá la decisión más importante que el estudiante de posgrado tome, pues su influencia se sentirá todos los años que duren los estudios. Tomarse a la ligera este asunto posiblemente tenga consecuencias futuras. Son muchos los caminos que conducen a una selección inexperta del tema. A continuación se plantean 10 de ellos. Obsérvalos y piensa con detenimiento si tú tomaste uno de esos caminos.

1. ¿Llegaste al posgrado cargando la idea de lo que querías investigar?

Es más normal de lo que te imaginas que el estudiante de posgrado piense, desde antes de ingresar, en qué clase de investigación quiere hacer. Esto muestra seguridad, pero su tema, la mayoría de las veces, es inaceptable por diferentes motivos:

- porque es muy general
- porque es obsoleto
- porque no tiene nada que ver con lo que se desea estudiar
- porque no tiene sentido

¿Cuáles son los riesgos?
Que quien será tu asesor lo acepte y tu trabajo desmerezca.

2. ¿Se te ocurrió porque está de moda?
Acudir al tema de moda es muy recurrente en estudiantes novicios. Ni los profesores quedan exentos de los encantos de la moda.

¿Cuáles son los riesgos?
Desenamorarte del tema más pronto de lo que imaginas.

3. ¿Lo viste en tu serie de TV favorita?
La influencia de la televisión de entretenimiento o del cine online en las inclinaciones de los jóvenes que ingresan a un posgrado, es desmedida. Bajo la influencia de una trama o de la actuación de un personaje o de la magia de los trucos y los colores deciden qué será lo que investigarán en el posgrado.

¿Cuáles son los riesgos?
Que la ficción va mucho más adelante que la realidad, y que tarde que temprano se producirá un desencanto.

4. ¿Lo tomaste porque te gustó la manera en que lo trataron en una clase?
Esto sucede muy al principio, cuando el estudiante no está seguro de lo que desea realizar como investigación de tesis, y cae bajo el influjo de una presentación en el aula.

¿Cuáles son los riesgos?
Que el tema no sea necesariamente actual, bueno, idóneo, realizable, costeable, etc.

5. ¿Te lo recomendaron?
Recibir el consejo de alguien para tomar un tema de investigación de tesis es más común de lo que te imaginas. Puede ser que por el respeto que te merece esa persona pienses que ese camino es el correcto y lo tomes.

¿Cuáles son los riesgos?
Que pierdas el entusiasmo tan rápido como lo asumiste.

6. ¿Lo tomaste para estar cerca de la persona que es tu pareja o que te gusta?
Esta situación es más común de lo que te pudieras imaginar. A veces es el hombre el que cede para estar con su pareja o viceversa, no hay una dominancia masculina o machista.

¿Cuáles son los riesgos?
Uno es un posible rompimiento de relaciones y el desistimiento por el tema o los estudios por parte del que menos inclinación tiene por el tema. Otro riesgo es que en algún momento surja el desencanto por el tema y produzca un avinagrado estudiante o que abandone para retomar otra línea de estudio.

7. ¿Fue lo primero que te vino a la mente?
   He conocido estudiantes que propusieron sus temas de investigación porque no se les ocurrió otra cosa. Suena increíble pero sucede. Cuando uno ahonda buscando las razones, halla cierta incultura, pues con frecuencia llegan con una disciplina profesional diferente a la del programa en cuestión.

   ¿Cuáles son los riesgos?
   Precisamente porque es el único asidero para su investigación, estas personas suelen mostrar preocupación por aprender el tema. El riesgo es que pierda interés y desista o busque orientación para desarrollar un nuevo tema, con lo que pierde tiempo.

8. ¿Te lo propuso el profesor que seleccionaste como asesor?
   Los profesores no son 'damas de la caridad'. Evidentemente su trabajo es enseñar y capacitar al estudiante de posgrado para que aprenda a investigar y obtenga su título. Pero ellos lo que quieren y necesitan son manos que les ayuden en sus investigaciones personales, sustitutos para que los suplan en algunas de sus clases, delegados para que asistan en su representación a determinadas reuniones, autores para que les auxilien en la investigación y redacción de artículos y ponencias. Además, mientras más estudiantes tengan dentro de su perímetro y bajo su tutoría, mayor puntuación obtendrán en las diferentes evaluaciones que se aplican al profesorado.

   El estudiante deberá mostrar sabiduría al momento de buscar un tema de investigación y un asesor, para que el compromiso de asesor-asesorado sea de beneficio mutuo.

   ¿Cuáles son los riesgos?
   Que el asesor haya sido impuesto por el departamento y que de esa asociación no se produzca empatía. Esta circunstancia es una sentencia anunciada de desahucio para el estudiante-

También puede ser que el estudiante seleccionó a su asesor y fue aceptado por éste, pero que por lo multi premiado del profesor nunca consideró el aspecto personal que desembocó en la animadversión por una de las dos partes.

9. ¿Lo seleccionaste porque forma parte de un proyecto que tiene fondos?
Emprender una investigación de tesis bajo la tutela de un profesor que tiene proyectos con recursos económicos, asegura que no falten insumos, viáticos y demás gastos mientras se labora bajo su patrocinio. Este es el primero y último considerando que para algunos estudiantes justifica la elección de uno u otro profesor para que sea su asesor de tesis.

¿Cuáles son los riesgos?
El asunto de las relaciones humanas vuelve a ser, como en anteriores puntos, un aspecto sensible que provoca malentendidos, enojos, desacuerdos, distanciamientos. Podrá haber continuidad en el trabajo de tesis pero en un clima de intolerancia y disgusto. En el peor de los casos, renuncia.

10. ¿Te lo impusieron?
Recibir un tema de investigación de tesis por imposición del asesor, del departamento o de quién financia los estudios del estudiante (que puede ser una empresa), no es excepcional, ocurre a menudo.

¿Cuáles son los riesgos?
Que haya necesidad de buscar financiamiento para la realización del proyecto, y no encontrar los suficientes. Cuando esto pasa, el propio estudiante se ve en la necesidad de costear los gastos de su investigación.

El tema es la punta de la hebra de la tesis, por este motivo debes comenzar tu análisis desde aquí. Si tu vivencia encaja en alguno de los puntos descritos, medita por algunos minutos sobre cómo sucedió. Anota los detalles más relevantes y, si te es posible, resuelve cómo esta situación de arranque afectó o no tú desempeño. Esta rememoración te servirá para encontrar el hilo conductor a los problemas que incidieron continua o periódicamente en tu quehacer.

B. ¿Cuál fue tu experiencia al desarrollar la propuesta de investigación?

El desarrollo de la propuesta de investigación de tesis se produce a partir del momento en que el tema de investigación se seleccionó –cualquiera que haya sido la circunstancia–, y que fue aceptado por el asesor y, si así aplica, también por cuantos están involucrados.

Pero el proceso de selección y apropiación de un tema no es tan simple como sacar una carta de la baraja y conformarnos con cualquier palo que salga. El tema elegido se estudia, se investiga, se documenta, se analiza, se discute. Se trabaja en él para de ahí preparar la propuesta de investigación.

Como parte de la autoevaluación para armar la estrategia de las 100 horas, revisa las siguientes interrogantes y respóndelas lo más objetivamente posible.

1. ¿Documentaste el tema de investigación?
   Se refiere al modo en que te informaste para saber más de tu tema. Hay muchas maneras que pudiste haber utilizado para documentarte, como por ejemplo: conversaciones sobre el asunto con tu asesor, con otros profesores y condiscípulos; entrevistas a expertos en el área; observación de películas documentales; lecturas de libros y revistas; noticias en medios de comunicación masiva; sitios de internet; pero también tus propias meditaciones pudieron haber arrojado ideas útiles y originales.

2. ¿Subdividiste el tema?

A medida que avanzaste en el conocimiento del tema, la idea que de él tenías en un principio fue cambiando de perspectiva ante tus ojos. Lo que parecía pequeño y poco trabajado, resulta que tiene abundantes antecedentes. Te das cuenta de dos cosas, que no sabías tanto del asunto como creías, y que puedes subdividirlo en diferentes clases de categorías y elegir cuáles conciernen más a tu interés y cuáles no.

Si adviertes que aún no has creado categorías ni separado en grupos, es momento de que tomes nota de este faltante y pienses de qué manera hacer esto con tu material. Mientras más esquematizado esté, más sencillo te será su manejo.

3. ¿Desarrollaste base de datos?

   Documentar es una cosa, pero registrar, poner ordenadamente y al alcance de la mano la información es otra cosa; es la sistematización de la información en herramientas de trabajo llamadas bases de datos. Las bases de datos sirven de apoyo al estudiante tesista, porque la información es recuperable, cuando tiene que escribir una presentación sobre su trabajo, un artículo o la misma tesis.

   Las bases de datos pueden generarse usando tarjetas bibliográficas, que facilitan la jerarquización de la información y fácil manejo. Este es el sistema más sencillo y es manual. Otros los prefieren hacer digitalmente, en sus computadoras, donde utilizan diversos software para catalogar sus registros.

4. ¿Hiciste resúmenes del material leído?

   Algunos asesores acostumbran a exigirles a sus estudiantes resúmenes del material bibliográfico leído. Esta es una táctica que utilizan para asegurarse de que sus asesorados están estudiando y entendiendo el tema de sus tesis, y que tendrán elementos intelectuales para preparar una aceptable propuesta de investigación.

5. ¿Tomaste nota de tus ideas?
   Cuando un intelectual le está dando vueltas en la cabeza a alguna idea interesante, apunta aquellas ocurrencias que estime prudente conservar. La memoria personal es un pésimo sitio para archivar recuerdos, a menos que la persona esté entrenada en mnemotecnia, lo que es extraordinariamente raro.

6. ¿Cuántas reuniones tuviste con tu asesor?
   Las entrevistas con el asesor son esenciales para cualquier estudiante. El joven no puede ir solo, redactando la propuesta a su antojo, lejos del ojo crítico de quien es responsable de su investigación. Y las indicaciones que dicta a su pupilo tienen que ser atendidas y, sobre todo, anotadas. El no hacer caso al asesor complica la relación y el trabajo.

7. ¿Cuántas presentaciones de la propuesta hiciste?
   ¿Lo recuerdas? Dependiendo de si el grado es de maestría o doctorado, y del programa académico o universidad, los seminarios de tesis donde se presentan las propuestas pueden acontecer a lo largo de uno o dos semestres. Las observaciones y críticas recibidas son para que el estudiante mejore lo que será su proyecto de investigación de tesis. El número de presentaciones es el número de veces que la propuesta fue escuchada, y el número de sugerencias recibidas puede ser 4 o 5 veces mayor.

8. ¿Tomaste notas de los comentarios y recomendaciones?
   Más allá del cubículo del profesor que te asesora o de la sala de seminarios se reciben comentarios o recomendaciones sobre lo que tiene de malo la propuesta o de cómo mejorarla.

9. ¿Cuánto tiempo te tomó?
   El estudiante universitario tiene el hábito de medir el tiempo por semestres. Si uno pregunta, ¿cuánto tiempo te tomó escribir tu propuesta de tesis? Pueden contestar que uno

o dos semestres. Pero un semestre, pensando que son seis meses, divididos en 26 semanas, que en promedio consta de 183 días (ya sea año bisiesto o no), equivalen a 4,392 horas.

Ahora distribuyamos racionalmente el tiempo en actividades diarias durante el semestre:

o 1,464 horas correspondientes a 8 horas de sueño diario
o 366 horas correspondientes a 2 horas diarias para WC, ducha, arreglo personal
o 366 horas pertinentes a 2 horas diarias para comer
o 1,464 horas correspondientes a 8 horas diarias de estudio
o 549 horas referentes a 3 horas diarias de traslado
o 183 horas correspondientes a 1 hora diaria para disfrute personal

Pero en realidad las cosas no sucedieron así. El semestre académico es más corto que la mitad del año; de hecho, son entre cuatro y cinco meses, dependiendo del programa escolar y de la universidad.

Si hubieses llevado un registro del tiempo dedicado específicamente a preparar tu propuesta, notarías que de esos cuatro meses de estudios, que fueron unos 120 días, probablemente no le destinaste una hora diaria, quizá ni media hora. Te darías cuenta que tu propuesta la hiciste en 30 horas a lo sumo. Pero si lo ves en la perspectiva del calendario escolar creerás que la desarrollaste en un semestre.

Hago mención al tiempo porque este es el factor clave de la guía sobre cómo escribir la tesis en 100 horas. La idea es que captes cómo puedes sacar horas de tu diario vivir, sobre todo en una emergencia académica, para manejar tu tiempo y llegar oportunamente a tu meta.

10. ¿Cuántos borradores escribiste?

Cuando se escribe una propuesta de investigación, el documento va aumentando poco a poco. Como se producen correcciones y cambios, y el documento se transforma en varios aspectos, lo lógico es que en lugar de borrar lo que no agradó o ya no se acepta, se guarde y se prosiga con el nuevo texto que se reescribe sobre la copia del anterior documento. Con esta técnica se acumulan y protegen los múltiples borradores que se produzcan. Esto sirve para acudir a ellos en caso de que haya necesidad de recuperar algún concepto importante pero que quedó atrás.

En el desarrollo de los borradores de la propuesta de investigación se esconde otro secreto que te voy a ayudar a reconocer para que lo traslades y lo apliques en la redacción de la tesis.

Piensa, escribe y analiza las respuestas a los 10 puntos a la sección B.

C. Todo arranque de proyecto tiene sus dificultades. ¿Los tuvo el tuyo?

Los jóvenes universitarios de posgrado, al menos en México, muestran serias deficiencias a la hora de tener que analizar profundamente el tema de investigación seleccionado, pues demasiados creen que con tres o cuatro referencias bibliográficas agotaron el asunto, y después de sortear este punto se topan con otro más difícil, que es la elaboración de su propuesta. Sin embargo, de una u otra manera saliste adelante y escribiste tu propuesta con el tema que elegiste.

Pues bien. A lo que voy ahora, es a pedirte que pienses y trates de recordar qué pasó cuando tuviste que comenzar tu investigación. Cuando tenías el proyecto entre manos y debías de comenzar a actuar.

Te voy a dar tres pistas:

o Te pusiste a trabajar rápidamente porque sabías lo que tenías que hacer. En este caso no hubo pérdida de tiempo.

o Preguntaste cómo debías iniciar la investigación.
Te tomó algunos días acercarte al asesor o a otra persona, para consultar tus dudas.

o No preguntaste a nadie y trataste de resolver las cosas por ti mismo.
Intentaste iniciar tu proyecto varias veces hasta que descifraste el cómo hacer, pero esto te costó tiempo. Aprendiste a manejar la situación pero no tu tiempo.

Cualquiera de estas tres diferentes pistas que haya sido la tuya, te dará una idea del tamaño del reto que tendrás que afrontar cuando te pongas a escribir tu tesis. El primer caso es el que más rápidamente puede organizarse siguiendo la estrategia de las 100 horas. El segundo caso no se perderá, pues ante cualquier duda preguntará. El tercer caso tendrá que dejar de lado sus timideces y agarrar al toro por los cuernos; lo menos que puede hacer es comportarse como el segundo caso, pues de otra forma difícilmente acabará su tesis en 100 horas.

D. ¿Cómo fue la relación con tu asesor y cómo sigue siendo actualmente?

Como ya es de tu conocimiento, la selección del tema de investigación de tesis y la decisión de escoger al asesor están ligadas. Cuando tuviste la opción de escoger al asesor y no te lo endilgaron, te fuiste por la alternativa que parecía la más conveniente a tus intereses. Que tú hayas escogido y se te haya aceptado, porque también esa es decisión del profesor, no significa que tu relación con él fuera a ser una luna de miel. Y eso lo sabes ahora que estas entrampado con la escritura de tu tesis y se te dificulta avanzar.

Para proseguir con la autoevaluación, piensa cómo fue tu relación con tu asesor desde el comienzo de tu tesis. Haz un inventario de lo que tú crees que afectó o reforzó tu relación, y que influyó en tu trabajo académico. La crítica debe ir en ambos sentidos, hacia el asesor y hacia ti. Con esto, podrás entender mejor la relación que en la actualidad hay entre los dos y, si es preciso, qué debes hacer para resanar lo que sea necesario.

Puede ocurrir que al darse cuenta tu asesor de que te inmovilizaste en la parte final de tu trabajo de tesis, que no pudiste escribir el reporte y que por más que te insista y te llame al orden no respondes, él se dé por vencido y te deje a la deriva. Entonces sí que estás solo y únicamente tú podrás salir adelante con tus propios recursos.

E. ¿De qué manera se desarrolló tu trabajo de investigación?

Recuerda y resume en un escrito la experiencia académica vivida desde el tiempo en que comenzaste tu tesis hasta la fecha. Si fue en el campo o en el laboratorio, en una comunidad rural o dentro de una fábrica, donde haya sido, ¿cómo se fue dando tu trabajo? ¿Qué vivencias te marcaron y por qué? ¿Qué te gustó y qué no? Sobre todo, ¿qué recomendarías a otro estudiante que hiciera una investigación similar a la tuya? Y, partiendo de tu propio caso, ¿qué le recomendarías a tu asesor?

Al elaborar este punto podrás notar altibajos en el desarrollo de tu búsqueda. Bien recordarás que nada fluyó tan libre y sin estorbos como el agua que conduce un canal. Tuviste contrariedades pero también el talante para resolverlas. Y así, esforzándote y sacrificando rutinas de tu vida, concluiste tu investigación.

Al escribir la tesis lo que se reporta son los resultados de la investigación. Lo que el estudiante haya experimentado en carne propia, así haya perdido un dedo en su investigación, no se informa, eso es un mero dato anecdótico. Entonces, ¿para qué recapitular el cómo se llevó a cabo la investigación? Para que te des cuenta de las cosas importantes que hiciste y que estás a punto de tirar por la borda. No es suficiente que lo tengas en la cabeza, ¡escríbelo! Esto te dará aliento para que camines el último tramo, el de las 100 horas.

F. ¿Cómo fue la presentación de avances de investigación y la retroalimentación con tu asesor?

Por regla, los programas de posgrado obligan a los estudiantes a presentar avances de sus proyectos de investigación, en los seminarios de investigación de tesis, con cierta periodicidad. En esos foros, los jóvenes explican lo que hicieron desde la última presentación a la fecha, y muestran sus resultados parciales. Asimismo, proyectan el plan de trabajo para la siguiente etapa.

Al término de cada presentación, la audiencia, conformada por profesores y alumnos del programa, comenta, critica, discute y recomienda. El estudiante debe estar atento y recoger esas ideas que ayuden a reforzar y/o reorientar su trabajo.

En reuniones posteriores al seminario, el asesor acostumbra retomar el hilo de las discusiones con su asesorado, analizar lo que valga la pena, y emitir su propio dictamen.

Los datos que recojas en tu autoevaluación sobre este punto redundarán en beneficio de tu tesis. Será de utilidad para robustecer aspectos de la metodología y la discusión.

G. ¿Hubo profesores, administrativos, compañeros castrantes que te afectaran emocionalmente?

El acoso es una actitud muy común en el ambiente académico. El acoso o "bullying", como mejor se conoce a esa conducta, no es exclusivo de estudiantes hacia estudiantes, sino que también se produce en el binomio profesor-estudiante y asesor-asesorado. Otra clase de maltrato aparece en los administrativos que sobre actúan su papel ante los jóvenes y les hacen la vida imposible.

Sitios web, medios sociales como blogs y Facebook, revistas estudiantiles, revistas especializadas, tesis sobre el tema, y otras fuentes de información, dan fe del maltrato de algunos profesores hacia los estudiantes que asesoran en sus investigaciones de tesis. El acoso del asesor hacia el tesista se presenta de múltiples maneras. Algunas formas declaradas por estudiantes agraviados son: ser ignorados y nunca atendidos; confundirlos continuamente al recibir órdenes y contraordenes; sobrecargarlos de trabajo más allá de lo posible; ser maltratados de palabra; exigirles cosas que no se corresponden con su investigación.

El acoso es una de las principales causas de estrés en los estudiantes de posgrado, y una de las razones por las cuales no concluyen los estudios doctorales. Tú debes de tener claro si estuviste en alguna de estas desafortunadas posiciones, y de qué manera te afectó. La autoevaluación es para que recojas y juntes las piezas sueltas de tu experiencia educativa en el posgrado, para que te afiances y des el último jalón, en el de la escritura de tu tesis.

H. ¿Tuviste cursos, seminarios o talleres que te ayudaron con tu tesis?

En los programas de doctorado escolarizados, el estudiante se pasa los primeros dos o tres años tomando toda clase de cursos, ya sean teóricos, prácticos, de campo, etc. En ese período aterriza su tema y, para el tercer o cuarto año comienza su investigación. En menor escala igual ocurre con la maestría. Después de 20 o 30 cursos viene la investigación. Así es el esquema clásico americano.

También pasa que después de aprobada su propuesta de tesis,

la investigación podrá extenderse un indeterminado número de años. Esto depende de varios factores: el asesor en primer lugar, la insuficiencia de recursos, la dificultad de obtener los datos necesarios, problemas personales, otra vez el asesor que obliga a su estudiante a tomar más cursos sobre tal o cual técnica nueva, etc.

En el nivel de apuro en que te encuentras, que es en el que ya debes escribir la tesis, te va a ser de mucha utilidad que hagas un inventario de los cursos, seminarios y talleres que tomaste, y rápidamente veas si alguno de ellos te fue de utilidad para la investigación y en qué forma.

Recuerdos que surjan, apuntes que encuentres, comentarios anotados, grabaciones, correos electrónicos, posts en el blog, conversaciones con compañeros en Facebook, y cualquier cosa que descubras de los cursos que consideres que te sirvieron en tu investigación, utilízalos, exprímeles la información que contengan y plásmala en tu tesis

I. ¿Qué fue lo que determinó que ya había que parar la investigación o que te indicó que ya había concluido?

El trayecto de una investigación no tiene semáforos que te prevengan o te marquen el alto; ni señales que te indiquen la velocidad o te avisen con tiempo que te acercas a una curva; no es camino asfaltado ni de terracería; no hay a su vera gasolineras para cargar combustible, ni talleres mecánicos, ni estaciones de descanso, ni escenarios naturales que dulcifiquen y suavicen tu marcha. Tampoco es un viaje de ensueño exento de sorpresas e incidentes. No hay letreros que te digan cuantos kilómetros has caminado o cuantos te faltan para llegar a tu destino. Mucho menos vas a encontrar un cartel espectacular que a la distancia te anuncie el final del recorrido.

Aun así, a pesar de que el quehacer investigativo es un trayecto que en apariencia se hace a ciegas –al menos así le parecerá al principiante–, el proyecto de investigación será la carta de navegación. Es lo que se consulta antes de ver al asesor y después de verlo. El proyecto es un contrato cuyas cláusulas no debes alterar, salvo condiciones muy especiales y con autorización del asesor y del comité.

Ahora bien, seguramente durante tu investigación aprendiste a leer señales, a leer anuncios, a disfrutar y a sufrir tu trabajo. Te fuiste preparando para entender el significado de los acontecimientos y de los resultados parciales, y saber en qué momento te aproximaste a la culminación del estudio. Esto no lo aprenden rápido los jóvenes y, si no tienen la vigilancia adecuada, se salen del contexto de sus objetivos y metodología, y realizan cosas de más o que no son relevantes para la tesis.

La idea de este punto de la autoevaluación es que revises tu trayecto, que lo imagines como un paseo por la carretera, y lo describas con sus altos, desvíos e incidentes, como lo ejemplifico en el primer párrafo.

J. ¿Qué fue lo que hiciste después de que paraste tú investigación?

Una investigación nunca concluye. Es como el hilo de una madeja mágica que se jala y sigue dando de sí sin que uno llegue al otro extremo. Aquí, la sabiduría del investigador está en entender cuándo parar. A veces uno se detiene porque ya se agotó el tiempo o terminaron los recursos, y sólo se reporta un recuento de los resultados parciales conseguidos. Otras veces uno cesa de buscar porque con los datos obtenidos se puede dar una explicación al propósito central de la tesis. En fin, hay muchas razones, justificadas o no, que ponen un hasta aquí al trabajo de investigación de tesis.

El instante en que se dice 'hasta aquí llego', el momento en que la investigación concluyó oficialmente, es el parteaguas que marca el inicio de la redacción de la tesis. No se trata de que el tesista se sienta y de golpe comienza a escribir, aunque muchos piensan así. Más bien, es cuando se organizan los materiales bibliográficos y documentales adquiridos y registrados durante la investigación. Porque escribir un documento tan importante como la tesis conlleva varias actividades, además de la propiamente de escritura. Este aspecto lo veremos más adelante.

Para autoevaluarte, piensa qué fue lo que hiciste a partir del momento en que concluiste tu investigación. Qué decisiones y acciones tomaste. A dónde te condujo esto.

K. ¿Qué puedes decir del ambiente académico vivido, tus relaciones creadas y tus sueños?

Este punto es para que reflexiones sobre tus estudios de posgrado, tu relación con tus condiscípulos y maestros, los costos personales para ti y tu familia, el tiempo invertido, tus esperanzas y sueños, y emitas una opinión para ti mismo y nadie más. La idea de estos ejercicios es para que veas, ahora que todavía tienes tiempo de salvar tu carrera, lo que estás a punto de perder si no haces un último empuje.

L. Reconociendo aquellas experiencias perdidas

Cuando te encuentras en la fase de escritura de tesis y observas lo que ocurre a tu alrededor, tanto en la maestría o doctorado como con tus compañeros y maestros, y batallas con uno u otro aspecto de tu tesis, caes en la cuenta de que hubo muchas cosas que te perdiste. Adviertes que si hubieras estado avispado o menos distraído, o si hubieras tenido la guía ideal, quizá te habrías beneficiado tomando en cuenta y añadiendo a tu formación eso que llamo "experiencias perdidas".

¿De qué experiencias perdidas estamos hablando?

1. Haber conocido mejor al grupo de profesores, a alguno de sus ex–estudiantes, a sus asistentes (en caso de que los

tuvieran), sus proyectos y publicaciones, todo en la idea de escoger al asesor idóneo.

2. De no haber revisado ejemplares de tesis cuando hubo tiempo y oportunidad. La razón es que las tesis de otros estudiantes sirven de modelo para escribir la propia, y para pensar cómo se elaboraría la propia.

3. Que las expectativas sobre el programa de posgrado cambiaron de cuando ingresaste al momento actual, bajo la influencia de profesores y actividades académicas, y dejaste que lo favorable o desfavorable se apropiara de tu circunstancia.

4. La búsqueda de información y revisión de literatura, a pesar de haber sido aprobada por el asesor, es mucho menos de lo que en verdad necesitas para darle cuerpo a los antecedentes de la tesis.

5. Que las reuniones con tus compañeros de estudios fueron más parrandas y momentos de catarsis que talleres de revisión crítica cruzada sobre las actividades de cada cual.

6. Haber perdido la oportunidad de conocer a los recién graduados cuando ingresaste al programa, y a los de recién ingreso cuando ibas de salida, lo que de una u otra manera hubieran retroalimentado el manejo de tu situación.

7. No haber sido más exigente con tus maestros en tus cursos y entrenamientos.

8. Haber permitido que el asesor y el coordinador del posgrado seleccionaran sin tu participación a los miembros del comité evaluador de tesis.

No se trata de hacer una historia contra-factual, contra los hechos sucedidos y que ya no tienen remedio, sino de sacarle partido a esas fallas o equivocaciones. ¿Y de qué manera?

Reconociéndolas, analizándolas, viendo que hay en ello que fortalezca el esfuerzo que se hace para escribir la tesis, identificando algo que se pueda salvar en este momento, y tomándolas en cuenta para que no se repita el error en el futuro.

Resumen

Después de que hayas terminado la autoevaluación vas a tener una primera aproximación de tu situación respecto a ti mismo, a lo avanzado de tu esfuerzo, al ambiente personal y académico en que te has desenvuelto, y, sobre todo, al estado de las relaciones con tu asesor y demás personas que directa o indirectamente están vinculadas a tu proceso educativo y de titulación. Te situará y hará que dejes de lado esa aversión que probablemente sientas por tu caso, y recomiences para terminar en un breve espacio de tiempo, muy breve comparado con los años que dedicaste a los estudios de posgrado.

LA FUERZA DE UNO

El mundo se ha vuelto cada vez más interdependiente e interconectado. La tendencia de la sociedad mundial de los últimos 70 años ha sido la de colectivizar todas las actividades, tanto en la vida diaria como en el trabajo, dentro de la escuela como en las protestas callejeras, así también ocurre en las labores de investigación, en la escritura académica y en la publicación científica.

Parece que al ser individual le va quedando cada vez menos margen de acción y de movimiento en solitario. Y esto, particularizando el hecho, se hace muy evidente en la universidad, donde más que una exigencia ya es casi reglamento el tener que trabajar en equipo en buena parte de las tareas. En conjuntos de sujetos que sean de tres o más, pues ni siquiera los grupos de dos personas son lo suficientemente equipos para ser reconocidos como tales.

Es la propensión de la humanidad, sistematizar la vida de sus integrantes como si fuera una sociedad de hormigas, en donde todas trabajan juntas para un mismo propósito, y donde la ausencia de cualquiera de ellas, porque la haya atrapado un predador o se haya perdido o recaiga por enfermedad, no altera el ecosistema. Se reclama la colaboración de todas, pero ninguna es imprescindible.

En ese sentido parece moverse la sociedad contemporánea, llevándose entre la red de la colectivización a la generalidad de sus componentes. Sin embargo, para el mundo de la industria, los negocios, las finanzas y la literatura, el individuo es clave de progreso. Qué si no fueron las ideas y el liderazgo de Steve Jobs en el origen, desarrollo y éxito de la empresa Apple. O el tesón emprendedor de Lorenzo Servitje, fundador de la panificadora Bimbo, empresa líder mundial en la producción de alimentos. O Walt Disney, diseñador y creador del reconocido emporio fílmico de caricaturas y transformador de la industria del entretenimiento con su Disneylandia. O la escritora J.K. Rowling, autora de las novelas juveniles de Harry Potter, que tuvieron el mayor impacto a nivel mundial en el ámbito de la literatura de la última década del siglo XX y la primera del siglo XXI. Con esto quiero decirte que el empeño individual puede llevar a la persona hasta donde ella lo quiera (Tabla 2).

Huella del esfuerzo individual en la sociedad Tabla 2		
Nombre	Actividad	Impacto
Tomás Alba Edison	Invención	Generó más de 1000 patentes que incidieron en la transformación tecnológica del siglo XX
Tim Berners-Lee	Desarrollo tecnológico	Inventó la WWW
Jeff Bezos	Empresarial	Fundó Amazon.com, la mayor librería del mundo
Coco Chanel	Diseño de modas	Revolucionó el vestido de la mujer e impulsó la perfumería
Madre Teresa de Calcuta	Misiones religiosas	Fundó una misión para los pobres que actualmente se extiende por todo el globo. Símbolo de la caridad
Peter Drucker	Consultoría, escritura	Revolucionó la teoría y la práctica de la administración de negocios
Amelia Earhart	Aviación	Fue la primera mujer en cruzar sola el Atlántico. Promovió los derechos civiles de la mujer
Henry Ford	Desarrollo industrial	Innovó la industria automovilística mediante la implementación de cadenas de montaje para la producción masiva
Ana Frank	Adolescente perseguida	Escribió un diario durante el tiempo que estuvo oculta de la persecución nazi. Registra su personal visión de esa etapa
Sigmund Freud	Neurología	Fundó el psicoanálisis
Mahatma Gandhi	Pacifismo	Logró la independencia de la India. Es figura representativa de la paz
Ernesto "Che" Guevara	Lucha social	Llevó sus ideas revolucionarias del cambio social de la teoría a la práctica
Florence L. Goodenough	Psicología	Measurement of intelligence by drawings
Louis Pasteur	Inmunología, química industrial	Desarrolló la vacuna contra la rabia, el antídoto contra el ántrax, e inventó la pasteurización
Pablo Picasso	Artes plásticas	Fundador del cubismo y uno de los más influyentes artistas del siglo XX
Ernest Rutherford	Física	Padre de la física nuclear
Leonardo da Vinci	Artes, ciencias, filosofía	Ejemplo del genio individual por su amplia visión de las cosas y su capacidad creativa

En este contexto de cooperación, inducido por los programas educativos y por las sociedades avanzadas a nivel mundial, los estudiantes tienen que aprender a realizar juntos múltiples actividades. No es el 'yo' sino el 'nosotros' lo que tiene valor ante los ojos de los formadores y las autoridades universitarias. Aún más a nivel posgrado, donde se van a educar y entrenar nuevos investigadores, se presenta esta situación. Pues el ambiente de la investigación científica y académica demanda trabajo en redes de colaboración. Así, el posgrado se convierte en el espacio donde ciertas tareas se van a producir en equipos estudiantiles, y, del mismo modo, en colaboración con los maestros y asesores.

En esto hay un contrasentido, pues mientras que a los estudiantes se les insiste y se les reafirma con quehaceres el trabajo colectivo, por otra parte se les deja a su suerte para que resuelvan individualmente y por su propia cuenta la redacción de la tesis. La escritura de la tesis, como la obra de cualquier escritor, es un asunto solitario.

Esta faena la padecen más los estudiantes latinoamericanos que los estadounidenses y canadienses, pues los primeros no reciben educación formal para aprender a escribir –ni en equipo ni a solas–, y tampoco cuentan con centros o programas especializados que les apoyen y guíen cuando se las tengan que ver con sus tesis de maestría o sus disertaciones doctorales. En contraste, aunque los segundos si poseen educación escritural y tienen para su servicio centros de ayuda, un altísimo porcentaje de ellos se queda en el camino y no concluye su posgrado.

Las desventajas del estudiante de posgrado latinoamericano, al menos para un buen número de ellos, es que adolecen de poca o ninguna capacitación para escribir sus tesis y no tienen a su alcance centros de ayuda, como los centros de escritura en las universidades estadounidenses. La única ventaja que te da el conocer esto es que te das cuenta de la magnitud del problema en que estás metido, y de que hay que hacer lo necesario para continuar adelante.

A estas alturas estás en un momento de la carrera en la que no te queda de otra más que escribir tu tesis. Con compañía de esta guía podrás acometer la tarea. Verás que por mucho que te hayan dicho o que sepas que estás muy retrasado, la redacción de la tesis no tiene ciencia cuando ya tienes a la mano los resultados de tu estudio.

El trabajo individual es un proceso de decisiones grandes y pequeñas, importantes o intrascendentes, que hacen a la persona ser lo que es.

Sin discutir su significado moral, debes saber que una de las decisiones más importantes y polémicas en la historia de la humanidad fue la que tomó el presidente Harry S. Truman de los Estados Unidos, en 1945, cuando ordenó tirar las bombas atómicas sobre Japón. Esta no fue una determinación compartida colegiadamente en grupo, rodeado por sus asesores, donde por días y semanas se habrían discutido los pros y los contras que militares y civiles pondrían sobre la mesa; fue una resolución informada, objetiva, documentada con todos los datos al alcance, a la que personalmente llegó después de evaluar los posibles escenarios de la guerra en el pacífico y sus catastróficas consecuencias para ambos bandos si no se aplicaba, en un corto plazo, todo el poder bélico que en ese momento poseía su país para ponerle un alto a la lucha armada.

Y así lo escribió en sus memorias años después: "La decisión final de cuándo y en dónde arrojar la bomba atómica fue mía, nadie se confunda. Consideré a la bomba como armamento militar y jamás tuve duda alguna de que debería ser usada" (Anderson, 2006).

Con esto quiero ilustrar que por mucho que sea una necesidad y también una moda en ciertos círculos el trabajo comunal, tu vida y tus decisiones no pueden estar supeditados a otros, ni tampoco permitir que esos otros decidan por ti.

Si hiciste la investigación de tesis por ti mismo –quizá comenzando con titubeos al principio pero con firmeza después–, lo mismo podrás hacer con la siguiente etapa, que es escribir ese reporte de tesis. Es en ocasiones como esta, cuando te sientes totalmente aislado y desvalido, es cuando tienes que actuar. **Cuando decides escribir tu tesis es cuando se muestra la fuerza de uno**.

PARTE 3

¿QUÉ TAN EXTENSA DEBE SER UNA TESIS?

Cuando se llega la hora de escribir la tesis, una de las mayores preocupaciones del estudiante universitario es el tamaño del documento. ¿Qué tan extenso deberá ser? Constantemente se lo pregunta. Como a demasiados estudiantes se les dificulta escribir algunas frases o párrafos, les inquieta sobremanera la idea de tener que redactar un grueso volumen. Este solo pensamiento taladra su ecuanimidad y, desde antes de comenzar, se agrieta su voluntad. Es lo que los psicólogos que analizan a los tesistas que se bloquean denominan "auto–sabotaje".

En algunas disciplinas, los académicos suelen poner especial atención al tamaño de la tesis, en la creencia de que mientras más amplia sea mucho mejor será. A veces las reglas las dicta la autoridad universitaria desde la cúpula, otras veces las facultades o institutos, a veces los departamentos, y eventualmente los programas. Y cuando no existen reglas, que a veces ocurre esto, es el asesor quien impone el número de páginas que deberá tener la tesis del estudiante que está asesorando.

Pero, cuál es el número ideal, si acaso existe el número ideal de páginas que debe contener una tesis. En uno de sus ratos de ocio mientras escribía se disertación doctoral, así lo confiesa Marcus Beck, se puso a hacer minería de datos utilizando como fuente la base electrónica de tesis y disertaciones de la Universidad de Minnesota (2014). Analizó 3037 disertaciones doctorales escritas en 96 disciplinas, y 930 tesis de maestría redactadas en 52 disciplinas. El propósito fue el de establecer, en esa muestra de reportes, cuál es el promedio de páginas de las tesis (Tabla 3) y las disertaciones (Tabla 4).

Otras reglas estipulan el tamaño de la tesis en función de un número mínimo de palabras que debe contener. Por ejemplo, algunas instituciones condicionan las tesis de maestría a una cantidad variable entre 40,000 y 80,000 palabras, y la disertación doctoral a un mínimo de 100,000 palabras.

Extensión de Tesis de Maestría Tabla 3			
Disciplina	Extensión mínima Número de páginas	Extensión máxima Número de páginas	Extensión promedio en la mayoría de las tesis Número de páginas
Investigación clínica	23	52	25
Arquitectura	48	125	70
Ingeniería civil	70	115	75
Química médica	80	160	120

Extensión de Disertaciones Doctorales Tabla 4			
Disciplina	Extensión mínima Número de páginas	Extensión máxima Número de páginas	Extensión promedio en la mayoría de las disertaciones Número de páginas
Matemáticas	70	120	85
Ciencia animal	85	220	130
Ingeniería civil	125	180	155
Historia	275	335	290

Tanto el número de páginas como el número de palabras son estimaciones arbitrarias, pues la medida de una u otra no dice nada sobre el valor del contenido.

En realidad, no hay mucho para consultar sobre este tema. Sin embargo, analizando algunas disertaciones doctorales de quienes se convirtieron en grandes científicos o en personalidades públicas destacadas, encontré que la extensión de sus trabajos es variable, no se ajustan a un patrón concreto (Tabla 5). Por ejemplo, la del más famoso científico del siglo XX, Albert Einstein, apenas tiene 13 páginas; las mismas que la del matemático Riemann. La disertación del premio Nobel John Nash, así como la de Bernoulli, tiene 26 páginas; además, Nash escribió todas las formulas a mano.

Un caso ilustrativo es la tesis de James D. Watson, codescubridor con Francis Crick de la molécula del ácido desoxirribonucleico (ADN) en los años cincuenta del pasado siglo XX, que consiste en una disertación doctoral de 49 páginas. Contiene 9 gráficas, 21 tablas y 40 referencias. En total, Watson la escribió con poco menos de 14,000 palabras.

Es un error del estudiante ponerse a pensar en la cantidad de páginas o palabras que deberá llevar su tesis. Esto desvía la mente hacia cuestiones intrascendentes, y, en consecuencia, pierde un tiempo muy valioso. Lo más prudente es empezar a escribir, las palabras y las páginas se irán hilvanando y acumulando paso a paso.

Lo recomendable es que desde el principio el estudiante cuide la calidad de la exposición. Habiendo ya concluido la investigación y teniendo los resultados a la mano, sin importar que no se estén ofreciendo descubrimientos que vayan a cambiar a la humanidad ni hallazgos de relevancia que premien al tesista, lo que sigue es esmerarse en presentar los datos con un reporte de calidad.

En las bibliotecas universitarias se encuentran millares de tesis de todas las épocas que, si revisamos las pertenecientes a algunas de las personalidades internacionales reconocidas, encontraremos que los contenidos de sus investigaciones no reflejan la figura en la que se convertirían con el tiempo. Sin embargo, supieron trabajar el tema y el material con el que contaban y presentaron tesis bien escritas y de utilidad.

Disciplinas, Títulos y Extensión de Tesis Doctorales de Científicos Notables, Académicos Reconocidos y Personajes Públicos			
Tabla 5			
Nombre del estudiante	Disciplina	Título de la tesis	Número de páginas
Diane Ackerman	Literatura	The metaphysical mind: Studies in a comprehensive muse	165
Madeleine Albright	Relaciones Internacionales	The role of the press in political change: Czechoslovakia 1968	413
Robert Plant Armstrong	Antropología	Patterns in the stories of the Dakota Indians and the negroes of Paramaribo, D. Guiana	245
Svente Arrhenius	Física	Recherches sur la conductibilité galvanique des électrolytes	154
Isaac Asimov	Ciencias Puras	The kinetics of the reaction inactivation of tyrosinase during its catalysis of the aerobic oxidation of catechol	67
Harvey W. Banks	Astronomía	The first spectrum of Titanium from 6000 to 3000 Angstroms	400
Jacques Barzun	Historia	The French race: Theories of its origins and their social and political implications prior to the revolution	271
Charles Bazerman	Literatura	Verse occasioned by the death of Queen Elizabeth and the accession of King James I	123
Susan J. Bell	Astronomía	The measurement of radio source diameters using a diffraction method	242
Daniel Bernoulli	Fisiología	De respiratione	26
Mayim Bialik	Neurociencias	Hypothalamic regulation in relation to maladaptive, obsessive-compulsive, affiliative, and satiety behaviors in Prader-Willi syndrome	310
Wayne C. Booth	Literatura Inglesa	'Tristam Shandy and its precursors: The self-conscious narrator	274
Norman Borlaug	Patología vegetal	Variation and variability in *Fusarium lini*	40
Louis de Broglie	Física	Recherches sur la théorie des quanta	73
Noam Chomsky	Lenguaje	Transformational analysis	190
Clarence C. Clenenden	Historia	The United States and Pancho Villa	532
Mihály Csíkszentmihályi	Psicología	Artistic problems and their solutions: An exploration of creativity in the arts	146
Marie Curie	Física	Recherches sub les substances radioactives	155
Eric Drexler	Nanotecnología	Molecular Machinery and Manufacturing with Applications to Computation	487
Albert Einstein	Física	A New Determination of Molecular Dimensions	13
Peter Elbow	Literatura	Complex irony in Chaucer	114
Richard Feynman	Física	Principles of Least Action in Quantum Mechanics	75
Florence L. Goodenough	Psicología	Measurement of intelligence by drawings	177
Temple Grandin	Veterinaria	Effect of rearing environment and environmental enrichment on behavior and neural development in young pigs	212
Stephen Jay Gould	Paleontología	Pleistocene and recent history of the subgenus poecilozonites (Poecilozonites) (Gastropoda: Pulmonata) in Bermuda: An evolutionary microcosm	294
Stephen W. Hawking	Cosmología	Properties of expanding universes	119
Michio Kaku	Física	Spin and Unitarity in Dual Resonance Models	140
Martin Luther King	Religión	A comparison of the conceptions of God in the thinking of Paul Tillich and Henry Nelson Wieman	350
Orrin E. Klapp	Ciencias Sociales	The hero as a social type	413
María Konnikova	Psicología Social	The Limits of Self-Control. Self-Control, Illusory Control, and Risky Financial Decision Making	130
Grover Krantz	Antropología	The origin of man	129
Paul de Kruif	Microbiología	The primary toxicity of normal serum	59
Thomas Kuhn	Física	The cohesive energy of monovalent metals as a function of their atomic quantum defects	91
Oscar Lewis	Antropología de la Cultura	The Effects Of White Contact Upon Blackfoot Culture With Special Reference To The Role Of The Fur Trade	73
Karl Marx	Filosofía	The Difference Between the Democritean and Epicurean Philosophy of Nature	94
Barry C. Mazur	Matemáticas	On embedding of spheres	30
John Nash	Matemáticas	Non-cooperative games	26
Paul Nathan	Ciencias Sociales	Mexico under Cárdenas	461
Eugene P. Odum	Biología	Variations in the Heart Rate of Birds: a Study in Physiological Ecology	184
Douglas D. Osheroff	Ciencias Puras	Compressional cooling and ultralow-temperature properties of helium-3	156
Laurence J. Peter	Educación	An evaluation of the written psychological report in an elementary schoolguidance program	110
Condoleezza Rice	Relaciones Internacionales	The politics of client command: Party-Military relations in Czechoslovakia: 1984-1975	372
Stanley R. Ross	Historia	Mexican Apostle: The life of Francisco I. Madero	508
Theodore Roszak	Historia	Thomas Cromwell and the Henrican reformation	300
Carl Sagan	Exobiología	Physical Studies of the Planets	87
Claude E. Shannon	Matemáticas	An algebra for theoretical genetics	65
Ivan Sutherland	Computación	Sketchpad: A man-machine graphical communication system	177
Richard Tarnas	Psicología	LSD psychotherapy: Theoretical implications for the study of psychology	183
Alan Turing	Matemáticas	Systems of logic based on ordinals	73
John Craig Venter	Biología	Immobilized and insolubilized drugs, hormones and enzymes: Characterizations and applications to physiology and medicine	388
James D. Watson	Biología	The biological properties of x-ray inactivated bacteriophage	49
Max Weber	Sociología	The Protestant Ethic and the Spirit of Capitalism	247
Steven Weinberg	Física	The role of strong interactions in decay processes	78
Ludwig Wittgenstein	Filosofía	Tractatus Logico-Philosophicus	162

¿QUÉ DICEN LAS TESIS DE SUS AUTORES?

La mayoría de las tesis sirven para 6 cosas: (1) para obtener el grado, (2) para presumir a familiares y amigos, (3) para colocarla por un tiempo en el librero del estudio, (4) para aumentar la data estadística sobre tesis, (5) para incrementar el acervo de la biblioteca universitaria, (6) para obtener un trabajo o conseguir un ascenso en el que se tiene. Pero para otras personas, como veremos líneas abajo, llega a servir para más. Dicen cosas de sus autores.

El grado de especialización de los trabajos de tesis las hace, como objeto de lectura, poco atractivas al público, y únicamente llaman la atención a los académicos e investigadores que interese el tema que tratan, siempre y cuando den con ellas y su contenido no sea demasiado obsoleto. Lo cierto es que las tesis casi no son consultadas por estudiantes ni académicos, ni citadas en artículos, a menos que el autor sea alguien reconocido.

Sin embargo, para un historiador de la ciencia, o para un estudioso de la retórica de las tesis, o para un planificador universitario, entre otros, los bancos de tesis pueden contener precioso material de trabajo. Mucha más utilidad puede encontrar ahí el estudiante de posgrado novel, que necesita modelos para basar la redacción de su tesis.

Por otro lado, aspecto que a veces se olvida, las tesis también dicen mucho de sus autores. Por caso, Condoleezza Rice llevó a cabo su investigación de tesis en una época en que el poderío de los países soviéticos aun prevalecía, a finales de los setentas y principio de los ochentas. La suya fue una tesis sobre la situación del control del régimen militar sobre la población civil en el país soviético de Checoslovaquia (país que en 1992 se escindió en la República Checa y la República Eslovaca). El tratamiento del tema y el conocimiento adquirido sobre algo tan estratégico para los Estados Unidos, le permitió colocarse en el nivel federal del gobierno americano y superarse hasta convertirse en secretaria de estado y ejemplo del empoderamiento de las mujeres de color.

Otro caso es el de Stephen Jay Gould, con cuya investigación abordó la evolución de un subgénero de caracoles de tierra, endémicos de la Bermudas, y su microcosmos. A pesar de que su estudio fue muy especializado y de interés para muy pocos, la estructuración y redacción del documento tiene un atractivo literario. Es decir, aquí ya mostró las dotes narrativas que lo caracterizarían en el futuro y lo harían uno de los científicos y divulgadores más conocidos de la segunda mitad del siglo XX estadounidense.

Incluso, cuando Gould se refiere medio en serio y medio en broma al período de tiempo que abarca la era paleontológica de su investigación, se permite el lujo de escribir en primera persona, diciendo: "He escogido una rebanada de tiempo relativamente corta, un período ligado al presente y que se extiende hacia el Pleistoceno, unos 300,000 años atrás".

Sólo los expertos en los poecilozonites o caracoles de tierra de las Bermudas quizá conozcan la tesis de Gould, pero de seguro que cualquier amante de la divulgación científica sabe de "El pulgar del panda" o "Dientes de gallina y dedos de caballo" o "Erase una vez el zorro y el erizo", o cualquiera de sus muchos otros libros y cientos de artículos que escribió. Lo que sí está claro, y si revisas su tesis te podrás dar cuenta, es que con su tesis Gould desarrolló una tremenda habilidad para investigar, para manejar grandes volúmenes de información, sintetizar el conocimiento, y escribir con mucha claridad y mucha calidad. Desde el prefacio de su tesis, Gould deja ver su deseo de hacer su trabajo accesible a dos tipos de personas: "a no-científicos y a no-matemáticos (porque yo resido en ambas categorías", dice con modestia y de guasa.

Otro caso parecido al de Gould es el de Paul de Kruif, autor del libro "Cazadores de microbios", considerado como el libro de divulgación científica de mayor impacto en el siglo XX, y uno de los más mencionados por ganadores del Premio Nobel durante la premiación por despertarles una vocación que los llevó hasta ese sitial.

De Kruif obtuvo su doctorado en la Universidad de Michigan en 1916, y su tesis doctoral: "The primary toxicity of normal serum", consiste en dos partes. La primer parte es un análisis histórico, y la segunda parte es un ensayo experimental de laboratorio sobre los efectos tóxicos del suero normal. La primera parte hace un recuento histórico, comenzando con un estudio de 1666, publicado por la Royal Philosophical Society, y sigue mencionando diversos trabajos y experiencias a lo largo de los siglos hasta principios del siglo XX. En la segunda parte hace una descripción del estudio experimental que realizó sobre el potencial tóxico del suero inoculado de manera cruzada a diferentes especies, y concluye con la presentación y discusión de los resultados.

En los tres casos, el de la Condoleezza Rice, el de Stephen Jay Gould, y el de Paul de Kruif, podemos ver que aunque sus investigaciones de tesis no fueron (en apariencia) de tanto impacto ni tan famosas como la de Marie Curie ni la de Ludwig Wittgenstein; fueron, sin embargo, trabajos que forjaron a sus personas y que con el entrenamiento adquirido llegaron muy lejos en sus vidas.

La calidad es la que hay que trabajar. Si el contenido no llega a tal, porque se trata de un tema no tan fantástico como para obtener un reconocimiento, al menos si se intenta que la composición o desarrollo escrito del contenido sea lo más nítido. Un caso de llamar la atención es el de Isaac Asimov. Los lectores de ciencia ficción conocen su obra, que es monumental, pues escribió y publicó más de 600 libros, pero pocos saben que antes de dedicarse a trabajar de tiempo completo como escritor freelance, fue profesor asociado de bioquímica en la

Escuela de Medicina de Boston University, y que escribió unos pocos (poquísimos) artículos científicos y un libro de texto de química para estudiantes de medicina. El libro "Biochemistry and human metabolism" fue publicado en 1952, en colaboración con B.S. Walker y W.C. Boyd, y constaba de 812 páginas. Paradójicamente, quien se convirtiera en uno de los escritores más prolíficos del siglo XX, siendo estudiante de posgrado en Columbia University en 1949, escribió una tesis doctoral titulada: "The kinetics of the reaction inactivation of tyrosinase during its catalysis of the aerobic oxidation of catechol", en apenas 67 páginas.

DIFERENTES TIPOS DE TESIS

En cada disciplina se utilizan formatos particulares para le escritura de la tesis. Algunos son muy tradicionales, como el ensayo monográfico empleado en los doctorados de leyes y ciencias sociales, o la matriz IMRYD de los posgrados científicos. Pero también existen novelas o ensayos o colecciones de poesías documentadas como tesis. En arquitectura y diseño gráfico también cambia el esquema, pues a veces tratan de proyectos urbanísticos o de publicidad.

¿Sabes tú qué tipo de tesis vas a escribir? ¿Bajo qué formato? Si ya revisaste en la biblioteca o por internet algunas tesis, entonces te habrás dado cuenta de que existe una enorme diferencia entre unos formatos y otros, en especial cuando comparas tesis de disciplinas científicas con humanísticas, tecnológicas con artísticas, administrativas y contables con sociales, de ingeniería en sistemas con sistemas ecológicos. De todos modos, siempre encontraras diferencias si equiparas tesis de la misma disciplina.

Ahora bien, si con una mano sostienes el reglamento de la universidad que te dice cómo debe ser tu tesis y con la otra mano sostienes la tesis que tiene el formato que más te gustó para expresar tu investigación, te encontrarás en un dilema. ¿Qué hacer en estos casos?

Siempre habrá manera de resolver este asunto de la forma más cómoda y adecuada a tus propósitos. Lo más desgastante para el estudiante que escribe su tesis es sentirse obligado a verter sus ideas en una horma que no le viene a la medida, lo que ocurre cuando le imponen un rígido formato. Lo importante es comunicar los resultados de la investigación de la manera más clara y objetiva. Esto es algo que he encontrado al revisar más de 4,500 tesis de finales del siglo XIX hasta el presente siglo XXI, donde, al parecer, muchos de los estudiantes supieron manejar los acartonados formatos de tesis reglamentados por sus universidades y producir textos que explican con cierto ingenio sus investigaciones.

Si la universidad, la administración del posgrado o el asesor no son tan estrictos en que se emplee un modelo estándar, en los bancos de datos podrás encontrar otros modelos de tesis que se ajustan a tus necesidades y te proporcionan mayor comodidad al momento de elaborar la tuya. Algunos de estos modelos veremos en la siguiente sección.

TESIS FUERA DE LO COMÚN

En algunos posgrados no científicos, como los de artes y humanidades, los modelos de las tesis que tienen que desarrollar los estudiantes escapan a los formatos clásicos que he mencionado. Por ejemplo, en la llamada Master in Fine Arts (MFA) o Maestría en Bellas Artes, que es un tipo de maestría que existe en los países de habla inglesa, las tesis rompen esquemas.
La MFA consiste en un posgrado de creatividad en artes de diferentes especialidades. Por ejemplo, en el área de literatura su enfoque es hacia la escritura creativa en novelística, en poesía, en cuentística, en ensayística, en dramaturgia y en nonfiction; en artes visuales cine, film documental y fotografía; diseño gráfico con orientación artística en innovación y

uso de materiales naturales para modas, etc., entre otras líneas de educación.

Si bien en esta clase de proyectos de tesis se realiza investigación, por su orientación creativa e imaginativa se diferencia de la investigación científica empleada en las llamadas STEM (Science, Technology, Engineering, Mathematics), disciplinas de ciencia, tecnología, ingeniería y matemáticas.

Por ejemplo, en MFA se elaboran como tesis toda clase de productos nacidos de la imaginación y del recuerdo, como: novelas, memorias personales, cuentos, poesías, obras de teatro, series de fotografía, guiones cinematográficos, documentales, diseño de ropa, ilustración, juegos electrónicos, danza, coreografía, comunicación visual, y muchas cosas más, siempre bajo la guía o acompañamiento de expertos en la materia.

Un caso reciente que se sale de lo convencional, que rompió paradigmas en los modelos tradicionales de la tesis, fue el de Obasi Shaw, quien compuso un álbum de música rap y lo presentó como trabajo de titulación en el Departamento de Inglés de la Universidad de Harvard (Mineo, 2017). Esto ocurrió en el nivel de licenciatura, y al estudiante se le reconoció con un Summa Cum Laude Minus. Este trabajo académico representa un nuevo esquema es una tesis que denomino "tesis a ritmo de Chachachá".

También hay casos poco tradicionales, como la tesis de John Nash (Non-cooperative games, 1950), cuya vida se hizo conocida internacionalmente gracias a la película "Una mente brillante" (A beautiful mind, 2001), donde las fórmulas que contiene están redactada a mano por él mismo.

Los estudios sobre uno mismo o auto-etnográficos o auto-psicoanalíticos, que podrán sonar fuera de lo común en algunas universidades de habla castellana, no son extrañas en universidades de habla inglesa. De hecho, esta clase de tesis abundan.

Por ejemplo, la tesis "Self-Portrait An Illustrated Autoethnography of Chronic Illness and Disability", de AH Butler (2016), del Departamento de Humanidades de la Universidad Ann Arbor, consiste en "evocaciones auto etnográficas de enfermedades crónicas e incapacidades experimentadas por la autora desde el año 2012. "El propósito de la tesis es hacer oír la voz de la autora en áreas de su vida donde no ha sido escuchada". Y, como la propia autora se expresa de su tesis, "esta investigación sólo puede ser tendenciosa y subjetiva, desde el momento en que es mi verdad…"

La autoayuda también es tema de investigación posgraduada, y la indagación sobre sí mismo en este asunto ocupa un lugar. Por ejemplo, "Self-help reading: An autoethnography", de A Foskett (2007), de la Universidad de Calgary, Canadá, trata de lecturas del autor sobre temas espirituales, psicológicos y prácticos, y cómo le ayudan a mejorar su bienestar personal
No hay temas que por raros e increíbles no se puedan abordar en una investigación de maestría o doctorado, pues en los países avanzados consideran que cualquier investigación por extraña que esta sea puede arrojar luces sobre cosas nunca imaginadas. En cambio, en universidades que son excesivamente puristas apegadas al camino conocido, por no decir anticuadas, no facilitan investigaciones de esta clase.

Por decir, temas de ambientalismo o de ciencia ciudadana o de historia del ambiente o de ética ambiental o de epistemología ambiental o de empresas ambientales, entre muchos otros, están fuera del marco técnico científico doctrinal de los programas de biología ambiental, química ambiental o ingeniería ambiental, por mencionar algunos programas académicos de posgrado.

Menciono algunas tesis doctorales de este estilo:

- *Environmentalism contained: A history of corporate responses*

to the new environmentalism. JG Conley II. USA: Princeton University, 2006.
- *Balancing liberty and environment: The prospects for greening liberalism.* JF Jensen. USA: University of Colorado at Boulder, 2000.
- *Voices of young environmentalists: A generational perspective on environmentalism.* Canada: Royal Roads University, 2014.
- *A subversive nature: Radical environmentalism in the late-twentieth-century United States.* K Woodhouse. USA: The University of Winsconsin-Madison, 2010.
- *Protecting the Spiritual Environment: Rhetoric and Chinese Buddhist Environmentalism.* S Clippard. USA: Arizona State University, 2012.
- *Doing good by doing well: Entrepreneurial environmentalism in the American West.* JL Sokolove. USA: University of California, Berkeley, 2003.

FORMATOS PARA LA ESCRITURA DE TESIS MÁS COMUNES

FORMATO DE TESIS IMRYD

El formato de tesis IMRYD proviene del esquema que los científicos de la segunda mitad del siglo XIX, específicamente Louis Pasteur, Claude Bernard y Robert Koch, crearon y empezaron a utilizar para reportar sus investigaciones, y que inicialmente se enunciaba como informe "teoría–experimento–discusión" (TED).

Pero, ¿en qué consistía el esquema TED? A una nueva postura frente al trabajo de investigación. En esencia, la teoría se refería a lo que se sabía y se suponía de un problema. El experimento a la simulación de lo que se suponía que sucedía en la naturaleza, para cuya realización se utilizaban utensilios, artefactos, sustancias y organismos. Y discusión, que consistía en reflexionar críticamente sobre el significado de los resultados del experimento, y cómo podía emplearse esa nueva información, por poner un ejemplo, para controlar una enfermedad. Sin embargo, en el siglo XIX los reportes científicos todavía eran muy extensos. Pasteur resumió su informe para presentarlo ante una audiencia no científica, y dio como resultado un documento con las características de lo que hoy se conoce como IMRYD, que es el acrónimo de Introducción, Métodos, Resultados y Discusión. Las características y fortalezas de este esquema utilizado en los artículos científicos se explican en la Tabla 6.

IMRyD
Tabla 6
Fuente: Sharp, 2002
Traducción y adaptación: Garza-Almanza (2005)

IMRyD	Preguntas
I Introducción	¿Por qué estás escribiendo – y por qué ahora?
	¿Para quién estás escribiendo?
	¿Quién está haciendo este escrito? (Es decir, quién eres tú – investigador veterano, estudiante, etc.)
	¿Qué problema estás abordando; cuáles son sus antecedentes; y cuál es la hipótesis que estás evaluando? (Si tu estudio lleva hipótesis)
M Métodos	¿Cómo hiciste el estudio? ¿De qué manera?
	¿Qué materiales utilizaste para hacerlo o que sujetos empleaste? ¿En qué lugar?
R Resultados	¿Qué encontraste? ¿Obtuviste suficientes datos o recabaste insuficiente información?
	¿Qué tanto de lo hallado puedes incluir? ¿Para qué tanto te da lo obtenido?
	¿Qué es lo que hay que poner en tablas y figuras, y qué debe quedar en texto?
D Discusión	¿Cuáles son las fortalezas y debilidades del estudio?
	¿Cómo es que lo que encontraste encaja o no con otros trabajos publicados? ¿Son tus datos significativos?
	Ahora, si propusiste alguna hipótesis, ¿qué modifica, la aceptas o la abandonas? ¿Qué recomiendas en base al significado de tu estudio?

Este formato se hizo popular porque el lector podía realizar varias operaciones intelectuales con el contenido del artículo, que eran las siguientes:

1. Conocer las razones que motivaron la investigación, el lugar, las condiciones, los antecedentes del autor
2. Entender la metodología utilizada
3. Enterarse de los resultados obtenidos
4. Analizar el manejo de datos
5. Evaluar los procesos intelectuales del estudio
6. Identificar qué fuentes bibliográficas se utilizaron
7. Repetir los experimentos

El TED–IMRYD surgió por el cambio de actitud investigativa de los científicos ante la naturaleza física, química y biológica, por confeccionar un nuevo sistema para el registro detallado de los experimentos y observaciones, y por buscar demostrar con hechos los fenómenos que estudiaba y que proyectaba en teoría. Por tal motivo, para expresar lo que se hacía y se obtenía en las investigaciones, había que ir más allá de la clásica narrativa en la cual el individuo historiaba, como una vivencia personal, lo que él creía entender que sucedía en su campo de estudio.

Es decir, con el TED–IMRYD se transitó de la pasividad del estudio reflexivo–cualitativo a la acción analítico–crítica cuantitativa. ¿Y, cómo fue esto? Se trató de enfocar pragmáticamente las cosas mediante la reproducción de procesos naturales en ambientes controlados (laboratorio y/o campo) y observaciones medibles. Esto, también, revolucionó la instrumentación y estandarización científicas.

Así, el TED–IMRYD transformó la manera de examinar la naturaleza y de plantear la investigación, y el modo de interpretar lo experimentado u observado. La explicación de las investigaciones TED–IMRYD también innovaron la comunicación científica. Para empezar, se dejaron de utilizar las expresiones poéticas que eran comunes en los escritos de los sabios, como las hipérboles, anáforas, paralelismos, pronombres pleonásticos, etc., y hasta reminiscencias personales.

El **valor de autoridad de la palabra** del sabio, generado por testimonios basados en su erudición y experiencia, como sucedía en la antigüedad (y que aún se ve en intelectuales y científicos de la actualidad, que al declarar parece que tienen la verdad absoluta de lo que sea), fue sustituido por **pruebas**, es decir, por **el valor de los hechos comprobados y verificados** por el investigador.

Entre las innovaciones que elevaron el valor del TED-IMRYD, es que se hizo más clara la exposición, más objetiva, más concreta, y más directa. Se eliminaron las poses y los gestos personales. Se escribió en lenguaje neutro. A partir de la segunda mitad del siglo XX, el uso del IMRYD comenzó a propagarse entre la comunidad científica internacional.

En 1972, el *American National Standards Institute* estableció al sistema IMRYD como norma para la elaboración de artículos científicos (Garza-Almanza, 2005 op.cit.).

Debido a que el IMRYD es un formato de comunicación que sintetiza el trabajo experimental del científico, que lo hace más sencillo, más fácil de seguir, y más escueto que los acostumbrados ensayos, cada vez son más los investigadores de otras disciplinas no científicas que lo utilizan o que lo han modificado a su conveniencia. Así, el IMRYD, con algunas variantes, es el esquema que más se aplica a los artículos científicos en las revistas científicas internacionales.

Debido a la bondad de este esquema, por el que es posible comunicar cualquier investigación independientemente de su tamaño, o dividir el reporte de una investigación extensa en varios artículos o capítulos de libros, se comenzó a utilizar en los estudios de posgrado de ciencias como modelo de las tesis y disertaciones (Figura 7).

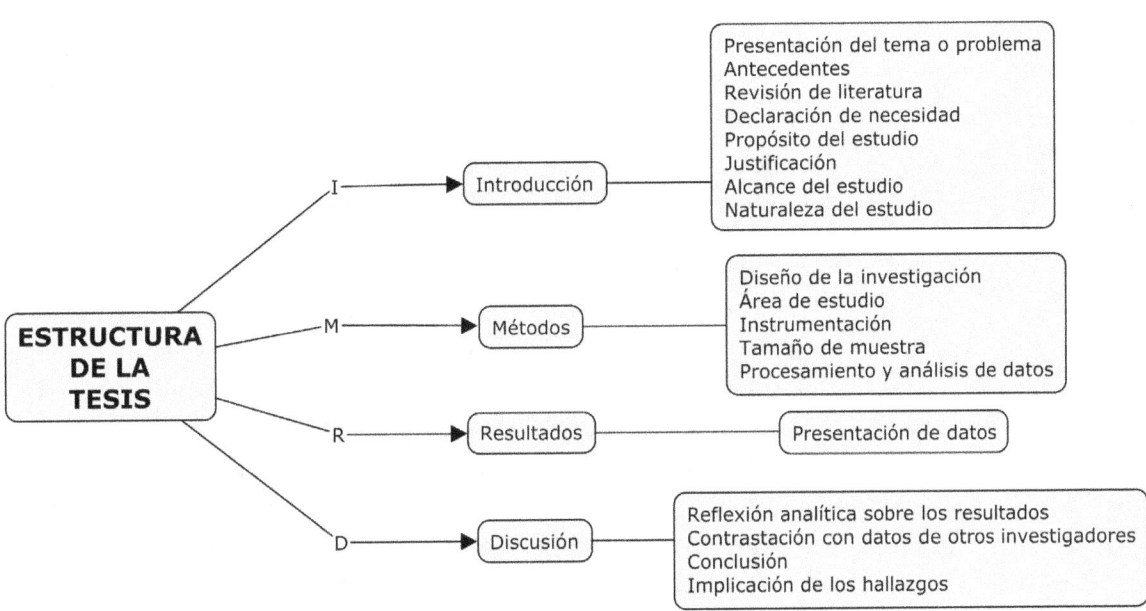

Figura 7. El IMRYD en la tesis

FORMATO DE TESIS POR CAPÍTULOS

La tesis capitulada es más adecuada a investigaciones de ciencias políticas, ciencias sociales, teoría de la literatura, entre otras áreas del conocimiento. Pero, sin duda, el esquema puede adaptarse a las necesidades y comodidad del tesista. Pues así como algunos historiadores y sociólogos han experimentado elaborando sus tesis en el formato IMRYD, sin que necesariamente cumpla con lo que comprende un estudio experimental, igual puede ser a la inversa, que del área de las ciencias o ingenierías alguien utilice este formato (Figura 8).

El desafío con este tipo de tesis es organizar inteligentemente la información producida por la investigación, y elaborar idóneamente el contenido. Algunos trabajos están elaborados con tanto cuidado y estilo que parecen libros y no tesis. Y es por esto último que algunos estudiantes prefieren este modelo de tesis porque aprovechan el envión; es decir, mientras están en la universidad usufructúan la infraestructura y calidad del medio académico, la información de primera al alcance de la mano, la asesoría súper especializada hombro a hombro, y el tiempo para producir un libro en vez de una tesis. Al concluir su posgrado no solo consiguen el título, sino también una tesis a punto de publicarse que les servirá como carta de presentación.

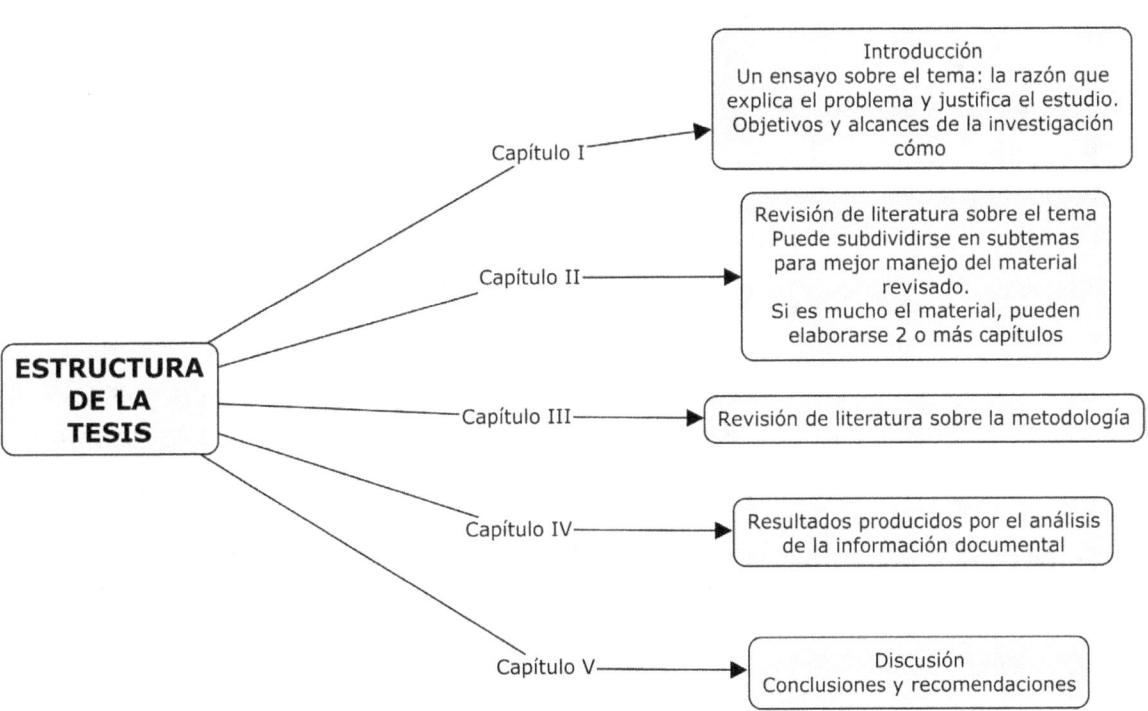

Figura 8. Esquema de tesis capitulada

FORMATO DE TESIS POR ARTÍCULOS

El esquema de tesis por artículos es cada vez más común (Figura 9). No se trata de escribir y publicar dos o tres artículos para luego compilarlos, juntarlos sin lógica alguna en un documento, como muchos estudiantes si han hecho. Es más que eso. Sin embargo, como ya se hizo moda en algunos países la adquisición de un título doctoral por el hecho de publicar cierta cantidad de artículos sobre algún tema asignado o acordado, especialmente en doctorados a distancia, cuando los publican presentan copias engargoladas como evidencia de que la investigación concluyó y se difundió. En estos casos también se ha hecho común que el asesor sea coautor del estudiante.

La tesis de Carl Sagan, "Physical Studies of the Planets" (1960), consiste en un documento de cuatro artículos con un tema en común: la materia orgánica en planetas y satélites planetarios del sistema solar. Al momento de titularse, dos artículos ya habían sido publicados y dos eran borradores por publicar. En el documento de tesis que presentó al comité se incluyó el primero y segundo capítulos como reimpresos, respetando el formato de la revista. Los otros dos capítulos estaban escritos a máquina, pero luego se publicaron. La relación de la publicación de los artículos de la tesis se puede ver en la Tabla 7.

Tesis de Carl Sagan con Artículos *Physical Studies of the Planets* Tabla 7	
Capítulos	Revista dónde se publicaron
Capítulo 1. Indigenous organic matter in the moon	Proceedings of the National Academy of Sciences (NAS). 1960
Capítulo 2. Biological contamination of the moon	Proceedings of the National Academy of Sciences (NAS). 1960
Capítulo 3. The radiation balance of Venus	Jet Propulsion Laboratory. NASA. Technical Report 32-34. 1960
Capítulo 4. The production of organic molecules in planetary atmospheres	106° Meeting of the American Astronomical Society. Mexico City. 1960

Una característica es que Sagan aparece como único autor, a diferencia de otras tesis por artículos que he analizado donde aparece en primer término el estudiante seguido por dos o más coautores.

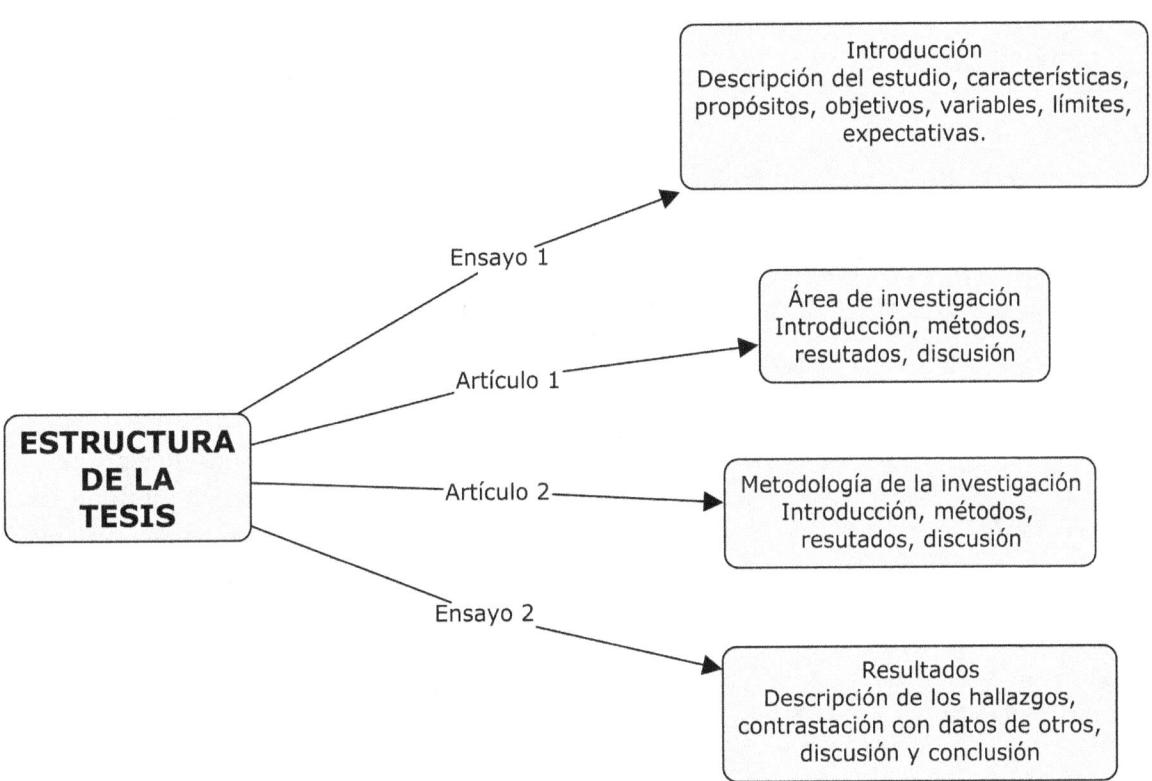

Figura 9. Esquema por artículos

FORMATO DE TESIS COMO ENSAYO O TRATADO

La definición del ensayo por la Real Academia de la Lengua, es que se trata de un "escrito en prosa en el cual un autor desarrolla sus ideas sobre un tema determinado con carácter y estilo personales".

Este esquema (Figura 10) es útil y práctico cuando el estudiante se aboca a investigar un tema filosófico o literario, y que a partir de una obra o de uno o varios eventos sociales o naturales que tienen algo en común, se presenta el asunto y se discute alrededor del mismo.

Está claro que, para hacer esto, el alumno habrá investigado, leído, analizado y discutido su tema, partiendo desde la fuente primaria y revisando fuentes secundarias. Esto irá formando y madurando su criterio. Así, al final de su investigación podrá emitir una opinión basada en el reconocimiento sistemático y metódico de la información confiable que tuvo a su alcance.

Pero al final será sólo eso, una opinión personal que plantea ideas y emite juicios. Esas ideas, si además de ser innovadoras son validadas por otros investigadores, como el caso de lo que propuso en su tesis doctoral Ludwig Wittgenstein, entonces podrán convertirse en paradigma del pensamiento universal.

Lockhart (2008), emprendió un estudio para indagar acerca de los diferentes usos que se le han dado en lengua inglesa al ensayo. Encontró, entre la inmensurable diversidad de formas ensayísticas revisadas, que este género está lleno de "posibilidades teóricas, pedagógicas y retóricas", y que existe una abundante hibridación de estructuras y funciones para expresar lo que al autor le venga en gana.

Eso mismo lo anticipo y lo publicó Virginia Woolf en 1905 (Wallack, 2004), quien, en su ensayo "The decay of essay writing", se refirió con mucha claridad a este género enunciando lo siguiente: "la peculiar forma del ensayo implica una peculiar substancia. Puedes decir en esta forma lo que no puedes decir con igual conveniencia en otra".

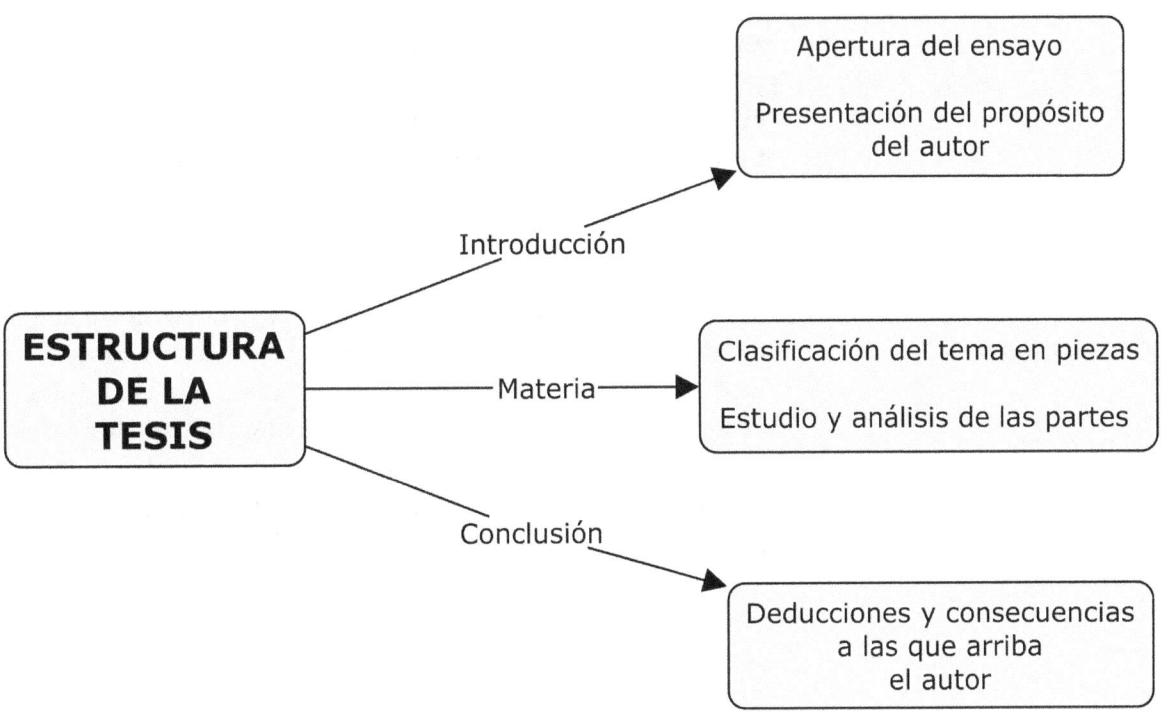

Figura 10. Esquema tipo ensayo

FORMATO DE TESIS COMO MONOGRAFÍA

La monografía es un "estudio especializado, exhaustivo, muy documentado y muy puntualizado de un solo tema" (Garza-Almanza, 2009). Este modelo de exposición ha sido muy popular en disciplinas biológicas, médicas, humanísticas, artísticas, entre otras. Por lo visto y revisado en diversas fuentes, en inglés y español, la monografía es considerada en algunas universidades latinoamericanas como trabajo menor porque, así me lo han expresado verbalmente algunos profesores: "consiste en una simple recopilación y alineamiento de información para que juntos los datos tengan adquieran el sentido que la persona quiera darle".

Una monografía es más que una recopilación. Y no es un ensayo, como otros creen, pues no se trata de la sustentación y argumentación de una idea. En algunas instituciones mexicanas le denominan "tesina" a la monografía que el estudiante de licenciatura realiza para titularse, y "tesis" al producto generado por investigación científica, ya sea a nivel pregrado o posgrado.

Por ejemplo, la tesis doctoral de Hall (1913), consistió en una revisión taxonómica de una familia de ácaros (Uropodinae). Este estudio comenzó a partir de la observación microscópica de unos especímenes que fueron detectados como parásitos de escarabajos mexicanos, y que fueron aislados y transportados a los Estados Unidos por el asesor de Hall, el doctor D.L. Crawford.

La diferencia entre los ácaros conocidos de esa familia y los ácaros recién descubiertos, llevaron Hall a practicar una revisión taxonómica e histórica en varias familias de ácaros. Luego, el desconocimiento de ácaros mexicanos y la falta de una monografía de la familia Uropodinae (Uropodidae), justificaron esta investigación.

En filosofía y letras, la monografía, el ensayo también ha sido valioso recurso para desmenuzar obras literarias o filosóficas, con el propósito de hacer análisis comparativo entre diferentes textos o ideas. Por caso, la monografía de Boecker (1912): "A probable italian source of Shakespeare's Julius Caesar" (1912). En este caso, el estudiante de doctorado Boecker conjetura que William Shakespeare (1564-1616) tuvo conocimiento de la obra "Il Cesare" (El Cesar, publicada en 1594) de Orlando Pescetti (1556-1622), y que a partir de ella escribió su obra de teatro "Julius Caesar" (Julio Cesar, publicada en 1599).

Así, Boecker enuncia: "Me propongo a demostrar en esta Tesis la deuda que tiene Shakespeare en la composición de los primeros tres actos de su 'Julio Cesar', con "Il Cesare" de Orlando Pescetti, publicada en Verona en 1594". Y sigue diciendo, "lo que me propongo en las siguientes páginas es demostrar los muchos paralelismos entre la trama, la caracterización y el lenguaje de las dos obras. Esta conexión nunca ha sido demostrada". Acto seguido, Boecker procede a demostrar con pruebas lo que afirma

En las artes, Carlo Fontana (1634/38-1714) recurrió un esquema similar al de la monografía contemporánea, para documentar, mediante ilustraciones artísticas y comentarios autorizados, la riqueza de la arquitectura y arte de la antigua Roma hasta su tiempo (Walker, 2016).

Como la intención del trabajo monográfico consiste en analizar a detalle y describir escrupulosamente un tema, ha sido ideal para la biología descriptiva, la medicina, la farmacología y toxicología. Por esto y porque acostumbradamente la preparaba una sola persona, la monografía ocupó un lugar muy importante de la comunicación científica, tanto en el ámbito profesional como en el educativo, pues numerosos estudiantes de posgrado presentaron sus disertaciones como monografías.

Las estructuras de las monografías son muy variables, dependen del área disciplinaria de investigación. Las empresas de carácter científico que basan su desarrollo en la producción de nuevas sustancias para el mercado, como las de farmacopea (medicamentos), aditivos alimenticios, organismos genéticamente modificados, fertilizantes, cosméticos, así como las de transformación como la ingeniería civil o industrial, entro otras muchas más, generan sus propios criterios respecto a lo que debe hacer un autor que prepara una monografía. Con esos criterios estandarizan los formatos de las monografías, con lo que facilitan su lectura o la localización de información. En esencia, como la Cambridge University Press establece, puede procederse a elaborar una monografía "cuando hay un cuerpo de conocimiento establecido que debe ser sumarizado y críticamente evaluado", lo cual se puede aplicar a cualquier área del conocimiento.

A continuación se presenta un esquema (Figura 11) diseñado para monografías de plantas medicinales, procedentes del curso de la Dra. Cassandra L.Quave, instructora del curso Botanical Medicine and Health, de Emory University (2012).

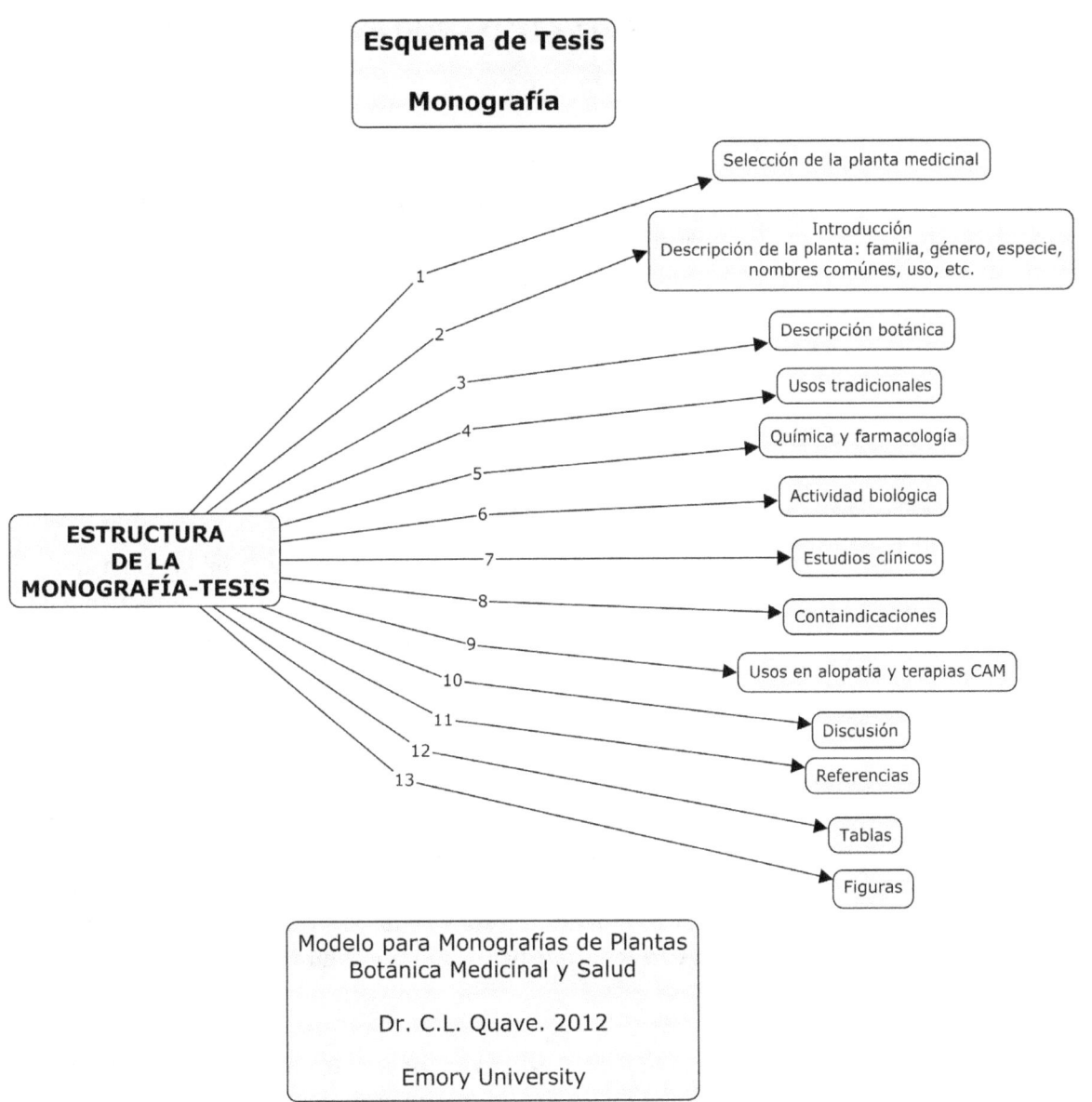

Figura 11. Esquema tipo monografía

FORMATO DE TESIS COMO BIBLIOGRAFÍA ANOTADA

De acuerdo a la guía del usuario de la biblioteca de la Universidad Cornell (2017), la bibliografía anotada "es una lista de citas de libros, artículos y documentos. Cada cita es seguida por un párrafo breve (generalmente alrededor de 150 palabras), descriptivo y evaluativo: que es la anotación. El propósito de la anotación es informar al lector de la pertinencia, la precisión y la calidad de las fuentes citadas".

La bibliografía anotada es una técnica valiosa para conocer a detalle un tema concreto sobre cualquier asunto: médico, químico, social, económico, legal, biológico, agrícola, religioso, musical, literario, histórico, educativo, etc. (Figura 12).

No se trata de una revisión de literatura; la bibliografía anotada tiene otro sentido y diferente utilidad. Es una herramienta de investigación muy delicada, por dos cosas: (1) por la exhaustiva búsqueda de fuentes de información primaria y secundaria, y (2) por lo aguda lectura y cuidadoso análisis crítico del investigador.

Cuando el tema es amplio, el investigador establece los límites del tema y del material que utilizará. Cuando el tema es muy preciso, el investigador procura obtener cuanta información pueda sobre el asunto. A partir de esa base de datos, se inicia una sistemática lectura y anotación de palabras, párrafos, ideas, figuras, etc., que parezcan importantes a los propósitos del estudioso.

A menudo se realiza una investigación anotada sobre la base de la obra de un científico o un escritor. O sobre el uso de un instrumento musical, como el oboe o el violín, en cierta época o en determinados ambientes. O sobre alguna técnica fotográfica o fotógrafo. O sobre un proceso industrial. O sobre las diferentes técnicas para el cultivo de alguna especie animal o vegetal.

Por ejemplo, la disertación doctoral en la especialidad de entomología, "American bee books: An annotated bibliography of books on bees and beekeeping from 1492 to 1992", de Philip A. Mason (1998), de la Universidad Cornell, consiste en un amplio estudio sobre el cultivo y cuidado de las abejas publicado en libros, durante un período de 500 años, y que se utilizaron en los Estados Unidos.

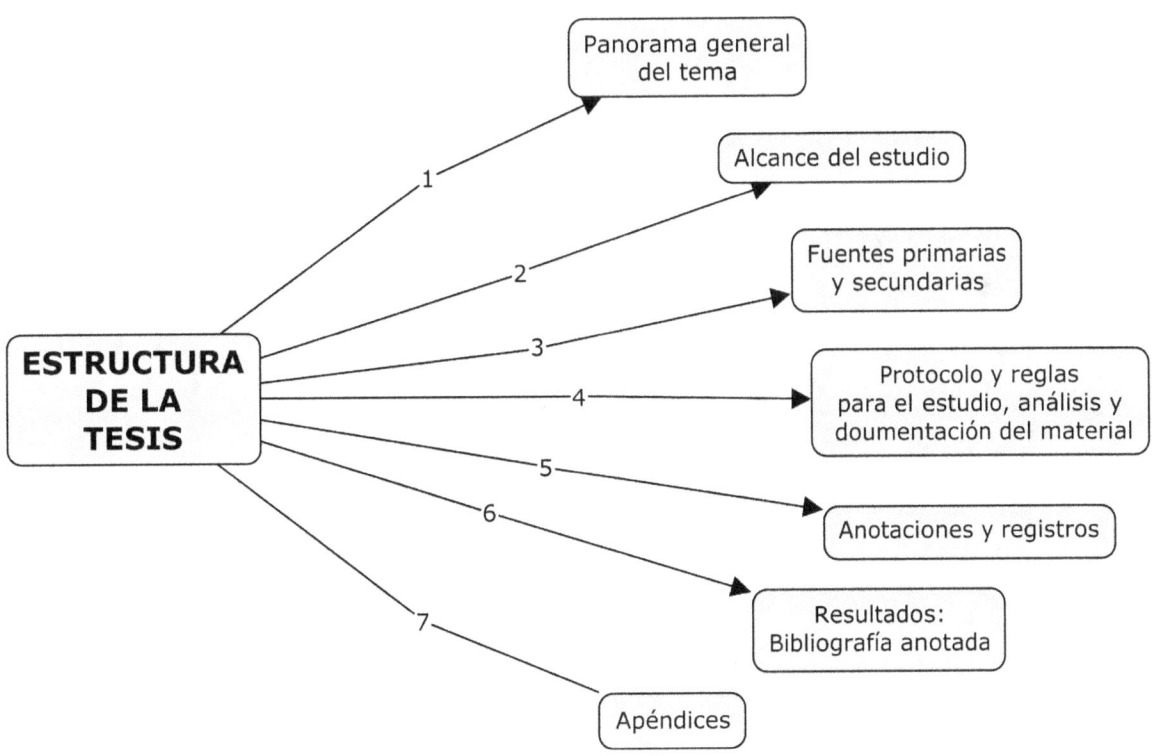

Figura 12. Esquema tipo bibliografía anotada

PARTE 4

MATERIALES ÚTILES PARA LA ESCRITURA DE LA TESIS

La tesis se construye con información, con conocimiento recolectado a lo largo del proceso de investigación de un tema. Esa información consiste en todos aquellos datos recabados desde que decidiste qué era lo que investigarías para tu tesis hasta que concluiste el estudio.

¿Cuál es el material que tú crees que deberás utilizar para escribir la tesis? ¿Piensas que son esos datos que tienes en la computadora o en el diario de laboratorio o en el cuaderno de campo o en las sabanas de datos impresas, registros que reflejan los resultados de una investigación de 2 o 3 o 4 años? Está claro que sin resultados no podrás escribir la tesis, pero para escribirla necesitarás mucho más que los resultados. La sección de resultados es lo que da significado a la investigación, y también es la parte que muestra tu contribución al campo de conocimiento que trabajaste.

Cuando el estudiante se paraliza porque el tiempo de entrega de la tesis se le viene encima y no halla cómo comenzar a escribirla, se le cierra el mundo. Supone que lo único que tiene para redactar el trabajo son los datos resultantes de su investigación (Figura 13).

Resultados que consisten en registros de información crudos garrapateados en cuadernos de apuntes, o inscritos en hojas de cálculo, o en fichas, o preservados en memoria digital, o videograbaciones, o presentes en cualquier forma.

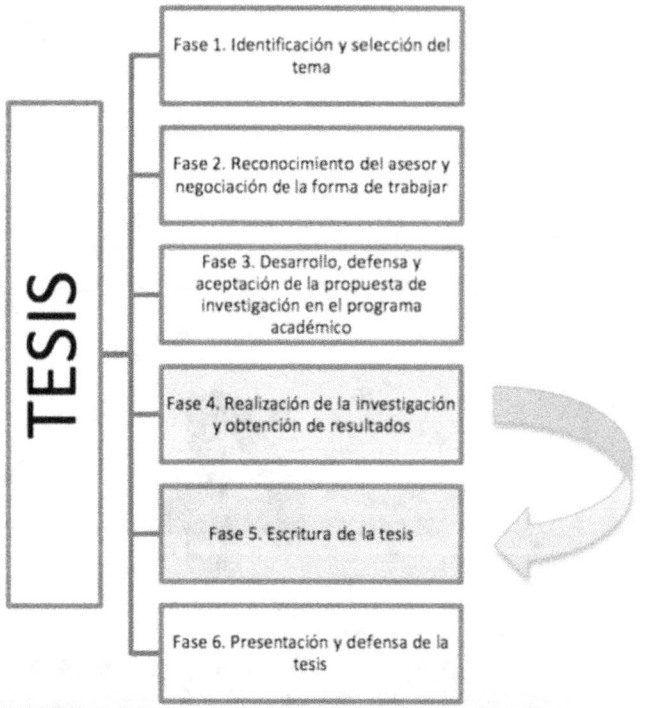

Figura 13. De los resultados a la redacción

Toda esa masa amorfa de datos que

son los resultados, representa todo y nada. Son datos que el estudiante sabe lo que significan, pero no tiene idea de cómo decirlo por escrito. El tic-tac del reloj lo aturde y se siente, como boxeador a punto de ser noqueado, sacudido contra las cuerdas. La única manera de salir de ese trance es entrarle al enemigo –que es la incapacidad de organizarse y escribir– como acostumbra hacerlo el boxeador fajador. Éste, sin importar los golpes que reciba, tiene que entrarle y propinar los suyos. No importa el estilo ni la técnica que se utilice, la cosa es pegar y duro; organizarse y escribir.

Pero, volviendo a la pregunta ¿cuál es el material que tú crees que deberás utilizar para escribir la tesis? La respuesta es: todo lo que tienes, todo lo que acumulaste desde que elegiste tu tema de investigación hasta que paraste de investigar (Figura 14).

Lo primero que tienes que hacer es empezar por buscar en tus archivos las diferentes clases de material que posees sobre tu tesis. Juntar lo que encuentres y revisarlo. No dejes nada de lado porque en ese momento consideras que no tiene valor. Cualquier cosa puede ser de utilidad, aunque por el momento no la percibas. Conociendo la procedencia de la información, podrás clasificarla y disponerla para comenzar a trabajar con ella.

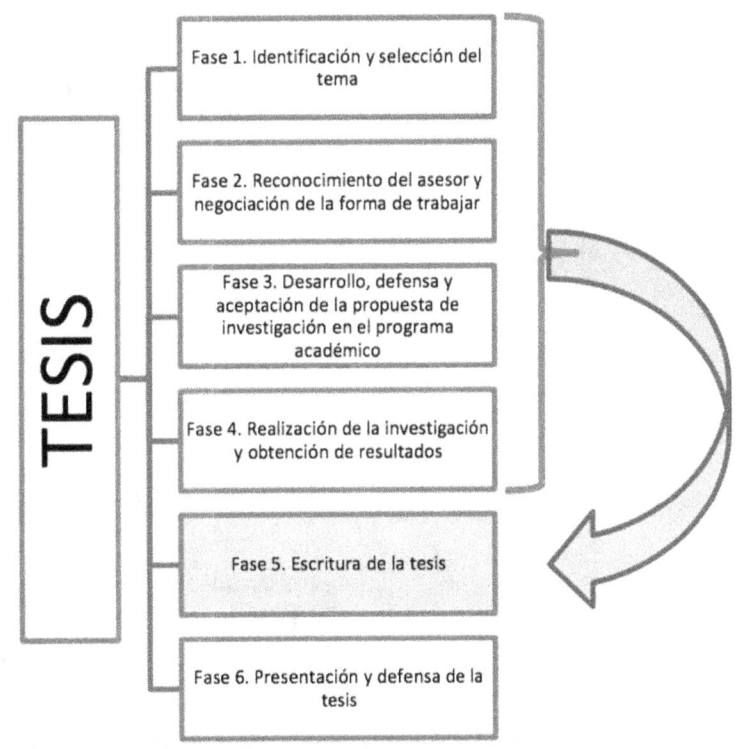

Figura 14. Material de escritura de la tesis

En resumen, la colección de artículos, libros, notas de clase, apuntes de laboratorio, y reseñas, entre otros recursos bibliográficos que conjuntes, además de las bases de datos originales generadas por la investigación, será tu más confiable fuente informativa. Es la cantera que te proporcionará toda la información necesaria para concebir la tesis.

Sin embargo, deberás organizar, categorizar y poner al alcance de la mano el material bibliográfico en su generalidad, para que sepas dónde estás situado y no te sientas perdido. Mientras mejor organizado y catalogado esté, mejor uso podrás hacer de él.

MATERIALES DEL TEMA DE TESIS

> Durante mis dos primeros años (del doctorado), discutí con el asesor que me designaron los posibles temas que podría tratar en mi disertación. Sin embargo, de alguna manera ninguno de ellos embonaba con naturalidad en mis intenciones. Estando así las cosas, tuve que continuar buscando.
>
> J Xia, 2013.

Se considera que la selección y desarrollo del tema de investigación de tesis es el elemento más importante y el más difícil de los estudios de posgrado. Es el eje alrededor del cual girará el estudiante durante su formación y mucho tiempo después de concluidos sus estudios. Por eso, el tiempo que dedica a encontrar y pulir el tema de su elección, es un tiempo bien invertido.

No obstante, conozco casos en que los estudiantes seleccionaron sus temas de investigación con ligereza, o que, a conveniencia del asesor designado o escogido por ellos, se les endilgó de buenas a primeras. Estos casos no tienen mucho que contar sobre el aprendizaje profundo que deja la búsqueda y pulimiento del tema de tesis.

Al responder a la autoevaluación te habrás dado cuenta de que tuviste que analizar tu tema desde diferentes ángulos y por varios meses o años (en el caso del doctorado). Tuviste que hacer múltiples cosas durante el proceso de selección del tema, y discriminar en base a la información y retroalimentación que recibías, y con respecto a tus intenciones. ¿Qué hiciste? La siguiente lista puede darte pistas de eso que 3 o 4 años atrás emprendiste.

- ¿Llevaste un diario?
  Si no llevaste un diario donde anotar la discusión que levantaba la selección del tema, trata de recordar y describir el proceso.
- Bibliografía utilizada
  Si no tienes enlistados los libros y artículos que utilizaste en esta etapa, trata de elaborar una bibliografía. Te dará pistas y traerá recuerdos de hacia dónde ibas.
- Anotaste tus ideas en un cuaderno y lo conservas
  Escarba entre tus cuadernos y busca anotaciones al margen de libros utilizados.
- Recopilaste algunos artículos
  Seguramente tendrás los artículos que te llevaron a seleccionar y pulir tu tema. Busca anotaciones al margen, subrayados, papeletas engomadas, etc.
- Preparaste fichas de las lecturas
  En caso de que hayas hecho fichas de tus lecturas, júntalas con el material.
- Hiciste una presentación en PowerPoint
  Es costumbre en algunos programas que los estudiantes expongan sus temas en un seminario de investigación, lo discutan y defiendan. Esas diapositivas te serán de ayuda.
- Presentaste un póster
  Otra forma de foguear a los alumnos es llevándolos a reuniones y congresos académicos, donde presentan posters de sus temas de investigación.
- Escribiste un ensayo

Si desarrollaste un ensayo de tu tema de tesis, que algunos asesores sí les piden a sus asesorados, tienes material importante para re–trabajar en tu tesis.

- Apuntaste consejos y comentarios

  En los apuntes de los primeros cursos, cuando el estudiante está en la etapa de la selección del tema, es común que durante la cátedra se asocie una idea del profesor con el tema de interés y se apunte. O también que se pregunte y, al obtener respuesta, anotar. Por esto, no está demás echar una ojeada a los viejos apuntes de clases.

- Otra cosa

  Cualquier otra cosa que se te venga a la mente podrá servir a tu propósito.

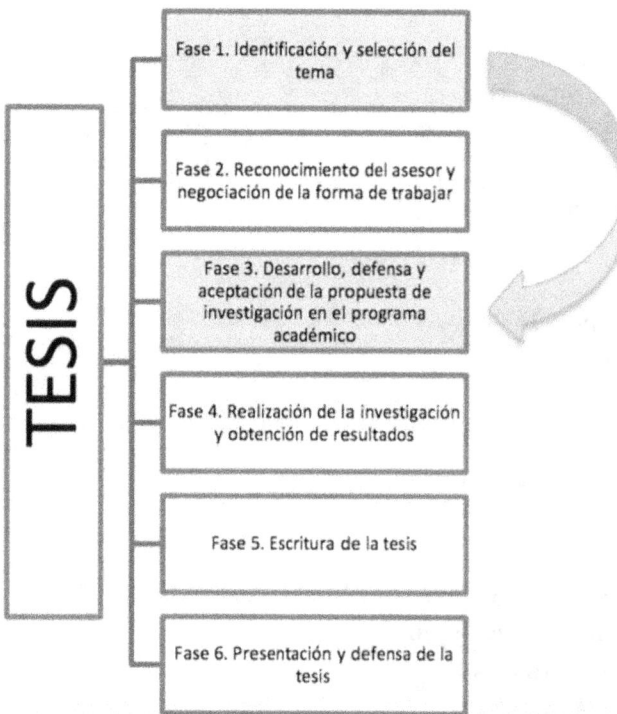

Figura 15. Del tema a la propuesta

Por otra parte, debo mencionar que cualquiera que haya sido la fuente de inspiración de tu tema de tesis, que seguramente de algún lado provino esa chispa, quizá te convenga regresar por unos momentos a ella para que te 'inspire' en estos momentos de apuro. A estas alturas te será de enorme ayuda que vuelvas a engancharte con tu tema y darle nueva vida. En tal sentido, recuperar el material de cualquiera de los rubros arriba señalados, te abrirá el camino de la tesis.

MATERIALES EN LA PROPUESTA DE INVESTIGACIÓN

La propuesta de investigación es la etapa que sigue a la selección del tema de tesis. La selección del tema de tesis y la preparación de la propuesta de investigación de tesis son dos cosas muy diferentes entre sí en cuanto al proceso seguido (Figura 15).

En el caso del tema, se trató de encontrar algo que investigar. Un tema del gusto del estudiante, interesante, original, importante, compatible con sus habilidades, aceptable desde el punto de vista del comité de tesis, realizable, presumible en cuanto al reto que representa, con futuro, costeable, con objetivos posibles de cumplir en un tiempo dado, etc.

La propuesta es lo que se propone hacer el estudiante, es el proyecto de investigación. Lo relevante de la propuesta es que si el estudiante va a investigar algo, que es el tema escogido, debe saber qué es lo que va a investigar, qué pretende obtener con ello, cómo le piensa hacer, con qué recursos va a realizar su investigación, cuándo pretende hacerlo, en dónde y durante cuánto tiempo.

La preparación de la propuesta de investigación es una etapa que dura más o menos lo mismo que la selección del tema, entre un semestre y un año, según se trate de maestría o doctorado. Sin embargo, a los ojos del estudiante parece que es más trabajo el desarrollo de la propuesta que la escogencia del tema. La idea está en que para el tema no tiene que escribir un documento formal con especificaciones muy precisas, pero sí para la propuesta, que mínimamente requiere el desarrollo de ciertos elementos (Tabla 8).

La redacción de la propuesta de investigación de tesis, a la cual también se le conoce en algunas instituciones como 'protocolo', es una especie de ejercicio o simulacro, a menor escala, previo al desarrollo de la tesis. Muchos que no alcanzaron a ver esta particularidad, perdieron la oportunidad de empoderarse de una herramienta que les sería de enorme utilidad cuando tuvieran que escribir la tesis.

Para elaborar la propuesta debiste hacer una investigación documental, una pre-investigación de la investigación de tesis; es decir, obtuviste información para componer el marco teórico. El procedimiento para hacer la propuesta es simple: documentar el tema, leer la información, analizarla a la luz de tus metas. Lectura, mucha lectura, y construir el proyecto.

Elementos de una propuesta de investigación
Tabla 8
Fuente: Balakumar et al. 2013. Traducción y adaptación: VGA

Elemento	Propósito
Tema de investigación	Fundamento de la investigación. Comienza, guía y termina el estudio. Consiste en una revisión del estado de estado del arte del tema.
Pregunta de investigación	Relación entre dos o más variables. La pregunta se sitúa en el contexto del estudio
Objetivos	Finalidad de la investigación. Actividades a realizar. Representan el quehacer y sentido del estudio
Hipótesis (si lleva)	Frase que enuncia una declaración de necesidad. Necesita prueba estadística
Significancia de la investigación	Destaca la importancia de la investigación. Qué implica el alcanzar los objetivos. "El valor del estudio se explica en relación a los resultados esperados" (Ostler, 1996).
Diseño	Se refiere a los métodos, materiales, sujetos de estudio (si aplican), variables estadísticas (si aplican), lugar
Plan de trabajo	Consiste en el plan de realización de los objetivos en períodos de tiempo
Calendario de actividades	Fechas en que el plan de trabajo se irá cumpliendo

Los materiales que para escribir la propuesta encuentra y produce el estudiante, y que acumula durante varios meses o años, son de varias clases:

1. Materiales del tema, ya mencionados líneas arriba.
2. Notas sobre el planteamiento de la pregunta. ¿Cómo se originó tal pregunta? ¿Qué se buscaba? ¿Qué se quería lograr?
3. Razón que justifica el estudio. Importancia de la investigación.
4. ¿Cómo se llegó a la idea de que los resultados esperados establecidos eran los que reflejaban la meta a donde querías llegar?
5. Apuntes sobre los objetivos. ¿Qué cosas se querían hacer al principio y porqué se establecieron los objetivos planteados?
6. Métodos vistos y seleccionados. ¿Se podían emplear otros métodos? Si así era, ¿por qué se escogió uno y no otros?

7. Si aplicaste estadísticas, ¿cómo hiciste para decidirte por esa técnica de análisis? ¿cómo se relaciona con tu hipótesis?

Antes de comenzar la propuesta, son muchos los aspectos que el estudiante tuvo que tomar en cuenta para hacerla, como los siguientes:

- Reconocimiento del tema tentativo
- Desarrollo de un glosario de términos comunes al tema
- Identificación de fuentes de información (primarias y secundarias)
- Entrevistas, consultas con expertos
- Entrevistas con el asesor
- Búsqueda, localización, caracterización, recuperación, manejo, catalogación de información
- Lectura y análisis
- Manejo de información (debe gustarte mucho o aprender a apreciarla)
- Preparación de una bibliografía anotada
- Presentaciones de la propuesta

El material generado por el esfuerzo que demanda la redacción de la propuesta de investigación, es básico para la escritura de la tesis. Mucho de ese material puede/debe utilizarse cuando se reporten los resultados de la investigación. Son parte de un mismo proceso.

Es como cuando una persona escribe su autobiografía; sus viejas fotos, sus pertenencias, anotaciones en viejos cuadernos, conversaciones con amigos de juventud, y cualquier otra cosa relacionada con su vida pasada hasta el presente, es útil para su propósito.

MATERIALES DEL PROCESO DE INVESTIGACIÓN

Al poner punto final a las actividades de investigación, lo que queda son los datos de los muestreos de campo, o de los análisis de laboratorio, o de las pesquisas, o de las entrevistas, o de las lecturas anotadas, o de cualquier otra actividad en que haya consistido el estudio. Pero, no te alegres todavía, el trabajo aún no concluye.

La información cosechada durante la investigación puede que contenga la respuesta a las interrogantes planteadas en la propuesta. Es un material crudo que se debe manejar con cuidado para darle sentido dentro del contexto en que se planteó el estudio. Esto puede ser un trabajo abrumador para el principiante, tanto para juntar y poner orden en los datos como para organizarlos.

La obtención de los resultados de la investigación de tesis marca un importante avance en los estudios de posgrado. Lo que queda por hacer es examinarlos. Su significado lo obtendrás aplicando el método de análisis elegido desde el principio de tu estudio.

Antes de proceder a examinar aisladamente los datos, es preciso recabar toda la información que tengas de la fase de investigación, sin importar lo irrelevante que te parezcan algunas cosas (Tabla 9).

Materiales de la Investigación	
Lo que aplique, según el estudio	
Tabla 9	
Materiales	**Datos**
Bitácora	Registro de las actividades del proyecto
Apuntes	Reflexiones sobre artículos leídos durante el proceso investigativo, dudas, observaciones, etc.
Relatorías	Fruto de entrevistas con asesor, investigadores, compañeros, etc.
Sondeos	Información de encuestas
Fotos, videos, audios	Generados por las actividades de investigación
Mapas	Material cartográfico
Bases de datos	Colecciones de datos en diferentes formas y formatos

Diferentes métodos darán diferentes análisis. Es por esto que, se supone, seleccionaste el método más apropiado para ponderar los resultados de tu estudio. Y, con la consecuente ponderación de la información y contrastación con datos de otros autores, podrás aterrizar una discusión que enriquezca y de relevancia a tus hallazgos.

Y entre los resultados esperados, que planteaste en la propuesta, y los resultados alcanzados, podrás advertir hacia dónde te condujo la investigación y qué experiencia ganaste con el estudio. Además, te será posible visualizar qué más se puede seguir haciendo con el tema que trabajaste.

Resumiendo la tercera parte correspondiente a los materiales utilizados en la investigación, que van desde la selección del tema hasta la redacción de la tesis, y, parafraseando a Aitchison et al. (2010), cuando te preparas para escribir tu tesis tienes muchas cosas a tú favor: "tú tienes el enfoque, tú tienes la teoría, tú tienes el método, tú tienes los resultados, y tú tienes la discusión. Así las cosas, con optimismo podrás ver a dónde conducen".

Este es tu punto de partida para escribir la tesis en un tiempo record y no ir a parar a las estadísticas de los ABD´s (All But Dissertation).

PARTE 5

CÓMO EMPEZAR A ESCRIBIR LA TESIS, Y CONTINUAR ESCRIBIÉNDOLA

"Comienzo a escribir conjurando una imagen en mi mente. Algunas veces será con algo que pensé por un tiempo, otras veces será con algo que percibo a mí alrededor intentando crearse. De cualquier manera, es simple la idea de lo que necesito para comenzar a escribir. A veces la gente me dice 'siéntate y escribe', lo que puedo hacer, pero eso no significa que llegaré a algo". Con estas palabras da inicio a su tesis de maestría en artes Tarah de Damask (2006).

Bien por Tarah, que la escritura no le significa problema alguno. Lo único que necesita, confiesa, es enfocarse en una idea o una imagen. Es decir, en lo que coloquialmente conocemos como 'tema'. Y así sucede con algunas personas, pero no con todas. Alguien me comentó en una ocasión, en uno de los talleres de escritura de tesis, para explicarnos qué tanto batallaba para empezar a redactar su tesis, que se le figuraba que comenzar a escribirla era como cuando en sueños quería decir o gritar algo, cualquier cosa, pero que no encontraba las palabras exactas para decirlo y que, en la desesperación, solamente alcanzaba a balbucear.

Y es que, la mera idea de comenzar a escribir la tesis, para convertirla en un documento extenso, a partir de un mundo de información que se posee sobre lo que se investigó, y que al plasmarla sobre el papel cumpla los requisitos de un formato obligatorio, es un desafío para cualquiera que no sea escritor ni tenga entrenamiento para escribir textos de este tipo.

Esta mezquina imagen representa la difícil situación por la que pasan los miles de estudiantes universitarios todos los años, generación tras generación, que no saben qué hacer para destrabar el nudo gordiano que les liberará del bloqueo mental en el que se encuentran.

En una encuesta realizada a nivel nacional por la Association for Support of Graduate Students de los Estados Unidos en 1993, para establecer la problemática de los estudiantes en referencia a la escritura de la tesis, y, entre más de 40 puntos señalados por los encuestados, se encontró que la principal dificultad en la mayoría de ellos era "saber cómo comenzar a escribir la tesis" (Garza-Almanza, 2006a).

A pesar del tiempo transcurrido desde entonces a la fecha, los inconvenientes que encuentran los estudiantes en este asunto, de acuerdo a lo que he visto en los talleres de escritura de tesis, no han cambiado. Escribir la tesis es un enorme problema constituido por un sistema de mini- problemas, desde cómo comenzar, cómo utilizar la bibliografía, cómo presentar la metodología, qué decir de los sujetos humanos que participaron, cómo abordar el aspecto bioético, qué resultados poner en tablas y gráficas, cómo analizar la información obtenida, etc.

Ahora bien, hasta aquí he hablado de los estudiantes que no escriben sus tesis y nunca comentado nada acerca de los que sí las escriben. ¿Vale la pena hacerlo cuando ellos ya tienen resuelto su caso? Para lo que voy a señalar, yo creo que sí. Luego, ¿cuál es la diferencia entre unos y otros? No es su cerebro, ni sus calificaciones, ni la originalidad o costo de sus proyectos, ni siquiera que unos hayan asistido a congresos a presentar posters o publicado alguna reseña y otros no. ¡Nada de esto! La diferencia estriba, como menciona Margolin (1994), en que unos se sientan a escribir la tesis hasta terminar y los otros no.

Pero, bueno, entre el que se queden sentados y pegados a la silla o teman siquiera acercarse al escritorio para ponerse a trabajar, existen varios factores que los que concluyen sus tesis los dominan y los que las dejan a medias no. ¿Y cuáles son esos factores que hacen pesada la vida al que intenta con todas sus ganas escribir la tesis? Veamos algunos:

- Pensar y escribir a solas, sobre todo cuando los cursos

ya terminaron y los compañeros conocidos tomaron sus propios rumbos
- Decidir por uno mismo qué poner y qué no, lo que naturalmente representa un hándicap para quien lo hace por primera vez
- Entender el formato de la tesis, familiarizarse con él, y saber cómo emplearlo (si le proporcionaron formato)
- Idear qué esquema utilizar para escribir la tesis, en especial cuando no se le proporcionó formato alguno (si no le proporcionaron formato, que sucede con regular frecuencia en algunos programas)
- Darle un sentido unitario a la literatura revisada
- Conectar la teoría aprendida con los hechos resultantes de la investigación

Reto 1. Comenzar a escribir

La ventaja de escribir aislado es la de quedar fuera del escrutinio y de que de uno dependerán las maneras de laborar. Es decir, puedes teclear en la laptop, garabatear ocurrencias en el cuaderno, poner ideas sueltas en post-its y pegarlas en un pizarrón, llenar cientos de fichas, etc. Puedes emplear los trucos que te vengan en gana para construir tu rompecabezas.

Hay un término que escuché por primera vez en Ciudad Juárez, Chihuahua, lugar fronterizo con El Paso, Texas, allá por la década de los 70's del pasado siglo, que es una zona binacional donde se han originado numerosas palabras por la influencia mutua del inglés y el español, y que desde mi punto de vista expresa lo que creo que debe hacer el tesista que está agarrotado y no encuentra el modo de salir adelante y ponerse a escribir su tesis.

Ese vocablo, aun inexistente en los diccionarios de spanglish, es "mockear", proveniente de las palabras inglesas "mock" y "mock-up", y que va en dos sentidos: en el de desbaratar algo para entenderlo y el de modelarlo para reconstruirlo. Los jóvenes lo aplican cuando quieren aprender algo por su cuenta, desarmando y volviendo a armar eso que traen entre manos, trátese de un aparato o de una idea. Lo verbalizaron como "mockear" desde hace unos 70 u 80 años, y para explicar algo dicen que están "mockeando" alguna cosa o que van a "mockearle" a algo nuevo para ellos. El uso de este anglicismo sigue vigente en la región.

Es por esto que hay que "mockearle" a la tesis; o sea, deconstruir el cúmulo de ideas e información generadas por la investigación de tesis, desarticulándolas como piezas de rompecabezas colocadas sobre una mesa, y reconstruirlas en un todo dándoles un sentido y un significado.

La acepción del "mockeo", en este contexto, representa para mí el esfuerzo que se hace de mil maneras para comprender los entresijos de algo, embonar sus partes y hacer que arranque y se mantenga funcionando. Así que tienes que empezar a "mockearle" a tu tesis, sacudir las ideas que tienes en la cabeza y plasmarlas. No te pongas exigente contigo mismo y quieras ponerte a editar desde el inicio; posteriormente, cuando tengas listo tu borrador, podrás revisarlo y corregirlo para que se vea bien y suene como tú quieres.

Reto 2. Continuar escribiendo

Imagino que cuando un cuerpo de agua sometido al calor empieza a evaporarse, ya sea el agua de una laguna o de un vaso de agua o de una pequeña gota, pasa por tres fases o estados físicos antes de que el agua escape a la atmósfera. Conjeturo lo siguiente.

En la primera fase, las moléculas de agua de la superficie deben alcanzar una temperatura que hagan cambiar su estado físico de líquido a gaseoso. En la segunda fase, hay una transición donde las primeras moléculas que abandonan su estado físico líquido con dificultad se despiden de las que están agregadas a ellas por debajo, y las jalan consigo al espacio. Como que ese es el momento crítico en que se rompe la tensión dinámica del agua y, mientras el calor necesario siga, las moléculas continuarán halando a las adyacentes a ellas hacia el cielo. En la tercera fase, ya en el aire, las moléculas de agua se liberarán en forma de gas y tomarán un sinfín de caminos.

Pues como tesista que ya le "mockeaste" a tu tesis y rompiste la tensión superficial que impedía que te liberaras, debes de pasar a la segunda fase de la evaporación del agua. Las palabras que van surgiendo de tu cabeza y formando frases, párrafos y llenando página tras página, deben seguir tirando las unas de las otras. Como en la tercera fase, muchas palabras e ideas que escribas seguirán camino al olvido, pero otras formarán nubes, que serán las secciones de tu tesis.

MANEJO DEL PROYECTO DE ESCRITURA DE TESIS

El Project Management Institute (PMI, 2017) define como proyecto a "aquel esfuerzo temporal emprendido para crear un producto o servicio únicos". La Real Academia Española (2017) tiene varias acepciones para el concepto "proyecto", una de ellas dice que se trata del "primer esquema o plan de cualquier trabajo que se hace a veces como prueba antes de darle la forma definitiva". Por su parte, Moliner (2010), establece que el proyecto es una "idea que se tiene de algo que se piensa hacer y de cómo hacerlo".

Bajo esta perspectiva, la tesis de maestría y la disertación doctoral, que representan el mayor esfuerzo del estudiante en sus estudios de posgrado y una de las metas más ambiciosas en la vida académica, son planes de trabajo, son ideas de lo que se pretende hacer, y su realización representa un enorme esfuerzo. En sí, son proyectos de gran amplitud y alcance que, si no se les controla y maneja apropiadamente desde el inicio, se corre el riesgo de perder el rumbo y extraviarse.

En tal sentido, la tesis es planeada y ejecutada desde el momento en que se selecciona el tema de investigación hasta el instante en que finaliza presentándola y defendiéndola frente a un sínodo. Y como el proyecto de tesis consiste en varias actividades que van de una fase a otra, para fines prácticos podemos considerarla como un macro-proyecto. Y lo es porque está compuesta de varios proyectos que tienen diferentes propósitos, los que se ejecutan en diferentes tiempos y lugares por espacio de varios años (Figura 16).

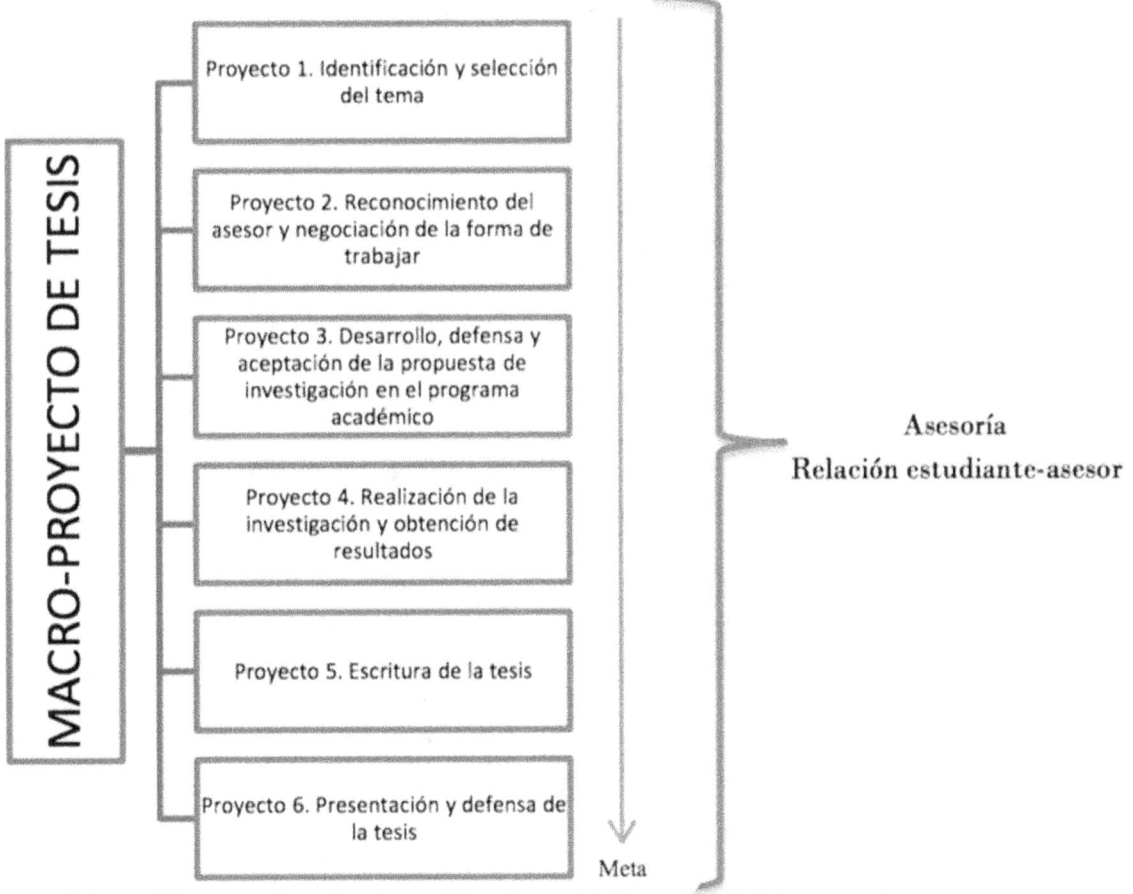

Figura 16. Fases del concepto sistémico de la tesis

Para ilustrar el caso con mayor claridad, observa las fases que se representaron en la figura 2 y que ahora se reproducen bajo el concepto de 'proyecto' en la figura 16. Verás que cada fase representa un proyecto con diferentes objetivos particulares, pero todos alineados hacia un mismo fin. En conjunto, cumplida cada una de esas fases o proyectos, se logra la meta.

En este contexto, la fase de escritura de la tesis es un proyecto. Sin embargo, cabe aclarar que el proyecto 2, el que corresponde a la relación entre el profesor asesor y el estudiante, es la excepción, pues es un proyecto paraguas de amplia cobertura que se extiende de principio a fin.

El trabajo que requiere el macro-proyecto de tesis es de mediano plazo si se trata de una maestría, o de largo plazo si se trata del doctorado. Comienza en el primer año de estudios, cuando el estudiante busca y documenta su tema de investigación, y termina al cabo de varios años, que en algunos casos se extiende de 5 a 10 años, que es cuando defiende su tesis.

Durante todo ese tiempo el estudiante tiene que aprender a administrar su macro-proyecto de tesis. Y es que, como a su vez cada proyecto particular se subdivide en diferentes actividades, el tesista deberá manejar cada proyecto individual y sus objetivos de forma sistematizada y coordinada.

Pero, ¿qué es el manejo de proyectos? De acuerdo al Project Management Institute Standards Committee (PMISC, 2000), es "la aplicación de conocimiento, habilidades, herramientas y técnicas, a las actividades del proyecto con el fin de alcanzar la meta planeada".

En el caso de la tesis, el proyecto consiste en varios elementos: (a) en la propuesta de investigación, que será su guía de navegación por años; (b) el plan de trabajo distribuido en el tiempo; (c) el personal que involucra, que es el estudiante y el asesor en la mayoría de los casos; (d) los recursos para realizarlo; (e) los procesos; (f) el control, y (g) el producto que se espera obtener, con lo cual se cierra el proyecto.

Todo esto enmarcado por una perspectiva que abarca: (1) el alcance del proyecto, (2) el tiempo, (3) los costos, (4) el riesgo, y (5) la calidad (Auti et al., 2016; PMI, op.cit.).

Para poner un ejemplo, hablemos del proyecto "selección del tema de tesis", que es el número 1 del macro-proyecto de tesis (Fig. 16), el cual conlleva la realización de las siguientes acciones:

1) aterrizar una idea para el tema, que puede ser: un asunto curioso, una ocurrencia, un problema, una sugerencia
2) pensar y discutir sobre el posible tema a investigar
3) identificar asesor
4) establecer relaciones con el asesor
5) establecer y mantener un programa de trabajo con el asesor
6) reflexionar el tema por escrito
7) buscar fuentes de información
8) investigar las fuentes
9) detectar material publicado que sea relevante al tema
10) leer y discriminar
11) tomar notas
12) acordar reuniones con el asesor
13) releer y sintetizar el material bibliográfico
14) continuar la búsqueda de referencias
15) elaborar bases de datos para uso del propio proyecto
16) cumplir con cada una de las asignaturas y los trabajos que encargan los profesores
17) presentar y defender el tema en el seminario de tesis
18) obtener la aceptación del tema de investigación
19) finiquitar el proyecto de selección de tema

Luego, como explica Schwalbe (2002), todo proyecto tiene: alcance, tiempo, costo, riesgo y calidad. Así que, para este caso particular:

- El alcance del proyecto 'selección del tema de tesis' consiste en avanzar del punto 1 al 19.
- El tiempo para llevar a cabo el proyecto será el que determine el programa de posgrado o el asesor, que pueden ser uno o dos semestres, ya se trate de una maestría o un doctorado.
- El costo consistirá en los gastos que se deriven de la ejecución de este proyecto, como la inversión en la adquisición de bibliografía, traslados para entrevistas, etc.
- El riesgo será la probabilidad y consecuencias de no alcanzar el objetivo, como puede ser el rechazo de varios temas propuestos y los costos en tiempo, dinero y esfuerzo que esto implica.
- La calidad, que es la obtención del producto con las características esperadas.

Para lograr todo esto que parece tan complicado, el tesista, que en este caso es el manejador o gerente del proyecto, o seas tú, se requieren de varias competencias. Estas, mejor conocidas como habilidades no técnicas, son, según Pinis (2007), las que siguen:

- Liderazgo
  La escritura de tesis requiere que el estudiante sea suelto y autónomo, que no dependa del asesor. Sólo así podrá decidir el rumbo de su trabajo, qué pondrá por escrito y qué no.
- Organización
  En el caso de la escritura de la tesis, la organización consiste en poner un orden al material que tiene y a la forma en que lo redactará.
- Resolución de problemas
  Cualquier proyecto que se emprenda tiene sus problemas.

La escritura de la tesis no es la excepción, son numerosos los problemas que surgen y hay que resolverlos para continuar hasta el final.

- Planeación y calendarización
Algunos le llaman a este punto "rumbo y destino", refiriéndose a que cuando se va a iniciar un viaje se planean las escalas y los tiempos hasta llegar a la meta.
- Asignación de recursos
Hacer el trabajo con lo que se tiene.
- Comunicación
Consiste en el intercambio de información, seguimiento y recomendaciones sobre la tesis mientras ésta se escribe.
- Conocimiento para el uso eficaz de la tecnología
La tecnología ya es parte de la vida académica. Para el propósito de la redacción de la tesis existe una amplia variedad de equipos y software que, si el estudiante de posgrado los conoce, facilitan y agilizan el trabajo.
- Destreza para completar cada tarea
La habilidad para manejar las diferentes tareas que demanda un proyecto de escritura de tesis, que no es una actividad lineal como muchos suponen, ofrece ventajas al estudiante y le permite ganar tiempo para cumplir con su compromiso.

Y de estas habilidades para el manejo de proyectos, estudiadas por Plinis en un grupo de graduados doctorales, se encontró que 4 fueron las más útiles durante el proceso de escritura de las tesis. En orden de importancia son:

- Comunicación
La más importante de todas las habilidades. Porque era impensable desatender al asesor o a los miembros del comité, y reevaluar los avances y corregir de inmediato.
- Organización
El orden era imperativo tanto en los materiales documentales de trabajo como en el sitio de trabajo. Tener las cosas al alcance, en ubicaciones predeterminadas, y no perder tiempo.

- Liderazgo
  Percibirse como únicos responsables del uso de los materiales resultantes de sus investigaciones de tesis, y decidir qué hacer, cuándo, cómo, en dónde y en qué momento escribir, empoderaba a los doctorantes y les hacía sentirse más maduros.
- Uso efectivo de la tecnología
  Durante la investigación y escritura de la tesis es cuando el estudiante de posgrado siente una fuerte presión por utilizar lo más avanzado, lo que le hace buscar la tecnología apropiada a sus necesidades, aprenderla y aplicarla.

El grupo de doctorados recién egresados que estudió Plinis no tenían nada de conocimiento de lo que es la teoría y la práctica del manejo de proyectos; sin embargo, como se ve en sus hallazgos, de forma inconsciente actuaban y ponían en práctica habilidades que encajan en el manejo de proyectos.

Y así podrás ver y entender porque cuando comienzas un proyecto, sin siquiera enterarte, avanzas. Haces malabarismos y persistes en tu empeño. Pasa uno, dos y hasta tres años, y te das cuenta que pudiste con toda la carga académica, el trabajo de investigación, las presentaciones obligadas de los avances del proyecto. Quizá sin tener nociones de la teoría y práctica del manejo de proyectos, lo que nos ocurrió a muchos, administraste todas tus actividades dentro del tiempo asignado. Es decir, cumpliste casi todo en los 2, 3, 4 o 5 años de estudios de posgrado.

Y como dije, cumpliste casi en todo, a excepción de una cosa, y por ese motivo estamos aquí, y es que no alcanzaste a escribir la tesis. Tal vez la dejaste para el final o quizá nunca entendiste cómo atrapar y someter a ese demonio, pero la cosa es que el tiempo se terminó y no tienes tesis.

Luego, ¿cómo ir de los datos a la tesis? **Organizando**, poniendo en orden y al alcance de tu mano todos los materiales generados desde el primer día en que comenzaste a trabajar tu tema hasta hoy. Tomando en cuenta el **tiempo**, que son los días o semanas que te quedan de vida (académicamente hablando), **planeando** lo que vas a escribir, y **calendarizando**. Para esto, el mejor instrumento que tienes para auxiliarte es el manejo de proyectos.

Para trabajar donde sea que vayas o estés, la **tecnología** es tu mejor aliada. Puedes utilizar de forma eficiente y efectiva el smartphone, tabletas, laptop, redes sociales, correo electrónico, internet, mensajería, etc. Está a tu alcance la grabación instantánea de mensajes de voz o la escritura digital de recordatorios, la fotografía y la videograbación; puedes tener videoconferencias al momento en tu móvil, o solicitar ayuda por redes sociales; puedes hacer todo lo que un gerente de proyecto necesite hacer para cumplir con su cometido.

Teniendo aún tiempo antes de la fecha de entrega, puedes administrar la fase final de tu tesis, que es la escritura, aplicando las prácticas sugeridas en esta guía que mejor acomoden a tu necesidad. Con esto evitarás o al menos reducirás el desgaste que este esfuerzo reclama al que no sabe de qué manera entrarle a la redacción de su investigación.

Antes de comenzar evalúa tus habilidades para el manejo de tu proyecto de escritura de tesis. Con lo visto líneas arriba y apoyándote en la 2ª parte del libro correspondiente a la autoevaluación, podrás tener un mejor conocimiento de tus fortalezas y debilidades, con lo que podrás manejar mejor tu proyecto de tesis en 100 horas.

CÓMO ESTABLECER EL CRONOGRAMA DE 100 HORAS

> Si no sabes emplear el minuto, perderás la hora, el día y tu vida toda.
> Alexander Solzhenitsin

En un estudio realizado con una muestra de 400 disertaciones doctorales se encontró que desde el inicio de la investigación –exceptuando el tiempo que lleva la búsqueda del tema, el desarrollo de la propuesta, y su aprobación– hasta la elaboración del borrador de la tesis, tomó en promedio 14 meses. De ese período, aproximadamente el 40% del tiempo –que son 5.6 meses– fue empleado para la escritura de la tesis (Davis y Parker, 1979). Esto es lo que se denomina 'tiempo estándar', y es el lapso de tiempo que el estudiante promedio, que trabaja a ritmo normal, tiene para preparar dicho documento y entregarlo antes de la fecha de vencimiento.

Pero, 'tiempo estándar' es precisamente lo que no tienes. Lo que te queda, supongo, son apenas unas cuantas semanas o días en los que puedes acomodar las 100 horas de la estrategia para escribir la tesis. Y para que te organices, la idea de esto es que distribuyas tus actividades en un cronograma utilizando el diagrama de Gantt (también puede utilizar otro esquema que manejes mejor), donde podrás repartir tus quehaceres escriturales en base a las horas estimadas para cada uno.

Kapur (2004), por su experiencia en manejo de proyectos, asegura que la realización de un proyecto de dimensiones regulares toma al menos 200 horas de trabajo. Para el presente caso, el proyecto de tesis doctoral o de maestría, se realizaría en un tiempo concreto de 200 horas. Esto representaría el tiempo invertido por (1) el estudiante, (2) su asesor, (3) los miembros del comité de tesis, (4) los lectores externos, en caso de que los haya. Este conjunto de 200 horas comprende el 'tiempo estándar' para hacer la tesis; es decir, 200 horas trabajadas a lo largo de 14 meses.

En la tabla 1 de la sección Hora Cero de la primera parte de esta guía, se presenta una distribución ideal de las 100 horas necesarias para escribir la tesis. Puedes distribuir esas horas a conveniencia de acuerdo a los días o semanas que te falten para que se venza el plazo de entrega del borrador de tu tesis. 100 horas de trabajo concreto son, desde mi punto de vista, tiempo suficiente para que escribas tu tesis de maestría o doctorado. Ahora, lo que debes hacer es programar y distribuir tus actividades. Y bien, ¿cómo establecer el cronograma de actividades para escribir la tesis en 100 horas?

Tabla 10
Cronograma. Distribución actividades sobre días/horas de trabajo. Formato IMRYD.

Actividades / Días-Horas	Día 1 1–10	Día 2 11–20	Día 3 21–30	Día 4 31–40	Día 5 41–50	Día 6 51–60	Día 7 61–70	Día 8 71–80	Día 9 81–90	Día 10 91–100
Recopilar información	→									
Clasificar y separar la información	→									
Escribir la introducción		→								
Escribir la metodología			→							
Escribir los resultados				→						
Elaboración de gráficas y tablas				→						
Escribir la discusión					→					
Escribir la conclusión y los comentarios						→				
Preparación del abstract y del título						→				
Revisión del primer borrador							→			
Revisión del segundo borrador								→		
Borrador final									→	
Entrega del borrador de tesis										→

1. Elabora un índice del contenido de la tesis. Debe ser tarea de minutos. Si tienes un formato oficial, como el IMRYD, síguelo; si no lo tienes, busca el formato que mejor se adecue a tu gusto o necesidades.
2. A partir del índice categoriza las actividades a realizar, desde la introducción hasta los resultados y discusión.
3. Cuando tengas el inventario de los puntos a escribir, asígnales un tiempo tentativo de trabajo.

Ver el cronograma de la tabla 10.

El cronograma es una herramienta, y el propósito de utilizarla es que con su ayuda distribuyas y visualices la cantidad de horas programadas para llevar a cabo cada actividad. Pero esto no es suficiente, para tener un control estricto de las horas y minutos que estarás destinando a cada tarea, será conveniente que también establezcas un horario de trabajo para cada día que destines a tu tesis, y que registres los minutos dedicados a cada cosa (Tabla 11).

¿Para qué anotar las horas y minutos empleados en la escritura de la tesis? No es ningún capricho ni ocurrencia. La idea de llevar un registro diario de las horas y minutos dedicados a la escritura, marca la diferencia entre (1) la creencia que uno tiene de que al haberse sentado por 3 o 4 horas frente a la computadora destinó todo ese tiempo a escribir, y (2) saber con exactitud qué cantidad de tiempo se quemó haciendo diferentes cosas y que tanto se escribió. Una y otra son cosas muy diferentes.

La razón de esto, explica Boice (1989) es que el conocer con precisión el tiempo de escritura y mirar los párrafos o páginas redactados, tienen un efecto positivo en el tesista porque puede medir su productividad.

Otro aspecto importante que encontró Boice en su estudio, que Gray (2005) explica con amplitud, es que si además de registrar los tiempos de redacción el estudiante utiliza un control

Ejercicio

A partir de las tres tablas arriba mencionadas, elabora tu cronograma, tu horario donde registrarás las horas y minutos trabajados, y busca a alguien a quien mostrar tus adelantos, y que te ayude y te presione para que escribas la tesis.

de vigilancia confiable sobre su trabajo (un compañero/a de estudios, novio/a, hermano/a, etc.), uno que verifique diariamente lo que se escribió, la productividad aumenta (Tabla 12).

HORA / DÍA	1	2	3	4	5	6	7	8	9	10
06:00										
07:00										
08:00										
09:00										
10:00										
11:00										
12:00										
13:00										
14:00										
15:00										
16:00										
17:00										
18:00										
19:00										
20:00										
21:00										
22:00										
23:00										
24:00										
Horas y minutos trabajados										
Actividades realizadas										

Horario de Actividades
Tabla 11
Fuente: W.L. Belcher, 2010. Adaptado por VGA

Productividad Escritural: Sin control, Con registro, Con registro y Vigilancia confiable		
Tabla 12		
Fuente: T. Gray, 2005. Adaptado por VGA		
Grupos de Estudio	Páginas escritas en un año	Comparación de Productividad
Grupo I Escribió sin control alguno	17	----
Grupo II Escribió registrando sus tiempos	64	3.76 veces más que el Grupo I
Grupo III Escribió registrando y controlando sus tiempos con una persona de confianza	157	9.23 veces más que el Grupo I 2.45 veces más que el Grupo II

CÓMO ESCRIBIR LA INTRODUCCIÓN DE LA TESIS

La introducción es la primera parte de la tesis, independientemente de cuál sea la disciplina de tus estudios de posgrado y de cuál sea el formato de tesis que vayas a utilizar para escribirla. La introducción es la sección donde tienes que hablar de tu tema de investigación, explicar su importancia, y discutir las razones que justificaron su realización.

Debes tener presente que lo que manda en la tesis es el tema que investigaste y no los resultados obtenidos en la investigación, aunque al final la tesis adquiere importancia por los resultados obtenidos; esa es la clave.

Existen diferentes maneras de escribir la introducción; a saber: (1) dividida y clasificada en partes, (2) como ensayo, (3) como escueto prefacio, (4) como un recuento del contenido de los capítulos que presente el documento.

Cuando la tesis es un ensayo, como por ejemplo "In the shadow of Churchill: The influence of Winston Churchill on Richard Nixon" de Aniolek (1996), puede no llevar introducción alguna. En este caso, el autor abre el trabajo planteando su tema de investigación en el primer párrafo de la tesis, y desde ahí desenvuelve su supuesto de la influencia de Churchill sobre Nixon. Como elementos constitutivos, esta tesis de maestría consta de (1) abstract, (2) cuerpo de la tesis, que es de 5 capítulos, (3) llamados a pie de página, al final del documento, y (4) literatura citada.

Cuando la tesis está conformada por artículos científicos o académicos sobre un tema y que esos artículos están ya publicados, como fue el caso de la tesis "Physical studies of planets" de Sagan (1960), debemos tener en cuenta que las tesis de esta clase son una estrategia de graduación en algunos posgrados; además, la tesis puede llevar una breve introducción o un prefacio para la presentación del tema general de la investigación comprendida en los artículos. En el caso de la tesis de Sagan, la obra consiste en un prefacio demasiado escueto y 4 artículos científicos; por extraño que parezca, esta 'tesis-recopilación' no posee abstract.

Otras tesis, como la de Amberg, "Voice in writing" (1980), llevan como introducción una definición del título y la descripción, en una frase, de cada uno de los seis capítulos. La tesis de Henry, "The Simpsons and American Culture" (2008), tiene el mismo esquema que la de Amberg, pero remata con una conclusión y una muy extensa bibliografía.

En la universidad mexicana esta clase de 'permisividad' con las introducciones queda fuera de discusión, por lo que comúnmente no se aceptan esta clase de 'entradas', y exigen a los estudiantes que se apeguen más a los modelos clásicos y tradicionales.

¿Cómo sería la introducción en el modelo tradicional de la tesis? Me voy a referir al modelo más común en las disciplinas científicas, tecnológicas, ingenieriles, sociales, y educativas, entre otras, que presenta los siguientes puntos:

1. Antecedentes
2. Planteamiento del problema
3. Justificación del estudio
4. Propósito del estudio
5. Importancia del estudio
6. Suposición vs hipótesis
7. Preguntas de investigación
8. Límites del estudio
9. Definición de términos
10. Organización de la tesis

Pero aun así, no hay nada concreto, pues algunos de los puntos señalados pueden cambiar de una tesis a otra, aunque se trate de la misma disciplina o programa de posgrado, mientras que otros puntos son obligatorios, como los antecedentes o la justificación. Con esto quiero decir que no existe un estándar para las tesis, como sí lo hay para los artículos científicos.

Por ejemplo, el elemento introductorio de la tesis, que es lo que se conoce como 'antecedentes', suele manejarse separado del apartado de 'revisión de literatura'. A algunos les parece que se trata de lo mismo, pero no es así. Por tal motivo, la revisión de literatura se escribe como otro capítulo, usualmente el capítulo dos.

1. Antecedentes. Qué son, en qué se diferencian de la revisión de literatura, y cómo se escriben

El punto concerniente a los antecedentes consiste en aquella información que específicamente trata del tema o del problema que se ha estudiado.

Por ejemplo, si el tema de la tesis fue evaluar el impacto ambiental del muro anti migrante de la frontera México–Estados Unidos sobre el movimiento de especies migratorias terrestres en la región binacional Chihuahua/New México, los antecedentes se habrán elaborado (a) a partir del inventario de especies migratorias de esa región, (b) datos referentes al monitoreo del movimiento de esas especies, (c) temporadas en las que ocurren, (d) dinámicas de los organismos, (e) identificación de rutas migratorias y su relación con el muro, (f) evidencias que señalen el efecto del muro, (g) consecuencias a uno y otro lado del muro, (h) leyes de protección ecológica en ambos países, (i) actividades oficiales de protección, y demás.

El apartado de revisión de literatura, que regularmente se escribe como el capítulo que sigue a la introducción, su visión va más allá de la documentación sobre el área local impactada; registra y analiza también problemas similares en otras partes de la frontera mexicano-estadounidense donde existen kilómetros de muros, los daños que otras barreras artificiales similares existentes en otras partes del mundo ocasionan a la migración de animales, como canales de riego, súper carreteras, etc.

Es decir, los antecedentes se escriben con información de carácter micro o local, y la revisión de literatura con información de cualquier lugar del mundo que ayude al investigador a ampliar su panorama y a darle una mayor fuerza explicativa a sus hallazgos. Bajo este esquema del acercamiento micro y su relación con lo macro puede manejarse el planteamiento de los antecedentes para cualquier proyecto (Figura 17).

Los antecedentes en una tesis permiten evaluar qué tan conocedor se ha vuelto el estudiante del problema que investigó. La extensión del apartado antecedentes puede comprender entre una y cuatro páginas, que en promedio son 250 palabras por página.

2. Planteamiento del problema. Qué es y cómo se escribe

El denominado 'problema' en la tesis, es el núcleo del proyecto de investigación. Es el asunto que el estudiante se propuso investigar y resolver. Es concreto, claro, y simple.

Figura 17. Diferencias entre los antecedentes y la revisión de literatura

Para enunciarlo basta un párrafo de entre 50 y 100 palabras, aunque algunos tesistas se extienden y lo explican más de lo necesario en dos o más páginas. Por ejemplo, veamos el planteamiento que hizo Kahler en su tesis (*The role of Lois Marie Gibbs in the Love Canal crisis and its effect on Federal 'Superfund' Legislation, 1973-1981*. 2008) al estudiar el caso de L. M. Gibbs, quien era una ama de casa que organizó y lideró a los habitantes de la localidad donde residía porque la salud pública de la población estaba siendo afectada por la basura tóxica depositada en el área por una empresa privada, y de qué manera logró vencer los obstáculos de entidades públicas y privadas para ganar sus demandas.

La descripción del problema en inglés consta de 101 palabras; la traducción al español 96 palabras. Es como sigue:

> «El propósito de este estudio fue <u>documentar</u> los eventos y sucesos que empujaron al Congreso a debatir y aprobar la Comprehensive Environmental Response, Compensation and Liability Act (CERCLA), a <u>revelar</u> el papel que jugó en esto Lois Marie Gibbs, y <u>develar</u> cómo la influencia de Gibbs ayudó a que el presidente Carter firmara la ley CERCLA –comúnmente conocida como ley del Superfund. <u>¿Cómo pudo ella hacer esto</u> con una economía local dominada por la industria química, una poderosa subsidiaria de un gigante corporativo, y con los niveles de gobierno local, estatal y federal que no cooperaron? »

En esta tesis, el enfoque del planteamiento del problema dado por de Kahler fue mediante la descripción de tres objetivos: (O1) documentar, (O2) revelar, y (O3) develar; y de una pregunta (P1): '¿cómo pudo ella hacer esto (en un escenario totalmente en contra)?' La pregunta P1 es la que mueve la investigación, es el verdadero problema a resolver. ¿De qué manera?, pues realizando los objetivos O1, O2 y O3 descritos.

En este ejemplo, se me ocurre que la propuesta de la tesis debió partir de una descripción breve de los antecedentes: (1) de cómo Gibbs descubrió que la escuela primaria del pueblo Love Canal estaba construida sobre un cementerio de residuos peligrosos; (2) de cómo fue que ella asoció los problemas de frecuentes abortos, altas tasas de defectos de nacimiento y deterioro de la salud en los niños que asistían a clases y de algunos de sus familiares; (3) de las luchas que entabló, primero con los vecinos que no la apoyaban y después con las autoridades y los industriales que negaban la existencia de problema alguno; y (4) de cómo persuadió a unos y a otros.

Y un <u>planteamiento de problema</u> simple y escueto: ¿Cómo hizo el ama de casa L. M. Gibbs para legitimar con evidencias (toxicológicas, epidemiológicas, etc.) un presunto problema de contaminación que estaba enfermando y aniquilando niños, y que era un problema palpable pero inadmisible a los ojos de residentes, de las autoridades y de los empresarios, y para iniciar un movimiento ambientalista ganador que, sin que ella lo esperara, se convertiría en bandera del ecologismo estadounidense?

Puede haber muchos otros caminos para plantear este o cualquier otro problema, y por esto mismo es recomendable que el estudiante esté bien informado, tanto a nivel micro como macro, y al escribir la tesis tenga bien claro lo que se propuso hacer y saber qué hizo.

El problema de la tesis debe articularse con los objetivos, con lo que se propuso hacer y se hizo.

Ejercicio de escritura del planteamiento del problema

Redacta al menos tres diferentes enfoques de tu problema de tesis, analízalos y vincúlalos de manera lógica y natural con tus objetivos.

3. Justificación del estudio. Qué es y cómo se escribe.

La justificación del estudio es la razón que se argumenta como necesidad científica, o tecnológica, o social, o académica, o religiosa, o económica, o ambiental, o de cualquier otra índole con datos válidos, para obtener la aprobación del proyecto de investigación de tesis ante el comité evaluador de propuestas de investigación de tesis, y que posteriormente, después de concluido el estudio, se redacta como uno más de los varios puntos que lleva la introducción de la tesis.

La justificación del estudio podemos clasificarla, para entender mejor la clase de proyecto que hicimos, de diferentes maneras: (1) como justificación formal, (2) como justificación informal, (3) como justificación íntima, (4) como justificación comprometida, (5) como justificación conveneciera, y (6) coyuntural, aunque puede haber otros tipos de justificación más.

1. La justificación formal es la razón que explica por qué se emprendió el estudio del tema seleccionado, y se basa en motivos 'razonables' desde el punto de vista de que se acometió un problema importante para la sociedad. Por ejemplo, el impacto del cambio climático global sobre la agricultura de Canadá (Amiroslany, 2010).

2. La justificación informal es una excusa que no pocos tesistas ofrecen para explicar lo que por gusto o por curiosidad personal se dieron a investigar. Por ejemplo, podemos ver la investigación doctoral que sobre sus cosas favoritas llevó a cabo Dryden (2012), y en donde, por mencionar su sesgo individualista, el término "my" de mío se repite 1500 veces.

3. La justificación íntima, por llamarla de alguna manera, es aquella en donde el "yo interior" es el objeto de estudio. Por ejemplo, podemos ver el caso de Harmon (2010), quien orientó su investigación doctoral a estudiar sus problemas personales con el cáncer y lo que vivió en las etapas de descubrimiento, proceso-tratamiento, y remisión.

4. La justificación comprometida es aquella que tiene que ver con una investigación previamente acordada con la institución que beca al individuo o con el potencial asesor que lo adscribe a su proyecto bajo ciertas condiciones. A veces es posible identificar este tipo de estudios comprometidos cuando en los reconocimientos de la tesis el autor hace mención a su auspiciador.

5. La justificación conveneciera es aquella donde el estudiante logra obtener la aprobación de su propuesta de investigación de tesis para realizar un estudio que a todas luces le traerá beneficios económicos, políticos, sociales o

de otra índole. No está mal, incluso es conveniente que el estudiante oriente la experiencia que está obteniendo en el entrenamiento doctoral o de maestría a la investigación aplicada en áreas no académicas de la sociedad.

6. La justificación de coyuntura es la que argumenta la necesidad de un estudio sobre algo que ocurre en el momento justo en que el estudiante busca un tema de investigación. Por caso, la tesis de Gale (1994) sobre el impacto ambiental del Tratado de Libre Comercio de América del Norte. De acuerdo a las leyes americanas, los Estados Unidos debieron de haber realizado una evaluación de impacto ambiental del NAFTA sobre la frontera mexicano-estadounidense antes de la aprobación y puesta en marcha del tratado, lo que sucedió entre noviembre de 1990 y enero de 1994. Tal evaluación de impacto ambiental nunca ocurrió, pues de haberse realizado habría demorado su aprobación o la detendría. La pregunta ahora era cuál sería el impacto ambiental del NAFTA. Ocho años después, Kim (2002) hizo una evaluación aproximada del impacto ambiental real del NAFTA.

Para cada una de las justificaciones arriba mencionadas, independientemente de la importancia de la universidad que las produce, en inglés existen infinidad de tesis y disertaciones con las cuales se podrían llenar catálogos. Esto también deja ver la permisividad de algunos departamentos y profesores que acceden a todo tipo de propuestas que les presenten sus estudiantes.

En resumen, la forma de escribir la justificación es simple. Piensa en el motivo por el cual decidiste que tema de investigación realizarías y qué razón tuviste para tomar ese tema y no otros. Dependiendo de lo corta o extensa que quieras que sea tu justificación, la puedes escribir de manera sucinta en un párrafo de 50 palabras o en dos páginas de 500 palabras o más. Hay tesis que presentan justificaciones de hasta cuatro páginas.

4. Propósito del estudio. Cómo y para qué escribir los objetivos

Como podrás ver, cada punto de la estructura de la tesis está asociado con el anterior y con el siguiente. El propósito del estudio es identificado como lo que se va a hacer, que son los objetivos que llevaste a cabo durante tu investigación.

Por caso, veamos la tesis de Gross (*Botanical pesticides. Identification of a molecular target and mode of action studies*, 2014), donde su objetivo general, tal como lo indica el título, fue el de identificar el blanco molecular y el modo de acción de pesticidas botánicos. Enunció sus objetivos particulares de la siguiente manera:

Objetivo 1.a.
Caracterizar el receptor putativo de la tiramina en la garrapata del ganado del sureste.

Objetivo 1.b.
Determinar la farmacología del receptor utilizando análisis funcionales.

Objetivo 2.a.
Determinar si los aceites terpenoides esenciales interactúan con el receptor tiramina de la garrapata del ganado del sureste.

Objetivo 3.a.
Realizar bioensayos de aceites esenciales aplicados topicalmente a dos concentraciones (1% y 5%) para determinar si pueden mejorar la toxicidad de la permetrina contra hembras adultas de mosquitos *Aedes aegipty* y *Anopheles gambie*.

Objetivo 4.a.
Comparar los efectos in vivo e in vitro de la RmTAR1 dsRNA.

Los objetivos son claros y precisos y abrevian las actividades llevadas a cabo por el estudiante doctoral. Ahora, veamos otro ejemplo de objetivos que, como podrás ver, están directamente relacionados con el título de la tesis.

Se trata de una investigación sobre la productividad e impacto de los doctorados en bibliotecología y ciencias de la información (Anselmo, 1982). Para lograr su propósito planteó tres objetivos:

Objetivo 1. Documentar la productividad pre-doctoral y post-doctoral (en publicaciones) de una muestra de 359 personas, graduadas entre 1970-1975, que obtuvieron el PhD o D.L.S. (Doctor of Library Science) en Bibliotecología y Ciencias de la Información.

Objetivo 2. Determinar el impacto cuantitativo pre-doctoral y post-doctoral de la misma muestra. Tal impacto será medido por los que citan y las citas de una muestra de publicaciones.

Objetivo 3. Comparar y contrastar tres métodos sistemáticos y objetivos pretendiendo medir el impacto de esas publicaciones. Los métodos son Virgo's Raw Citation Count Method; Dieks & Chang Citation Index Activity (CIA) Equation Method; y Geller, de Cani, Davies Lifetime-Citation Rate (LCR) Method

Una característica de la mayoría de las investigaciones de posgrado es que sus autores plantearon dos o tres objetivos particulares como máximo. Algunos consideran un error desarrollar más de tres objetivos en la investigación de la tesis, pues como cada objetivo representa una acción, cada acción nueva será un nuevo frente de batalla que se abra. Esto lo podemos ver en el caso de Gross, citado líneas arriba, que en esencia tiene no 4 sino 5 objetivos particulares. En tal sentido, mientras más concreta y enfocada sea la investigación, más control tendrá el estudiante sobre su tema, su tiempo, sobre el manejo de sus resultados, y, al final, sobre su escritura.

El objetivo general de la tesis y los objetivos particulares se escriben, cada uno, con una sola frase. Debe redactarse en infinitivo, pues representan acciones. Esto debes tenerlo muy presente, pues a menudo se escriben en tiempo futuro o pasado o con pronombres personales.

5. Importancia del estudio. Qué es y cómo se escribe

En base al valor o significado que posiblemente tengan los resultados conseguidos en la investigación de tesis, se establece la importancia del estudio.

Por ejemplo, en la tesis sobre los efectos del cambio climático como fenómeno manipulador de los movimientos migratorios en México, su autor refiere que con los hallazgos de su investigación "los legisladores estarán en mejor posición para diseñar políticas públicas y programas de vivienda para incidir en los flujos migratorios sensibles al cambio climático y asistir mejor a las poblaciones vulnerables" (Nawrotski, 2014).

Con apenas 45 palabras en el inglés original, 31 palabras en español, Nawrotski escribió la importancia de su tesis doctoral.

Pero hay autores que no desglosan tan claramente las partes de la introducción y escriben todos estos aspectos –o varios de ellos– mezclados un breve texto. En su tesis de maestría sobre el Twitter y los fans de los comics, Hong (2015) deja ver en el tercer párrafo de la introducción que la importancia de su trabajo está en que "los medios sociales está cambiando la manera en que los individuos crean identidades online y offline, en cómo interactúan, crean relaciones, y se identifican con ciertas comunidades".

Con 27 palabras en el inglés original y 27 palabras en la traducción al español, se redactó la importancia del estudio en la tesis de Hong.

Kahler (op.cit.) va más allá de expresar la importancia de su tesis con un breve párrafo. Sostiene que el personaje investigado, Lois Gibbs, no ha sido debidamente reconocido por los historiadores ambientales que describen cómo se estableció el Superfund con 1,600 millones de dólares, en donde Gibbs fue la chispa que inició tan grande cambio. Kahler estructura un argumento de 383 palabras sobre esto, incluidas tres citas, y establece la importancia de su estudio como una aportación para subsanar el vacío histórico sobre la importancia de Gibbs para el ecologismo americano.

¿Cuál es la importancia de tu tesis? Seguramente te hiciste o te hicieron esa pregunta cuando preparaste tu proyecto de tesis. Ahí debe de estar. Pero si no lo tienes todavía, con menos de 50 palabras, con apenas una frase, la puedes redactar. O si quieres sustentar más ampliamente su importancia, redáctala como un mini argumento.

6. Suposición vs hipótesis. Qué son y cómo se escriben

En algunas tesis, los autores establecen 'supuestos' como punto de origen de sus investigaciones. Y en tesis relacionadas con las ciencias experimentales, los estudios epidemiológicos o los estudios sociales, los investigadores acostumbran enunciar 'hipótesis'.

A veces existe confusión entre lo que es la suposición y lo que es la hipótesis, y hasta se llega a pensar que son la misma cosa. Sin embargo, de acuerdo a Moliner (2007) la suposición es algo que se considera como existente, que se cree que algo es, y esto se desprende lógicamente de los resultados de la investigación. La suposición es una forma de iniciar una búsqueda o análisis de algo. La hipótesis, por otro lado, que es llamada por unos 'conjetura informada', es descrita por Rogers (2017) en la Enciclopedia Británica, como "una idea que propone una explicación tentativa acerca de un fenómeno o de un conjunto reducido de fenómenos observados en el mundo natural". Esa idea debe ser contrastable y falsable mediante una serie de procedimientos observacionales, experimentales y analíticos.

Cuando se plantea un supuesto en la tesis, se acostumbra escribirlo dentro de la sección introductoria. Cuando se plantea una hipótesis, normalmente se incluye en la sección de revisión de literatura.

Ahora bien, la suposición de tu tesis no tiene que ser extensa, una breve frase puede bastar. No vas a explicar por qué estás asumiendo lo que estás suponiendo, simplemente es lo que tú has pensado largamente sobre tu tesis y lo escribes. Por ejemplo, en su disertación Anselmo (op.cit.) presupone sobre su estudio lo siguiente:

> *La investigación supone que la productividad por sí sola puede ser un ejercicio fútil si no tiene impacto en otros investigadores.*

Y en la conclusión de la tesis discute si tal presunción resultó ser como lo enunció o no, y explica en qué basa su deducción.

En tan sólo 21 palabras, tanto en inglés como en español, el supuesto de Anselmo quedó planteado. En términos claros, esto quiere decir que, si la producción de conocimiento pre-doctoral y post-doctoral del estudiante de doctorado no se refleja en citas hechas por otros investigadores en sus artículos, entonces (suponiendo que el estudiante haya difundido en parte o en todo sus hallazgos) su esfuerzo fue en vano.

Pero debe quedarte en claro que no todas las tesis incluyen esta clase de planteamientos, aunque sería deseable. Por ejemplo, la disertación doctoral de Froeschner *"Monograph of the Cydnidae of the Western Hemisphere"* (1954), no contiene supuestos de ninguna clase. Consiste en una documentada reseña de los hemípteros heterópteros cídnidos del hemisferio occidental, y contiene la descripción taxonómica de cada especie desde su primer registro, subespecies y autores, distribución y discusión específica.

¿Cómo se escribe la suposición? Con una breve frase directamente relacionada a tu tema de investigación o al objetivo general.

Es un error demasiado común que el estudiante equivoque la suposición con la hipótesis, esto lo he registrado en numerosas tesis, sin importar el nivel de posgrado del tesista ni la clase de universidad donde realizó sus estudios.

7. Preguntas de investigación. En qué consisten, cómo se escriben

Las preguntas de investigación reflejan las dudas o la duda que el estudiante se propone despejar con su estudio y que con frecuencia son la base de su tema de tesis. Las preguntas sustituyen al planteamiento de objetivos en determinado tipo de tesis, como en las de educación, ciencias sociales, ciencias políticas, o periodismo, entre otras.

Pongamos por caso la tesis de maestría de Kostelac: "*Ignatian discernment as seen in shakespearen tragedy*" (2013), donde plantea una pregunta concreta:

¿Existen ejemplos de discernimiento Ignaciano en las obras de William Shakespeare?

La autora examina las obras de Shakespeare *Macbeth* y *Julio Cesar* a la luz de los *Ejercicios Espirituales* de Ignacio de Loyola. El propósito que permea fue establecer la influencia de los procesos de discernimiento de los *Ejercicios Espirituales* en los motivos, palabras, y acciones de los principales personajes.

Por la contemporaneidad de Ignacio de Loyola (religioso) y William Shakespeare (literato), y por circunstancias muy ad hoc a la formación de éste último, que por decir fueron: (a)

los antecedentes católicos en la familia de Shakespeare, (b) la educación que William adquirió de un profesor católico en su pueblo Stratford-upon-Avon, (c) el presuntamente conocimiento y contacto con el jesuita y pensador Edmund Campion, (d) a que Campion reprodujo y distribuyó en lengua inglesa los *Ejercicios Espirituales* de Loyola (O'Malley, 1993), y (e) por la manera en que se desarrollan las obras y actúan sus personajes, la autora infiere que el inglés estuvo influido por los *Ejercicios Espirituales* de Ignacio de Loyola.

Otra tesis que surge de una duda similar a la de Kostelac y que sustenta la proximidad de algunos componentes de la obra de Shakespeare con los Ejercicios de Loyola, es la que hace Bruster en "*Catholicism, classical imitation, and St. Ignatian meditation in the sonnets of William Shakespeare*" (2015).

Para su doctorado en educación, Glassman desarrolló una tesis sobre la creatividad del cuarteto musical The Beatles: "*All you need is creativity: The Beatles creative process*" (2007). Formuló cuatro preguntas para investigar y responder a su inquietud:

- Cuál fue el proceso colaborativo que los Beatles utilizaron para ser un equipo creativo?
- ¿Cuáles fueron las contribuciones creativas de los Beatles y cómo las lograron?
- ¿Qué paralelos en teoría e investigación existen entre la creatividad de los Beatles y la creatividad individual y colaborativa en otros campos?
- ¿Qué atributos de creatividad individual y colaborativa desarrollaron los Beatles pueden emplearse para mejorar la creatividad?

Para dar respuesta a esas cuatro preguntas, Glassman investigó la historia personal de cada uno de los Beatles, desde el primero que nació en 1940 hasta la publicación de su último álbum en 1970. Se documentó en la obra de los expertos más reconocidos en creatividad, analizó la obra completa de los Beatles, y buscó e identificó procesos creativos personales y en equipo.

Ahora bien, ¿cómo escribir la pregunta o preguntas de la tesis?

La pregunta pudo haber surgido en tu mente antes de que siquiera vieras tu tema. Tal fue lo que pasó a John Aristotle Phillips cuando planteó su pregunta en el curso 452, *Control de armas y desarme*, de la Escuela de Asuntos Internacionales Woodrow Wilson, de la universidad de Princeton, dirigido por Freeman Dyson y Harold Feiveson, cuando se discutía un tema de terrorismo y se había visto el tema de la seguridad nuclear. Bajo la supervisión de Dyson el estudiante Phillips lanzó su posible tema de investigación ahí mismo al interrogar a los instructores y al grupo: ¿podría un grupo terrorista que robara plutonio radiactivo diseñar y construir una bomba atómica casera? (Garza-Almanza, 2006b).

Esta pregunta llevó a J.A. Phillips a una desaforada carrera contra el tiempo para probar lo que él creía posible que se podía hacer o, de otro modo, reprobar el curso y salir de la universidad (Phillips & Michaelis, 1978). Contra toda posibilidad, según Dyson quien fuera uno de los científicos del proyecto Manhattan que construyó la bomba nuclear, Phillips entregó un reporte de 37 páginas titulado:

> *The Fundamentals of Atomic Bomb Design: An Assessment of the Problems and Possibilities Confronting a Terrorist Group or Non-Nuclear National Attempting to Design a Crude Pu-239 Fission Bomb* (Wellerstein, 2010).

Las preguntas tienen que ser muy específicas desde el principio. Se trabajan a partir del tema o de lo que se pretende realizar; se plantean, se procesan, se contrastan y se pulen. Se desarrollan y maduran hasta resistir los cuestionamientos del asesor y comité de tesis o caer por su propio peso. Pero al tiempo que te haces las preguntas investigas el tema y asuntos relacionados, tomas notas, preguntas a profesores y compañeros, corroboras datos.

Pero como en este punto tienes ya tu investigación hecha y sólo la vas a escribir, y en un supuesto de que no hubieras definido tus preguntas y desees hacerlo ahora, lo que debes hacer es lo que llaman "ingeniería inversa", o sea, ver que preguntas hubieras planteado para hacer la investigación que ya hiciste.

8. Límites del estudio. Qué son y cómo se escriben.

Los límites de la investigación son la acotación del tema de estudio a determinados asuntos, como por decir: temporales, geográficos, etarios, socioeconómicos, de género, etc.

Por ejemplo, en la tesis sobre Lois Gibbs y su papel en Love Canal Kahler (op.cit.) señala que el estudio se restringe exclusivamente al período histórico 1973-1981 de Gibbs en Love Canal. Además, agrega, esos límites incluyen:

- Gente contactada a través de correspondencia y entrevistas personales durante el período mencionado.
- Datos colectados sobre Love Canal por el autor durante seis meses.
- Aclaración de que la falta de material de primera mano en ciertas áreas podría incidir en algunos puntos.

¿Cómo se elaboran los límites de la investigación de la tesis? Determinando los puntos hasta donde decidiste que llegarías. Así, por ejemplo, en la tesis doctoral *"Exploring Yoga as a Holistic Lifestyle for Sustainable Human and Environmental Health"*, Leischner (2015) describe con claridad y en un párrafo los límites de su investigación:

> *Los límites de este estudio se circunscribieron a una población de adultos de más de 18 años y mayores que practican yoga y tienen acceso al internet y al Facebook. Dos de las más grandes limitantes y amenazas para validar el diseño transversal en este estudio son el sesgo del recuerdo y los auto-reportes sobre mejorías en la salud por la práctica del yoga. La otra limitante estuvo en el instrumento de encuesta, como preguntas que pudieron no ser comprendidas entre los participantes debido a que no se les proporcionaron definiciones de términos de yoga.*

Desde el principio y para evitar que la investigación se desborde y amplíe cada vez más su campo de trabajo, el tesista determina sus límites. Esos parámetros son los que tendrás que reelaborar a la hora de escribir la tesis. Un párrafo de 100 palabras en promedio puede ser suficiente.

9. Definición de términos. Qué son y cómo decidir cuáles incluir.
Los términos especializados que están insertos de modo natural en la tesis, para el especialista son conocidos. Sin embargo, suelen ser descritos por el tesista por si se da el caso de que un estudiante de la misma disciplina –pero con menos experiencia– o un neófito –pero interesado en el tema– se acercan a la tesis, que rápidamente visualicen los conceptos clave del documento.

Algunos autores incluyen sus conceptos clave como un apartado de la introducción. Otros lo desarrollan como un glosario o lo incluyen como anexo al final de la tesis.
Para decidir cuáles términos incluir y definir, establece qué palabras técnicas o especializadas son clave del contenido de tu trabajo. La lista depende de ti. Algunos tesistas incorporan unas 10, otros 20 o más, eso depende del tema y de tu visión.

10. Organización de la tesis. Qué es y cómo se escribe.

Este apartado consiste en la presentación de un balance de las diferentes partes en que consta la tesis.

Por ejemplo, en "*Ecology of coyotes in Tucson, Arizona*", Grinder (1999) explica la estructura de su tesis que comprende (a) una introducción y una presentación del estudio, donde describe la captura de algunos ejemplares de coyote y liberación con collares para su monitoreo, y (b) cinco apéndices que muestran los resultados de su investigación doctoral. Cada apéndice es un producto elaborado como artículo científico en toda forma, con coautores, listos para ser enviados a diferentes journals especializados en ecología y vida silvestre.

QUÉ ES LA REVISIÓN DE LITERATURA DE LA TESIS Y CÓMO SE ESCRIBE

> *El promedio de las tesis doctorales no es sino la transferencia de huesos de una tumba a otra.*
>
> J. Frank Dobie

La información como fuente de conocimiento para el desarrollo de la investigación

La información es hoy día la materia prima de la sociedad mundial, incluida la comunidad científica entera, tanto como objeto de producción y difusión como elemento de consumo. Para el estudiante de maestría y doctorado la información es fundamental y, como afirma Fitt en su disertación *"An investigation of the doctoral dissertation literature review"* (2011), la revisión de literatura es algo bien definido; de hecho, sería imposible que el estudiante pudiera plantear una propuesta de investigación sin buscar, encontrar y analizar la información pertinente a su tema, la cual le servirá para elaborar el andamiaje de conocimiento que será el soporte de su investigación.

En los últimos 75 años, el incremento de la información ha pasado de ser aritmético a logarítmico. La emergencia y popularización de las computadoras y del internet a partir de los años 90 del pasado siglo XX, seguida de la revolucionaria aparición de los medios y redes sociales, que muestran una acelerada diversificación de formas y funciones, la producción de información literalmente estalló en un *big bang*.

Para tener una idea de la velocidad en que la información está multiplicándose y aumentando, Fink (2014) calcula que en el año 2012 se crearon alrededor de 1.8 zettabits (1.8 trillones de gigabits) de información, lo que equivalía a tener a cada ciudadano estadounidense (que en el año 2012 eran 315.2 millones) escribiendo tres tweets por minuto durante 26,976 años.

En este escenario, donde millones de gigabits se agregan diariamente al acervo existente, y en cual los científicos y académicos constituyen un grupo muy importante como generador de conocimiento, la búsqueda de información se hará cada vez más difícil para el investigador. Y todavía más que difícil, cualquier búsqueda de información auténticamente seria para la tesis doctoral será cada vez más complicada y hasta irrealizable

Es por esto que para manejar los incontrolables niveles de escalabilidad de la información, en particular la de los temas que atañen a cada estudiante posgraduado que busca realizar investigación original, como señala Ewert en su tesis doctoral *"An adaptive machine learning approach to knowledge discovery in large datasets"* (2006), los estudiantes tendrán que incorporar a su aprendizaje lo que se conoce como "machine learning", pues cada uno en lo personal tendrá que elaborar sus propios algoritmos de búsqueda que le ayuden a encontrar automáticamente aquello que anda buscando.

Se puede postular, dice Fitt (op.cit.), que las habilidades del estudiante de posgrado para realizar una excelente revisión de literatura personifican la verdadera naturaleza de lo que representa ser un investigador capaz, y, sobre todo, que juegan una poderosa función en su formación doctoral. "Así, sigue Fitt, se ha pasado por alto que la creación y desarrollo de una investigación de calidad está asociada a una revisión de literatura con calidad".

¿Y qué es la revisión de literatura?

La revisión de literatura es un componente fundamental para cualquier investigación de índole científica o académica, de laboratorio o campo, de gabinete o biblioteca. Consiste en recabar y examinar una indeterminada cantidad de información impresa o digital, sobre un tema particular, para aumentar el conocimiento acerca del mismo y, de este modo, afinar y encauzar el proyecto de investigación de tesis.

"En el contexto de la investigación de la disertación doctoral, dice Gottfried en su tesis *"Faculty mentor insights on dissertation literature reviews: Critical components and professional practices for scholarship"* (2016), la práctica de revisión de literatura toma lugar desde el principio de la formulación del problema, con el propósito de situarlo dentro de la discusión académica. Así, la revisión de literatura puede continuar a lo largo de los estudios del posgrado. La revisión de literatura es un escrito relevante que servirá de marco conceptual al tema de investigación seleccionado".

Por su parte, Zaporozhetz agrega en su tesis *"Dissertation literature review: How faculty advisors prepare their doctoral candidates"* (1987), que "el proceso de revisión de literatura también implica que la mayoría de los trabajos más importantes (sobre el tema) serán localizados, leídos y sintetizados, y que los menos importantes serán dejados fuera".

La revisión de literatura es ineludible a cualquier investigación que se quiera desarrollar, y, por tanto, necesariamente obligada. Y, sobre todo, permite establecer una certeza de valor (originalidad, utilidad, reconstrucción, reinterpretación, innovación, etc.) sobre el tema que se pretende investigar, y así legitimar la validez del estudio y darle solidez a la tesis desde el principio. Por ejemplo, en la tesis *The model of emotions in the 'I Ching', The Book of Changes* (1999), en la sección correspondiente a la revisión de literatura Lieblich declara lo siguiente:

> *El tema específico del modelo (teoría) de las emociones en el libro del I Ching no ha sido estudiado con anterioridad. Como sea, hay pocos campos que arrojan luz sobre el tema, y en esta revisión de literatura presentaré los trabajos que mejor documentan este asunto.*

Con este escueto párrafo Lieblich demarca y valora el tema de su tesis e introduce al lector al capítulo de revisión de literatura, donde lo desglosa en 5 subtemas y desarrolla en 13 páginas. Así es como a través de su revisión de literatura el tesista da coherencia a su idea y, apoyado en los hallazgos de los autores consultados, sustenta la conjetura de su investigación.

Es por esto que se dice que la revisión de literatura representa los hombros de los gigantes sobre los cuáles se asienta todo estudio y es, al propio tiempo, la plataforma sobre la cual se seguirá desarrollando el cuerpo de conocimiento de la ciencia y la cultura.

Un investigador serio tiene la responsabilidad de conocer lo último y más sobresaliente de su campo de trabajo, el cual a menudo consiste en una muy reducida parcela de la ciencia, para coadyuvar en el progreso de su especialidad y no dispendiar recursos repitiendo inútilmente el esfuerzo hecho por otros. Y para saber esto, tiene que estar permanentemente alerta de lo que publican sus colegas en los journals de su área.

Cuando un estudiante de posgrado va a seleccionar su tema de investigación, lo primero que debe hacer es conocer más de lo que trata eso que quiere investigar, e identificar sus límites. A medida que ahonde su exploración documental se irá familiarizando con los diferentes subtemas de su tema, autores, artículos, revistas, años de producción, instituciones, etc. El terreno le será cada vez más familiar.

Pero esto depende de tres cosas: (a) de saber con detalle qué buscar y en dónde, (2) de leer crítica e interactivamente, y (3) de contar con un período de tiempo mínimo (al menos de 6 meses para maestría y un año para doctorado) para hacer una buena documentación y revisión. Aunque, claro, como se mencionó líneas arriba, la documentación y revisión de literatura puede continuar enriqueciéndose a lo largo del tiempo que dure la investigación del proyecto de tesis.

No es gratuito que para los estudiantes de posgrado la revisión de literatura, en cualquiera de sus diferentes etapas, sea uno de los asuntos más complicados durante la preparación de sus tesis puesto que, en mayor o menor medida, lo que se les dificulta son varios aspectos (Garza-Almanza, 2006a op.cit.):

- Reconocer y diferenciar fuentes de información primaria, secundaria y terciaria
- No saber que son y para sirven las fuentes de información primaria
- Ignorar dónde buscar, encontrar, identificar, discriminar, y recabar la información primaria
- Poder organizar la revisión del material recabado
- Realizar una lectura crítica del material
- Escribir la revisión de literatura en el contexto del tema de investigación
- No tener idea de qué tanta información es poca, suficiente o bastante para su estudio
- Saber cuándo terminar la revisión de literatura

Cole, en su tesis *"Doctoral students in education and selecting resources for the literature review"* (1992), refiere que los estudiantes de nivel doctoral asumen, cuando ingresan al posgrado, que poseen las habilidades necesarias para llevar a cabo una revisión de literatura en forma. Sin embargo, a menudo esto no ocurre así, pues la mayoría no sabe seleccionar índices ni bases de datos para emprender la documentación y revisión del tema, y un buen número de ellos limita su revisión de literatura a fuentes secundarias: los libros. Peor aún, cuando tienen acceso a los índices y bases de datos especializados, no tienen la menor idea de cómo usarlos.

Habida cuenta que la revisión de literatura es lo primero que debe hacer el estudiante de posgrado para ubicar y perfilar mejor el tema de su investigación y para incluirla en su proyecto de tesis, es de esperar que después de haber realizado la recogida de datos de su investigación –ya sea de campo, laboratorio, clínica, aula, gabinete, o cualquier otra– esta sección esté ya escrita. Pero, no es así. Se estima que menos del 15% de los estudiantes de posgrado que se preparan para escribir sus tesis, en razón de haber concluido sus investigaciones, ya escribieron el apartado de revisión de literatura.

Ahora bien, por el hecho de estar con esta guía entre manos, lo más probable que tú pertenezcas al grupo del 85% que terminaron la investigación pero que todavía no escriben la revisión de literatura. Entonces, ¿qué debes hacer?

Cómo escribir la revisión de literatura

Primer paso. Para comenzar a escribir (o reescribir) la revisión de literatura lo primero que debes tener contigo es el material bibliográfico que obtuviste en tu búsqueda de información, principalmente artículos especializados, reportes, tesis relacionadas con el tema, notas sobre las lecturas realizadas, apuntes sobre tus reflexiones, fichas bibliográficas, material digital, etc.

Ahora veamos, antes de continuar con el segundo paso, hay dos preguntas que de cajón nunca han dejado de plantearme los estudiantes en los talleres de escritura de tesis, y que probablemente las tengas en mente en estos momentos, y son: (1) ¿cuántas referencias debo utilizar? ¿Cuántas son suficientes? (2) ¿Qué tan extensa debe ser la revisión de literatura?

Lo cierto es que esto no es tan simple, como si sólo se tratara de adquirir un número determinado para cerrar la búsqueda, y luego encadenar las principales ideas de los autores leídos.

(1) *¿Cuántas referencias debo utilizar? ¿Cuántas son suficientes?*

Algunos autores de guías para la escritura de tesis establecen números exactos sobre la cantidad de referencias que el estudiante de posgrado debe utilizar en la tesis de maestría o en la de doctorado, pero esto no tiene sustento. Al contrario, si le dicen el número exacto de artículos que puede emplear para la elaboración de la tesis, el estudiante se ceñirá a ese dato y, sin discriminar el valor del material que encuentre, dejará de buscar en cuanto llegue al número mágico. Esto afectará su desempeño. Así que no hay un mínimo ni un máximo de referencias.

En realidad, como tú ya sabes, la recopilación del material de referencia que posees en estos momentos y vas a utilizar ahora en tu revisión, dependió de varios aspectos, como el de (a) la especificidad o amplitud del tema; (b) de lo novedoso y original; (c) de la disciplina; (d) del conocer fuentes de información especializadas y tener acceso a ellas; (e) del manejo de las fuentes de información; (f) de lo concienzudo, exigente, conocedor, habilidoso, motivante y vigilante que haya sido tu asesor contigo y tú trabajo; (g) de tu experiencia y de tus ambiciones; y (h) de algunas otras cosas.
Pero, además, no debes olvidar que es común que durante la búsqueda el investigador casi siempre encuentra material irrelevante para su estudio y que debe desecharlo. Esta clase de material no cuenta. Con esto te quiero decir que no trates de incorporar toda tu bibliografía por el hecho de haberla hallado en tu pesquisa.

Por ejemplo, la disertación doctoral de Smiley, "*Asperger's disorder: The end of an era*" (2017), que consiste en una investigación que explora los criterios de diagnóstico del autismo, y que se enfoca en lo más relevante que al presente se ha publicado sobre Asperger y en el análisis estadístico de datos de archivo, contiene 201 referencias. Además, para poder establecer un alto criterio de calidad, estas referencias proceden de las más sólidas fuentes informativas sobre el tema.

O el caso de Medina-López con su disertación "*Coyolxauhqui is how I know: Myth as methodology*" (2017), que reflexiona sobre la forma en que los mitos de linaje racial marcan a los chicanos en los Estados Unidos de formas implícitas, y analiza de qué manera esas marcas emergen en la escritura de los estudiantes chicanos cuando se expresan por escrito al elaborar composiciones ensayísticas en el salón de clase. Para desarrollar su estudio, Medina-López trabajó 288 unidades bibliográficas, principalmente artículos académicos, libros especializados, y tesis doctorales.

O la disertación *"Effects of chronic methylphenidate on dopamine/serotonin interactions in the mesolimbic DA system of the mouse"* (2010) de Bethany Brookshire, que consiste en una investigación doctoral que se documentó no como una tesis normal sino con una serie de 6 artículos (publicados o en proceso de publicarse a lo largo de sus estudios doctorales), y que contiene 608 citas.

Por otra parte, como podrás darte cuenta, las referencias de Smiley, Medina-López y Brookshire que seguramente no fueron recopiladas en días o semanas, representan un esfuerzo de 18 a 36 meses de constante investigación documental, lectura, análisis y discernimiento.

Otro ejemplo, que es un modelo excepcional, es el de la disertación doctoral del premio Nobel John Nash: *"Non-Cooperative-Games"* (1950), que apenas contiene 2 referencias: una de John Von Neumann y la otra una auto-referencia. En este caso, Nash desarrolló una demostración que se sostiene por sí sola y que fue avalada por sus examinadores. La investigación de Nash era de tal originalidad que el único antecedente que tenía era el trabajo de Von Neumann.

(2) *¿Qué tan extensa debe ser la revisión de literatura?*

En la mayoría de las tesis de investigación la revisión de literatura comprende sólo una sección entre otras más (Figura 18).

Pero hay otro tipo de tesis que son revisiones sistemáticas de literatura y que su cuerpo entero constituye la tesis misma. De esta clase de tesis podemos mencionar cuatro diferentes categorías: (a) revisión de literatura, (b) revisión sistemática, (c) bibliografía anotada, y (d) meta-análisis (Figura 19).

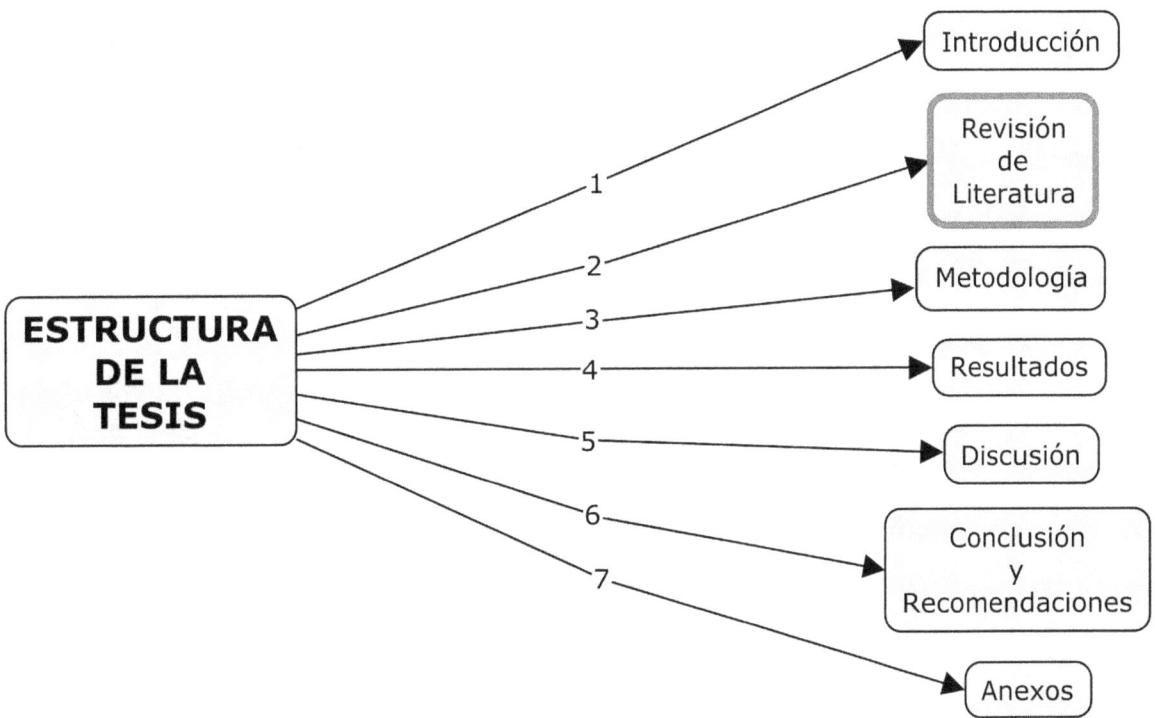

Figura 18. Diferentes secciones en la tesis tipo IMRYD

La primera categoría, que es la clásica revisión de literatura, consiste en la revisión y análisis de una serie de fuentes (artículos originales, libros, reportes, etc.) sobre un tema particular, y en la reflexión sobre él.

Por ejemplo, en su disertación doctoral de McKinney, *"Pos-*

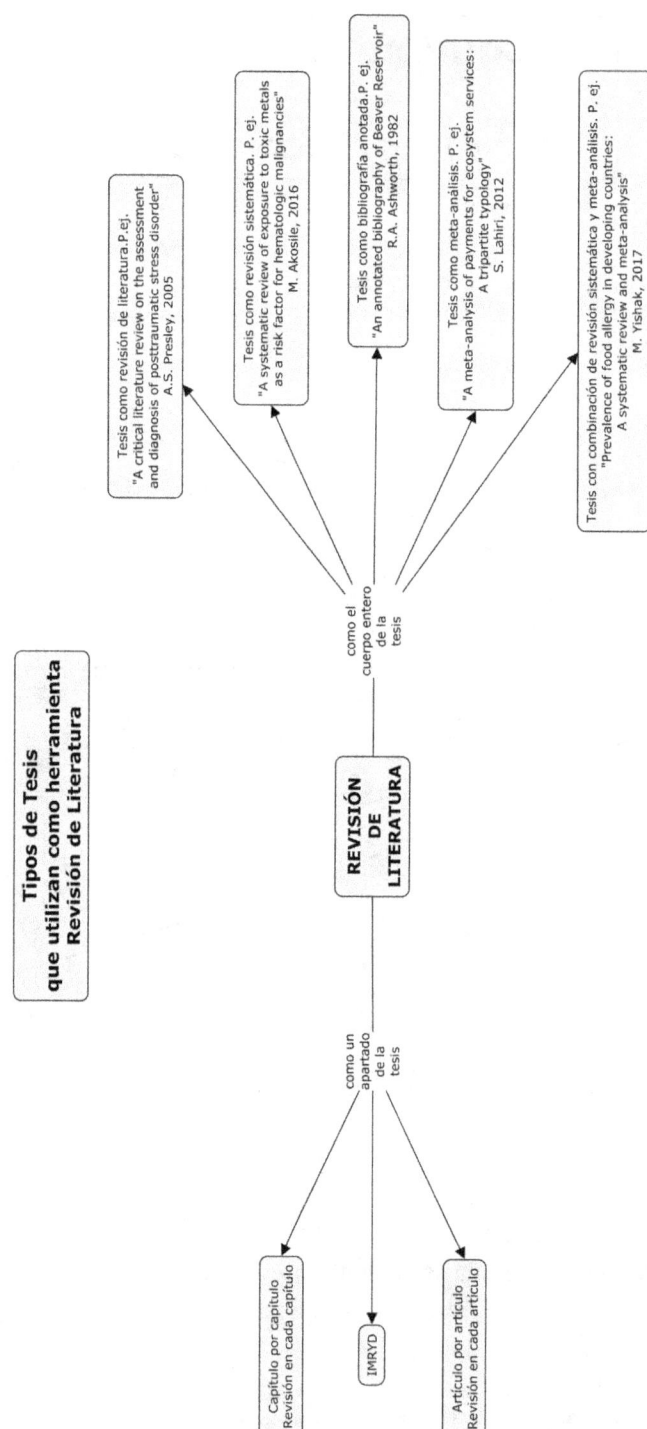

Figura 19. Diferentes categorías de tesis elaboradas a partir de revisiones de literatura

session phenomena: A critical literature review" (2014), analiza el fenómeno asociado con la posesión desde la perspectiva científica y la de la fe. Refiere que los estudios científicos sobre el tema, a diferencia de los espirituales, son escasos. Clasifica algunos aspectos del fenómeno, y establece y discute las implicaciones clínicas detectadas en algunos estudios.

De la segunda categoría podemos citar la tesis de Kaur, "*Cholera Case Control Studies: A Systematic Review and Analysis*" (2016), que consiste en una revisión integral para determinar, desde una perspectiva de ingeniería sanitaria, las exposiciones asociadas al cólera.

En la tercera categoría, la disertación doctoral de Buckingham, "*Emily Dickinson: An annotated bibliography*" (1971), ilustra apropiadamente lo que es una bibliografía anotada como tesis, pues, como el autor explica, la tesis "pretende proporcionar un listado completo de los materiales relacionados con Emily Dickinson, incorporándolos en un solo documento".

Esta tesis enlista bibliografías y catálogos, poemas y cartas de Emily Dickinson, libros y artículos acerca de ella, materiales publicados en diversas lenguas, tesis de maestría y doctorado sobre su persona y su obra, y muchas otras cosas más (ver en Anexo Modelo de W. J. Buckingham).

La cuarta categoría es más compleja que las anteriores. El meta-análisis, de acuerdo a Haidich (2010), es una metodología utilizada para examinar estadísticamente los patrones de comportamiento de variables similares que se observaron en múltiples estudios –realizados en diferentes lugares y momentos por distintos investigadores– sobre un mismo tema, e inferir explicaciones o conclusiones.

Esta metodología fue desarrollada en los años 70's del pasado siglo XX por Gene V. Glass quien acuñó el término "meta-análisis" (Glass, 1976). El concepto de este investigador fue el de que en psicología de la educación, que era su disciplina, se estaban haciendo numerosos estudios sobre un mismo tema y que los resultados de cada estudio individual quedaban, como piezas sueltas de rompecabezas, desconectados unos de otros. Pensó que juntando y analizando con ciertas técnicas estadísticas los datos publicados en artículos originales, podría arrojar nueva luz sobre los problemas que ocuparon a los investigadores, o bien podría responder a nuevas preguntas.

White, que fue asesorado por Glass en su tesis "*The relationship between socioeconomic status and academic achievement*" (1976), la cual fue la primera investigación doctoral en que se utilizó la metodología del meta-análisis, dedicó varias páginas a comentar y explicar este nuevo concepto.

"El meta-análisis, White cita a Glass, se refiere al análisis de los análisis. Lo uso para referirme al análisis estadístico de una extensa colección de análisis de resultados de estudios individuales con el propósito de integrar los hallazgos. [...] La necesidad de meta-análisis es clara, los artículos de docenas de tópicos en educación están aumentando de una manera sorprendente. En 5 años los investigadores producirán literalmente cientos de estudios sobre cualquier asunto."

Eveleth (2014), en una nota publicada en el boletín digital del Instituto Smithsoniano sobre la publicación académica, menciona que la publicación anual de artículos científicos anda por los 1.8 millones. Es por esto, como 'profetizó' Glass hace más de 40 años, a raíz de la súper abundancia de publicaciones originales, cada vez es más perentoria la necesidad de hacer meta-análisis. Por esto mismo, las investigaciones de maestría y doctorado florecen en las universidades, y los temas que abordan abarcan la mayoría de las disciplinas científicas y sociales.

Dentro de las diferentes categorías de tesis que se desarrollan tomando como base la revisión de literatura, también se dan algunas combinaciones, como la tesis de Yishak, *"Prevalence of food allergy in developing countries: A systematic review and meta-analysis"* (2017), que conjunta la revisión sistemática de su tema con el meta-análisis.

Resumiendo las respuestas a las preguntas (1) y (2), lo cierto es que no existe un número óptimo de referencias. Hay quien señala que el tesista debe incluir no menos de 50 referencias en la tesis de maestría y no menos de 100 en la disertación doctoral. Pero, ¿bajo qué criterios?

También hay quien mide la presunta calidad de la tesis de acuerdo a la cantidad de referencias incluidas, diciendo que a mayor número de referencias mayor la calidad del trabajo. Estas personas se olvidan del contenido de las tesis y del esfuerzo investigativo, imaginativo y creativo de los estudiantes.

Lo mismo ocurre cuando se trata del número de páginas que debe tener la revisión de literatura. No existe un argumento lógico para establecer la cantidad precisa. El programa de posgrado o el asesor del estudiante podrán establecer un número cerrado, por ejemplo que resuelvan que 15 páginas de la tesis sean sólo de la revisión de literatura. Este tipo de decisiones únicamente meterá en aprietos al tesista, tanto si no sabe cómo llenarlas como si tiene que recortar.

Sin embargo, te quedan al menos cuatro caminos: (a) ver que establece la guía de estilo para la elaboración de la tesis del departamento (si existe alguna), (b) consultar el asunto con tu asesor, (c) revisar otras tesis de tu departamento o de programas similares de otras universidades, y (d) trabajar con lo que tienes.

Segundo paso. Repasa el apartado de revisión de literatura de tu propuesta de investigación de tesis, esa que tuviste que desarrollar para que te aprobaran tu tema. Como transcurrieron meses o años entre la presentación de la propuesta ante el comité y la culminación de la investigación, pasa que a un buen número de estudiantes ya se les olvidó que en ese documento está trabajada la revisión de literatura; no en su totalidad, pero si en un porcentaje de avance que les facilitaría recomenzar, por lo que podemos considerar que se trata de una primera versión.

Por eso, al principio hablé de 'reescribir' la revisión de literatura. Ahí está el punto de partida. Y para reescribir la revisión de literatura de tu propuesta, lo que debes hacer es leerla y releerla, y apuntar las ideas que se te vengan a la cabeza, pues después de haber terminado tu investigación tu perspectiva debió cambiar significativamente. Estas notas serán parte del material que trabajes para incorporar a la revisión de literatura de la tesis.

Tercer paso. Separa el grano de la paja. Lo que procede a continuación es colocar todo tú material bibliográfico (que supongo que ya leíste, subrayaste y anotaste) en perspectiva visual; desplegarlo sobre la mesa, la cama o el piso, para que puedas mirarlo a plenitud, clasificarlo, seleccionar y separar lo que consideres que ya no necesitas. Ahora bien, con el conocimiento y la experiencia que ya obtuviste con tus estudios, discusiones escolares e investigación, y con la relectura de la propuesta de investigación, podrás dar el siguiente paso.

Cuarto paso. Planea la escritura de la revisión de literatura. Esto está en función a tu tema de investigación; a la primera revisión de literatura que preparaste para tu propuesta de investigación; a los artículos originales que recopilaste, leíste, analizaste y apuntaste, y, a la experiencia ganada en el curso de los años que estuviste en la maestría o doctorado.

Para manejar tu tema podrás dividirlo en subtemas y ordenarlos con la lógica que consideres necesaria. Esa división te servirá de guía para trabajar cada punto por separado –con el material de referencia pertinente–, pero todos los puntos interconectados y orientados al propósito de tu investigación

Quinto paso. Comprueba tus notas y apuntes. Relee y comenta por escrito tu material de referencia. De esta manera podrás desarrollar tus propias ideas y resolver en dónde es que encajan en tu trabajo las diferentes ideas de los autores consultados e intercalarlas.

Sexto paso. Escribe el primer borrador de la revisión de literatura a partir de tus propias nociones. No consultes absolutamente nada los artículos ni las notas que redactaste en el paso anterior. Se trata de pasar las ideas que están en tu mente al papel. Para esta tarea y para que no malgastes tu tiempo y avances rápido, utiliza la técnica de la escritura libre de Elbow combinada con la técnica de escritura de Nabokov (descripciones en el apartado de escritura libre).

Es decir, para preparar tu primer borrador debes escribirlo de carrera y sin parar, como si huyeras de algo terrorífico y no quisieras detenerte ni mirar atrás. Escribe manualmente en tarjetas o fichas de 3 x 5 pulgadas, así podrás manejar los párrafos de tu borrador como piezas de un rompecabezas, colocando las fichas de uno u otro subtema donde creas conveniente.

Séptimo paso. Reescribe en tu laptop o computadora de escritorio el borrador que desarrollaste en las tarjetas. Esta actividad te servirá para encuadrar mejor tu tema.

Octavo paso. Revisa el borrador que ya tienes en la pantalla de la computadora, y comienza a reconstruirlo utilizando el material de referencia que separaste de la paja.

Noveno paso. Puedes revisar y reescribir esta sección como consideres conveniente. Cuando creas que ya está lista, pule tu estilo, edita.

En síntesis, ¿cómo escribir la revisión de literatura? Tabla 13.

Cómo escribir la revisión de literatura Tabla 13	
Etapas	Actividades
Paso 1	Reunir todo el material bibliográfico de la tesis
Paso 2	Repasar el apartado de revisión de literatura del proyecto de tesis
Paso 3	Separar el grano de la paja
Paso 4	Planea la sección revisión de literatura
Paso 5	Relee tu material de referencias (apuntes y bibliografía)
Paso 6	Escribe el primer borrador "a capela" (sin apoyo documental) y sobre tarjetas
Paso 7	Reescribe el primer borrador en la computadora
Paso 8	Revisa y reescribe el borrador utilizando el grano (artículos y apuntes)
Paso 9	Revisa, reescribe, edita

Resumen de Cómo escribir la revisión de literatura.

En su tesis "*American and Australian Doctoral Literature Reviewing Practices and Pedagogies*" (2009), Green sostiene que mediante "la revisión de literatura se demuestra que los estudiantes investigadores llegan a dominar los fundamentos históricos e intelectuales de sus disciplinas, y que quedan habilitados para estructurar sólidos argumentos en sus tesis mediante el uso apropiado de los artículos científicos" citados.

Pero, ¿es esto en verdad así? Onwuegbuzie et al. (2005), en un estudio sobre el apartado de revisión de literatura de 52 manuscritos (de autores con grado doctoral), encontró lo siguiente:

(1) que el 80% de esos documentos estaban subdesarrollados, (2) que tenían referencias anticuadas, y (3) que sus argumentos no estaban bien sustentados por las referencias que citaban.

Sin embargo, eso fue sólo lo referente a los errores en la revisión de literatura, pero, en general, identificaron 34 clases de problemas más en la preparación de sus manuscritos.

Es por esto, afirma Fitt (op.cit.), que las fallas en la escritura de la revisión de literatura, en lo particular, y en la tesis, en general, no es tanto del estudiante de posgrado, sino de sus asesores de tesis que no están habilitados para asesorar, aunque en sus especialidades sean unos genios.

En conclusión, la falta de una buena revisión de literatura en una investigación de tesis da a pensar que el estudio careció de rigor y, en consecuencia, que no es buena.

CÓMO ESCRIBIR LA SECCIÓN DE MÉTODOS DE LA TESIS

Si no sabes a dónde vas, cualquier camino te llevará ahí.

Lewis Carroll

Cualquier clase de investigación, sea científica o académica, requiere de un modo de hacer las cosas, precisa de una manera de buscar respuesta a las dudas que se plantean. El investigador no debe lanzarse a la búsqueda sin otra cosa que su intención, que su curiosidad. Es por esto que lo primero que debe hacer es buscar en la literatura científica (o en la fuente de información que corresponda a su tema), para enterarse de qué se sabe sobre el tema, cómo puede llevarse a cabo una investigación como la que se pretende hacer desde el lugar donde uno se encuentra, y qué se necesita para ello.

Cuando la información es insuficiente o de plano no existe, el investigador tiene que diseñar sus propios métodos, averiguar qué clase de materiales va a necesitar y de qué manera hará uso de ellos. En el mundo de la investigación científica existe una infinidad de métodos, y debido a que la investigación en centros y universidades es cada vez más frecuente, nuevos métodos siguen produciéndose.

También sucede que de pronto habrá métodos menos que exactos que otros, pues como Rymer asentó en su disertación *"Amino acid dating techniques"* (1976), "si no se conocen métodos absolutos, los métodos relativos podrán ser de mucha ayuda".

Método vs Metodología

La traza de caminos en una región son los métodos,
La cartografía de la región con sus caminos
Dibujados e ilustrados,
Es la metodología.
Son la realidad y la teoría,
El hacer y el idear.

Método y metodología son dos términos que se emplean en las actividades de investigación. A veces se produce confusión entre lo que significa uno y otro, y se les utiliza indistintamente como si se tratara de la misma cosa.

El método es lo que hace el investigador para alcanzar su propósito. Singh (2016), explica que los métodos de investigación comprenden diversas (a) herramientas, (b) técnicas, y (c) estrategias. Hay métodos materiales, por ejemplo los que practica un científico en su laboratorio, y métodos conceptuales, como la simulación experimental en computadora.

La metodología consiste en cómo fue hecha la investigación. Es decir, representa al conjunto de métodos que se emplearon durante la investigación y, meta científicamente, los justifica.

Algunos autores de manuales de escritura de tesis señalan que los resultados de la investigación constituyen el apartado más importante del trabajo. Yo difiero de ellos. Los resultados forman parte de un todo, de una serie de actividades que hay que realizar antes de llegar a ellos. Y, en este sentido, el método (procedimientos y materiales) es lo que permite al investigador llegar a sus resultados. Pero podemos irnos hacia atrás, en la idea de qué es primero si el huevo o la gallina. Así, encontramos que antes de que pensemos en tal o cual métodos está la revisión de literatura, y antes el conocimiento y como lo obtuvimos. Por lo tanto, dejemos las cosas así y démosle a cada apartado su justo valor.

Para ilustrar un poco esta sección de métodos, y para que visualices cómo podrías redactar y presentar el método que aplicaste durante el desarrollo de tu investigación de tesis, a continuación muestro cinco diferentes tipos de investigación de tesis en los que los estudiantes utilizaron diversos enfoques metodológicos. Sin embargo, cabe aclarar que aunque existen muchas otras clases de investigación en que los métodos son diferentes a los que veremos, en esencia el modo de escribirlos sigue un patrón similar.

El primer ejemplo es un estudio ecológico de campo. El segundo consiste en la revisión de un método donde el objeto de estudio es el investigador mismo. El tercero ilustra el procedimiento clásico de la investigación experimental científica. El cuarto trata de cómo los métodos por sí solos se convierten en objeto de investigación. En el quinto verás cómo el investigador resuelve una necesidad metodológica para emprender una investigación estableciendo parámetros para utilizar varios métodos a la vez.

Ejemplo 1

La tesis de maestría de Hough, *"Research techniques, habitat use, and ecology of northern flying squirrels, and research techniques and distribution of red squirrels in the Black Hills National Forest and northeastern South Dakota*" (2008), muestra cómo fue que empleó diferentes métodos durante el desarrollo de su investigación. El formato en que redactó su estudio corresponde al de tesis por capítulos.

El motivo de la investigación es aumentar el escaso conocimiento sobre la historia natural de la ardilla voladora nocturna (*Glaucomys sabrinus*) con el propósito de desarrollar planes para el manejo silvestre de esta especie. Es un clásico estudio descriptivo que consiste en los siguientes capítulos:

[Capítulo 1] Introducción. Hough establece los antecedentes del lugar de estudio y presenta una revisión de literatura. Aquí comienzan sus explicaciones sobre la ardilla voladora del norte y la ardilla roja, menciona la cantidad de subespecies que se conocen y su distribución geográfica, su coexistencia en el mismo hábitat, los hábitos nocturnos de la voladora y los diurnos de la roja, y de lo poco que se sabe de ambas especies; asimismo, describe las características ecológicas de las regiones que habitan, su papel en la salud de los bosques al dispersar esporas de hongos y semillas de arbustos vitales para el ecosistema, y servir de alimento a especies amenazadas como el búho manchado. Con esto, Hough justifica su estudio y establece la importancia del mismo.

El siguiente paso fue determinar el área de estudio, establecer las coordenadas del territorio, elaborar cartas geográficas para señalar los puntos de trabajo de campo, identificar trampeos y tipos de trampas, y equipos de información geográfica (GIS) a utilizar. En este capítulo se plantea el diseño del estudio y la estrategia o modo de operación.

[Capítulo 2] Describe las técnicas empleadas y la distribución de la ardilla voladora nocturna y ardilla roja diurna en Dakota del Sur. Este capítulo que podemos llamar de "trampas y captura", está dedicado exclusivamente al método del trampeo, indicando los diferentes lugares donde colocó las trampas y haciendo un recuento de la cantidad de ardillas que atrapó durante el período de estudio. Calibra la técnica de trampeo y captura con la ardilla voladora aplicándola también a la ardilla roja.

[Capítulo 3] Lo dedica a explicar las características de las madrigueras, el uso dado por las ardillas voladoras nocturnas, sus hábitos de crianza, y propiedades físicas de auto protección de la guarida contra intemperancias climáticas y predadores. Este capítulo que podemos denominar de "madrigueras", está dedicado al rastreo de los especímenes que atrapó –y que luego les colocó collares que emitían señales de radio para vigilar sus movimientos–, y que liberó; a evaluar y describir las madrigueras; a medir la distancia entre unas y otras; y a averiguar su uso y frecuencia de uso.

[Capítulo 4] Trata de la distancia entre las madrigueras de la ardilla voladora y el uso del hábitat. Así, mediante el radio rastreador (GIS) y el trampeo se registraron todos sus movimientos y se monitoreó su conducta. A este capítulo podemos llamarlo de "hábitos", toda vez que tiene que ver con el estudio del comportamiento de estas ardillas.

[Capítulo 5] Concierne a la elaboración de un modelo del hábitat de la ardilla voladora de South Dakota mediante el empleo de funciones de selección de recursos (RSF). A este capítulo podemos nombrarle "modelo virtual del hábitat de la ardilla voladora". Se utilizaron las bases de datos digitales de los bosques de la zona de estudio que incluyen estructuras, elevaciones, capas de vegetación, variables ambientales, etc., junto con los datos colectados al estudiar el comportamiento de la ardilla voladora durante 2 años.

[Capítulo 6] Conclusiones. En este capítulo Hough presenta las deducciones a las que llegó con su estudio de campo, contrasta sus resultados con datos que aporta la literatura, y establece la utilidad de su trabajo para el desarrollo de planes de conservación y hace énfasis en la aplicabilidad de la metodología en otros lugares donde exista la ardilla voladora.

Resumen del ejemplo 1

Los procedimientos metodológicos diseñados y empleados por Hough constituyen una metodología para estudios de autoecología de la ardilla voladora (*Glaucomys sabrinus*) que, con algunas modificaciones, puede adaptarse al estudio de otras especies similares en otras regiones que habiten. Bajo otra perspectiva, podemos decir que la autora implementó dos clases de métodos: (a) métodos materiales, el trabajo de campo, y (b) métodos conceptuales, la modelación con datos provenientes del rastreo con GPS y trampas.

Ejemplo 2

Cualquier cosa se puede investigar con el método adecuado.

La naturaleza humana tiende a la búsqueda constante, a la indagación, a la investigación de lo que le rodea y de lo que existe en el interior de su ser, trátese de sus propiedades orgánicas o de su esencia espiritual. Por tal razón, en los estudios de posgrado de algunas disciplinas, como la de educación, medicina, antropología, psicología, literatura, religión, música, negocios, sociología, comunicación o deportes, es frecuente encontrar autoestudios; es decir, proyectos de investigación de tesis sobre uno mismo, proyectos que están planteados en relación a un problema personal en particular y justificados bajo cualquier excusa.

Algunos de los métodos que emplean para estudiarse a sí mismas las personas, son el autoanálisis, la autoetnografía, autoestudios clínicos, autobiografía, ejercicios espirituales, o ritos chamánicos acompañados con sustancias psicodélicas. El método más socorrido en la actualidad es el autoetnográfico, con el cual día a día se realizan más investigaciones de posgrado.

Existen programas de maestría y doctorado en numerosas universidades en los que algunas personas consiguen la anuencia de las autoridades académicas para ser ellas mismas su propio tema y sujeto de investigación de tesis. De manera tal que, en función de un problema personal (ya sea una enfermedad crónica, una enfermedad terminal, un síndrome, una adicción, una experiencia fuera de lo común, un duelo por pérdida, un estado de maternidad y hasta las vivencias en el programa doctoral, entre otras cosas), los tesistas en cuestión se auto estudian durante los años de entrenamiento de la maestría o el doctorado (Tabla 14).

Tesis y Disertaciones Autoetnográficas: El 'yo' como objeto de estudio
Tabla 14

Autor	Título	Tema
Margaret Amos	Education for a sustainable future in northern Quebec: An autoethnographical account	Educación ambiental
Stasis Thomas Anderson	A Qualitative Dissertation an Autoethnographic Inquiry Into an African American, Classbased Perspective in Educational Delivery	Disparidades culturales y socioeconómicas
Tammy S. Bird	Blogging Through my Son's Incarceration: An Autoethnography Exploring Voice and Power in an Online Space	Blogging
Deborah Burke	An autoethnography of Whiteness	Racismo
Aleah Hartke Butler	Self-Portrait An Illustrated Autoethnography of Chronic Illness and Disability	Enfermedades crónicas e incapacidad
Riley Jarrett Farrell	Accommodating Asperger's. An autoethnography on the learning experience in an e-learning music education program	Asperger/Música
Allison Foskett	Self-help reading. An autoethnography	Autoayuda
Emily Hull	What keeps me up at night. An autoethnography of new motherhood	Maternidad
Robert Jerome	The Apple: An autoethnography of experiences in education	Educación básica
Terry Annette McCaskill	Exploring personal transformation through autoethnography	Desarrollo personal durante los estudios doctorales
Carlos Salsedo	Salsedo, C. 2010. Andrea and me: A digital autoethnographic journey into the past	Historia familiar
Marieke Slovin	Becoming Sustainable: An autoethnography in story and song	Sustentabilidad
Sarah Waddell	An autoethnography of a mother and educational leader	Liderazgo

De acuerdo a lo que señala Smith-Sullivan en su tesis doctoral *"The autoethnographic call: Current considerations and possible futures"* (2008), la primera persona que empezó a utilizar el término "autoetnografía" fue el antropólogo Karl Heider en un artículo que publicó en 1975 y que lleva por título *"What do people do? Dani Auto-ethnograpy"*.

En este artículo, Heider explica que después de años de trabajar en el Gran Valle Dani de Irian Jaya, al oeste de Nueva Guinea, y de haberse introducido y asimilado en la comunidad Dani, de observar sus costumbres, de filmar y tomar nota tras nota, en julio de 1970 se planteó una simple pregunta: ¿qué hace la gente? Y a partir de ahí comenzó a interrogarlos y dejarlos que hablaran, proporcionando ellos mismos su propia visión del mundo.

¿Y cómo se valida esto de que uno mismo pueda ser el sujeto, el objeto y la fuente de su propia investigación de tesis de posgrado? ¿Cómo se explica esto?

Con los años, dice Smith-Sullivan, el concepto fue evolucionando y conformándose un método más ingenioso y agudo, más específico para los autoestudios. Luego, cita a Deborah Reed-Danahay, autora de *"Auto ethnography: Rewriting the Self and the Social"* (1997), quien redefinió el término "autoetnografía" de la siguiente forma:

> *Autoetnografía es definida como una forma auto-narrativa de los lugares del "yo" dentro de un contexto social. Es dos cosas a la vez, un método y un escrito, como en el caso de la etnografía. La autoetnografía puede ser hecha tanto por antropólogos que estén haciendo etnografía 'doméstica' o etnografía 'nativa', o por un no-antropólogo/ etnógrafo. Incluso puede ser hecha por un autobiógrafo que sitúe la historia de su vida dentro del contexto social de una historia en la que ocurra.*
> *Este tipo de autobiografía es muy diferente del enfoque estándar [...], en la cual el autobiógrafo divorcia la trayectoria de su vida de cualquier restricción social.*

De esta manera, según asienta Lett en su tesis de maestría *"Autoethnography of Illness and Rites of Passage"* (2015), la academia comenzó a aceptar que la experiencia del individuo investigador puede ser tema de investigación por propio derecho, pues es;

> *...un modo de indagación que desafía las normas convencionales. La autoetnografía es una práctica analítica que no sigue ningún formato de escritura estándar que normalmente se utiliza en las ciencias sociales tradicionales. La reflexión y la integración son el ingrediente clave del trabajo autoetnográfico [...] Cómo método, la autoetnografía es, al mismo tiempo, producto y proceso. Los investigadores que utilizan la autoetnografía desafían la forma tradicional de hacer investigación en tanto la toman como una práctica socialmente consciente.*

Neville-Jan (2003), profesora universitaria y etnógrafa, quien padeció dolores físicos durante toda su vida, en su artículo *"Encounters in a world of pain: An autoethnography"*, escribió sobre sí misma, sobre sus sufrimientos como persona afectada por espina bífida, de una forma tan clara que el método autoetnográfico queda claramente expuesto:

> *He experimentado dolores desde que recuerdo. Soy una entre aproximadamente 97 millones de estadounidenses, cerca del 1/3 de población de los Estados Unidos, que reporta algún tipo de dolor crónico o persistente. También soy etnógrafa, investigadora, académica, y terapeuta ocupacional. He leído extensamente una gran variedad de trabajos académicos acerca del dolor, y he encontrado gente en el ámbito de mis investigaciones y práctica profesional que lo experimenta, como yo misma, un dolor crónico que no remite. Entre otras filiaciones más acerca de mí, soy esposa, madre y mujer con una enfermedad crónica, espina bífida.*

El trabajo de Neville-Jan, que primero fue presentado en un simposio y posteriormente publicado, se ha convertido en ejemplo de cómo emplear en método, y de qué manera darle una utilidad que vaya más allá de la catarsis del individuo que saca sus demonios y los comparte. Pues, como ella escribió en el epílogo del artículo

He argüido que la voz de la persona que sufre ha sido dejada de lado en la historia del dolor. ¿Cómo podemos usar el privilegiado punto de vista de la persona con dolor para informar a los practicantes de la terapia ocupacional? La respuesta no es buscar refugio en el modelo médico sino complementarlo.

Esa era la visión de Neville-Jan que, hasta su deceso (2015), impulsó la formación de médicos y de terapeutas que creyeran en las personas que trataban, que confiaran en la comunicación de sus dolores y no sospecharan de ellos. "El dolor es lo que las personas dicen, a pesar de que cualquier diagnóstico manifieste lo contrario".

Resumen del ejemplo 2

A la fecha, el método autoetnográfico es considerado un procedimiento válido para realizar investigación en las universidades, que ha ido ganando terreno y posicionándose en toda clase de programas educativos de posgrado. Por ejemplo, el número de tesis autoetnográficas en ProQuest indican un solo registro para la década de los años 70's, que fue cuando Heider publicó su artículo; luego, hay 11 registros para la década de los 80's; 258 registros para la década de los 90's; 2138 para la década del 2000-2010; y, 3049 para los años 2011-2017.

Probablemente esta ocupación/preocupación por "el yo y su circunstancia" (¿qué hubiera pensado Ortega y Gasset de esto?) está relacionada con la efervescencia de la autofotografía (selfie) y del ansia de contar la vida propia a extraños que surgió con la tecnología de la información, los smartphones y las redes sociales (Facebook, Instagram, YouTube, etc.).

Ejemplo 3

Simmonds, quien fuera pionero de la dermatología estadounidense, en su disertación doctoral "*An in vitro method for the evaluation of water soluble fungicides against Trichophyton mentagrophytes"* (1949), ilustra el procedimiento clásico del método científico desarrollado en el siglo XIX por Louis Pasteur, en Francia, y Robert Koch, en Alemania.

Se trata de una investigación experimental tradicional cuyo esquema se basa en estudios de laboratorio mediante los cuales se prueban las propiedades tóxicas de una serie de sustancias químicas contra microorganismos; en este caso, contra un hongo dermatofito (causante de enfermedades en la piel).

El autor presenta una revisión exhaustiva del tema, desde los primeros trabajos de Koch hasta el año en que elaboró su proyecto, y establece que los reportes muestran que la precisión de los métodos utilizados es cuestionable debido a que (1) los organismos utilizados como objeto blanco no fueron estandarizados, y (2) de que existe la duda de que dichos métodos hubieran podido medir el efecto biocida de las sustancias probadas.

Establece que "a pesar de que hay numerosos fungicidas, no existen medios estándares para su evaluación y comparación". En tal sentido, Simmonds propone un nuevo método a probar y evaluar contra el método en uso, pues este último adolece de fallas.

El propósito es "formular un índice de eficiencia de los compuestos [los que evaluará], bajo condiciones químicas y físicas definidas". Asimismo, propone la estandarización de las especies que se vayan a someter a estudios de esta clase.

Para alcanzar sus objetivos, en la sección de métodos describe los materiales necesarios para llevar a cabo el experimento:

- organismos de prueba (el hongo)
- medios de cultivo
- equipo para proporcionar las condiciones de cultivo

- equipo para cosechar las conidias
- equipo para enumerar las conidias
- equipo para preparar las suspensiones de conidias
- material para preparar las soluciones acuosas
- material para preparar las soluciones fungicidas
- equipo para proporcionar las condiciones de prueba

El método empleado por Simmonds es la modificación y extensión del método que Mary Joy propuso en su tesis "*A modified method for testing fungicides and a study of the resistance to iodine of certain spores of some pathogenic fungi*" (1947), y que consistió en 11 pasos.

Simmonds concluye que el método que él propone "supera los errores técnicos del otro método, elimina la fungistasis, es fácil, de repetición concisa, y tiene amplia aplicación para evaluar otros agentes fungicidas".

Resumen del ejemplo 3

El esquema de investigación planteado por Simmonds, en el que se evalúa la respuesta de una especie de organismos a un agente físico, químico, fisicoquímico, biológico, biofísico, ecológico, o de cualquier otra índole, se acostumbra en disciplinas biomédicas, farmacobiológicas, agrobiológicas, entre otras, y en empresas que constantemente están generando nuevos productos, como medicamentos, insecticidas, organismos genéticamente modificados, etc.

El formato con que se escriben esta clase de tesis es el IMRID. Aunque el autor puede utilizar otros formatos, como tesis por artículos (formato ventajoso cuando forzosamente tiene que publicar antes del examen de titulación), o el formato por capítulos.

Ejemplo 4

> *El método no es sólo una forma de resolver un problema, sino que es toda una manera de pensar que se puede aplicar en otros ámbitos.*
>
> *Parafraseando a Konnikova.*
> *¿Cómo pensar como Sherlock Holmes?*

Un proyecto de tesis puede tener uno o más métodos de investigación y, por lo general, una metodología. Algunas tesis, como la de maestría de Alanazy, "*Research methods and statistical techniques employed by doctoral dissertations in education*" (2011), consisten exclusivamente en la revisión de literatura y análisis de diferentes métodos que se utilizan en algún campo específico de investigación.

"Debido a las numerosas diferencias entre los métodos cualitativos y los métodos cuantitativos a lo largo de los procesos de investigación, incluyendo la selección del tema de estudio, la revisión de literatura, la colección y análisis de datos, así como el reporte de los resultados", y a que en algunas ocasiones los investigadores combinan uno y otro tipo de método en sus estudios, según Alanazy, y a que en los últimos años se han ido produciendo y agregando más y más técnicas al acervo estadístico, se supone que las investigaciones en educación de nivel doctoral presentan amplias diferencias en sus enfoques y procedimientos.

Por lo anterior, Alanazy se propuso identificar la tendencia en el uso de métodos y análisis estadísticos en las disertaciones doctorales en investigación educativa y, al propio tiempo, comparar las diferencias entre las disertaciones de estudiantes PhD (Philosophy Doctor) y EdD (Doctor of Education). Esto, en la idea de que los PhD se preparan para dedicarse a la investigación y la academia, y los EdD se entrenan para la praxis profesional.

Como el procedimiento aplicado por Alanazy se trató de documentación y análisis, fueron las preguntas planteadas por él en el propósito de la tesis las que guiaron la investigación. Las preguntas fueron cuatro:

1. ¿Cuáles fueron los métodos de investigación que con mayor frecuencia se utilizaron en las disertaciones doctorales de educación durante el período 2008-2010?
2. ¿Hay alguna relación entre los métodos de investigación aplicados por los estudiantes en sus tesis y el tipo de doctorado cursado?
3. ¿Cuáles fueron las técnicas estadísticas que con mayor frecuencia se utilizaron en las disertaciones doctorales de educación durante el período 2008-2010?
4. ¿Hay alguna relación entre las técnicas estadísticas aplicadas por los estudiantes en sus tesis y el tipo de doctorado cursado?

Los pasos de su método de investigación fueron como sigue:

1. Participantes: Se trata de las tesis de Phd y EdD. Determinó el tamaño de muestra de los participantes, o sea la cantidad de tesis a analizar, de acuerdo a una fórmula estadística.
2. Procedimiento. Obtención de 55 tesis doctorales PhD y 55 tesis doctorales EdD, de acuerdo al tamaño de muestra obtenido, todas de investigación educativa, que suman 110 ejemplares.

El material de trabajo, correspondiente al período 2008-2010, se obtuvo de la base de datos ProQuest, y se codificó.

3. Colección de datos. Se recogieron y etiquetaron datos de acuerdo a 3 características: (a) tipo de doctorado, (b) tipo de investigación, y (c) técnica estadística utilizada.

La característica (a) consiste en PhD y EdD.

La característica (b) consiste en 8 métodos cuantitativos, 5 métodos cualitativos, y 5 métodos combinados.

La característica (c) se refiere a las diferentes técnicas que usaron unas u otras tesis. 6 técnicas básicas, 4 técnicas intermedias, y 11 técnicas avanzadas.

4. Análisis de datos: Se realizó análisis de contenido para identificar el método de investigación y la técnica que usó cada estudiante de doctorado.

Resumen del ejemplo 4

Alanazy utilizó varios métodos de investigación y técnicas de análisis estadístico para llevar a cabo su estudio. Encontró que los métodos más utilizados fueron los cuantitativos pero que, en relación a períodos pasados, el uso de métodos cualitativos va en aumento. El método mixto más usado es el de triangulación.

En cuanto a técnicas estadísticas, halló que más del 75% de los estudiantes de doctorado en investigación educativa aplicaron técnicas básicas, mientras que el 14% utilizó técnicas avanzadas. Otro dato que arrojó su estudio es que menos del 25% de los estudiantes trabajaron diseño experimental en sus tesis, siendo que representa un aspecto fundamental en una investigación de este tipo. Alanazy atribuye esta deficiencia al escaso involucramiento del asesor y el comité de tesis con sus asesorados.

El material en que se apoyó Alanazy consistió en una muestra de 110 disertaciones doctorales obtenidas a través de ProQuest. Sin embargo, de las 27 referencias que presenta su tesis únicamente una proviene de una disertación.

Ejemplo 5

El hombre se distingue del topo en que, antes de construir, levanta los planos.

Karl Marx

Cuando el investigador plantea un problema que no se puede resolver con un solo método, suele utilizar diferentes enfoques para tratar de resolver su duda. Ese fue el caso de Holton, que en su disertación doctoral "*The educational thought of Jacques Barzun. Its historical foundation and significance for teacher education*" (1980), trató de exponer objetivamente una descripción y análisis del pensamiento educativo de Barzun (1907-2012).

Jacques Barzun fue profesor universitario, historiador y ensayista cultural, que por más de 70 años se dedicó a la educación superior y que escribió docenas de libros. Ampliamente conocido en el ambiente académico estadounidense por ser crítico de las universidades americanas, sobre las cuales decía que habían convertido los estudios superiores en un bazar, en un expendio que ofrecía toda una miscelánea de cursos. Asimismo, también fue un conocido popularizador de las artes y del conocimiento humanístico (Rothstein, 2012).

El propósito de la investigación de Holton fue "proporcionar una descripción de la concepción de la historia de Barzun, y así adquirir una base para entender su pensamiento educativo".

El método que Holton propuso para su investigación fue histórico-filosófico-literario, que en su conjunto denomina "método humanístico". Que no es propiamente un método, dice él, en el sentido de resolver ecuaciones o desarrollar un experimento. A diferencia del método científico, "que demanda la búsqueda de evidencia y que requiere que dicha evidencia sea razonablemente escrutada, el método humanístico llama al entendimiento para equilibrar el juego de la imaginación con la evidencia disponible".

"Y de la misma manera que los otros métodos, el método humanístico demanda rigor, precisión y honestidad intelectual". En esencia, "el método de las humanidades es el ejercicio del juicio por parte del lector".

Holton comienza analizando la tradición humanística para situar el contexto para estudiar a Barzun. A través de su obra, revisa su papel como historiador dentro de la tradición occidental. Analiza el tema de la cultura en su obra, su crítica contra las universidades, su rol como pedagogo y maestro.

Resumen del ejemplo 5

La tesis no posee ningún capítulo dedicado al método. La descripción del método empleado en su trabajo la detalla después de enunciar el problema de la tesis.

Holton recaba la obra de Barzun y cataloga las áreas en que más destaca su trabajo: historia, cultura, crítica, pedagogía y enseñanza, y estudia y discierne el pensamiento de su sujeto para cada área particular.

Los pasos que siguió Holton, fueron los siguientes:

- Recopilar la obra de Jacques Barzun
- Catalogarla en diferentes áreas: historia, educación, crítica, pedagogía, etc.
- Leerla y examinarla a detalle
- Emitir juicios honestos
- Describir su concepto de la historia implícito en toda la obra
- Entender su pensamiento sobre la educación

Cómo escribir la sección de métodos

> *Metodología: Después de una cuidadosa investigación sobre los principios y técnicas de la escritura de guiones cinematográficos, la autora formuló un prontuario [metodológico] que usó en la preparación de su guión "I got shoes".*
>
> DA Beverly. I got shoes. An original screenplay: Methodology and Writing. MA thesis. 2003

La sección de métodos de la tesis es uno de los componentes más sencillos de escribir. Consiste en la reconstrucción de la ruta que seguiste durante tu trabajo de investigación, y en plasmarla de la manera en que la llevaste a cabo.

Veamos lo siguiente. Cuando tienes en las manos la guía de una ciudad que no conoces y la usas para ir a los sitios que tanto deseas visitar y explorar, sucede que, al final del recorrido, aprendiste dos cosas: (a) a entender el mapa con las calles trazadas y encontrar las rutas que te condujeron a tu destino, porque lo pudiste leer y seguir, y (b) conocer los caminos andados que durante el trayecto te permitieron ver cosas y detalles que no muestra el mapa.

El propósito de escribir los métodos no es para que describas el mapa, eso cualquiera lo hace, nada más hay que tomar del artículo o del manual de referencia el método que se usó en la tesis, hacer un "copypaste", y ¡listo!

No, no se trata de eso, sino de que relates lo que anduviste en tu camino de investigación y, en caso de que el mapa no te haya dado todas las indicaciones para andar un trecho del camino, lo que muy a menudo ocurre, y que tú hayas tenido que implementar cómo cubrir ese trecho para llegar a tu destino, también eso lo escribes. Sobre todo, esto último.

Para redactar la sección de métodos de la tesis, tienes que seguir al menos siete pasos:

Paso 1: Repasa la sección de métodos de la propuesta. Consiste en revisar de nueva cuenta el apartado de métodos que escribiste en la propuesta de investigación que te aprobó el comité de tesis. Es para que refresques tu memoria.

Paso 2: Repasa el material de referencia que citas en la propuesta. Este paso estriba en la organización y relectura de los artículos y secciones de manuales que utilizaste para plantear tu investigación.

Paso 3: Repasa el material de referencia obtenido y estudiado durante la investigación. Es decir, como casi siempre sucede, cuando el estudiante está trabajando en su proyecto de tesis se publican en los journals nuevos artículos que de una u otra forma tiene que ver con su investigación. A veces hay algún artículo que contiene novedosa información que le obliga a replantear algún paso de su método y reorientar el trabajo. Si algo así te sucede, lo tienes que escribir.

Paso 4: Identifica los puntos más importantes del proceso de investigación de tu tesis.

Paso 5: Reconstruye el método seguido en campo, laboratorio o gabinete. Aquí se trata de describir cada uno de los pasos que seguiste durante tu investigación. Es en este punto donde debes cruzar la información de los cuatro pasos anteriores.

Paso 6: Escribe la sección de métodos.

Paso 7: Relee y afina la sección de métodos de la tesis.

Recomendaciones:

- Limítate a la información que tienes, ya no busques más
- Enumera los pasos

- Describe cada uno de los pasos en tarjetas separadas

Ahora bien, piensa en lo siguiente. Si tuvieras que escribir un manual a partir de tu tesis, ¿cómo lo harías? ¿Crees que lo que redactaste en tu sección de métodos pueda servir como guía o pueda elaborarse más ampliamente como un manual?

Por ejemplo, Beverly (op.cit.) en 10 pasos describe el método que ella siguió para escribir el guión cinematográfico *"I got shoes"*. Este apartado es escueto, contiene 224 palabras y es un instructivo práctico para cualquiera que quisiera escribir un guión. También, en vista de que Beverly escribió su tesis con esta guía, esos 10 pasos podrían ampliarse para constituir un manual.

Ronnevik (2016), escribió la disertación doctoral *"The twenty-first century cellist's bibliography. A guide to cello research from 2000-2015"*, que contiene amplia información sobre los cellistas y creadores de música para cello de los primeros 15 años del siglo XXI.

Para poder elaborar esa guía, Ronnevik describe en el apartado de métodos cuál fue el proceso de trabajo. El primer paso fue buscar exhaustivamente, en bases de datos especializadas, publicaciones sobre su tema: libros, memorias de conferencia, disertaciones, trabajos sobre música de cámara y literatura sobre música sinfónica. Luego, describe los términos utilizados en la búsqueda. Posteriormente, revisó y seleccionó el material que incluiría en su propia base de datos y con la cual trabajaría. Tres pasos: (a) buscar, (b) recopilar, (c) analizar.

Resumen de Cómo escribir la sección de métodos

El error más común que he encontrado en los estudiantes de posgrado cuando escriben el apartado del método de sus tesis, es que literalmente copian el procedimiento tal cual está en la fuente de donde lo sacaron. Algunos asesores permiten esto porque no distinguen otra manera en que los estudiantes podrían reescribir lo que ya está escrito.

Otros casos hay, en el caso de tesis experimentales, en que los estudiantes únicamente mencionan el nombre del método que utilizaron y dan más importancia a la enumeración de los materiales que necesitaron para llevar a cabo el proyecto.

Por otro lado, también he encontrado numerosos casos de tesis, especialmente en disciplinas no técnicas, en que ni siquiera se menciona el método empleado por el estudiante.

Finalmente, por sencillo que parezca un método no significa que el resultado carecerá de importancia.

CÓMO ESCRIBIR LA SECCIÓN DE RESULTADOS DE LA TESIS

Hay mentiras, malditas mentiras y estadísticas.
Mark Twain

Los resultados de la investigación de tesis son el producto de meses o años de trabajo, son los hallazgos. La información obtenida se convierte en la parte más importante de la tesis. Los resultados también tienen un significado simbólico, que es haber alcanzado la cumbre de la montaña que se escogió para escalar. Pero, ¿es esto así? De ninguna manera, lo único que esto quiere decir es que una parte del trabajo ha terminado y es hora de proceder con el siguiente paso, que es contar la historia de lo que sucedió. Aún queda una distancia por ascender.

Cada tesis de maestría o doctorado es un caso diferente, aunque aborden temas parecidos, y cada autor presentará sus resultados de la forma en que estime más apropiada o que le parezca mejor. La razón es, como se había mencionado con anterioridad, que no existe un formato estándar específico para las tesis. Según la clase de información obtenida, el estudiante y su asesor podrán decidir de qué modo habrá que escribirla.

Los llamados resultados pueden estar preservados en cuadernos, tarjetas, grabaciones de audio, video, memoria de aparatos de medición, disco duro de computadora, o en cualquier otra plataforma donde se registraron los datos producidos durante el estudio. El acumulo de observaciones, números, dibujos o lo que haya levantado el investigador no dice mucho por sí solo; es, lo que se denomina en el medio académico, "material crudo". Así las cosas, el estudiante todavía tiene que revisar todos esos datos crudos, organizarlos, analizarlos, replantearlos de modo tal que su sentido y significado fluyan con naturalidad.

La escritura de los resultados, a diferencia de la escritura de los métodos, es más complicada. En esta sección se da respuesta a las preguntas planteadas al inicio del proyecto. Para mostrar sus resultados y hacer más comunicativos sus datos, el estudiante puede recurrir a gráficas, tablas, mapas conceptuales, ilustraciones, fotografías, entre otros artefactos.

Idear la mejor forma en que presentará los resultados de sus estudios, por lo general no le representa dificultad al investigador experimentado. Al aprendiz de investigador, que es el estudiante de posgrado, mostrar de la manera más expresiva los resultados de su investigación es todo un reto. La diferencia que se da entre el investigador y el aprendiz es el producto de la curva de aprendizaje, mientras más repite el ejercicio más fácil se le va haciendo cada vez realizar la tarea.

Por esta razón, en los talleres de escritura insisto a los estudiantes en que visualicen la mejor forma de comunicar sus ideas utilizando tablas, figuras, gráficas, fotografías o dibujos, y que practiquen constantemente. Se trata de ejercitar la mente de modo tal que al ver una serie de datos los puedan convertir en una tabla o gráfica.

Las tesis de algunas disciplinas, como literatura o filosofía o matemáticas puras, en general prescinden del apoyo de figuras. Otras, como las de las disciplinas científicas y tecnológicas, dependiendo de la clase de investigación realizada podrán necesitar pocas o numerosas figuras y tablas. En las bellas artes, como la arquitectura, el diseño gráfico, las artes plásticas y la música, las ilustraciones, figuras o notas musicales suelen ser preponderantes sobre el texto.

Pero también se da el caso en arquitectura y en diseño gráfico que las tesis van acompañadas de ilustraciones, fotos, y proyectos de exhibición, como una maqueta o algún producto manufacturado. En las artes cinematográficas, el estudiante puede presentar un cortometraje o un documental anexo en lugar de figuras en el documento.

Para entender cómo se presentan los resultados de investigación en diferentes disciplinas y con diferentes formatos de tesis, a continuación veremos algunos ejemplos.

El primer ejemplo consiste en un experimento bioquímico de laboratorio en base a ácidos nucleicos. El segundo ejemplo es una disertación sobre la arquitectura de las fuentes de agua y ninfeos de la antigua Italia. El tercer caso es una investigación sobre mujeres reporteras en el contexto de crimen y feminicidios en Ciudad Juárez. El cuarto ejemplo es una tesis de música. El quinto ejemplo lo conforma una tesis-ensayo. El sexto ejemplo tiene que ver con una disertación autoetnográfica sobre el NHL (non-Hodgkin lymphoma).

Resultados. Ejemplo 1

Willgohs presenta en su tesis de maestría en ciencias, *"Methods for studying nucleic acid interactions with ionic solvents"* (2016), un experimento con ácidos nucleicos (ADN y ARN) en un ambiente iónico basado en la Ecuación de Poisson-Boltzman

(EPB). El objetivo fue "modelar las interacciones de los ácidos nucleicos con sus iones (monovalentes y bivalentes) en su medio disolvente, con el propósito de obtener un marco de referencia que ayude a desarrollar enfoques avanzados de la EPB".

El estudiante dedica un capítulo de la tesis para presentar sus resultados. El capítulo tiene tres apartados. El primero trata del modelaje de su propuesta, tomando como referencia el trabajo de otros autores. En el segundo apartado muestra lo que obtuvo en los experimentos in-silico. En el tercer apartado integra su visión del experimento y discute sus hallazgos. Para ilustrar sus resultados agregó figuras, ecuaciones y gráficas.

Resumen del ejemplo 1

La investigación de posgrado de Willgohs es un estudio tradicional de experimento en laboratorio con algunas ideas originales. La presentación de gráficas y figuras complementa la descripción de lo encontrado y da claridad al tema y a la discusión. Son pocos los artefactos de apoyo, pero suficientes para mostrar los hallazgos.

Resultados. Ejemplo 2

Neuerburg, en su disertación doctoral, "*The architecture of fountains and nymphae in ancient Italy, [with a Catalogue Raisonne as Part II]*" (1960), presenta un extenso inventario de fuentes de agua y ninfeos correspondientes a la antigua Italia, observados y estudiados todos ellos en sus sitios de ubicación, y que describe a detalle.

Esta investigación, como señala Neuerburg, tuvo su origen en la lectura de un pie de página encontrado en una obra de los arqueólogos alemanes Ferdinand Noack and Karl Lehmann-Hartleben sobre Pompeya, dónde señalaban que sería ideal que algún día alguien pudiera hacer un estudio sobre las fuentes y los ninfeos de la antigua Italia.

El resultado de los más de dos años que le tomó al autor hacer su investigación en aquel país, lo presenta en su tesis desde el mismo principio. El primer capítulo comienza con una revisión de literatura, donde establece los orígenes y las diferencias entre las fuentes y ninfeos. Hace una clasificación de las diferentes categorías.

Luego, dedica seis capítulos a explicar las fuentes y ninfeos de cada categoría, contrastando lo que observa con lo que historiadores de arte, arquitectos y otros expertos escribieron sobre uno u otro particular.

En total, Neuerburg reseña las características de 255 monumentos romanos que acompaña con la misma cantidad de fotografías y planos de ubicación. La literatura consultada es vasta, conteniendo alrededor de 600 referencias.

Neuerburg anexa a su tesis, como resultado complementario de su investigación, un catálogo razonado (catalogue raisonné) de las fuentes y ninfeos. Esta clase de documento "es un catálogo culto que enlista y anota algunos de los más importantes trabajos de un artista o un autor. El catálogo razonado suele incluir fotografías o ilustraciones, descripción completa del trabajo, lugar de exhibición, condiciones del trabajo, ensayo sobre el artista o la obra literaria, bibliografía, antecedentes de otros trabajos, número de catálogo" (Garza-Almanza, 2015).

En este caso, Neuerburg describe a detalle –uno a uno– cada monumento, identifica el número de fotografía y plano de ubicación correspondiente a la lista de ilustraciones, menciona la bibliografía particular de la pieza pertinente, e indica otras ilustraciones que sobre esa pieza están en la bibliografía.

Como referencia curricular, Neuerburg se convirtió en un experto en arte e historia de la antigua Roma, y en referencia obligada para arquitectura de las misiones de la época de la colonia española en California. En su reconocimiento, la "Sociedad Histórica del Sur de California" ofrece anualmente un premio que lleva su nombre al mejor libro sobre historia de la California del siglo XIX.

Resumen del ejemplo 2

Prácticamente, la disertación en su totalidad constituye los resultados de la investigación doctoral de Neuerburg. El suyo es un documento muy técnico por la cantidad y minuciosidad de las descripciones, por los incontables pies de página, por los comentarios eruditos, además de que para cada monumento nombrado hay una foto y croquis de referencia. La tesis, a pesar de que fue elaborada hace más de medio siglo, puede ser útil como manual para algún letrado interesado en este tema, o como guía para algún turista culto.

Resultados. Ejemplo 3

Guzmán (2014), desarrolló un estudio titulado "*En la frontera entre la vida y la muerte. A study of women reporters on the U.S.-Mexico border*". Se trata de una investigación periodística documental sobre la lucha armada entre dos cárteles de la droga que tuvo como escenario a Ciudad Juárez, México, y que cubre los años 2008-2010, período de tiempo en el que se registraron más de 7000 (siete mil) homicidios. La autora complementó la investigación con una serie de entrevistas a periodistas mujeres de Ciudad Juárez y El Paso, Texas.

El propósito del estudio fue "examinar la experiencia de las mujeres periodistas que en la frontera cubrían la violencia y guerra contra las drogas". Lo hizo a través de dos vías: (1) practicando entrevistas a reporteras locales de El Paso y Juárez para indagar sobre su experiencia en "zona de guerra", y (2) revisando cómo fue cubierto este problema social por periódicos mexicanos y estadounidenses "para ver que marcos utilizaron con más frecuencia en información sobre la violencia, y comparar la cobertura de los medios de comunicación mexicanos y americanos, y la perspectiva femenina y masculina".

Así, presenta sus resultados en dos segmentos: (1) entrevistas a profundidad, y (2) estudio de encuadre. En las entrevistas empleó formato diferente al resto de la tesis cuando tenía que destacar las palabras de las entrevistadas. Para el encuadre utilizó gráficas pastel y gráficas de barras.

Resumen del ejemplo 3

La sección de resultados de esta tesis comprende el 30.5 % de la extensión de la tesis, lo que, de acuerdo a los canones, es un buen equilibrio. Asimismo, complementa sus resultados, como una forma de hacer más legible su trabajo al lector, con dos apéndices. El primero contiene el código de las periodistas entrevistadas, y el segundo las preguntas que se les plantearon (las mismas para todas).

Resultados. Ejemplo 4

La tesis de McLoskey, "*Occam's Razor*" (1992), es una composición musical. La primera página muestra la instrumentación, breves notas sobre la ejecución, y un plano para la disposición de la orquesta. El resto de la tesis, 95 páginas, son las notas de la composición musical. Es decir, el 100% del documento muestran los resultados del desempeño del compositor.

Resumen del ejemplo 4

En concreto, la tesis de McLoskey es la composición de una partitura de música clásica desarrollada por él durante sus estudios en la Facultad de Música de la Universidad del Sur de California. El documento no contiene ningún dato sobre el trabajo, excepto el título, el cual es una referencia al filósofo Guillermo de Occam (1280-1349) y al llamado principio de parsimonia, mejor conocido como 'principio de Occam'.

Esta tesis, que está registrada y aprobada como tal, carece de los elementos comunes a la mayoría de las tesis y disertaciones, como introducción, revisión de literatura, métodos, referencias, etc. Pero nos sirve para corroborar que en los formatos de tesis las disciplinas rompen géneros.

Resultados. Ejemplo 5

Milhorn (2004), con su tesis *"An application of contemporary technical writing standards to Benjamin Franklin's works"*, ofrece un claro ejemplo de cómo se escribe una tesis-ensayo en capítulos. En este caso, como en el anterior ejemplo 4, todo el documento de la tesis es el resultado de la investigación. No contiene los apartados habituales como revisión de literatura o métodos.

La tesis se divide en 4 capítulos. En general, la investigación toma como eje de análisis varios aspectos de algunos documentos escritos por Benjamín Franklin que, a decir del autor, ejemplifican los estándares contemporáneos de la escritura técnica.

En el primer capítulo, que es la introducción o presentación del tema, el tesista define lo que en el medio académico se entiende por 'escritura técnica', rastrea el pasado de este género y presenta los posibles orígenes del concepto en lengua inglesa.

El segundo y el tercer capítulos conforman el cuerpo del ensayo. En el segundo capítulo describe los estándares de la escritura técnica. En el tercer capítulo hace un recuento de las diferentes maneras en que se usa la escritura técnica, y las reglas que sigue. El cuarto y último capítulo es la conclusión, el cierre del ensayo.

Resumen del ejemplo 5

La investigación de Milhorn es producto del análisis retórico de la obra escrita de Benjamín Franklin, desde su autobiografía, los almanaques de Poor Richard (que era su seudónimo), y otros textos de su autoría, cuyo estilo y formato contrasta con los estándares de la escritura técnica actual. Para esto último, utiliza los manuales de escritura técnica de S & S Gerson (2000. *Technical Writing Process and Product*. New Jersey: Prentice Hall) y J.M. Lannon (1988. *Technical Writing*. Massachusetts: Southeastern Massachusetts University Press).

Resultados. Ejemplo 6

¿Cómo se escriben los resultados de un estudio autoetnográfico? Pongamos por caso la investigación doctoral de Harmon, "*A natural history and autoethnographic study of non -Hodgkin's lymphoma*" (2010), que, como el título indica se trata de un estudio sobre la biología del linfoma no-Hodgkin y de un autoestudio de carácter antropológico.

La autora refiere que en su disertación empleó la metodología autoetnográfica "para explorar contextualmente ese cáncer, para interpretar su historia e historia natural, y narrar mi experiencia con NHL (non-Hodgkin lymphoma) durante la pasada década". Ahora bien, ¿qué resultados obtuvo?

Exploró ampliamente la literatura sobre el mal de no-Hodgkin, listando en sus referencias 1036 artículos especializados y tratados; buscó en bases de datos entrevistas que sobre esta enfermedad se hubieran hecho a médicos, pacientes, enfermeras, técnicos de laboratorio, y paramédicos; estudió los medicamentos y tratamientos en uso, y tratamientos de prueba o experimentales; viajó para asistir a talleres de autoetnografía con los mayores expertos en el tema (Bochner y Ellis) y así mejorar su técnica; entrevistó personalmente a oncólogos; observó cómo el número de pacientes con su misma enfermedad aumentaba, la cantidad de médicos oncólogos (todos hombres) se multiplicaba y el centro de tratamiento duplicaba su tamaño ("parece ser que el negocio prospera", escribió ella en la página 233); llevó diarios; tomó notas e hizo grabaciones sobre su estado de salud y tratamientos. Es decir, documentó de manera intensa y extensamente el mal de no-Hodgkin y su diario vivir en lucha contra esa enfermedad.

El resultado es un recuento, bien organizado, sistematizado y explicado sobre la enfermedad, sobre el contexto médico en el que se desenvuelven las personas que la padecen, y sobre su propia historia de vida con una enfermedad que en ese momento llevaba con ella más de 10 años. Además, durante el tiempo en que Harmon hizo su investigación y escribió su tesis, la enfermedad evolucionó.

Entre sus resultados también menciona haber hallado diferencias contradictorias en las publicaciones de investigadores del NHL en relación a enfoques y a reclamos científicos sobre el cáncer. Asimismo, observó que la literatura médica casi no menciona el efecto de las drogas sobre la gente, pues los investigadores no indagan entre los enfermos su sentir, y que casi toda la documentación se refiere a los efectos de esos medicamentos en animales de prueba.

Resumen del ejemplo 6

El esquema de la tesis de Harmon es un clásico IMRYD ajustado a la autoetnografía, y presentada en un formato de tesis por capítulos. Los resultados los presenta en seis capítulos, del cuarto al noveno, de la siguiente manera:

- IV. Historia natural del linfoma non-Hodgkin
- V. Autoetnografía – Ver y esperar
- VI. Autoetnografía – Quimioterapia
- VII. Autoetnografía – Enero a diciembre de 2006
- VIII. Autoetnografía – Enero 2007 a diciembre 2010
- IX. Pacientes, médicos, medicamentos, política pública y un presidente

Al tiempo de entregar su tesis, informa Harmon al final del documento, estaba comenzando otro tratamiento con un nuevo fármaco.

CÓMO MANEJAR LOS RESULTADOS DE INVESTIGACIÓN

Nunca me digas las posibilidades.
Hans Solo. The Empire Strikes Back
Simplicity in science. DB Schulz, 2012.

Se conocen como resultados a toda aquella información generada por la investigación de tesis, y que es producto de la búsqueda del estudiante para dar respuesta a una o más preguntas planteadas en su proyecto.

Llega a ocurrir, sin embargo, que el estudiante piensa que absolutamente todos los datos experimentales u observacionales que recogió, o que todas las ideas que para su ensayo o novela anotó son materia prima pura para empezar a trabajar en ella.

Pero, las cosas no son así. No existen métodos empíricos puros que generen información inmaculada. Prácticamente siempre hay impureza en los resultados, y esa impureza es lo que en el medio científico suele llamársele "ruido". Por ejemplo, hay ruido en algunas de las imágenes tomadas en Marte o Júpiter y que levantan sospechas porque los bultos que se miran sobre sus superficies pueden parecer algo que fácticamente no es, como un edificio o una cara, o también que en la inmensidad del mar se graban sonidos que parecen voces humanas pero que en los hechos son resonancias de diversas fuentes identificables.

La lectura errónea de unos resultados en donde no haya habido un cuidadoso tamizaje o limpieza del ruido, producirá sesgos en su interpretación. Este hecho es más común en el medio científico de lo que pudiera pensarse. Innes, en su disertación doctoral "*Biases: Threats of validity in evaluation models*" (1981), identifica, analiza, sintetiza y describe las potenciales amenazas que pueden invalidar una investigación (describe 15 tipos de ellas), las cuales son amenazas que están directamente relacionadas a los enfoques o criterios de los investigadores cuando evalúan sus resultados.

Asimismo, Innes examina los 13 modelos de evaluación propuestos por Stufflebeam y Webster (1981), que están categorizados en 3 grupos: seudo-evaluaciones, quasi-evaluaciones, y verdaderas evaluaciones. Y si bien esos 13 modelos de evaluación están enmarcados dentro del contexto educativo, la herramienta es útil para otras disciplinas, en el sentido de que el investigador pueda entender de cuantas formas se puede caer en una evaluación de resultados tendenciosa sin que se percate de ello.

En su tesis de maestría "*Chasing the ghost: When data gets noisy, scientists find creative ways to clean it up*" (2010), Lee menciona cómo es que los científicos que cosechan "ruidos" entre los datos de sus estudios deben de tener cuidado e ingenio para manejarlos, para mantenerse objetivos, y para separar el grano de la paja. "Separar el ruido de la señal es una habilidad de supervivencia que (los investigadores) deberían utilizar diariamente".

No es cosa sencilla. Por ejemplo, el destacado antropólogo Grover Krantz, cuya disertación doctoral fue "*The origin of man*" (1971), en la que realizó una minuciosa investigación sobre lo que hasta ese año se conocía sobre la evolución de los homínidos y la última especie sobreviviente de ese grupo, que es la especie humana, y que además publicó numerosos artículos científicos y libros, que fue referencia de incontables citas bibliográficas científicas, y que realizó diversas expediciones a Europa y Asia, además de recorrer las cadenas montañosas de Estados Unidos y Canadá, tenía la firme creencia de que el llamado "bigfoot" o Sasquatch o Yeti, era un ser real, que existía.

Krantz acumuló numerosas huellas e información de campo de diferentes lugares del mundo para probar la existencia de "bigfoot", pero las evidencias fueron insuficientes para confirmar ante la ciencia lo que sostenía. Por el contrario, los expertos consideraron que estaba metiendo demasiado ruido en la investigación antropológica y catalogaron su trabajo como investigación no-científica. Así, a pesar de toda su experiencia en terrenos más ortodoxos de la ciencia, la comunidad científica le dio la espalda, por lo que perdió todos los beneficios a los que un científico antropólogo pudiera acceder, como financiamientos de fundaciones para sus proyectos, participación en congresos científicos, etc.

Cómo escribir la sección de resultados

Paso 1: Base de datos: Si tienes dispersa la información que generaste durante tu investigación, búscala y colócala toda en un mismo lugar. Puedes desarrollar más de una base de datos si tu información tiene diferentes presentaciones; es decir, si está digitalizada en tu computadora o en aparatos de medición, como notas manuscritas, fotografías, maquetas, etc.

Paso 2: Orden: Organiza los datos y disponlos por categorías, atendiendo al "hacer" establecido en cada uno de los objetivos planteados. Sigue el orden jerárquico de los objetivos.

Paso 3: Tamizaje: Según el método o métodos de análisis que elegiste para examinar la información que posees, pondera qué datos llenan los requisitos y qué datos no. Separa y tamiza.

Paso 4. Cantidad de información: Si tus datos son abundantes, clasifícalos en secciones o capítulos, y describe cada capítulo por separado.

Paso 5. Resultados: Cuando los datos tamizados adquieren sentido, tienes tus resultados bien dispuestos para ser procesados y analizados.

Paso 6. Tablas y figuras (a): Establece qué información requiere tablas, gráficas o figuras.

Paso 7. Tablas y figuras (b): Las tablas y figuras se mencionan primero en el texto y más abajo se representan.

Paso 8. Tablas y figuras (c): Cada tabla y figura está numerada y llevan un encabezado que titula la información contenida.

Paso 9. Información redundante: Las tablas, gráficas o figuras son de apoyo, para aclarar un punto o para matizar su importancia. Ten cuidado en no repetir la información de esas tablas o figuras en el texto.

Paso 10. Tiempo pasado: Si tu tesis es de carácter científico o tecnológico, o si pertenece a otra disciplina pero empleas el esquema IMRYD para comunicar tu investigación, escribe tus hallazgos en tiempo pasado.

Para recordar:

- Los resultados no son métodos. Menciono esto porque en los talleres de escritura de tesis los estudiantes confunden a menudo los resultados con los métodos o viceversa. Mezclan el cómo se hizo (método) con el qué se encontró (resultados). Atribuyo esto a dos cosas, (a) a la inexperiencia, y (b) a la poca familiaridad con los artículos científicos y las tesis.
- No te enamores de los resultados de tu proyecto, prepárate para rechazarlos si no encontraste lo que buscabas.
- Elimina el 'ruido'. Un criterio para proceder con el tamizaje de tus resultados es asumir, como sostiene Innes (op. cit.), que definitivamente existe un sesgo.
- Limítate a describir los resultados de forma clara, concisa,

directa.
- Las tablas y figuras son para darle mayor sentido a los resultados en particular, y a la investigación en general.
- Los resultados son indicadores (de carácter cuantitativo, cualitativo, o de ambos) que permiten medir los alcances de la investigación.
- Asegúrate de que lo planteado en cada objetivo esté correctamente respondido en tus resultados.
- Trata de identificar datos que muestren alguna propensión.
- Los resultados son lo más importante de la tesis para escribir y publicar uno o más artículos.
- Los resultados no son lo único que importa de la tesis, es el trabajo integral lo que le da un valor académico.

Resumen de Cómo escribir la sección de resultados

Mirando en retrospectiva te puedes dar cuenta de que los resultados de tu investigación de tesis comenzaron a cosecharse desde el mismo comienzo del trabajo, desde la documentación del tema, elaboración de los antecedentes, revisión de literatura, selección del método adecuado, etc. A esos primeros datos cosechados se les denomina avances, para no confundirlos con los resultados finales.

Sin embargo, los resultados que en verdad cuentan son los que responden a los objetivos planteados, estos deben ser analizados y registrados con cuidado.

En la sección de resultados no se especula sobre su significado ni importancia de lo encontrado, esto debe hacerse en el apartado de discusión.

CÓMO ESCRIBIR LA SECCIÓN DE DISCUSIÓN Y CONCLUSIÓN DE LA TESIS

> *Discutir es un maravilloso modo de allanar las dificultades. Yo, cuando me topo –en lógica o en cualquier otro terreno difícil– con algo que me sume en total perplejidad, encuentro que es un plan excelente comentarlo en voz alta cuando estoy completamente solo.*
>
> Lewis Carroll
> *El juego de la lógica*

Tal parece que a medida que los estudiantes avanzan en la escritura de la tesis, el camino se les vuelve más intrincado y el andar más difícil. Después de escribir la sección de resultados de la investigación, la redacción de la tesis no termina ahí, con lo que parece ser un inventario de cifras, tablas y figuras y de ideas sobre hechos. Algo se tiene que hacer con esa información.

Hasta aquí, el conjunto de datos que muestra la sección de resultados de la tesis es auto-explicativo, hasta cierto punto; sin embargo, para que esos datos tengan mayor impacto, necesitan complementarse con la visión personal del estudiante que hizo el estudio. Así, lo que procede ahora es "hacer algo con esa información". ¿Y qué es ese algo? Darle un sentido e implicación a los resultados; es decir, interpretar su importancia mediante la discusión y llegar a una conclusión con significado.

En esencia, para dar mayor claridad a lo arriba mencionado, debes tener presente que los resultados son los hechos de la investigación, mientras que la discusión y la conclusión conforman la interpretación de esos hechos que pueden ser mirados desde varios ángulos, como veremos más adelante (Tabla 15).

La escritura de la sección de discusión y conclusión (en delante D&C) es una tarea de continua rememoración y muy reflexiva. Demanda recapitular lo hecho en la investigación y lo escrito en la tesis. Es decir, pensar y repensar tu trabajo de tesis, ida y vuelta, desde la introducción a los resultados para escribir el final, lo que te parecerá, como dijo Carroll (1986), que la escri-

Diferencias Básicas entre las Secciones de Resultados y Discusión/Conclusión	
Tabla 15	
Resultados	Discusión/Conclusión
Lo que se encontró	Lo que significa
Los hechos se representan con datos	Las interpretaciones se exponen con ideas
No evalúa los hallazgos	Evalúa y explica su importancia

tura de la tesis es "un país bien lento".

Realizar esta tarea con atención puede ayudarte a visualizar la trascendencia de tu investigación. Esta sección es el lugar donde el estudiante demuestra la madurez ganada durante los estudios de posgrado y los años de entrenamiento en investigación. Por esta razón, la redacción de la sección de D&C es considerada como la parte más complicada y difícil de elaborar; sobre todo, porque se está cerrando el ciclo de un proyecto de largo plazo.

Cabe aclarar que en algunas disciplinas la discusión y la conclusión se escriben en capítulos separados. En otras disciplinas, sólo escriben el capítulo de discusión o el de conclusión. En este apartado del libro, presento la discusión y la conclusión juntas, como capítulo único. Si alguien quiere desarrollar la D&C separadamente en dos capítulos o solo la D o únicamente la C, con la información aquí proporcionada podrá hacer lo que mejor le convenga.

Pero, entonces ¿cómo se hace esto? ¿Es que acaso no hay reglas para escribir la sección de la discusión y conclusión? Existen diferentes criterios, pero no hay reglas, y esto debe quedar bien claro, por eso se estima que es compleja la escritura de una buena sección de D&C. No obstante lo anterior, puedo afirmar que sí es posible desarrollar, caracterizar y aplicar tácticas ad hoc para preparar la discusión y la conclusión.

Sin embargo, lo extraño es que los libros de autoayuda sobre cómo escribir la tesis de maestría o la disertación doctoral, que

En mi país –dijo Alicia…– si una corre un buen rato, tan de prisa como lo hemos hecho nosotras, generalmente acaba llegando a un lugar distinto. ¡Un país bien lento! –dijo la reina–. Aquí, como ves, se ha de correr a toda marcha simplemente para seguir en el mismo sitio. Y si quieres llegar a otra parte, por lo menos has de correr el doble de rápido.

son una clase de libros que abundan en lengua inglesa, no dan pistas de estas tácticas cuando presentan sus escuetas recetas sobre cómo escribir la sección de D&C. Por lo regular, ese tipo de libros indica una sola manera de escribir la sección de D&C, que quizá sea la que utilizaron los mismos autores en sus tesis doctorales.

Ahora bien, durante la revisión de tesis y disertaciones digitales que hice para la elaboración de este libro, confirmé lo que ya había visto anteriormente en otra clase de tesis, y que es: (a) que no hay reglas para escribir la sección de D&C; además, también encontré que (b) sin una guía se complica seguir una línea de discusión cuando el estudiante carece de experiencia, (c) que si el estudiante no reacciona intuitivamente a este reto y resuelve inteligentemente la sección, o (d) que si carece de apoyo por parte del asesor y demás profesores para librar esta etapa, la consecuencia será: (e) que produzca un amasijo ininteligible de ideas, o (f) que la sección de D&C sea llenada por puro requisito con dos o tres párrafos poco informativos. Esto ocurre así porque es frecuente que a los miembros del comité les interesan más los resultados que la discusión.

Hacia la formulación de tácticas de escritura para la sección de C&D

Swales y Feak (1994), ofrecen pistas sobre cómo puede dársele claridad a esa idea mencionada sobre tácticas para desarrollar la discusión y la conclusión. Estos autores propusieron una segmentación y análisis del discurso (que en este caso se trata de analizar lo que está escrito en la tesis en su conjunto), que originalmente denominaron "*move analysis*" y luego "*structural move analysis*" (ahora conocido en español como "movimiento retórico"), que es una manera técnica de diseccionar un texto y clasificarlo en partes, como una planta o un animal, y que puede aplicarse con éxito a la redacción de la sección de D&C.

Este tipo de análisis de las partes de un escrito académico, como señala Bunton (2005), "se ha enfocado más a los artículos científicos que a trabajos más extensos, como las tesis y las disertaciones".

Rasmeenin, citado por Salmani y Khakbaz (2011), en su investigación de tesis sobre el movimiento estructural de la sección de discusión de algunas tesis de maestría en artes, es uno de los primeros en señalar que para escribir la sección de D&C surgen:

> *"diferentes clases de preguntas [que] requieren que los tesistas se enfoquen en diferentes partes de la investigación, como [1] la sección de resultados, [2] la sección de métodos o [3] la sección revisión de literatura, a fin de responder a las preguntas".*

Para las tesis y disertaciones la idea no está aún muy desarrollada, pero yo las imagino como una especie de mini esquemas o plantillas de escritura para que los tesistas de cualquier disciplina, desde las ciencias a las artes, tengan puntos de referencia para reflexionar sobre su trabajo de investigación de tesis, y para que puedan redactar a conciencia, con mayor claridad, sentido y de mejor forma la sección de D&C.

En concreto, los diferentes apartados de la tesis tienen un papel relevante en la elaboración de la última sección de la misma, que es la D&C, y su rol está en función del tipo de interrogantes que proponga el tesista. Pero, ¿cómo pasa eso? ¿Cómo se entrecruza la información para construir ese final de tesis? Las formas identificables para hacerlo es lo que yo denomino *"tácticas de escritura de la discusión y la conclusión"*.

Estrategia y tácticas de escritura de la discusión y la conclusión

La preparación de la estrategia y de las tácticas de escritura de la discusión y de la conclusión de una investigación de tesis, gira necesariamente en torno a los resultados obtenidos en dicha investigación. Para llevar a cabo esa tarea existen varios procedimientos sencillos o tácticas que obedecen a una estrategia general.

Pero, antes de ir a la estrategia, veamos primero ¿qué son esas tácticas? Son una serie de técnicas de escritura que el tesista puede emplear a su criterio, según sus necesidades, para redactar la sección de discusión y conclusión.

¿De dónde surgen?

Parten de un esquema estratégico que requiere que el estudiante reexamine lo que ya tiene escrito de la tesis, desde la introducción a los resultados, referencias importantes, declaraciones de expertos en el tema, reflexiones hechas durante la investigación y conservadas en apuntes o grabaciones, etc.

Este esquema estratégico consiste en la identificación de los puntos clave presentes en las diferentes secciones de la tesis o en fuentes de información utilizadas, en la selección de los puntos identificados que tengan mayor interés, en el análisis de esa información a la luz de los datos que están en la sección de resultados de la investigación, en la correlación y comparación de contenidos relevantes, y en la conexión de todos esos puntos y los resultados para deducir una o varias ideas sobre el propósito inicial de la tesis.

En resumen, la estrategia general para analizar la tesis con el propósito de elaborar la sección de D&C, consiste en los siguientes pasos:

1. Identificación de puntos clave de la investigación
2. Selección de los puntos importantes
3. Análisis de cada uno de los puntos seleccionados
4. Correlación y comparación entre datos
5. Discusión
6. Conexión e inferencia
7. Conclusión

Cada tesis, independientemente del tema y de la disciplina investigada, requiere su propia estrategia, pues es la que dará luz sobre la táctica que más se adecua a la sección de D&C que debe llevar.

Por otro lado, saber cuáles son y conocer los rasgos de algunas de las tácticas para escribir la sección de D&C, facilitará al tesista establecer un plan para su elaboración. Es decir, le allanará el camino para que pueda emprender una reflexión dirigida y le evitará estar dando palos de ciego sin tener certeza de lo que quiere hacer ni a donde llegar. También, el manejo de este tipo de tácticas le ahorrará tiempo.

Tácticas identificadas en la redacción de la discusión y la conclusión de tesis

> *Ginger Rogers dijo de su relación como pareja de baile de Fred Astaire, que ella hacía todo lo que él hacía, sólo que hacia atrás y con tacones. Me gusta considerar a Fred como la introducción del libro y a Ginger como la conclusión.*
>
> William Germano (Astorga, 2009)

Conocer la estructura de la tesis, sus partes y la manera en que se articulan entre sí, y captar la interconexión que como sistema guardan esas partes con el todo, es fundamental para identificar los componentes que mejor embonan para componer la sección de discusión y conclusión más idónea a los propósitos del investigador.

A continuación mencionaré diferentes tácticas que entre líneas de numerosas tesis de posgrado revisadas, identifiqué en sus secciones de discusión y conclusión.

- **Táctica 1**. Es la táctica más comúnmente utilizada para preparar la sección de discusión y conclusión. Se basa exclusivamente en el análisis de los resultados (R) y reflexión acerca de su significado. También es la táctica más práctica y rápida de realizar.

La táctica número 1 se encuentra presente en la mayoría de las disciplinas.

Esta táctica se puede formular del siguiente modo: **T1 = R**

Opcionales:

Puede incluir una síntesis de los resultados. Puede agregar tablas y/o figuras.

Puede incluir recomendaciones y/o criterios para una investigación futura sobre el tema.

Puede mencionar implicaciones y/o limitaciones de la investigación.

- **Táctica 2**. Algunos estudiantes enfocan la discusión de sus resultados teniendo también en cuenta a los antecedentes (A) del proyecto.

  Los antecedentes, como mencioné en la sección de cómo escribir la introducción de la tesis, "consisten en aquella información que específicamente trata del tema o del problema que se ha estudiado". Así, con esta única referencia más los resultados del estudio proceden a discutir sus hallazgos y llegar a una conclusión.

  Este tipo de discusión y conclusión se presenta en tesis descriptivas.

  Esta táctica se puede formular del siguiente modo:
  T2 = R + A

Opcionales:

Puede incluir una síntesis de los resultados. No agrega tablas ni figuras.

Puede incluir recomendaciones y/o criterios para una investigación futura sobre el tema.

Puede mencionar implicaciones y/o limitaciones de la investigación.

- **Táctica 3**. Otros estudiantes abren la discusión en un contexto más amplio y razonan sus resultados teniendo como caja de resonancia su revisión de literatura (RL).

    Como en la revisión de literatura se llevó a cabo un análisis y un registro de aquellos problemas similares a los del tema que se investigó, el tesista el tesista contrasta sus resultados con los hallazgos de los autores examinados en aquella sección, y de esta forma desarrolla su discusión y aterriza la conclusión.

    Este tipo de discusión y conclusión se presenta en tesis experimentales.

    Esta táctica se puede formular del siguiente modo:
    T3 = R + RL

    Opcionales:

    Puede incluir una síntesis de los resultados. No agrega tablas ni figuras.

    Puede incluir recomendaciones y/o criterios para una investigación futura sobre el tema.

Puede mencionar implicaciones y/o limitaciones de la investigación.

- **Táctica 4**. Otro grupo de estudiantes discute sus resultados tomando en cuenta los antecedentes (lo particular) y la revisión de literatura (lo general).

    En este caso son tres los aspectos que analiza el estudiante: la problemática micro que está en los antecedentes, la problemática macro que está en la revisión de literatura, y los resultados obtenidos. Con esta información el estudiante procede con su auto-debate.

    Por ejemplo, este tipo de discusión y conclusión se presenta en tesis exploratorias.

    Esta táctica se puede formular del siguiente modo:
    T4 = R + A + RL

    Opcionales:

    Puede incluir una síntesis de los resultados. No agrega tablas ni figuras.

    Puede incluir recomendaciones y/o criterios para una investigación futura sobre el tema.
    Puede mencionar implicaciones y/o limitaciones de la investigación.

- **Táctica 5**. La emplean quienes discuten sus resultados en relación a la metodología y al historial de la misma.

    Esta táctica se puede formular del siguiente modo:
    T5 = R + M

Opcionales:

Puede incluir una síntesis de los resultados. No agrega tablas ni figuras.

Puede incluir recomendaciones y/o criterios para una investigación futura sobre el tema.

Puede mencionar implicaciones y/o limitaciones de la investigación.

- **Táctica 6**. Utilizada por aquellos estudiantes que discuten sus resultados, lo métodos utilizados y la revisión de literatura.

    En esta clase de investigación se evalúan los resultados y discuten en función a la literatura citada. Asimismo, el o los métodos empleados en el estudio se examinan tomando como base otros métodos y los resultados que esos obtuvieron.

    Esta táctica se puede formular del siguiente modo:
    $T6 = R + M + RL$

    Opcionales:

    Puede incluir una síntesis de los resultados. No agrega tablas ni figuras.

    Puede incluir recomendaciones y/o criterios para una investigación futura sobre el tema.

    Puede mencionar implicaciones y/o limitaciones de la investigación.

- **Táctica 7**. También hay quien discute los resultados en una auto-conversación (AC), a partir de la experiencia (E) y/o vivencias (V) ganadas en un período determinado y/o durante el tiempo que duró la investigación.

    Aquí, el estudiante entabla un diálogo consigo mismo en relación al tema investigado, a su crecimiento experiencial durante el tiempo dedicado a este estudio, y a los resultados obtenidos.

    Este tipo de discusión y conclusión se presenta en tesis autoetnográficas y autobiográficas.

    Esta táctica se puede formular del siguiente modo:
    T7 = R + AC + E + V

    Opcional:

    Puede incluir recomendaciones y/o criterios para una investigación futura sobre el tema.
    Puede mencionar implicaciones y/o limitaciones de la investigación.

Entre otras variantes tácticas que encontramos, tenemos, por ejemplo:

- **Táctica 8**. En el contexto de la investigación desarrollada, se redacta un ensayo (EY) como discusión y conclusión de la tesis.

    Algunos preparan un ensayo en toda forma como discusión y conclusión, en cuyo manejo de ideas toma materiales de la propia tesis y nuevos materiales recién descubiertos.

    Por ejemplo, esta clase de discusión y conclusión se presenta en tesis de tipo histórico, filosófico y social.

Esta táctica se puede formular del siguiente modo:
T8 = EY

Opcional:

Puede incluir recomendaciones en referencia al tema.

- **Táctica 9**. A algunas tesis basadas en artículos de investigación (ArIn) se les añade un capítulo (CP) que contiene la D&C. Este mismo esquema se repite en tesis cuyo esquema es de capítulos.

  En tesis basadas en artículos de investigación, algunos estudiantes escriben y publican sus artículos, como el caso de Carl Sagan visto con anterioridad. Esos artículos cumplen con los requisitos de formato y calidad que marcan los journals. Después de publicarse o cuando ya están aceptados para su publicación, esos artículos se compendian en una memoria que es la tesis.

  Hay estudiantes que hacen el compendio de sus artículos y ya no les agregan nada, pues consideran que es suficiente con que los artículos individuales cuenten con su propia discusión y conclusión.

  Pero otros estudiantes agregan al conjunto de artículos un capítulo donde se discute y se concluye el trabajo integral de tesis. Así, enriquecen el documento final

  Esta táctica se puede formular del siguiente modo:
  T9 = ArIn + CP

  Opcionales:

  Puede incluir una síntesis de los resultados de los artículos. No agrega tablas ni figuras.

Puede incluir recomendaciones y/o criterios para una investigación futura sobre el tema.

Puede mencionar implicaciones y/o limitaciones de la investigación.

Asimismo, entre las varias formas de escribir la sección de D&C, que no son propiamente tácticas sugeridas para desarrollar una sección de D&C de valor pero que conviene conocerlas, también se ha observado en algunas tesis que:

a. No hay discusión ni conclusión. Se presentan factores limitantes. Se hacen comentarios sobre la investigación en general, mencionando los problemas metodológicos o técnicos o económicos o ambientales o sociales que enfrentaron y que limitaron su esfuerzo.
b. No hay discusión, únicamente se presenta un listado de supuestas conclusiones; pero, cabe la pregunta, ¿puede haber conclusión sin discusión?
c. No hay discusión ni conclusión. Se presenta una reseña de la investigación.
d. También existen numerosas tesis sin discusión ni conclusión ni complemento alguno. Como es el caso de las tesis elaboradas en base al agrupamiento de poesías o de cuentos, o formadas por una novela o notas musicales de una composición.

De ninguna forma quiero decir, con lo visto hasta ahora, que las tácticas para escribir la sección de D&C están agotadas. Pero sí que, como puede advertirse, como si se tratara de un cubo de Rubik, las tácticas pueden manejarse de incontables maneras según las opciones que se incorporen o no a la tesis.

Otro elemento estratégico–táctico que algunos investigadores incluyen después de la sección de discusión y conclusión de la tesis, es uno conocido como '*postscript*', abreviatura de post *scriptum*, que Moliner (op.cit.) define como "expresión latina que se usa con el mismo significado que *posdata*", o sea, "lo que se añade a una carta después de terminada y firmada (ídem). Que es ese mensaje que olvidamos poner sobre el papel al momento de terminar de escribir a mano la carta, o alguna noticia de la cual nos enteramos a último momento, poco antes de cerrar el sobre, y que consideramos que debe saberlo la persona a quien va dirigida la misiva; así las cosas, acabamos por garabatear el dato al final de la hoja.

Este elemento, para decirlo de alguna manera, es un oportunista. Prácticamente ningún manual sobre cómo escribir la tesis lo incluye en su listado de cosas que tiene que redactar el tesista; ningún profesor lo pide; pocos estudiantes lo conocen; y, en concreto, no está peleado con el documento y puede incorporársele al mismo atendiendo a una necesidad razonablemente lógica.

Por lo mencionado en el párrafo anterior, el postscript es una estrategia a la que muy raramente recurre el estudiante para agregar algún nuevo dato o información relevante que se publicó después de que hubo terminado la investigación de la tesis o la redacción del reporte, o para plasmar el iluminador ¡Eureka, lo tengo! de último momento.

El postscript es una táctica que puede manejarse como un ensayo que, sin que haya la necesidad de replantear o reescribir partes de la tesis con los nuevos datos, servirá para redondear la discusión y la conclusión. Para algunos estudiantes esta táctica, manejada estratégicamente, puede ser un as bajo la manga, un comodín. En esencia, el postscript sumará un plus a la tesis.

Tácticas para escribir la sección de discusión y conclusión

Ejemplos de tácticas en las tesis

Se consultaron variedades de tesis para ejemplificar las tácticas arriba mencionadas. En seguida veremos varios ejemplos que ilustran cómo fueron aplicadas dichas tácticas en la elaboración de la sección de discusión y conclusión de las tesis.

El ejemplo para la **táctica 1** es una disertación doctoral sobre la sección de discusión en artículos científicos. El ejemplo de la **táctica 2** se refiere a los procesos de globalización como impulsores del cambio ambiental local, tomando como punto de prueba a la industria maquiladora y sus efectos sobre el ambiente local de una región. La **táctica 3** se ejemplifica con un estudio sobre la honestidad académica y el plagio. El caso de la **táctica 4** es el de una tesis que trata de los zoológicos como entorno experimental. La **táctica 5** se ejemplifica con una tesis que versa sobre el llamado 'estado de flujo' en un grupo de escritores creativos y su impacto en la producción escritural. La **táctica 6** se examina con una tesis sobre el marketing de minoristas en Alemania y su éxito operacional. La tesis utilizada para mostrar cómo se aplica la **táctica** 7 consiste en una investigación autoetnográfica realizada por un chino nacido en la República Popular de China en la época de Mao Tse Tung, que emigró a los Estados Unidos, y que adoptó una serie de estrategias para sobrevivir y salir adelante. El caso que ilustra la **táctica 8** es una investigación sobre Mendeleiev, el científico que creó la tabla periódica de los elementos químicos, y su papel en el desarrollo de la industria del petróleo rusa de los siglos XIX y XX. Para describir la **táctica 9** se utiliza de ejemplo una investigación de tesis sobre la bioamplificación de contaminantes o compuestos orgánicos persistentes en la naturaleza viviente.

Ejemplo de táctica 1 = R

Referente: **Resultados**

Dobakhti, en su disertación "*The discussion section of research articles in applied linguistics. Generic structure and stance features"* (2011), analiza la sección de discusión de artículos científicos, tanto cualitativos como cualitativos, en el campo de la lingüística aplicada.

Es una tesis basada en el esquema IMRYD, y contiene las siguientes secciones:

- Introducción
- Revisión de literatura
- Diseño y metodología
- Estructura de la sección de discusión en artículos cualitativos
- Estructura de la sección de discusión en artículos cuantitativos
- Comparación de las estructuras de discusión
- Características de la discusión en los artículos cualitativos y cuantitativos
- Conclusión

El eje por el cual se rige la discusión son los resultados. La autora subdividió la sección en 8 subsecciones, que son las siguientes:

1. Introducción al capítulo. Se describe lo que contiene el resto del capítulo.
2. Resumen de la investigación. Descripción del estudio.
3. Resumen de los resultados. Sintetiza los principales hallazgos.
4. Vistazo general de los resultados. Discute el significado de los hallazgos.
5. Implicaciones del estudio. Discute las consecuencias de la investigación.
6. Limitaciones del estudio y futura investigación. Comenta las limitantes que tuvo el estudio y hace sugerencias sobre nuevos enfoques de investigación.
7. Resumen del capítulo.

Resumen del ejemplo Táctica 1

El capítulo de conclusión es muy amplio, consta de 20 páginas. Además, la subsección 3 contiene listas y tablas. Paradójicamente, sobre todo porque el tema de la investigación es la sección de discusión de los artículos científicos, el último capítulo de la tesis se denomina "conclusión".

La autora basa su discusión y conclusión en los (R) resultados, e incorpora las tres opciones que muestra la Táctica 1.

Ejemplo de Táctica 2 = R + A

Referentes: **Resultados + Antecedentes**

La disertación doctoral "*Environmental dependency: Maquiladoras as drivers of land use and land cover change in Chihuahua, Mexico*", Currit (2003), consiste en una investigación sobre la influencia de la globalización a nivel local. El autor toma como caso a la industria maquiladora, que se trata de empresas extranjeras, que al asentarse en diferentes lugares inducen cambios ambientales que, a su vez, produce efectos sociales, políticos, económicos, sanitarios y ambientales, en tanto que las políticas empresariales de esas maquiladoras son dictadas desde sus países de origen.

Para la presentación de su investigación el autor utilizó el esquema de tesis en capítulos.
En la sección de discusión y conclusión se observa el uso de la táctica 2. El autor reseña la tesis y menciona de nuevo la justificación de la tesis. Revisa los resultados y repasa los antecedentes del sitio de estudio. Describe los límites del estudio y hace recomendaciones para futuras investigaciones.

Resumen de la Táctica 2

El autor elabora la discusión y conclusión en los (R) resultados y los (A) antecedentes. Agrega dos opciones, una sobre los límites del estudio y otra sobre investigaciones que se pueden realizar sobre el tema y el área.

Ejemplo de Táctica 3 = R + RL

Referentes: **Resultados** + **Revisión de Literatura**

England, en su tesis doctoral "*Teaching about plagiarism and referencing: Theory and practice*" (2004), reporta una investigación sobre un grupo de maestros de escritura académica. La autora analiza la forma en que los instructores abordan el tema del plagio, cómo lo tratan, y qué estrategias para referenciar los trabajos de otros autores enseñan en sus clases. Asimismo, expone de qué manera concientizan a los estudiantes sobre el plagio y cómo promueven el uso honesto de los materiales.

En la redacción de su tesis England aplicó el esquema IMRYD de la siguiente forma:

- Introducción
- Revisión de literatura
- Metodología
- Análisis de datos
- Conclusiones y recomendaciones

En la sección de conclusiones y recomendaciones la autora se vale de los resultados de su estudio, de las respuestas y comentarios de los maestros con los que trabajó, y de la literatura revisada, para discutir y denotar las implicaciones de la enseñanza del arte de referenciar, y sugerir nuevas rutas de investigación.

Resumen de la Táctica 3

En esta tesis se identifica con claridad la táctica empleada por la autora para desarrollar su discusión y llegar a una conclusión. Con sus resultados (R) y con la literatura revisada (LR) debatió alrededor de la idea central de la tesis. Entre las opciones incluyó la de implicaciones y recomendaciones para futuros estudios.

Ejemplo de Táctica 4 = R + A + RL

Referentes: **Resultados + Antecedentes + Revisión de Literatura**

La tesis doctoral de Tuten, "*Zoos as experiment environments: Biology of larval and adult mosquitoes (Diptera: Culicidae)*" (2011), trata de cómo un ambiente artificial cerrado, que contiene microsistemas ecológicos de diversas características naturales, donde se mantienen recluidos animales salvajes y que permanentemente es visitado por personas de todas las edades, sirve de hábitat a 16 especies de mosquitos.

Identifica los ciclos de vida y criaderos de los mosquitos; la estructura de la armadura pilórica de varias especies de mosquitos; la alimentación cruzada al tomar sangre de animales salvajes, animales domésticos y seres humanos; los riesgos que conlleva este constante intercambio de fuentes alimentarias. También, la autora investiga la transmisión del denominado 'gusano del corazón' (*Dirofilaria immitis*), transmitida por algunas especies de mosquitos y que afecta a varias especies de animales, principalmente a cánidos, y que en el humano puede causar serios daños, incluida la muerte a mediano plazo. El esquema de la tesis utilizado fue el de capítulos:

- Introducción
- Revisión de literatura
- Características del hábitat de larvas de mosquitos en zoológicos de Carolina del Sur
- Huéspedes de mosquitos en zoológicos de Carolina del Sur
- Armadura pilórica de mosquitos
- Conclusión

En el capítulo de conclusión, la autora se centra en la biología y ecología de los mosquitos y analiza las condiciones óptimas de alimentación, cría y desarrollo. Encuentra favorable el estudio de las diferentes especies de mosquitos por estar virtualmente atados al medio ambiente artificial, lo que permite conocer las varias fuentes de alimentación en su menú, las fases de metabolización de la sangre ingerida y la duración de dicha metabolización.

En referencia a la transmisión de enfermedades, y basándose en literatura revisada, compara sus datos entomológicos y epidemiológicos con los hallados en otros zoológicos. Encuentra que algunas técnicas de control ambientalmente amigables, como las denominadas "mosquito resting boxes", que son trampas pegajosas, no le funcionaron a ella porque, supone, el zoológico proporciona a los mosquitos mejores lugares de descanso que las cajas. También recomienda que antes de que los zoológicos emprendan obras de cualquier índole basadas en información proveniente de fuentes externas, primero hagan sus propios estudios, pues, como lo muestra su investigación, lo que pasa en otros zoos no necesariamente ocurre ahí.

Al final de esta sección incluye un "resumen público", que es una advertencia a la comunidad, informando sobre los riesgos que representa para la comunidad un zoológico en la vecindad y cuáles son esos riesgos. Igualmente, establece que la conducta de las especies de mosquitos ahí encontradas no difiere en nada a la de los que viven en ambientes naturales.

Resumen de la táctica 4

Esta táctica es enriquecedora porque quien la emplea hace confluir, a partir de la experiencia ganada a lo largo de su investigación, la información local (antecedentes) con la regional o global del tema (literatura revisada), en función de los resultados obtenidos.

Entre las opciones, Tuten proporciona recomendaciones a los

administradores de los zoológicos. Además, agrega una especie de manifiesto público que llama "Sumario público", dirigido a la comunidad.

Ejemplo de Táctica 5 = R + M

Referentes: **Resultados** + **Métodos**

Perry, en su tesis doctoral "*When time stops: How creative writers experience entry into the flow state*" (1996), se aboca a descubrir cómo los escritores creativos experimentan y viven el cambio desde la realidad ordinaria a un estado alterado o 'estado de flujo".

Basándose en la *teoría del estado de flujo* que desarrolló Csikszentmihalyi, que afirma que consiste en un estado mental que se presenta "cuando el individuo queda totalmente absorto al desempeñar una actividad, lo que hace que su sentido del tiempo y su autoconciencia se alteren" dando como resultado una concentración absoluta, Perry estudió los hábitos de trabajo de 62 escritores y poetas: 36 hombres y 26 mujeres, para indagar sobre sus experiencias con respecto al estado de flujo y conocer cómo se manifiesta en esta clase de creadores.

Las técnicas de acercamiento con los autores fueron (a) entrevistas cara a cara, con 33 de ellos, y (b) preguntas escritas, con los 29 restantes.

A partir de la *teoría del flujo* Perry estableció una serie de preguntas y mecanismos de aplicación de las mismas, lo que conformó su método de investigación.

El formato de la tesis es de capítulos en secciones. Contiene 16 capítulos en 5 secciones. La distribución del contenido es como sigue:

- Parte I: Antecedentes

- 3 capítulos
- Parte II: Cómo los escritores creativos experimentan el flujo
  - 3 capítulos
- Parte III: Las claves principales para fluir en la escritura
  - 5 capítulos
- Parte IV: Haciendo que el flujo ocurra
  - 4 capítulos
- Parte V: Reflexiones finales
  - 1 capítulo

La investigación se mueve entre el concepto del estado de flujo y los hábitos de trabajo y experiencias de los escritores y poetas. El método (M) y los resultados (R) están en consonancia a lo largo de la tesis. Aunque el estado de flujo es una experiencia subjetiva, el estudio de Perry parece confirmar su existencia.

Resumen de la táctica 5

En el caso de la tesis de Perry, la teoría del flujo de Csikszentmihalyi es el hilo conductor de la investigación. De sus supuestos se desprende la metodología que aplicó para estudiar los hábitos creativos de los escritores y poetas. Encontró que, aunque cualquier persona puede entrar en un estado de flujo, esto no significa que orienten esa disposición psicológica a crear. Pero si le fue evidente que cuando una persona creativa entra en un estado de flujo, el tiempo parece detenérsele y el trabajo que lo absorbe le produce la sensación de que hizo algo bien.

Perry también recurrió a dos de las opciones, a las limitantes que ofrece el estudio y a proporcionar posibles temas de investigación futura.

Ejemplo de Táctica 6 = R + RL + M

Referentes: **Resultados + Revisión de Literatura + Métodos**

Neumann, en su investigación doctoral "*Marketing methods German businesses utilize: A correlation study comparing methods to revenue generation*" (2011), se planteó como objetivo determinar si había alguna relación entre los métodos de mercadeo reportados por los minoristas de Alemania Oriental y Occidental (en época posterior a la caída del muro de Berlín y la unificación de las dos Alemanias), y el éxito operacional de dichos negocios medidos con los ingresos auto-reportados.

Los principales métodos de marketing utilizados en la zona de la antigua Alemania Oriental fueron: (a) sitios web, (b) anuncios en periódicos, y (c) vendedores. En la zona de la Alemania Occidental los métodos de mercadeo fueron (a) cupones, (b) mensajes basados en la calidad de los productos, y (c) anuncios en televisión.

Para cumplir con el propósito del estudio, y después de haber hecho una amplia revisión de literatura sobre el método, la autora desarrolló un método ad hoc al que llamó: *Small Retail Business Leader Survey* (SRBLS). Luego, para estimar las diferencias, llevó a cabo un estudio correlacional por el que demostró que los métodos de mercadeo tienen distintos impactos sobre los ingresos de los negocios.

El esquema de la tesis de Neumann es el clásico IMRYD. Lo divide en 5 capítulos:

- Introducción
- Revisión de literatura
- Métodos de investigación
- Presentación y análisis de datos
- Conclusiones y recomendaciones

En la sección de discusión y conclusión, para hacer el análisis discursivo de los métodos de mercadeo, la autora parte del perfil del consumidor alemán que tiene conciencia por las marcas de los productos, que es perfeccionista, que súper escoge los artículos de consumo, que no es impulsivo, que tiene conciencia de las novedades de la moda, de la calidad del producto, y de la responsabilidad social de las compañías. No obstante, encuentra diferencias en los patrones de consumo entre los residentes de lo que fue Alemania Oriental y Occidental, y en como esas diferencias marcan las decisiones a la hora de comprar así como la respuesta de marketing de los minoristas.

A través del método desarrollado para esta investigación y de la revisión de literatura para el análisis de otros métodos, Neumann encontró que los métodos de marketing sí tienen un efecto en el éxito operacional de los negocios minoristas y en sus ingresos.

Resumen de la táctica 6

La tesis gira en torno al estudio de una serie de métodos (a su evaluación a través de la literatura citada), al método creado por la autora, y a los resultados obtenidos. Este tipo de investigaciones de tesis es común en las ciencias biomédicas, ecológicas, biológicas, bioquímicas, farmacológicas, administrativas, tecnológicas, y otras más.

Entre los aspectos opcionales la autora incluyó limitantes, implicaciones, y recomendaciones para futuras investigaciones.

Ejemplo de Táctica 7 = R + AC + E + V

Referentes: **Resultados** + **Auto Conversación** + **Experiencia** + **Vivencias**

La tesis doctoral de Pong, "*Journey of a thousand miles leading to an acculturated self: The autoethnography of a Chinese American immigrant*" (2012), es una investigación autoetnográfica orientada a describir la experiencia de vida del autor como migrante; desde su vida en la República Popular de China, el viaje, las desventuras (discriminación, crisis de identidad, carencias, sufrimientos, etc.) y venturas (escuela, relaciones, trabajo, etc.)

en los Estados Unidos, y cómo la singularidad de la cultura china que les permitió (a su familia y a él) sobrevivir en una sociedad occidentalizada.

La tesis está en capítulos y sigue el esquema clásico del IMRYD, presentándola de la siguiente forma:

- Capítulo 1. Introducción
  In the Beginning: Let There Be an Autoethnographic Solution

- Capítulo 2. Revision de Literatura
  Views of Chinese Americans through Historical and Sociological Lenses

- Capítulo 3. Metodología
  Autoethnography as Method

- Capítulo 4. Resultados
  My World Turns With or Without My Consent: The Presentation and Analyses of Field Data

- Capítulo 5. Discusión y Conclusión
  Final Reflections on Autoethnography – a Conclusion without Ending

Los resultados de la tesis de Pong residen en la recapitulación de su vida como migrante, desde la niñez hasta la edad adulta, período de tiempo que abarca desde finales de la década de los 40's del siglo XX hasta el momento en que escribió la tesis. El método que empleó para recabar y ordenar la información y para analizarla fue el etnográfico, y lo hizo teniendo como marco de sus reflexiones a la cultura china, al ambiente político de su país por el cual migró la familia, antecedentes conocidos de otros chinos migrantes, y a las vivencias de sus padres y hermanos durante su reinserción en la sociedad estadounidense.

En el capítulo de discusión y conclusión, Pong habla de cómo a los 58 años de edad, después de sobrevivir un ataque cardíaco y de repasar su vida mientras convalecía, decidió inscribirse al doctorado en educación de su elección. Esto, aunado al desarraigo forzado de su familia, que literalmente se trasplantó de una tierra y una cultura a otras totalmente diferentes y opuestas, le hizo considerar que tal historia, desde la perspectiva antropológica, sería el tema de su disertación.

Es así como Pong conversa consigo mismo de principio a fin, y devana la historia personal y familiar, sus experiencias y vivencias. Sin embargo, como confiesa, "el proceso de escritura de esta autoetnografía no fue suave, ni simple, ni lineal como en un principio imaginé". No era asunto fácil establecer cómo se auto representaría, pues esa figura determinaría el desarrollo de la auto-investigación. Escrutando en su memoria y apoyándose en viejas fotografías tuvo que interrogar a sus padres muertos, derivando de esos recuerdos conceptos que le permitirían entender mejor su propia vida.

Resumen de la táctica 7

El autoestudio de Pong es consistente desde el punto de vista del contexto cultural del que emerge. Cuenta con una muy amplia lista de literatura consultada (182 referencias). La metodología que aplicó se describe muy cuidadosamente en el capítulo correspondiente. Los resultados se presentan como narraciones o viñetas, y están subdivididos en 15 viñetas autoetnográficas; 14 constituyen el capítulo de resultados y una forma parte de la sección de discusión y conclusión.

Entre cuanto a los aspectos opcionales observa dos: (a) límites e (b) implicaciones del estudio. El que trata de los límites de la investigación lo describe en el capítulo primero, y el de las implicaciones de la investigación en el último capítulo.

Ejemplo de Táctica 8 = EY

Referente: **Ensayo**

La tesis doctoral de Butorac, "*From the other oil field. Mendeleev, the West and the Russian oil industry*" (2001), es una investigación histórica sobre las actividades que desempeñó el químico ruso Mendeleiev para la industria química rusa del siglo XIX, y sus viajes de estudio a regiones petroleras como los Estados Unidos o el Cáucaso. Para averiguar cuál fue el rol de Mendeleiev en este asunto y su apertura hacia la industria del petróleo y el capital de Occidente, Butorac analizó material publicado (libros y artículos) y documentos de archivo inéditos (cartas, diarios, reportes) relacionados con sus diferentes viajes, que comprenden los años 1863, 1867, 1880 y 1886.

El esquema utilizado en la tesis es de capítulos (seis), con un apartado introductorio al principio, y una conclusión y epílogo al final.

La sección de discusión y conclusión está representada por los apartados de conclusión y epílogo de la tesis. La conclusión es un ensayo de 10 páginas que discute la presunta posición de Mendeleiev frente a la industria petrolera y el capital de Occidente, así como el desarrollo de la industria petrolera en Rusia; su relación con notables personalidades de dentro y fuera de Rusia; y su protagonismo dentro del sector industrial del gobierno ruso. El epílogo, que también es un ensayo, se centra en el Mendeleiev profesor universitario, el Mendeleiev científico famoso, el Mendeleiev escritor de libros de texto, y el Mendeleiev al final de su carrera al servicio de su país.

Resumen de la Táctica 8

Lo que el autor presenta como conclusión es claramente una discusión que está redactada como un ensayo. El epílogo, que también está elaborado como un ensayo, es la conclusión de la tesis.

Ejemplo de Táctica 9 = ArIn + CP

Referentes: **Artículo de Investigación + Capítulo**

La disertación de Daley, "*Bioamplification as a bioaccumulation mechanism*" (2012), trata de una investigación toxicológica y de salud ambiental en entornos naturales, en referencia a los contaminantes orgánicos resistentes a la degradación ambiental (persistent organic pollutants, POP) y sus efectos en la vida silvestre. El objetivo de la tesis fue el de "caracterizar la bioamplificación como un proceso general de la bioacumulación que se añade a los mecanismos de bioconcentración y biomagnificación de la exposición química".

Mediante estudios empíricos en tres diferentes modelos animales, Daley validó la idea sobre la bioamplificación. Específicamente, el concepto fue validado en insectos neonatos, embriones de peces dentro del cascarón, y en juveniles de peces. El estudio fue complementado con una revisión de literatura sobre pruebas similares y contrastación de datos.

El esquema de la tesis es de artículos de investigación (AI) + capítulos (C). La estructura es la siguiente:

- Capítulo 1. Introduction
- Capítulo2. Aquatic to terrestrial transfer of sediment associated persistent organic pollutants is enhanced by bioamplification processes
- Capítulo 3. Evidence for bioamplification of nine polychlorinated biphenyl (PCB)congeners in yellow perch (Perca flavascens) eggs during incubation
- Capítulo 4. Bioamplification and the selective depletion of persistent organic pollutants in Chinook salmon larvae
- Capítulo 5. Bioamplification as a non-steady state bioaccumulation mechanism forpersistent organic pollutants (POPs) in wildlife

- Capítulo 6. The effect of food provisioning on persistent organic pollutant bioamplification in Chinook salmon larvae
- Capítulo 7. General discussion

Los cinco artículos de la tesis están estrictamente apegados al formato IMRYD.

En el capítulo de discusión se debaten los resultados de la investigación general así se haya publicado en varios artículos, y a pesar de que cada artículo lleve su propia discusión. En concreto, la autora destaca que el concepto de 'bioamplficación' puede aplicarse a diferentes especies animales, tanto a invertebrados como a vertebrados superiores. Asimismo, asevera que su trabajo representa "el primer intento de compilar y caracterizar la bioamplificación como un proceso general de bioacumulación en organismos heterotróficos".

Resumen de la Táctica 9

La forma en como Daley presenta su disertación desde la primera página es muy sui géneris, pues la anuncia como un trabajo de coautoría. Las tesis de artículos de investigación publicados o en proceso de publicarse, como la que se discute, normalmente muestran en los créditos los nombres de los investigadores que colaboraron en algún aspecto del estudio, pero no al límite de que la estudiante de posgrado tenga que incluir una declaración para hacer constar que es la autora del escrito, y responsable de la investigación realizada cuyo reporte o tesis se presenta.

Cuestiones a tener en cuenta al escribir la sección de discusión y conclusión

Una tesis representa todo lo que se ha pensado sobre un tema más tu muy pequeño nuevo pensamiento.

William Germano

En la sección de discusión y conclusión es donde el estudiante puede destacar lo valioso de su investigación, lo que su trabajo está aportando y lo que significa en el contexto del tema estudiado. Los resultados únicamente dan cuenta de lo que se encontró, son datos que cada cual puede interpretar según su conocimiento, experiencia y juicio. Con la discusión el investigador tiene la oportunidad de establecer su punto de vista, una opinión autorizada basada en la destreza adquirida a lo largo de los años de estudio y entrenamiento en el laboratorio o campo.

Ahora bien, como te has dado cuenta cada sección tiene un propósito específico en el cuerpo de la tesis y un modo de escribirse.

Una forma de hacerlo es dando unos pasos atrás en la tesis para refrescar lo que se plasmó en los antecedentes y en la revisión de literatura, que son las secciones que contienen la mayor parte de las referencias sobre los artículos científicos y demás documentos utilizados en la construcción del proyecto de investigación de tesis, y que en su momento sirvieron para justificar su realización.

Permite también reflexionar sobre las razones que motivaron la selección del método utilizado en la investigación, su origen, su autor e intenciones al momento de crear ese procedimiento, y analizar la literatura que menciona a ese método y lo que piensan o han discutido los investigadores sobre el mismo.

Esta sección da la pauta para ahondar en las referencias y repasar algunas de las ideas que retroalimentaron el proyecto de tesis, las cuales constituyen el material que representa lo que dicen otros autores sobre el tema que se investigó en la tesis y sobre la metodología aplicada, "sirven para validar y dar credibilidad a los datos en el marco de la comunidad científica"

(Horn, 2001).

Luego, como una constante, los resultados generados por la investigación, los cuales el estudiante analiza, pule y presenta en la sección pertinente, por lógica consecuencia se convierten en la razón de los argumentos que necesita para validar y sostener el planteamiento general de su tesis.

La intención de la sección de D&C es que el estudiante sostenga una discusión ideal sobre sus hallazgos con los autores de los trabajos científicos o académicos que leyó, que le sirvieron de guía, que analizó críticamente, que anotó y comentó, y que exprimió para desarrollar su proyecto. Se trata de algo así como una práctica de esgrima, donde uno de los contrincantes es el tesista y el otro adversario, que tiene tantas cabezas como la hidra de Lerna, son todos los autores citados.

Existen una serie de mitos sobre lo que debe y no debe incluir esta sección, como por ejemplo muchos autores de libros de autoayuda y reglamentos universitarios estipulan que ni en la discusión ni en la conclusión deben añadir referencias ni figuras, ni tablas, ni gráficas, entre otros artefactos retóricos.

Sin embargo, en la revisión de tantas tesis y disertaciones que hice encontré numerosos precedentes, en trabajos de tesistas de universidades que gozan de prestigio mundial, que los estudiantes no atienden esos consejos; quizá porque no los conocen o no les importan, y manejan su información creativamente, ya sea agregando alguna referencia aquí o fotografía por allá, o una gráfica o tabla, para comunicar lo que quieren decir y de la forma en como lo desean hacer. Como ejemplo puedo citar el trabajo doctoral de John Craig Venter (1975), creador del Proyecto Genoma Humano, que en la discusión y conclusión de su disertación incluyó citas, figuras, fotos, estructuras químicas, y pies de página, sin que por ello se desvirtuara el propósito de su tesis.

Y quizá por esa libertad que tienen y que la hacen valer muchos de los estudiantes, algunos de ellos escriben más que meras tesis, escriben joyas académicas. Viendo el trabajo de esos jóvenes estudiantes de posgrado cabe recordar cómo fue que Vladimir Nabokov (1999) planteó su derecho a decir lo que se le antojaba decir y la manera en que quería decirlo, al explicar el manejo de su escritura cuando trabajaba en una de sus obras:

> *Soy un perfecto dictador dentro de este mundo privado, puesto que soy el único responsable de su estabilidad y verdad. Si lo reproduzco o no tan completa y fielmente como querría, es otra cuestión.*

CÓMO ESCRIBIR LOS ARTEFACTOS DE LA TESIS: FIGURAS Y TABLAS

> *Una buena ilustración puede ayudar al científico a ser escuchado cuando habla, y a ser leído cuando escribe. Puede favorecerle al compartir su información con otros científicos. Puede serle útil para convencer a las agencias otorgantes de subsidios para que financien su investigación. Puede reforzar su enseñanza. Y puede simplificar su mensaje al informar al público sobre el valor de su trabajo.*
>
> Mary Helen Briscoe
> *Preparing scientific presentations.* 1996

Las figuras y las tablas que se reproducen en los documentos científicos y académicos, llámense artículos de investigación o tesis universitarias o libros de texto, son artefactos de muy variada hechura y estructura que representan, respectivamente, dos cosas: (1) objetos materiales y/o conceptuales, y (2) conjuntos de datos. Estos artefactos, que son utilizados por los autores para darle mayor claridad al texto, son una ayuda visual que ilustra cosas cuando las palabras son insuficientes.

Así, de acuerdo a Antoinette Wilkinson, citada por Goldbort (2006), "en un artículo científico, cualquier representación visual que no sea una 'tabla' será llamada 'figura', la cual puede consistir en una ilustración o en varias".

Por lo anterior, bajo el concepto de (1) 'figuras' o ilustraciones caben las fotografías, retratos, dibujos, pinturas, mapas, bocetos, grabados, estampas, esquemas, gráficas, diagramas, mapas conceptuales, mapas mentales, infografías, y toda representación que ilustre cualquier aspecto que el autor pretenda esclarecer sobre cualquier tema. En cuanto a las (2) "tablas", estas son conglomerados de datos provenientes de estudios experimentales u observacionales que conlleven mediciones, o cualquier investigación que levante datos numéricos o asociaciones nominales, y que, según lo que se desee exponer, las tablas pueden elaborarse de manera simple o compleja.

Otro aspecto, para evitar confusiones, es que debe entenderse que las ecuaciones, fórmulas o enunciados no se consideran figuras ni tablas en el documento científico, sino textos. Una ecuación o una fórmula química son expresiones de lenguajes especializados de la física, la matemática, la lógica matemática, o la química.

Existen disciplinas, como la antropología, sobre la cual Margaret Mead dijo que "se convirtió en una ciencia de palabras", y que "las preguntas etnográficas que surgen dependen de palabras, palabras, y palabras", refiere en su tesis doctoral Rayala (1983). En consecuencia, continúa Rayala, "uno de los peligros inherentes es que los relatos descriptivos se sesguen por depender fuertemente de las técnicas de investigación lingüística". Y es que, en un mundo cada vez más visual, donde:

> *"En las ciencias físicas, los modelos y diagramas son ejemplos del uso de imágenes visuales que ayudan a los científicos a comprender y explicar fenómenos complejos de formas que no se satisfacen por completo mediante demostraciones verbales y numéricas. Como en las ciencias naturales, los dibujos y pinturas de aves, animales, plantas y otras formas silvestres han sido*

reconocidos desde hace tiempo como valiosas contribuciones de investigación. Y, del mismo modo, en las ciencias sociales, los dibujos y pinturas de poblaciones nativas en su entorno natural han demostrado ser invaluables documentos de investigación" (Rayala, op.cit.).

Y en el mismo tenor, en donde los estudios de arquitectura, arqueología, artes plásticas o diseño gráfico, estarían incompletos si no mostraran los objetos que investigan o de los que hablan, entonces, la sola palabra sin otro apoyo explicativo que la mera palabra, sin ayudas visuales para aclarar y reforzar las ideas y propuestas que se presenten, quedaría mermada.

Por ejemplo, las revistas de ciencia más importantes del mundo occidental, como son la inglesa *Nature* y la estadounidense *Science*, han incrementado el uso de imágenes en sus páginas durante los últimos años. Así que, prácticamente, ahora ya no publican artículos sin figuras y/o tablas. Luego, a partir de la aparición de sofisticados programas de software que permiten mejorar las ilustraciones, las imágenes a color, que antes estaban ausentes en esas revistas, ahora son parte integral de cada número (Ottino, 2003).

"Ahora los científicos cuentan con una gran cantidad de herramientas de imágenes que se aprovechan de diferentes maneras: fotografía infrarroja, microscopios electrónicos de barrido, escáneres de tomografía computarizada y más. Pero todavía hay un papel más para la ilustración al hacer visible lo invisible. ¿De qué otra manera podemos representar especies extintas como los dinosaurios?" (Issues in Science & Technology, 2014).
Con las nuevas plataformas electrónicas para la publicación de libros y tesis digitales, es posible agregarle nuevos artefactos visuales a los documentos, como videos que ilustren una cirugía, el proceso de un experimento, la conducta de animales, una exploración submarina, una caminata espacial, entre miles de cosas más; o añadirles artefactos interactivos para hacer

más comprensible un experimento, por ejemplo; o vincular vía online aspectos específicos de algún tema con una base de datos a distancia, entre otras cosas.

Errores comunes

Error 1

A pesar de que existe todo tipo de herramientas para utilizar racional y pragmáticamente los resultados de una investigación y producir con ellos cualquier clase de figuras y/o tablas, muchos tesistas no recurren a ellas. Entre las numerosas tesis que revisé, hallé bastantes que consisten únicamente en palabras y más palabras; a lo sumo, divididas en capítulos y subtemas para no perderse entre el texto. Sin embargo, los autores de muchas de ellas muy bien pudieron –o debieron, en muchos casos– haber incluido figuras o tablas para hacer más explícita y rica su argumentación.

Como ejemplo de lo mencionado en el párrafo anterior, cabe mencionar la tesis doctoral "*The making of knowledge in science: Case studies of paleontology illustration*", donde su autora, Northcut (2004), se propuso analizar "la producción de imágenes en la paleontología" y la función retórica de las ilustraciones; sin embargo, la tesis solamente contiene cinco figuras. Y de esas cinco figuras, que se señalan como tales en el índice del documento, no todas son figuras. Al revisar el contenido se encuentra que la Figura 3.1 es una tabla.

Casos como el mencionado abundan. Es esa misma actitud la que he observado en algunos de los estudiantes de posgrado que asistieron a mis talleres de escritura de tesis, que, pasan por alto la elaboración figuras y/o tablas o no les dedican la suficiente atención.

Error 2

Por otro lado, también he visto casos extremos, donde el estudiante no tamiza la vasta cantidad de datos de laboratorio o campo que levantó y registró, y trata de incluir hasta el último número de sus resultados en tablas tan complejas que, de lo extensas y saturadas de información que están, llegan a ocupar de dos a tres páginas cada una.

Error 3
También se llegan a encontrar imágenes que, dentro del contexto de la tesis, (1) no son auto-explicativas, o (2) no están asociadas a razonamiento alguno. En consecuencia, pueden provocar interpretaciones equivocadas en quien lea el documento.

Error 4
También suele ocurrir que alguna información aparece en el texto y que luego se repite en una tabla o figura.

Reglas para la elaboración de las tablas y figuras

Existen reglas para preparar las figuras y las tablas, pero nada que obligue al estudiante a crearlas e insertarlas en su trabajo. Cuando el tesista carece de experiencia en escritura científica o académica, no es extraño que pase por alto la preparación de estos artefactos; acaso, por la continua lectura y análisis de artículos especializados, podrá inteligir la necesidad de producirlos con los resultados de su estudio e incorporarlos a su tesis.

Otra forma es que el director de tesis o alguno de los lectores esté atento y se percate de esta necesidad; luego, al analizar el borrador de la tesis y notar que necesita figuras o tablas, le sugieran que agregue aquellas que brinden mayor claridad al texto.

Finalmente, la manera como se preparen y titulen las figuras y las tablas es cuestión de estilo. Por lo regular, las guías universitarias sobre el estilo que deben llevar las tesis de sus estudiantes, proporcionan datos sobre las características necesarias. Esas características pueden variar entre una y otra institución. De igual manera, para documentarse mejor, se puede revisar la revista científica o académica de interés personal y encontrar ahí la información necesaria sobre el asunto.

CÓMO ESCRIBIR EL TÍTULO DE LA TESIS

El título en sí es un techo para las estrellas que brillan por la noche; no se desvanecerá y se adherirá como un lema.

David Shapiro

Poniéndole un nombre a la tesis

El título de un libro es lo primero que se ve y que se lee. Es la primera impresión que recibe el lector sobre un trabajo y que el autor espera que le deje huella en su mente. Los escritores profesionales se preocupan porque sus artículos y libros tengan títulos que enganchen al potencial lector, que les despierte expectativas sobre la historia que el volumen pueda contener, que los mueva a revisarlo, y, como paso final, les incite a leerlo y para ello lo compren. La razón está en que un buen título vende.

En la academia no existe esta costumbre; o al menos no está arraigada. Y si muchos de los profesores universitarios no se inquietan porque el título de un artículo o libro parezca un acertijo a otros, con que lo entiendan sus pares les es suficiente. Esta forma de hacer las cosas las perciben, las apropian y las repiten los estudiantes en sus ensayos y demás trabajos escolares, y lo vuelven a hacer en sus tesis.

Así, siendo las tesis trabajos académicos, los nombres que sus autores ponen a los reportes son por lo regular demasiado técnicos y hasta sosos. No únicamente para los que desconocen sus temas, sino hasta para sus propios compañeros.

Y, ¿acaso el título de la tesis debe llamar la atención? ¿Debe tener fuerza? Sí y no. Sí, en el sentido que refleje el contenido del documento y ayude al bibliotecario a catalogarlo correctamente y, en el futuro, sirva para que algún potencial lector la localice. No, porque quienes revisan y aprueban el documento son los miembros del sínodo; y si ellos, como se vio en el apartado que trata sobre la audiencia de la tesis, serán los únicos lectores del reporte, entonces la tesis puede llevar cualquier título que le quiera colocar el estudiante.

Ahora bien, que el título de la tesis deba tener agarre como los títulos de los libros de los autores profesionales, no lo creo. Los objetivos de un libro comercial son diferentes a los de la tesis, pues se trata de vender; pero eso no significa que el estudiante ponga un título al ahí se va sin que al menos dé pistas sobre lo que trata.

El título en los casos que la tesis se convierte en libro

En otro apartado mencioné cuáles son los propósitos de la tesis, y no son precisamente los de escribir un libro. No obstante, algunos estudiantes de posgrado, después de titularse, se entusiasman ante la idea de que su tesis pudiera convertirse en un libro, quizá en un ¡bestseller! Pero hay que volver a trabajar el documento, tiene que hacérsele un "overhaul" para revivirlo y darle una nueva perspectiva. En estos casos, el título juega un papel muy importante, pues aunque el contenido se mantenga, el título puede hacer que la obra pase inadvertida.

Por ejemplo, el caso de la tesis de Perry (1996). El título original de la tesis fue:

> *When time stops: How creative writers experience entry into the flow state.*
> Que en español sería más o menos así:
> *Cuando el tiempo se detiene: Cómo los escritores creativos experimentan la entrada al estado de flujo.*

En 1999, después de revisar la tesis y modificar el lenguaje especializado haciéndolo más accesible a un público culto o medianamente preparado, y darle características más de libro, Perry la publicó bajo el título:

> *Writing in flow. Keys to enhanced creativity*
> Que en español sería más o menos así:
> *Escribiendo en flujo: Claves para mejorar la creatividad*

O el caso de Duckworth (2006), cuya tesis se tituló:

> *Intelligence is not enough: Non -IQ predictors of achievement*
> Que en español sería más o menos así:
> *La inteligencia no es suficiente: predictores de rendimiento que no son IQ*

Después de ampliar su conocimiento sobre el tema de su tesis, de revisarla y replantearla con mayor información, y de reescribirla para un público interesado en desarrollo humano, liderazgo en la vida y los negocios, y en la educación, Duckworth la publicó como libro en el 2016, con gran éxito y positivas revisiones en The New York Times y en The New Yorker, bajo el siguiente título:

> *Grit: The power of passion and perseverance*
> Que en español sería más o menos así:
> *Coraje: el poder de la pasión y la perseverancia*

Pero también hay tesis con títulos bien puestos desde el principio, como la tesis de Sinnott-Armstrong (1982), titulada *"Moral dilemas"*, y que igual se publicó como libro en 1983.

Habida cuenta lo antedicho, considerando que la tesis representa uno de los mayores esfuerzos hechos por el estudiante durante sus estudios de posgrado, ¿no debería el documento llevar acaso un título que dé pistas claras sobre la clase de investigación que se realizó? ¿Qué denote el conocimiento y las habilidades adquiridas?

También hay que tener presente que no todas las tesis son publicables íntegramente. Por ejemplo, la tesis de Duckworth no es igual a su libro, pero sí la trabajó bastante para convertirla en tal. En cambio, la tesis de Sinnott-Armstrong está tan bien escrita que prácticamente se publicó tal cual, y ni el título le cambió.

Cómo escribir el título de la tesis

En las tesis es posible encontrar toda clase de títulos, algunos muy descabellados, otros ambiguos, otros cómicos, unos muy exactos conforme a sus contenidos, otros demasiado largos, etc. Existen recomendaciones para escribir el título, pero muy pocos las atienden. A continuación presento algunos casos.

Por ejemplo, el título de la tesis de Stephen Hawking, "Propiedades del universo en expansión" (*Properties of expanding universe,* 1965), muestra lo siguiente:

1. Es sucinto (sólo 4 palabras en el original inglés).
2. Es concreto.
3. Es claro.
4. Establece con precisión el tema de investigación.
5. Indica que contiene atributos del universo físico que explica.
6. Va de lo general a lo particular.
7. Evidencia que el trabajo es eminentemente teórico.
8. Permite asumir que despliega una teoría que propone una explicación.

Otros autores insertan subtítulos bajo el título. Esta táctica, que es válida, permite al autor delimitar con mayor cuidado el alcance de su estudio. Por ejemplo la tesis:

> *Origin of life and synthetic biology: DNA -templated polymerization of synthetic molecules (Li, 2002).*

Aquí, a diferencia del título de la tesis de Hawking, la autora, que también parte de un tema muy general que es el origen de la vida, se enfoca en una hipótesis, fundamentada en la biología sintética, conducente a la realización de una serie de experimentos para el desarrollo de una metodología que abra nuevas rutas a la exploración del origen de la vida.

Algunos autores de manuales de escritura académica manejan ciertos criterios que restringen las diferentes maneras en que un estudiante de posgrado pudiera titular su tesis. Por ejemplo:

Dicen que el título de la tesis no debe llevar abreviaturas o acrónimos. Pero hay autores que si los usan. A continuación, ejemplo que contradice:

Catalytic RNAs for a RNA world (Moretti, 2013).

Dicen que el título de la tesis no debe llevar fórmulas. Pero hay autores que si las usan. A continuación, ejemplo que contradice:

New therapeutics for hepatocellular carcinoma using the C3HeB/FeJ mouse model (Zavadil, 2016).

Dicen que el título de la tesis no debe llevar paréntesis. Pero hay autores que si los usan. A continuación, ejemplo que contradice:

A (acronym) (Zahariev, 2004).

Dicen que el título de la tesis no debe llevar entrecomillados. Pero hay autores que si los usan. A continuación, ejemplo que contradice:

"Those candid and ingenuous vivisectors": Frances Power Cobbe and the anti-vivisection controversy in Victorian Britain, 1870–1904 (Montgomery, 2000)

Dicen que el título de la tesis no debe ser extenso, que 15 palabras como máximo es lo ideal. Pero hay autores que agregan demasiadas palabras. A continuación, dos ejemplos que contradicen el criterio:

> *The "Ars cantus mensurabilis mensurata per modos iuris" (Coussemaker's "Scriptores" 3, Anonymous V): An introduction, critical text, and English translation with commentary (Balenzuela, 1993). 22 palabras*

> *Exploring the best approach to teaching "The Diary of Anne Frank" and other traumatic texts of Holocaust literature: A literary contribution to the study of oppressive history (Corcoran, 2014). 27 palabras.*

Dicen que el título no debe ser ambiguo, pues se presta a toda clase de suposiciones y a que no se le tome atención. Pero hay autores que si los emplean. A continuación, ejemplo que contradice:

> *Notes in the margin (Brown, 1976).*

También, como se ha mencionado con anterioridad, prohibitivo ha sido considerado el uso de la primera persona en los trabajos académicos, mucho más si se trata de encajar esa figura en el título. Pero cuando uno es su propio sujeto de estudio, como ocurre en algunas investigaciones psicológicas o autoetnográficas, el 'yo' no únicamente llena la tesis, sino que comienza desde el mismo título. Por ejemplo, la tesis de Butler (2016), titulada: "*Self-Portrait: An illustrated autoethnography of chronic illness and disability*", es un caso donde decir 'autorretrato' es decir 'yo'.

Otro caso es el título de la tesis *"I am a man of many parts"*, de Rocklen (2006), que empieza con un "yo" enfático. Es conciso, claro, permite ver que el tema de estudio es el autor mismo que, bajo cierto método, nos permite presumir el título, se desarticula a sí mismo. La tesis consiste en una investigación artístico-literaria, que es muy abierta y que permite esta clase de trabajos y títulos.

O la tesis "*I am who I am because I am a sister: Exploring sister relationships in middle adulthood*" (Ricklefs, 2015), donde el "yo" es el centro del trabajo. Esta tesis consiste en un autoestudio de carácter socio-antropológico sobre la autora y la relación con su hermana, a través una visión que pretende ir más allá de las historias artístico-literarias del cine y las novelas.

Muchos de estos criterios y otros más sobre cómo debe escribirse la tesis, y que se repiten continuamente, se han trasladado de las normas de escritura de artículos científicos de los journals internacionales; sin embargo, los artículos son textos de desigual hechura, de elevado nivel profesional y de propósitos diferentes a las tesis.

Por otro lado, si el manual de estilo de la universidad establece los criterios para la redacción de la tesis o si el asesor determina cómo debe escribirse, el estudiante sólo tiene que acatar esas indicaciones. De no existir normas en la universidad y el asesor únicamente desea que su asesorado escriba la tesis, entonces el alumno queda libre de razonar y diseñar de la manera más conveniente su trabajo, incluido el título de la tesis.

Otra explicación de porqué abundan los malos títulos en las tesis, es porque el estudiante acostumbra arrastrar por años el nombre con el que registró su proyecto de investigación de tesis. Al final, así acostumbrado a un mismo sonido, sin siquiera pensar en que si ese nombre refleja con exactitud su trabajo, lo deja en la portada de la tesis.

Si el estudiante tiene planes para publicar como libro toda la tesis o sólo una parte de ella, vale la pena no olvidar que el título es el punto de referencia por el que el lector se guiará hacia el documento. Y es que un mal título puede sabotear a un buen libro.

Una de las recomendaciones que se dan a los estudiantes es que evalúen el título de sus tesis antes de entregar el borrador final. Que vean si la frase representa el espíritu del proyecto.

El título, el abstract y los reconocimientos son componentes de la tesis que se escriben al final. Después de revisarse y estructurarse el borrador, se numeran las páginas de los contenidos.

CÓMO ESCRIBIR EL ABSTRACT DE LA TESIS

> *El abstract es un enunciado autónomo, breve y poderoso que describe un trabajo más extenso.*
> The Writing Centre
> University of North Carolina
> Chapel Hill

Resumiendo la tesis

"El abstract, según el American National Standards Institute, se define como una representación abreviada y precisa de los contenidos de un documento, preferiblemente preparado por su autor para su publicación. Dichos abstracts también son útiles en publicaciones de acceso y bases de datos legibles mediante máquinas" (Cremmins, 1982).

El resumen o abstract o sumario, como se le quiera llamar en español, es, después del título, el siguiente apartado de la tesis. Se llama así porque en pocas palabras cuenta lo que hay en el escrito; da nota del tema, de lo que autor hizo, de porqué lo hizo, cómo lo hizo, qué encontró y a qué conclusión llegó.

Así como es imposible ilustrar el amanecer de un día cualquiera con decir simplemente "a las 5:45 am salió el sol", tampoco con un resumen se explica el contenido total del reporte de investigación de la tesis. Pero las palabras de una y otra cosa dan idea de lo que sucedió, condensan un hecho.

Siendo los abstracts textos de pequeño formato, insertos en la tesis como un apéndice, y que en apariencia dicen poco, surge la duda: ¿para qué leerlos? Ante esta pregunta, Keogh (1994) realizó un estudio sobre el uso rutinario que de los abstracts, de los reportes y de los artículos científicos hacía un grupo de científicos y tecnólogos de la división de investigación y desarrollo del corporativo Westinghouse. Encontró que la lectura de esos resúmenes era costumbre; pero no nada más los leían por leerlos, sino por la utilidad que encontraban en ellos.

El patrón que descubrió en los científicos estudiados fue que primero leían el título del documento; si les atraía, entonces seguían con la lectura del abstract. Ahora bien, según Keogh, la principal razón para leer los abstracts es porque "proporcionan el contexto o fundamento apropiado que ayuda al lector a comprender el resto del informe". Es decir, da una idea del contenido del reporte y prepara al individuo para realizar una lectura más rápida y selectiva. En pocas palabras: 'informa y ahorra tiempo'.

Pero los abstracts también permiten ver lo actual del tema, el conocimiento que posee el autor sobre lo que escribe, el manejo que hace de la información; y para que esto se perciba de mejor manera, es conveniente que el abstract esté bien escrito y la información sistemáticamente expuesta, según el formato que se requiera.

Y, ¿cómo se expone sistemáticamente la información de la tesis? Existen varios formatos de abstract, unos simples y otros más complejos. El American National Standards Institute y la National Information Standards Organization (ANSI/NISO, 1997), establecen varios criterios para la elaboración estandarizada de los diferentes abstracts conocidos en la academia, la industria, y la praxis clínica médica; a saber, abstracts para: artículos científicos, tesis de posgrado, monografías, libros, memorias de congresos, reportes técnicos, documentos de acceso restringido, y patentes.

Tipos de abstracts

ANSI/NISO mencionan dos tipos de abstracts: informativos e indicativos.

1. Abstracts estructurados. Estos se utilizan para resumir documentos que están divididos en varias partes; donde esas partes reflejan la lógica del proceso investigativo. Se aplican a informes de carácter experimental, encuestas y pesquisas. Son de uso común en áreas biológicas, biomédicas, tecnológicas, químicas, sociales, psicológicas, entre otras.

    El formato del abstract estructurado es el siguiente:

    - Propósito del trabajo
    - Diseño metodológico
    - Resultados
    - Conclusión
    - Implicaciones

2. Abstracts indicativos. Utilizados en documentos poco estructurados y cortos, como editoriales de revista o periódico, ensayos, y artículos de opinión. También en documentos extensos como libros, memorias de congresos, bibliografías, reportes anuales, etc. Por lo general se escriben para documentos que no muestran un método ni resultados. Su formato es más abierto y libre que el anterior; sólo describe lo que el autor considera como importantes aportaciones del trabajo. Se usan en trabajos de historia, filosofía, literatura, leyes, y otras áreas del conocimiento por el estilo.

Cómo se escribe el abstract

En cuanto a la composición de los abstracts, tradicionalmente se han escrito en un solo párrafo. Pero el abstract estructurado también puede seccionarse en varios párrafos, etiquetando cada sección con palabras –resaltadas en negritas– como: Introducción, Métodos, Resultados, Conclusión, o aquellas palabras que el autor estime apropiadas.

En cuanto a las palabras con que comienzan los abstracts, debo decir que abundan los malos y pésimos principios, que de entrada desfavorecen al resumen. Se recomienda no emplear frases que lleven implícita la acción que se llevó a cabo durante el desarrollo de la tesis o que dupliquen datos presentados líneas atrás. Deben evitarse frases como las siguientes:

"Esta disertación examina"
La tesis de ejemplo comienza así: "Esta disertación examina" el lugar de los animales en la cultura de consumo británica del siglo XIX, centrándose en las prácticas de mantenimiento de mascotas, exposiciones zoológicas, taxidermia popular y animales en la literatura (Amato, 2008).

O repitiendo el título de la tesis: *The fantasy project*:
La tesis de ejemplo comienza así: *The fantasy project* consiste en una extensa investigación corporal, interpretativa, escrita, video y fotográfica (Clou, 2013).

O iniciar con algo evidente per se, como:
"El objetivo de este proyecto es investigar" la forma en que diversas representaciones de Fidel Castro, entre los años 1957-1965, dejaron una marca indeleble en Cuba (Butler, 2012).

O aludir a la tesis como estudio:

"Este estudio trata sobre" la teoría del medio, la televisión y la presentación del backstage. La teoría media se usó como un marco teórico para estudiar The Apprentice y la influencia del programa en las actitudes de las grandes empresas (Tressler, 2006).

O lo que pretende el tesista con su trabajo, como:
"La presente tesis de maestría busca" evaluar el papel de las redes sociales en las campañas políticas e investigar si la información compartida por los usuarios en las redes sociales puede alterar o cambiar la percepción de los usuarios en línea sobre los candidatos presidenciales aspirantes (Melisa Revilla, 2017).

O lo que el tesista analiza, como:
"Esta disertación discute" la investigación etnográfica que analiza cómo los modos discursivos culturalmente específicos que se originan en la región fronteriza de México, articulados con las condiciones sociales, han ayudado a dar forma a la creación de una persona cultural: el narcotraficante (Edberg, 2000).

O decir que el 'estudio investigó', como el siguiente inicio:
"Este estudio investigó" los fenómenos PSI (percepción extrasensorial) ostensibles desde la perspectiva de 14 terapeutas clínicos con licencia y con experiencia" (Ruttenberg, 2000).

Otro de los aspectos que se reitera a los estudiantes sobre la escritura académica, que de igual modo se aplica a los abstracts, es que la redacción debe hacerse en voz pasiva y nunca en primera persona. Pero, por lo encontrado en las tesis revisadas, cada vez son más los estudiantes que rompen estos esquemas y redactan sus trabajos con mayor soltura en primera persona.

Escribir en primera persona, como "yo hice", "yo entrevisté", "yo sustento", o "yo encontré", entre miles de formas más, reafirma la personalidad del individuo, toda vez que el autor se hace responsable por lo que está presentando; de tal modo, se eliminan así las evasiones, como: "se hizo", "se entrevistó", o "se encontró".

Como el caso de Cassuto (1989), que desde el inicio de su tesis plantea en el abstract un texto en primera persona:

> *"Yo argumento que lo grotesco toma una posición central en el canon literario estadounidense que no ocupa en la tradición británica padre. Es una forma estadounidense de mirar el mundo".*

En cuanto al tamaño del abstract, ¿qué tan extenso debe ser el texto? De acuerdo a ANSI/NISO, la cantidad de palabras que deben llevar los abstracts son como se muestra en la Tabla 16.

Tabla 16 Extensión de los abstracts según el tipo de documento. Traducción y adaptación VGA	
Tipo de documento	N° de palabras
Artículos, partes de monografías	250
Notas, comunicados cortos	100
Editoriales, cartas al editor	30
Documentos extensos: tesis y monografías	Una página o 300 palabras

Sin embargo, a decir verdad, así como no existe un formato estandarizado para las tesis de maestría y doctorado, por lo que algunas universidades o programas universitarios han establecido sus propias normas de estilo, menos aún existen estándares para los abstracts de dichos documentos. En cuanto a la extensión del abstract, hallé tesis que tienen abstracts con más de 3 páginas.

Entre las tesis revisadas para este libro, y comentando exclusivamente este apartado de los abstracts, me fue posible encontrar toda una diversidad de resúmenes, muchos que se considerarían 'anomalías', porque rompen con los considerados "estándares de la publicación científica".

Por ejemplo hay tesis que tienen abstracts que cuentan con citas y/o pies de página. Como es el caso de la tesis de Hatter (2011) *"You belong here: An 'interpellative' approach to usability"*, que contiene 6 citas bibliográficas y repite 3 de esas 6. Sorprendentemente, considerando que existen supuestas reglas provenientes de los departamentos de lenguas para escribir los abstracts, la autora egresó del departamento de Retórica, Comunicación y Diseño de la Información

También encontré tesis cuyo abstract mostraba una tabla o figura. Y esto ya no es extraño, pues como Durbin (2004) apunta, "las tablas o las figuras ayudan (en el abstract) a transmitir el significado (de lo que se está comunicando) en menos espacio". Otra recomendación que Durbin ofrece sobre este punto es que la tabla o figura no ocupe más del tercio del espacio del abstract.

De igual manera, una práctica que existe desde hace más de medio siglo es la de presentar una síntesis de cada uno de los capítulos de la tesis en el abstract, como lo hizo Stephen Hawking en su disertación doctoral. En 130 palabras que contiene el abstract, y en un solo párrafo, Hawkins estableció con una frase su proyecto, mencionó el contenido de los 4 capítulos y cerró con otra frase sobre sus conclusiones.

Otra 'anomalía' que se presenta en los abstracts, que para otros es normal, es que lleven 'palabras clave'. Por caso, la tesis de Jensen *"Self-action leadership: An autoethnographic analysis of self-leadership through action research in support of a pedagogy of personal leadership"* (2013), remata el abstract con una serie de 12 palabras clave.

Agregar el resumen a la tesis se ha hecho costumbre. Las tesis más antiguas carecen de este pequeño suplemento. Pero aún y cuando el abstract es obligatorio en esta época, todavía se producen tesis de posgrado sin abstract. Como por ejemplo la tesis *"Fighting for animals' rights: A U.S. history, 1900-1996"* (Shields, 2015), que no cuenta con abstract.

Escribir sobre cómo se escriben los abstracts de una tesis da para elaborar una disertación doctoral, como por ejemplo la de Wang (2002): *"Optimal components of research publication abstracts: Producing Abstracts that Meet the American National Standards"*, que debido a la denominada "avalancha informativa", que literalmente ha inundado el ambiente científico y académico mundial con millones de publicaciones al año, los autores precisan redactar abstracts cortos y de gran calidad para que puedan llegar a los ojos de los lectores a los que deseen alcanzar.

En concreto, el estudiante tiene que pensar con claridad cuando se disponga a escribir el abstract de su tesis, pues, además del título, es lo único que verán quienes busquen un tema relacionado con el asunto que investigó. Si se convencen, quizá procedan a darle una ojeada a la tesis o se zambullan en ella para leerla.

CÓMO SE ESCRIBEN LOS RECONOCIMIENTOS

Ahora entiendo el motivo de una larga página de agradecimientos; nadie emprende este viaje de disertación solo. Mi única duda al especificar mi agradecimiento es el omitir a alguien que ofreció aliento o contribuyó con ideas o material para este estudio. Si tal omisión ocurre, será involuntaria...
Gracias a ustedes, esta disertación viene con una historia.
Benie B. Colvin
Indiana University of Pennsylvania

Al final, el conocimiento está basado en el reconocimiento.
Ludwig Wittgenstein

Los reconocimientos son expresión de gratitud del tesista hacia quien le proporcionó apoyo durante sus años de estudio, y también un espacio donde, liberado ya de una pesada carga, el estudiante expresa su sentir sobre una determinada situación o vivencia que tuvo.

La sección de reconocimientos en la tesis no es obligatoria. Su ausencia no afecta la estructura y función de la tesis. Es una sección donde se supone que ni el asesor ni miembro alguno del sínodo debe intervenir ni dar recomendaciones sobre qué debe incluir el tesista y qué no. La escribe el tesista agradecido, el que está consciente de que lo hecho y logrado fue gracias a unas cuantas personas o a muchas, a una institución que lo apoyó con permiso o beca, a un subsidio paternal o público o privado, o a su pareja.

Se trata de un reconocimiento a los benefactores que de alguna forma ayudaron o empujaron al estudiante para llegar al posgrado, ingresar, y sostenerse material y mentalmente sólido durante el tiempo que duró el entrenamiento; también, por la guía obtenida mientras hizo su investigación y por los comentarios recibidos para mejorar la tesis.

La sección de reconocimientos no tiene estructura ni límite alguno; su redacción es libre y el estudiante puede escribirla como le plazca; de hecho, en tanto que para unos significa mencionar los nombres de profesores, técnicos, amigos y familiares, a veces comentando algunos atributos personales de ellos, para otros esta sección es una invitación a escribir con soltura frases abstractas o poéticas.

Esta sección es la única ventana a la vida privada del estudiante que se incluye en un documento académico serio de alto nivel profesional, salvo las tesis autobiográficas y autoetnográficas, que de principio a fin ventilan la vida privada y alguna situación específica del autor.

De igual forma, el reconocimiento es también considerado como un guiño del autor a sus amigos y compañeros de estudios, y al mismo tiempo un alborozado y silencioso grito de alegría por haber culminado con éxito su doctorado.

¿Qué cuentan los tesistas en sus reconocimientos?

Algunas tesis, como "*La escritura epistolar de Sor Juana Inés de la Cruz*" (Pacelli Villarreal, 2001), no muestran reconocimiento ni agradecimiento alguno. O al contrario, hay tesistas que exageran al escribir sus reconocimientos nombrando a profesores, compañeros, personal administrativo del programa, y a todo el árbol genealógico de la familia y amigos de la cuadra.

Por caso la tesis de Barnard: *Twitter and the journalistic field: How the growth of a new(s) medium is transforming journalism* (2012), la cual contiene 7 páginas de reconocimientos a numerosas personas. Y no sería para menos, pues como Barnard declaró en dicha sección:

> "A mi asesora y mentora, la Dra. J., que generosamente aportó por casi una década –de hecho, incansablemente–, su tiempo y su energía para guiarme a través de los muchos picos y valles en mi viaje de matriculación".

El autor subraya el apoyo de casi 10 años que obtuvo de su asesora durante su prolongada permanencia en la universidad; apoyo sin el cual, asegura, no hubiera concluido sus estudios doctorales. Por tal motivo, Barnard agradece a su asesora: "el potencial que vio en mi proyecto y en mí".

Algunos estudiantes de doctorado también dedican sus tesis a sus mascotas, como Johannson (1999), cuya investigación doctoral se centró en los lazos que se desarrollan entre los animales y las personas que los cuidan o crían. Así, en los reconocimientos que asienta en su tesis, recuerda a sus propias mascotas del siguiente modo:

> "Esta tesis también está dedicada a la memoria de las mascotas que disfruté: Rambo, Babe, Trish, Curly, Skitty, Tex, Tiny, King, Buster y Gypsy, cada una con su carácter único y especial, contribuyeron a mi desarrollo y crecimiento personal. Para mis compañeros caninos actuales, Banjo el Beagle y Dexter el Pointer. Me muestran paciencia y amor incondicional. Su sensibilidad e inteligencia me sorprenden. Me dan alegría. Sus travesuras me hacen reír, y sus abrazos son un consuelo".

Hay también quien con desconsuelo redacta la sección de reconocimiento, sintiendo tristeza por tener que expatriarse de la universidad, sin deseos de abandonar el lugar, donde pasó buenos y agradables momentos, como Billman (2015), que apuntó lo siguiente:

> "Es un momento agridulce en el que escribo una página de agradecimientos a algo que nunca pensé que realmente pasaría. Extrañaré muchas cosas sobre este programa de doctorado. Cuando por primera vez me paré en el campus… para atender mi primera clase, nunca pensé que podría terminar la tesis".

Asimismo, hay reconocimientos muy escuetos, dirigidos a una sola persona, frecuentemente a la madre o al padre, a un hermano o hermana, o al marido o esposa. No tanto dedicatorias, sino agradecimientos por razones que únicamente los autores entienden. Por ejemplo, Williams (2015) brevemente escribió su reconocimiento, en una tesis que trata sobre la maternidad en circunstancias inexplicables, del siguiente modo:

> "A mi madre, RJ, una persona de inigualable fortaleza".

Las estudiantes de posgrado que están embarazadas o que son madres durante su paso por la universidad, también dejan en la memoria de la tesis su huella como mujeres que tienen otras ocupaciones diferentes a las de los estudios doctorales, y que tienen que encontrar tiempo para cumplir con todas, como Sears (2001), que apuntó lo siguiente:

> "Esta tesis comenzó con un comentario casual sobre la mesa de la cocina. Justo antes de escribir mis 'comprehensive exams' sobre un tema de investigación completamente diferente, cuando RR me dijo: "Allison, debes hacer un estudio sobre mujeres estudiantes con responsabilidades de cuidado". Gracias RR, por ser una amiga, una mentora y una modelo a seguir. Sin tu sugerencia quizá nunca hubiera descubierto un área de investigación tan apasionante. Y gracias a las diecisiete mujeres que fueron generosas con su tiempo y me permitieron compartir las pruebas y la euforia que son sus vidas como madres que estudian (el doctorado)".

En los reconocimientos también se hace referencia a problemas habidos, como el de Carroll (1982), quien padeció dolorosamente el extravío del borrador de su tesis doctoral.

> "Quizás la mayor crisis [en los estudios doctorales] se produjo a fines de 1979, cuando Ozark Airlines y Trans World Airlines conspiraron para perder mi maleta, con más de mil páginas de fotocopias dentro de ella, durante mi vuelo a casa desde Urbana. La devolvieron después de un viaje de ida y vuelta de doce días a Riyadh, Arabia Saudita, solo después de arruinar mis vacaciones de Navidad... ¿Qué más se necesita decir?"

Para evitar situaciones como la de Carroll, o estar en riesgo de perder el único borrador de la tesis a causa de un daño en el equipo o por el robo de la computadora que conservaba el original del trabajo, como ocurrió a una de mis alumnas de maestría y que al final ya no tuvo ánimo suficiente para reescribir su trabajo, es prudente que salves al menos una copia de tu tesis en uno o dos USB y guárdala en lugar diferente al de donde trabajas, o también sube copia a la nube.

Escribir la tesis es una aventura intelectual que se hace a solas; sin embargo, como el que deambula por la calle con el móvil pegado al oído, siempre percibiendo las voces y la presencia de otros que se cruzan por su camino, pasa lo que Milojevic (2009) afirma:

> "Escribir una disertación es un viaje emocionante, que exige paciencia y perseverancia por parte del que se embarca en el viaje y la orientación y el apoyo de un gran número de personas. Mi sincera gratitud va a todos aquellos que proporcionaron asistencia.

Bueno, decir que la tesis doctoral se investiga y se escribe a solas es un decir… en algunos casos muy especiales no sucede así. Un experimento que propuso una pareja de esposos y les fue aceptado por el programa doctoral, debido a que en los anales de ninguna institución existían antecedentes de "disertaciones en colaboración en el campo de la composición" (Magnini, 2015a), fue el de realizar la investigación y la escritura de la tesis al alimón. Las disertaciones de cada uno fueron producto de un solo estudio, las escribieron a la par y apoyándose mutuamente (Magnini, 2015b).

En sus reconocimientos hay dedicatorias cruzadas. Ella escribió: "Sabatino y yo no hubiéramos podido completar este proyecto colaborativo sin aquellos que han recorrido el rocoso camino de la resistencia a la colaboración antes que nosotros…" "Gracias a la escuela de graduados de Indiana University of Pennsylvania, y al comité doctoral… Sin guardianes como ustedes otorgándonos el espacio, el cambio nunca hubiera ocurrido. Gracias por confiar en Sabatino y en mí para esa responsabilidad".

Sabatino agradece al comité doctoral, que fue el mismo que el de su mujer y compañera de estudios, y a ella también con las siguientes palabras: "A mi esposa Laura. Gracias por ser mi compañera en todo lo que hacemos". Además, mientras Laura y Sabatino estudiaban, criaban una hija.

Por otro lado, en la sección de reconocimientos algunos tesistas ofrecen testimonio en referencia a que cursar un doctorado les fue parecido a transitar por terrenos peligrosos que solos jamás hubieran cruzado; y del mismo modo, presentan su documento como prueba de que escribir la tesis en poco tiempo es posible. Tal fue la experiencia de Spence (2002), que escribió su disertación doctoral en 30 días:

> "Ningún hombre camina solo, pero tratar de escribir su tesis en un mes es una experiencia solitaria. Es difícil imaginar cómo habría llegado tan lejos sin la ayuda de las personas que figuran aquí. La persona más importante en mi vida y que me permitió obtener un título en esta escuela es B. Si ella no me hubiera ayudado a enfrentar lo importante que era esto para mí y me hubiera alentado a postularme para la escuela, no hubiera tenido la oportunidad de escribir estas páginas. Nunca pensé que sería bendecido con la búsqueda de un verdadero espíritu afín y mucho menos uno maravilloso. Su ayuda a través de todo el terror de la experiencia en el posgrado ha sido instrumental. Ojalá no hubiéramos hecho tantas millas antes de dormir".

Reconocimientos en tesis de futuros Premio Nobel

Y, ¿cómo extendieron su reconocimiento aquellos estudiantes que se convirtieron en famosos genios o premios Nobel?

Richard Feynman (1939), por ejemplo, presenta un reconocimiento muy escueto en su tesis, de esta manera:

> "El autor desea expresar su agradecimiento por la asesoría y asistencia tenida de parte del profesor J.C. Slater, y también por las provechosas sugerencias del Dr. W.C. Herring."

A Eric Allin Cornell (1990), Premio Nobel de Física 2001, le bastaron tres palabras:

> "A mis padres"

A quien financió sus estudios y suministró facilidades, Laughlin (1979) los reconoció de la siguiente forma:

> "Quisiera agradecer a IBM por proporcionarme apoyo financiero durante dos de los años que estuve en el MIT. También me gustaría dar las gracias a la Corporación Xerox por el uso de sus computadoras en el trabajo sobre electrones, y a la Marina de los EEUU por apoyar el trabajo de Si02 como un todo".

Paul Krugman (1977), Premio Príncipe de Asturias en Ciencias Sociales 2004 y Premio en Ciencias Económicas en memoria de Alfred Nobel 2008, escribió en su breve sección de reconocimiento las siguientes palabras:

> "Las ideas en esta tesis son en gran medida el producto de la discusión con el profesorado y los compañeros estudiantes, por lo que ya no estoy seguro de qué ideas, si las hay, se pueden considerar como propias". Y entre las cinco personas que reconoce, menciona así a quien tipió su tesis: "Finalmente, me gustaría agradecer a Barbara Ventresco, quien escribió esta tesis, por su paciencia y autodominio, así como por su extraña habilidad para leer mi letra".

Reconocimientos silenciosos

Otro tipo de reconocimientos, que pudiéramos denominar 'silenciosos', muy diferentes a los vistos líneas arriba, son aquellos que se plasman en las tesis como citas y referencias, que son materiales de construcción que utiliza el tesista para entender lo que estudia y preparar mejor sus trabajos. Puede tratarse de cualquier clase de información, desde un comunicado personal –por correo electrónico, por teléfono, o a través de las redes sociales–, artículos en publicaciones científicas, párrafos de libros, tesis de maestría o doctorado, datos obtenidos en un taller o un seminario o un congreso (ver el apartado 'Construcción del conocimiento a través de citas y referencias').

Dedicatoria

La dedicatoria es otro complemento de la tesis que del estudiante depende si se estampa o no. Generalmente es mucho más escueto que el reconocimiento, y a veces se incluye en este. Cuando se inserta en la tesis, la dedicatoria aparece antes que los reconocimientos. La dedicatoria es de redacción libre, como el reconocimiento. Como se trata de una expresión de carácter personal y sentimental, normalmente va dirigida a personas que están fuera del círculo académico profesional donde estudió el autor, que son sus familiares o amigos íntimos.

Los tesistas pueden dedicar su trabajo a quien deseen, como Rhodes (2001), que brindó su tesis doctoral a las siguientes personas:

> "Esta disertación está dedicada a los recuerdos de dos mujeres muy especiales: Janis Joplin y Marion Kathleen Athey Rhodes. Ambos fueron hijas de Texas".

Colofón o despedida

William Daniel Phillips (1976), Premio Nobel de Física 1997, en la última página de su tesis doctoral se despidió con una frase procedente de los cuentos de A.A. Milne y estampó una caricatura de Winnie-the-Pooh. Su adiós quedó como sigue:

"Aquí está Edward Bear, bajando ahora por las escaleras; golpe, golpe, golpe, en la parte posterior de su cabeza, siguiendo a Christopher Robin. Es, hasta donde él sabe, la única forma de bajar las escaleras, pero a veces siente que realmente ha de existir otra manera… si solamente pudiera parar de golpearse por un momento y pensar en ello. Pero luego supone que tal vez no es así. De cualquier manera, él ya está aquí en la parte de debajo de las escaleras, y listo para serte presentado". Winnie-the-Pooh.

PARTE 6

LOS ESTUDIOS DE POSGRADO COMO MACRO PROYECTO

> *Mi vida ha sido un gran proyecto formado por planes y deseos; propósitos y acciones; éxitos y fracasos; tentativas y renuncias; creencias y dudas; tristezas y alegrías; consuelos y desconsuelos; pero, sobre todo, un enorme proyecto lleno de sueños e intenciones.*
>
> *María de los Santos Castillo*

Los estudios de posgrado, como muchas otras actividades humanas, son proyectos sistémicos o macro proyectos; es decir, proyectos grandes que están integrados por conjuntos de dos o más proyectos individuales y más pequeños, que se entrelazan y avanzan dirigidos hacia un solo propósito. Así, como engranajes de reloj los proyectos individuales hacen que el macro proyecto progrese.

Para que el macro proyecto, trátese de una maestría o de un doctorado, se ejecute completamente hasta lo último, el estudiante debe de realizar todos y cada uno de los proyectos individuales hasta el final y dentro de un plazo razonable. Es decir, debe manejar o gestionar su proyecto de posgrado como lo haría un administrador de proyectos, en el concepto planteado por Axelrod (1980) en su tesis doctoral, donde plantea que "la gestión de proyectos es la planificación, programación y subsecuente dirección y control de tareas y recursos para alcanzar el logro de un objetivo o conjunto de objetivos no repetitivos"

El estudiante de posgrado pasa toda clase de aventuras y desventuras a lo largo de sus estudios hasta encontrarse con el último de los proyectos, el que lo conducirá al ansiado título, y ese proyecto es el de la escritura de la tesis.

Los proyectos tienen un ciclo de vida y los posgrados tienen el suyo propio. Y recordando lo que decía el beisbolista Yogi Berra: "el juego no se acaba hasta que se termina", los estudiantes de maestría o doctorado estarán en el juego de sus posgrados hasta en tanto sigan sin escribir sus tesis y la defiendan... o hasta que les avisen que sus plazos para presentarse ya se vencieron.

Si recapitulas y traes a la memoria cada uno de los proyectos que emprendiste y realizaste hasta llegar a este punto, veras que no fueron pocos ni fáciles, aunque sí algunos de corta y otros de larga duración. Por ejemplo, veamos el ciclo del macro proyecto del posgrado a través de las siguientes acciones o proyectos:

1. Elección del programa y la universidad ideal
2. Para pagar colegiatura
    - Búsqueda de beca o préstamo
    - Para pagar manutención y vivienda los años que duró la carrera
3. Traslado
4. Solución al problema de la alimentación. Los años que duró la carrera
5. Solución al problema de la vivienda. Los años que duró la carrera
6. Solución al transporte. Los años que duró la carrera
7. Comienzo de la maestría o doctorado
8. Interacción con estudiantes. Los años que duró la carrera
9. Interacción con profesores. Los años que duró la carrera
10. Búsqueda de asesor. Uno o dos semestres
11. Actividades escolares en equipo. Los años que duró la carrera
12. Actividades y relaciones extracurriculares. Los años que duró la carrera
13. Adaptación al lugar
14. Cursos, actividades y evaluaciones académicas. Los años que duró la carrera
15. Estudiar e investigar. Los años que duró la carrera
16. Vacaciones. Anuales
17. Selección del tema de investigación. Uno o dos semestres
18. Desarrollo de propuesta y presentación. Un semestre
19. Inicio de la investigación
20. Desarrollo de la investigación. 1 – 4 años

21. Lidiar contigo mismo. Toda la vida
22. Escritura de tesis... Asunto por resolver
23. Elaboración de la defensa...
24. Defensa...
25. Título...

Como podrás ver, recorriste años y te costó mucho trabajo poder llegar a la fase de escritura de tu tesis. Para muchos, esta fase es la más temida y la que anímica y materialmente los noquea y deja fuera de la carrera por el título. No tiene por qué ser así. Pues, si piensas con detenimiento en cada uno de los proyectos arriba señalados y en todo lo que tuviste que hacer para crearlos, echarlos a andar, conducirlos y hacerlos productivos; es decir, si piensas en lo que invertiste y sacrificaste para obtener de cada uno de los proyectos lo que esperabas de ellos, y si miras a todos esos proyectos en su conjunto, te darás cuenta de todo el potencial que posees para resolver un único proyecto, el que te falta para obtener el título: la escritura de la tesis.

Mientras estabas estudiando y avanzando en tu posgrado, llevando a cabo los proyectos que correspondían a cada etapa, la curva de la gráfica de tu carrera iba en ascenso; a veces a gran velocidad y otras con lentitud, pero siempre moviéndose. Pero cuando llegaste al proyecto de escritura de la tesis todo se ralentizó y dejó de moverse. Puede pasar un año, dos, cuatro y hasta diez, como hay casos, para que ese proyecto (1) aborte de plano o (2) reinicie su movimiento hasta el final. Esa es tu opción (Figura 20).

Ascenso al Monte Everest

Como ves, el esfuerzo que toma la realización de cualquier proyecto puede graficarse simbólicamente y permite observar lo realizado en los últimos años. Por ejemplo, Burke (2003), quién hizo una investigación de tesis sobre las estrategias mentales que utilizaron diferentes alpinistas que ascendieron con

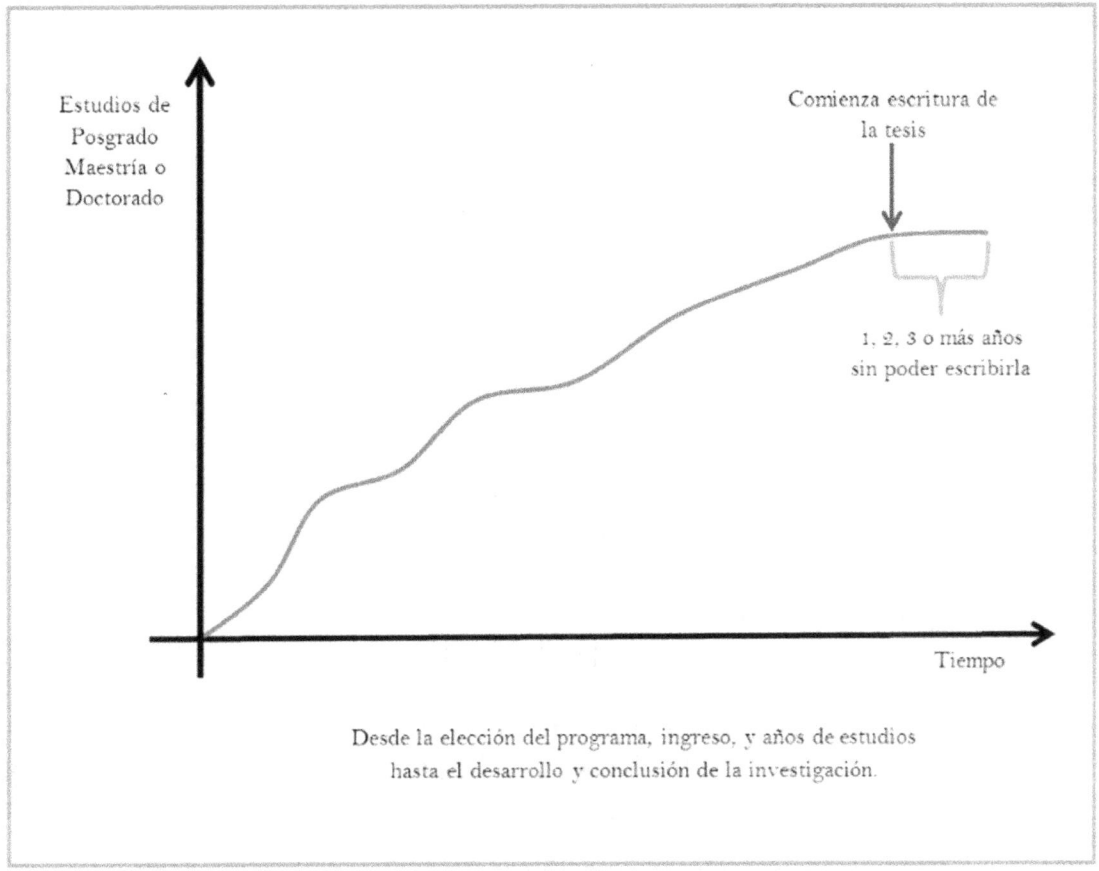

Figura 20. Trayectoria de los estudios de posgrado a lo largo del tiempo

éxito a la cumbre del Monte Everest, definió tres etapas y una serie de patrones por cada etapa que los montañistas utilizaron para manejar sus proyectos de ascenso, que son como sigue:

- **Etapa 1**: de preparativos
    → Planeación detallada
    → Uso de imágenes, visualización
    → Desarrollo de fortaleza mental

    Tiempo de preparación: de 2 a 10 años

- **Etapa 2**: de ascenso
    - → Rudeza mental
    - → Enfoque
    - → Metas a corto plazo
    - → Conexión con el propio cuerpo
    - → Rememoración de experiencias
    - → Establecer conexión y sentir apoyo de otros escaladores
    - → Creer y confiar en propias capacidades

    Tiempo de desempeño (según Arnette, 2017)
    a) Por la parte sur: 42 – 53 días
    b) Por la parte norte: 34 – 45 días

- **Etapa 3**: de descenso
    - → Enfoque
    - → Metas a corto plazo

    Tiempo de bajada: horas

El ascenso comienza desde que se inicia el viaje a Katmandú o Lhasa. El traslado al campo que concentra a los alpinistas. Los días de aclimatación. Los días de intento de ascender a la cima hasta alcanzarla o quedarse a medio camino.

La última etapa de ascenso a la montaña puede tomar de 15 a 20 horas si las condiciones son favorables, o varios días si son desfavorables. Pero el descenso no sólo es bajar hasta la base de la montaña; de manera simbólica continua hasta Katmandú o Lhasa, o hasta el mismo hogar.

El ciclo de vida de un proyecto de ascenso al Everest es diferente para cada persona, como lo es el proyecto de doctorado. La cima para uno es llegar a la cumbre, para el otro obtener el título. La diferencia son los riesgos que cada reto conlleva.

Ahora bien, como lo he puesto de manifiesto a lo largo de este libro, la escritura de la tesis es el principal escollo que encuentran los estudiantes de posgrado para culminar sus esfuerzos de años. Es por esta razón que investigadores profesionales e investigadores de doctorado se han puesto a buscar las causas que inhabilitan a los estudiantes posgraduados para escribir sus tesis. Así, han logrado identificar una serie de barreras psicológicas que obstaculizan su desempeño, obstáculos que desarman a los estudiantes y que, literalmente, los incapacita para resolver lo que no supieron manejar y que se les convirtió en un problema.

Entre las barreras identificadas, que se verán más adelante, están las siguientes:

- Procrastinación
- Bloqueo escritural
- Ansiedad
- Debilidad escritural
- Factor edad
- Tiempo

AUDIENCIA: ¿HACIA QUIÉN VA DIRIGIDA LA TESIS?

Preocuparse por una audiencia para nuestras historias cuando se es incapaz de escribir, es absolutamente estúpido.

Lin Tai Wao

La tesis se escribe para cumplir con un requisito de la universidad. La escribes para ti, es tu pase al examen de grado. La tesis es la historia de tu investigación. Lo ideal es que cuando la escribas, la cuentes como quisieras escucharla, como quisieras que fuera oída y entendida, pero casi nunca sucede así. Como la tesis tiene una función académica, debe ser escrita bajo ciertas reglas que la institución impone y que dejan poco margen a la creatividad.

Por otro lado, el primer borrador de la tesis que escribas podrá parecer –al principio– muy clara para ti, pero no para los demás. Así que tendrás que esforzarte por escribirla de la forma más clara para que otros la entiendan. Pero, antes, debes pensar a quién va dirigida la tesis. Quién crees que deba entenderla. Quién es ese conjunto de potenciales lectores que se denomina audiencia.

Cuando el estudiante se propone escribir su tesis se concentra en escribirla, o al menos esa es la intención. El compromiso y el apuro que tiene, está en terminar el borrador y entregar el documento al asesor antes de que termine el plazo de entrega. Sin embargo, si le meten ideas equivocadas en la cabeza, como muchos asesores acostumbran hacerlo con sus estudiantes, como la de que al escribir la tesis tenga siempre en mente a la audiencia –sin explicarle jamás a cuál audiencia se refieren–, o si también le dicen que escriban esa tesis de una forma tan diáfana que hasta la abuela sea capaz de entenderla, sólo les propiciarán miedos.

Reiteradamente se machaca la palabra "audiencia". Pero, ¿escribir para quién? Cuando un escritor profesional elabora un artículo o un libro lo hace pensando en que su trabajo está destinado a un sector del público; por ejemplo, si de edades se trata puede orientarlo a los niños o a los adultos jóvenes; o también al sector profesional como a los médicos o ingenieros; o igual puede dirigirlo a grupos especiales como los buscadores de empleo o los entrenadores de perros o los emprendedores.

Se supone que esto es lo ideal, pero en realidad no ocurre siempre así. Existen obras, como *Alicia en el país de las maravillas* y *El mago de Oz*, que fueron escritas para audiencias infantiles y que, sin embargo, por la riqueza de sabiduría que sobre la vida contienen son leídas por audiencias adultas y utilizadas como fuentes de ideas para programas de superación personal, negocios, filosofía y demás.

Algunos autores no piensan en nadie especial al preparar su obra, simplemente la redactan dejando salir sus impulsos a través de la pluma o la computadora, o bien la escriben para sí mismos. Como es el caso de Vladimir Nabokov (1999), que declaró en una entrevista que él no escribía para nadie sino para sí mismo.

Si para el escritor profesional no es tan simple dirigirse a una audiencia y ser atendido por ella, para el escritor principiante que sólo va de paso por la palabra escrita, y que quizá después de la tesis no vuelva a escribir nada serio en su vida, más se le complicará su tarea si a cada palabra que agrega se pone a pensar en una audiencia: "¿entenderá esto mi abuela o no lo entenderá?" Piensan y vuelven a pensar. Es completamente absurda esta idea.

Yo les digo a mis alumnos que se quiten esas perturbadoras ideas de la cabeza y que sólo se concentren en contar lo que hicieron, por qué lo hicieron, cómo lo hicieron y qué encontraron. Que no luchen con los pensamientos contradictorios que brincan a cada instante, que los ignoren y sigan adelante. Para este propósito les recomiendo que apliquen el ejercicio de escritura libre que ponemos en práctica en cada sesión de clases, desde el principio hasta el final del taller [ver la sección de ejercicios]. Este ejercicio les ayuda a enfocarse en escribir sin mortificarse en mirar dos veces si está correctamente escrito o que si el concepto utilizado es el apropiado o que si los hechos pasaron como se plantearon, entre otras cosas, y que no se detengan a revisar ni a corregir.

En el momento de la escritura libre no existe la audiencia, únicamente el estudiante con su pluma y papel anotando desaforadamente lo que se le resbala por la mente consciente.

Pero entonces, ¿a quién va dirigida la tesis? ¿A qué audiencia? ¿Quién debe entenderla? Para responder a estas preguntas que se plantearon al principio de esta sección, sólo piensa en quién crees que debe entender tu tesis cuando la lea. Es simple, quien debe leerla y entenderla –o sea, leerla sin que encuentre puntos oscuros o ideas incompletas o repeticiones del mismo asunto–, es (1) tu asesor, (2) tu co-asesor, si lo tienes, y (3) los lectores de la tesis, que eventualmente conformarán el sínodo o jurado. Se supone que ese reducido grupo de personas conoce o está familiarizado con el tema específico de la tesis o al menos con el área de especialidad, y podrá evaluar tu desempeño y tu trabajo de investigación a través de la lectura del reporte escrito que sobre esa investigación estés entregando; es decir, a través de tu tesis.

De ellos recibirás retroalimentación para enmendar o eliminar aspectos de la tesis que no son relevantes al tema, o para agregar nueva información sobre la cuál te orienten. De igual manera, te harán señalamientos sobre la redacción, la ortografía y el formato; por ejemplo, sobre el uso de tablas y figuras, entre otras cuestiones técnicas.

Como podrás ver, el universo de tu audiencia se reduce a un puñado de personas: el sínodo o jurado. Aunque sean pocas, no es un grupo cualquiera, se trata de individuos altamente preparados y experimentados que podrán leer tu tesis y percibir lo que hiciste en tu investigación a un grado de profundidad tal que otras personas cualquiera no lo harían. Por esto, el valor de la evaluación tiene un especial significado en la academia.

Pero tú tienes una ventaja, la de que conoces a tu asesor y a los lectores de tu institución que te asignaron. Y de igual manera podrás conocer, si no personalmente sí a través de su producción académica y/o científica, a los lectores externos. Es decir, al conocer cómo son, qué enseñan, qué investigan y que generan, podrás visualizar un perfil de cada uno de ellos y, ahora sí, planear cómo dirigirte a esa audiencia.

No debe ser problema, puesto que (1) si conoces bien tu trabajo de investigación, (2) si manejas conocimiento especializado y esquemas teóricos, y, sobre todo, (3) si por tu entrenamiento ya puedes emplear con propiedad el lenguaje que utilizan los científicos de tu área para comunicar entre sí sus hallazgos, entonces (4) podrás ser capaz de escribir profesionalmente tu primer comunicado profesional: tu tesis.

PROCRASTINACIÓN: EL ARTE DE NO HACER NADA A PESAR DE TENER QUE HACERLO

> *Conozco bien mi pereza. Podría escribir un tratado sobre ella, si no fuera un trabajo tan largo.*
> Jules Renard

La costumbre de dejar las cosas para hacerlas después a sabiendas de que cuando se llegue el momento de hacerlas difícilmente se harán, o el hábito de inventar nuevas tareas no tan necesarias para evadir la responsabilidad de hacer lo más importante, o el prurito de buscar cualquier pretexto para dilatar enfrentarse a las obligaciones más urgentes, esto y más son algunas de las infinitas caras de la procrastinación.

"La procrastinación, definió Wickman (2001) en su tesis doctoral, no es sólo una curiosa aberración humana, uno de los muchos ejemplos en que la gente fracasa en perseguir su interés de una manera eficiente y productiva. Representa una disfunción de las habilidades humanas que son importantes, si no es que esenciales, para hacer frente a la miríada de tareas, mayores o menores, que se acumulan diariamente en nuestros escritorios, en nuestras agendas o en nuestras mentes... Cuando procrastinamos desperdiciamos tiempo, perdemos oportunidades y no vivimos una vida auténtica..."

Steel & Konig (2006), en un estudio sobre la integración de teorías de motivación, establecieron que la procrastinación "es un fenómeno que ocurre en al menos el 95% de la población, y es crónico en aproximadamente el 15-20% de los adultos y el 33-50% de los estudiantes". Esto indica que la procrastinación es un serio problema en el ambiente académico.

De acuerdo a Braam (1994), la investigación sobre la procrastinación se ha centrado en tres áreas:

1. La procrastinación diaria o del diario vivir
   - Esta clase de procrastinación comienza con el día, cuando al timbrar la alarma del reloj despertador la persona retrasa cuantos minutos puede la hora de levantarse. La procrastinación diaria se refiere a dejar para después cosas simples –en apariencia– como el pago de servicios del hogar, los ejercicios físicos, la visita a familiares, regresar alguna llamada telefónica, cortar el césped, etc.

2. La procrastinación académica
   - Consiste en posponer la redacción del ensayo, dejar al último los estudios para los exámenes o la preparación de los trabajos finales, dilatar la consulta con el asesor, o aplazar el inicio de la tesis

3. La procrastinación decisional o de toma de decisiones, también llamada indecisión neurótica o procrastinación compulsiva
   - Es aquella que hace alusión a la falta de decisión para tomar un rumbo en la vida, como pensarla para decidir casarse, para cambiar de trabajo o de lugar de residencia cuando se requiere, pero también cuando se es incapaz de gobernar por déficit de voluntad

Siendo la procrastinación el fracaso de la gente para actuar (Braam, op.cit.), el impacto en la vida individual, familiar y/o colectivo puede ser de largo plazo. Sin embargo, hay que aclarar que no todo aplazamiento de cosas por hacer es procrastinación, pues, poniendo por caso, una persona organizada y con metas bien claras prioriza sus actividades y realiza todo lo que se propone.

Stone (1999), menciona que "la procrastinación académica se ha considerado típicamente como un comportamiento específico de tareas concretas en lugar de un rasgo generalizado". Por ejemplo, el demorar días, semanas o meses el inicio de la redacción de la tesis. En tal sentido, se observó que para poder atajar o manejar esas conductas que claramente retrasan las acciones necesarias, se necesitan remedios específicos.

Pero la procrastinación académica no surge por sí sola, existen múltiples factores que la hacen aparecer y poner bajo riesgo la vida del mejor estudiante. Por ejemplo, el perfeccionismo es un factor que afecta el desempeño del estudiante y lo orilla a procrastinar, pues al comienzo de una nueva tarea, como la escritura de la tesis, "los perfeccionistas se sienten ansiosos, confundidos y emocionalmente exhaustos…" Bajo esta clase de estrés emocional, muchos perfeccionistas posponen sus principales compromisos y no los cumplen, pues temen fallar (Lenz, 1994). Así, en estudiantes de posgrado inmersos en un estado de procrastinación que les impide escribir sus tesis, la inseguridad da cabida a la depresión.

La procrastinación académica, siguiendo con el caso de la escritura de la tesis, se rompe con una acción; las buenas intenciones son insuficientes. Para el caso del estudiante que posterga indefinidamente el inicio de la escritura de la tesis, aun sabiendo que esto puede costarle el título de maestría o doctorado, la solución puede encontrarla comenzado a elaborar algo pequeño, lo que llamo una minitesis [ver la sección de ejercicios].

El procrastinador que está poniendo en serios aprietos su futuro por su errático actuar, como es el caso de estudiante de posgrado que no da pie con bola para (1) comenzar a escribir su tesis, (2) para sostener el paso el tiempo que sea necesario, y (3) para lograr terminarla, tiene que aceptar que está afectado por una conducta altamente nociva y perjudicial que no le producirá nada bueno. Mientras esto no ocurra, cualquier consejo caerá en saco roto. Aceptar que la procrastinación forma parte de la propia conducta es dar un paso vital para su manejo y control.

Webb (2016), propone una serie de criterios para romper la procrastinación que, en general, orientados a la escritura de la tesis, podemos definirlos y adecuarlos del siguiente modo:

Para que los beneficios de la acción se sientan más grandes y más reales:
- Visualiza lo grandioso que será lograr tu objetivo, mírate entregando el borrador de tu tesis, defendiendo tu trabajo ante el jurado, recibiendo el título.
- Comprométete públicamente, comenta lo que vas a emprender, cómo te propones hacerlo, y cuánto tiempo crees que te llevará hacer lo que dices.
- Enfrenta el inconveniente de la inacción, lo que significa que tendrás que prepararte, a sabiendas de que nunca estarás listo para eso, a dejar de escribir la tesis y a las consecuencias de dicha inacción.

Para hacer que los costos de la acción se sientan más pequeños:
- Descubre la punta de la madeja, identifica el primer paso que darás y que será el que te lleve a la escritura de la tesis; esa punta de la hebra la puedes encontrar en el ejercicio de la minitesis que explico en el apartado de ejercicios.
- Amarra tu primer paso a un trato, lo que significa hacer lo que repudias hacer –que es escribir

la tesis– con algo que te guste practicar o te dé placer, como jugar una hora de billar o beber una cerveza con una agradable compañía, o mirar una película.
- Elimina las barreras que te impiden progresar; es decir, debes practicar un auto reconocimiento para detectar si hay otra cosa más que te esté perjudicando en esta etapa de tu vida; como, por ejemplo, momentos de ansiedad, estrés, etc.

Quebrar la falta de voluntad de un tesista que con plena consciencia se resiste a escribir su tesis, de un tesista cautivo de la procrastinación, en un juego donde el único que gana o pierde es él, no es tarea fácil ni para un coach de escritura. En el individuo está la clave del cambio.

EL BLOQUEO ESCRITURAL EN EL TESISTA

Louise me fue referida por su analista hace un año para ayudarla a superar su bloqueo y que pueda terminar su disertación doctoral. Su edad está en los mediados treintas y ha estado inscrita en un programa de posgrado durante casi diez años. Su terapia individual y grupal durante muchos años la han hecho consciente y articulada. Sin embargo, cuando se siente descuidada o criticada, invariablemente responde con un poderoso deseo de morir; y, aunque casi ha terminado su disertación, está dispuesta a abandonarla en cualquier momento cuando siente que las cosas van mal.
Rose F. McAloon (2003)

¡Tú no sabes lo que es permanecer el día entero con tu cabeza en tus manos tratando de exprimir tu desafortunado cerebro y así encontrar una palabra!
Gustave Flaubert (Rose, 1984)

El bloqueo escritural

La página en blanco –ya sea la de un cuaderno o la pantalla de una computadora–, suele ser el más grande obstáculo con el que el estudiante de posgrado se tropieza cuando, por obligación y necesidad, tiene que escribir su reporte de investigación o tesis. Y si en el momento que tiene que hacerlo experimenta una súbita parálisis de sus sentidos que le inhibe pensar con claridad, y literalmente se queda frío y petrificado, quiere decir que comenzó a padecer lo que se conoce como síndrome de la página en blanco o bloqueo escritural.

El bloqueo escritural o bloqueo del escritor es una condición mental que se manifiesta cuando un individuo tiene (1) el deber ineludible de escribir un documento extenso –como la tesis de maestría o doctorado–, o cuando (2) por personal afán desea escribir algo de lo que tiene ganas –como una novela o una poesía o componer una canción–, pero que a pesar de sus esfuerzos fracasa cuantas veces ensaya hacerlo. El rebote de esta intención malograda, para su mala fortuna, es que cada vez que trata y falla el bloqueo se refuerza.

Otra clase de bloqueo escritural bastante común, es (3) aquel que se pone de manifiesto cuando una persona se niega rotundamente a escribir. Existen infinitas razones para negarse, maneras de eludir el compromiso hasta la saciedad, como las siguientes declaraciones que he escuchado en 25 años de ofrecer cursos y talleres de escritura a profesores universitarios y a estudiantes de posgrado:

1. no me dan ganas
2. ya hice suficientes intentos
3. no se me da
4. quizá otro día
5. se me nubla la vista
6. no tengo tiempo
7. no soy bueno para escribir
8. se me confunden las ideas
9. me duele la cabeza cuando lo intento

10. no aguanto mucho estar sentado
11. se me cansa la mano
12. no soy bueno para teclear
13. tengo muy mala ortografía y me da vergüenza
14. la escritura me estresa
15. se me hace eterno cuando debo escribir, no lo soporto
16. me pierdo, como si estuviera en medio de un banco de neblina
17. me despisto con cualquier cosa
18. el ruido me distrae y el silencio me abruma
19. se me suelta el estómago
20. y otras muchas maneras más

Algunos entrenadores y terapeutas de bloqueados escriturales, que por lo regular son psiquiatras y psicólogos que incluyen en su práctica privada el tratamiento a personas bajo estas condiciones, profesionistas que son comunes en Estados Unidos, Canadá e Inglaterra, analizan toda esta serie de pretextos de sus pacientes para poder abordar sus problemas, y así ayudarles a manejar y vencer el bloqueo. Por ejemplo, la consejera Gray-Grant (2017) tiene en su página web una larga lista de lo que ella denomina "las 83 excusas para no escribir".

El descubrimiento del bloqueo del escritor

¿Y cómo es que surgió todo este asunto del bloqueo escritural? El psiquiatra austriaco Edmund Bergler, quien fuera discípulo de Sigmund Freud, fue el primero en identificar y definir el bloqueo escritural como un tipo de manifestación psicológica incapacitante, y de inventar el nombre del trastorno. El concepto del bloqueo del escritor apareció en el libro *The writer and psychoanalisis*, publicado en 1950; pero el término había sido acuñado antes, en 1947 (Castillo, 2014).

De acuerdo a Berglar, el bloqueo escritural era una de las muchas manifestaciones del *masoquismo psíquico*, que freudianamente lo explicaba como "el deseo inconsciente de derrotar los propósitos conscientes de uno, y disfrutar de esa derrota construida por uno mismo" (Kelly Sargent, 2016). Desde entonces, psiquiatras, psicólogos, pedagogos, filósofos, literatos (novelistas y ensayistas), historiadores y otros especialistas se sintieron fuertemente atraídos por el fenómeno, y comenzaron a ocuparse de estudiar, entender y tratar de encontrar solución a este mal.

Sin embargo, a pesar de haber transcurrido 70 años desde que Bergler descubrió el síndrome en un grupo de pacientes, el bloqueo escritural aún no es reconocido como problema mental por la Asociación Americana de Psiquiatría (APA), ni por otras agrupaciones profesionales de esa índole. Según Mishan (2008), el *Diagnostic and Statistical Manual of Mental Disorders*, que es la lista oficial de las enfermedades mentales registradas y reconocidas por la APA y que se utiliza a nivel mundial, no incluye al bloqueo del escritor.

Bloqueo del escritor: ¿Mito o realidad?

Es por el motivo arriba señalado que no falta quien niegue la existencia del bloqueo del escritor y que se refieran a este síndrome como un mito. Moore (2013), en su disertación doctoral argumenta que "los mitos del bloqueo escritural han tomado vuelo porque son negocio; el trabajo de un autor establecido aumenta su valor cultural cuando se percibe que es escaso. Tales mitos rara vez representan la realidad... El bloqueo del escritor es un mito cultural que apareció durante el surgimiento de la psicología como la mayor preocupación de la literatura del siglo XX. Se ha convertido en un medio de transferir la carga de complejas cuestiones morales públicas a los escritores individuales en crisis..."

Otro autor doctoral al que Moore menciona como pionero en hablar del bloqueo como mito, es Myles E. Weber (2003), quien se niega a aceptar la existencia del bloqueo escritural a resultas de un algún malfuncionamiento conductual o del necio empecinamiento del sujeto a no escribir o de algo por el estilo. A este fenómeno le denomina, en su disertación doctoral, "silencios que consumen".

Miller (2010), otra estudiante de doctorado que investigó el bloqueo del escritor, esta vez utilizando como pretexto la película *Stranger than fiction* (2006) (la historia de una escritora bloqueada, protagonizada por Will Ferrel, Emma Thomson, Dustin Hoffman, Maggie Gyllenhaal y Queen Latifah), "con el propósito de explorar la intersección de lo académico con lo popular a través del examen de las percepciones de los estudiantes sobre el bloqueo del escritor en el taller de escritura", utilizando como referencia la película, asegura que "el boqueo escritural es sólo un asunto que ha persistido en la cultura popular". También dice que el interés que despertó ese supuesto síndrome ha ido decreciendo últimamente. Y en la búsqueda confirmatoria del bloqueo escritural como mito, el grupo de estudiantes con el que trabajo su investigación de tesis le dieron la razón, logrando cosechar creencias entre los jóvenes no escritores como la que dice: "el bloqueo del escritor es un mito que la gente usa como excusa cuando no desea escribir". Como dato, el concepto "bloqueo del escritor" es mencionado 980 veces por Miller en su tesis, más que ninguna otra tesis encontrada y revisada sobre este tema.

La de que el bloqueo del escritor es un mito es la opinión de algunos estudiosos, ciertamente no muy conocida, que tiene muchas menos bases que la información basada en hechos que reportan cientos de psiquiatras y psicólogos, escritores profesionales, y decenas de miles de estudiantes universitarios que han padecido (padecen) y sufrido (sufren) las consecuencias del bloqueo escritural.

Pero que la incapacidad de escribir la tesis –o la novela o la poesía o la canción o el cuento o el discurso o la receta de cocina o el alegato– que experimentan millones de personas en el mundo no sea reconocida como una desventaja de origen mental por asociaciones de psicología –pero si por psicólogos y psiquiatras en lo individual, como lo prueban los incontables trabajos publicados al respecto por ellos–, no significa que no exista. De hecho, se estima que este quebranto está presente entre los hombres desde la misma invención de la escritura.

Algunos autores aseguran que uno de los casos de bloqueo o de negación escritural más antiguos conocidos es el del filósofo Sócrates.

Sócrates dudaba del valor de la escritura y creía que hacer uso de ella era perjudicial para el hombre. En el diálogo *Fedro o De la belleza* (Platón, 1871), donde se habla de lo conveniente o inconveniente de lo escrito, Sócrates, en voz del rey Tamus de Egipto, respondiendo al dios Teut que entre otros inventos le ofrece el arte de escribir "que hará a los egipcios más sabios y servirá a su memoria" y que será "un remedio contra la dificultad de aprender y retener", le dice:

> "Ingenioso Teut… Padre de la escritura y entusiasmado con tu invención, la atribuyes todo lo contrario de sus efectos verdaderos. Ella no producirá sino el olvido en las almas de los que la conozcan, haciéndoles despreciar la memoria; fiados en este auxilio extraño abandonarán a caracteres materiales el cuidado de conservar los recuerdos, cuyo rastro habrá perdido su espíritu. Tú no has encontrado un medio de cultivar la memoria, sino de despertar reminiscencias; y das a tus discípulos la sombra de la ciencia y no la ciencia misma. Porque cuando vean que pueden aprender muchas cosas sin maestros, se tendrán ya por sabios, y no serán más que ignorantes, en su mayor parte, y falsos sabios insoportables en el comercio de la vida".

Sócrates no escribió nada, lo que se conoce de su vida y su filosofía fue documentado por Platón y otros pensadores contemporáneos a él.

El arte de negarse a escribir o "Preferiría no hacerlo"

Un escritor no puede literalmente permanecer en silencio y seguir siendo un artista.

Susan Sontag

Weber (op.cit.) menciona el caso de varios autores que dejaron abruptamente de escribir después de haber publicado escasa obra, misma que se vendió y se sigue vendiendo bien, y que por lo mismo se volvió culto en la sociedad americana. Analiza a cuatro autores:

1. Tillie Olsen, que dejó pasar casi dos décadas entre su primer libro (1961) y el segundo (1978), además de que su obra fue escasa
2. Henry Roth, que dejó pasar 53 años entre su primera novela (1934) y la segunda (1987)
3. J.D. Salinger, que publicó su primera novela en 1951 y la cuarta en 1963 y luego paró de escribir, y
4. Ralph Ellison, que publicó su primer libro en 1952, el segundo en 1964, el tercero en 1986, y los demás post mortem

Pero existen muchos más en la constelación de escritores que hicieron pausas de años entre escribir y publicar uno y otro libro, o que definitivamente dejaron de escribir. Por ejemplo, el caso del mexicano Juan Rulfo, quien publicó un libro de cuentos (*El llano en llamas*) en 1953 y después una novela (*Pedro Páramo*) en 1955, y ya no volvió a escribir. La justificación que Rulfo dio una vez por el abandono de la escritura, según Güemes (2003), fue la siguiente:

"Yo tenía un tío que se llamaba Celerino, un borracho; y siempre que íbamos del pueblo a su casa, o de su casa al rancho que tenía él, me iba platicando historias. Yo no sólo iba a titular los cuentos de *El Llano* en llamas como *Los cuentos del tío Celerino*, sino que dejé de escribir el día que se murió. Por eso me preguntan mucho por qué dejé de escribir, pues porque se me murió el tío Celerino. Pero era muy mentiroso, todo lo que me dijo eran puras mentiras y entonces, naturalmente todo lo que escribí eran puras mentiras".

Truman Capote se bloqueó después de escribir *A sangre fría* (1966), supuestamente por el trauma causado por el ajusticiamiento de los asesinos de una familia de Kansas que entrevistó y con cuya historia escribió el libro que lleva el título arriba mencionado; pero, más que nada, por la relación íntima que estableció con uno de los asesinos y por tener que aceptar su petición de que presenciara su ahorcamiento. Después de esto, como Capote era un personaje muy famoso en su época, se la mantenía diciendo que estaba escribiendo una nueva novela. Al respecto, Amis (2002) apuntó que "Capote pasó los últimos 10 años de su vida pretendiendo escribir una novela que nunca estuvo ahí". El silencio lo envolvió.

Harper Lee, amiga de la infancia de Truman Capote y asistente de investigación de él cuando visitó a los asesinos en Kansas, publicó su primera novela *Matar un ruiseñor* en 1960 y la segunda y última en 2015, meses antes de morir (2016). Es decir, hizo una pausa de 55 años.

Por otro lado, el súbito bloqueo escritural de una persona que acostumbra escribir profesionalmente y publicar su trabajo (como un novelista) o por necesidades en el trabajo (como un profesor universitario o un notario), también suele ser síntoma de que algo está funcionando mal en el cerebro del individuo, ya sea por enfermedad, por algún accidente, por uso de drogas o alcoholismo. Tal fue el primer signo de Alzheimer de Iris Murdoch en 1995, (Swaminathan, 2005).

Algunos autores, como Vila-Matas se han dejado "embrujar", por ponerlo de algún modo, por el tema del bloqueo del escritor o 'negacionismo' escritural. En su novela–ensayo *Bartleby y compañía* (2000), prácticamente hace una inmersión en los acongojados espíritus de los escritores que dejaron de serlo. Partiendo del personaje de Melville *Bartleby*, el escribiente (2001), quien era un escribano en una notaría, sistemáticamente se negaba a hacer casi cualquier cosa, tanto si se le ordenara como si se le solicitara, balbuceando una breve pero inapelable sentencia: **preferiría no hacerlo**, Vila-Matas, a través del protagonista de su novela, arma un complejo rompecabezas de negacionistas escriturales. Este libro de Vila-Matas hace recordar un verso de Bukowski perteneciente al poema *Only one Cervantes* (2002), que dice: "Sin embargo, mira, todavía tengo suerte, porque escribir sobre el bloqueo del escritor es mejor que no escribir nada".

Quizá es una idea como esta de Bukowski la que ha orillado a numerosos estudiantes de doctorado a investigar y escribir sobre el bloqueo escritural.

John Cage: 4'33" Solo para piano

A principio de la década de los 50's del pasado siglo XX, el músico estadounidense John Cage (1952) dio a conocer su composición 4'33", una denominada "obra musical" donde paradójicamente lo único que impera en un tiempo contado de 4 minutos y 33 segundos es el silencio. Es decir, no hay interpretación sonora de ninguna clase. En 1962, Cage compuso 0'00", un solo para ser interpretado de cualquier manera por cualquier persona.

De acuerdo a Viana (2013), John Cage pasó más de cuatro años gestando su composición silenciosa.

Ágrafos que no saben que están bloqueados

Hay individuos que padecen el también llamado "síndrome de la página en blanco" pero no saben que lo tienen porque nunca han sido exigidos a escribir un documento extenso, ni tampoco se les ha ocurrido hacerlo de motu proprio. Otros, como los estudiantes universitarios, descubren que se les dificulta redactar un ensayo o un reporte de fin de curso, e ignoran que ese inconveniente es la expresión del síndrome del bloqueo del escritor.

Ágrafos que no leen: ¿Bloqueo del lector?

Por lo general, los psiquiatras y psicólogos investigadores del bloqueo escritural coinciden en que ese trastorno es un problema mental. Probablemente sí, pero en lo que conozco del ambiente estudiantil universitario mexicano, me parece que la falta de lecturas durante los años de formación, lecturas diferentes a las disciplinas que estudian, afecta sobremanera su desempeño cuando de escribir ensayos, reportes o trabajos de fin de curso se trata. Ni qué decir de cuando tienen que preparar sus tesis, la padecen como lo peor que pudiera haberles pasado durante su carrera.

Y es que un gran número de estudiantes que he conocido jamás ha leído siquiera una novela ni conoce de obras o autores. Como es algo que siempre pregunto al inicio de mis cursos: "qué es lo que acostumbran a leer, que están leyendo y qué han leído en los últimos dos años", las respuestas suelen ser largos espacios de silencio o páginas vacías. Hubo alguno que se jactó de haber leído exclusivamente la página deportiva del periódico local a lo largo de los últimos 8 años, desde que terminó la carrera hasta su ingreso al posgrado.

Y si los estudiantes no leen, entonces carecen de modelos retóricos de referencia que les ayuden y sirvan de guía en la redacción de sus trabajos. Por eso, en los talleres de escritura de tesis a algunos se les dificulta tomar el ritmo del entrenamiento pues pasa como la cita de Chuang Tsé, siglo IV a.C. que menciona Ortega y Gasset en *El libro de las misiones* (1959):

> ¿Cómo podré hablar del mar a la rana si no ha salido de su charca?
> ¿Cómo podré hablar del hielo con el pájaro de estío si está retenido en su estación?

> ¿Cómo podré hablar con el sabio acerca de la Vida si es prisionero de su doctrina?

Y mientras la lectura de obras literarias, filosóficas, y demás, de carácter no obligatorio; lecturas para el entretenimiento y el enriquecimiento personal del individuo no existan en la vida de los estudiantes universitarios, la escritura académica, científica, artística, de negocios o de cualquier otra índole, siempre será un inconveniente cuando tengan la imperiosa necesidad de escribir.

Se habla de las personas que no leen, a pesar de saber leer y de existir toneladas de literatura al alcance de la mano. Pues así como hay un bloqueo del escritor, también se asume la existencia de un "bloqueo del lector".

Escrituralidad

Opuesta al bloqueo escritural está la escrituralidad. La *escrituralidad* no es la alfabetización de la escritura y la lectura, que se ensaña como primeras letras a los niños de nivel básico. Tampoco se refiere a la capacidad de acomodar las letras para formar unas cuantas palabras, ni de conocer su significado para reproducir un sonido. La *escrituralidad* es la habilidad del individuo para convertir sus ideas en un discurso escrito, y de comunicar con éxito su mensaje a una audiencia lectora. Contraria a la *escrituralidad* es la agrafía, esa incapacidad de poder plasmar el más sencillo pensamiento sobre el papel o la pantalla de la computadora.

¿Cómo saber si uno está bloqueado y qué tan bloqueado?

Boice (1990), indica que Michael Rose fue el primer profesor de escritura en elaborar un cuestionario para averiguar de manera sistemática si el estudiante –o cualquier otro individuo– tenía problemas con la comunicación escrita y qué clase de problemas. "Su premisa, dice Boice, en vez de preguntar a los estudiantes si estaban bloqueados, les preguntaba acerca de actitudes específicas hacia la escritura que pudieran estar relacionadas con un bloqueo escritural".

El cuestionario al que Boice se refiere, fue elaborado por Rose como parte de su tesis doctoral (*The cognitive dimensión of writer's block: An examination of university students.* Universidad de California. 1981), cuya investigación incluyó a un grupo de 351 estudiantes universitarios que fueron seleccionados en base al alto o bajo nivel de bloqueo, y que después apareció en su libro *Writer's Block. The Cognitive Dimension. Studies in Writing & Rhetoric* (Rose, 1984).

En el Anexo II se encontrará el cuestionario de Rose y algunas sugerencias para combatir el bloqueo escritural cuando se prepara para escribir la tesis.

Colofón

Los profesores universitarios e investigadores científicos sólo escriben mientras están activos. Cuando abandonan la práctica, su escribanía se desvanece para siempre. Bartleby se hace presente con su famosa frase: "preferiría no hacerlo".

POSTSCRIPT AL BLOQUEO ESCRITURAL

El bloqueo del escritor en el mundo del 'Publica o Perece'

En el otoño de 1974, el Journal of Applied Behavior Analysis publicó un 'paper' titulado: "*The unsuccessful self-treatment of a case of writer's block*" (algo así como "El fallido auto-tratamiento de un caso de bloqueo del escritor), elaborado por el psicólogo Dennis Upper, quien describió su propio intento de auto-tratamiento del bloqueo del escritor.

La revista mostraba en la sección superior de la página, además de los datos identificatorios del journal, los siguientes elementos:

1. el título del artículo
2. el nombre del autor
3. la dirección de su sitio de trabajo.

Más abajo, absolutamente nada. Debajo de esa información, la página estaba en blanco. Al final de la misma, con mayúsculas, la palabra REFERENCES (que no daba ninguna referencia).

Seguía un pie de página que decía (traduzco): "Partes de este paper no fueron presentadas en la 81ª Convención Anual de la Asociación Americana de Psicología, Montreal, Canadá, Agosto 30, 1973. Sobretiros pueden obtenerse con Dennis Upper, Unidad de Terapia Conductual, Administración Hospitalaria de Veteranos, Brockton, Massachusetts 02401."

En seguida, los siguientes datos del editor:

"Recibido el 25 de octubre de 1973. (Publicado sin revisión)"

Al remate de la página, los comentarios del colegiado revisor o 'peer review' enuncian:

COMENTARIOS DEL REVISOR

"He estudiado este manuscrito muy cuidadosamente con jugo de limón y rayos X y no he detectado una sola falta, ni en el diseño ni en el estilo de escritura. Sugiero que se publique sin revisión. Claramente es el manuscrito más conciso que haya visto –y aun así contiene suficiente detalle para permitir a otros investigadores replicar los fracasos del Dr. Upper. En comparación con otros manuscritos que me has turnado (a revisión) que contienen toda clase de detalles complicados (le dice el revisor al editor), este ha sido placentero al examinarlo. Seguramente podremos encontrar un sitio en el Journal para este paper, quizá en los márgenes de la página en blanco."

Este, llamémosle 'paper', que es un 'artículo' sin contenido, y, obviamente una broma –como para que se vea que los científicos también tienen humor con sus cosas–, se convirtió en un clásico de la literatura científica estadounidense. No sólo ha sido citado en numerosas ocasiones por expertos en el campo de la psicología conductual y otras disciplinas, sino que se ha convertido en el más socorrido 'paper' de cabecera de aquellos científicos que más frecuente que ocasionalmente padecen este de bloqueo escritural.

¿Qué lecciones nos deja este artículo vacío al lector/autor que padece de bloqueo escritural y lucha por desasirse de él?

1. Se advierte la profesional entrega del revisor a realizar un puntilloso análisis del texto.
   Así esperamos que sean los revisores de nuestros trabajos.
2. Muestra la apertura del Journal a trabajos e ideas originales.
   Casi siempre lo que hacemos es original, así que esto da ánimos a mandar nuestros artículos.
3. La metodología es totalmente replicable, aún para el individuo menos preparado.
   Qué bien, si esta es válida entonces cualquier otra metodología lleva las de ganar.

4. Los resultados ratifican la reproducibilidad del bloqueo del escritor.
5. Desde el punto de vista práctico enuncia cómo auto-tratarse sin éxito.
6. Las referencias son justo las que requiere el documento.
7. La conclusión es paradigmática, establece que la página en blanco es el mejor refuerzo del bloqueo mental.

Este tema ha dado mucha tela de donde cortar a los psicólogos. Desde el trabajo seminal de Upper (1974) a la fecha, se han publicado numerosos artículos científicos sobre el bloqueo mental. Uno de los últimos artículos, bajo la autoría de D Maclean y BR Thomas, apareció recientemente en el journal Psychological Reports: Aug 2014, Vol. 115 Issue 1. El trabajo se titula: "*Unsuccessful treatment of writer's block: A Meta-analysis*", y analiza numerosos trabajos sobre el tema.

El Dr. Upper se dedica actualmente a la praxis en Massachusetts. Durante su carrera ha tratado numerosos casos de bloqueo escritural en gente que se dedica a crear pero que tiene largos períodos de sequía.

Por último, en la academia y la ciencia, donde los autores forzosamente tienen que escribir sus artículos y presentaciones con renovada frecuencia y, la mayor parte de las veces, sin un plan preconcebido, los profesores investigadores –y los estudiantes de posgrado– deben de empoderarse de diferentes estrategias escriturales para enfrentar y sobrellevar el "bloqueo del escritor", que es un síntoma que mucho afecta a esta clase profesional.

LA EDAD EN EL DOCTORADO

> *La vejez no ha sido un tema seductivo para los historiadores contemporáneos.*
> *Tamara Mann*

> *Soy incapaz de concebir el infinito, y sin embargo no acepto la finitud. Quiero esta aventura, que es el contexto de mi vida, para seguir adelante sin fin.*
> *Simone de Beauvoir*

La edad en el contexto de la educación doctoral

En México, y probablemente también en otros países de Latinoamérica suceda lo mismo, un considerable porcentaje de personas que están estudiando o se preparan para estudiar el doctorado son mayores del promedio de edad de quienes ingresan y egresan del doctorado en los países avanzados. Por ejemplo, en año 2014 aproximadamente 55,000 estudiantes obtuvieron el doctorado o PhD en los Estados Unidos. De ese número, el 43.8% de los egresados tenía una edad entre 26-30 años y el 30.6% estaba entre los 31-35 años, y si a esos valores se agrega el 0.7% de egresados menores de 25 años, se tiene que más del 75% de los universitarios que se doctoran al año eran menores de 35 años. (Tabla 17).

Nada semejante ocurre en Latinoamérica. Por lo que he observado en el caso de México, lo que podríamos llamar "egresados jóvenes" tienen una edad que fluctúa entre los 36-40 años. Un buen número de ellos egresa entre los 41-45 años, y no pocos de 46 hasta 60 años y más. Pero esto tiene una explicación: los países en desarrollo llegaron demasiado tarde a la instauración de programas doctorales en sus universidades y al fomento de los estudios doctorales de sus universitarios egresados de la licenciatura (como mandarlos a estudiar al extranjero, porque internamente no existían los doctorados o los pocos que había no respondían a las necesidades de la nación). Además, las actividades científicas eran reducidas porque los centros de investigación eran pocos.

Edad de egreso del doctorado en los Estados Unidos al 2015 Fuente: NSF. 2015 Tabla 17	
Grupo de edad Años	Porcentaje de estudiantes titulados
Menos de 25	0.7
26-30	43.8
31-35	30.6
36-40	11.6
41-45	5.3
Arriba de 45	8.0

En tal sentido, mientras que en los países avanzados los programas de estudios doctorales se fundaron al comienzo de la segunda mitad del siglo XIX, implementándose en la mayoría de sus universidades y obedeciendo a una necesidad –la de formar investigadores–, en los países no avanzados los programas doctorales empezaron muy tardíamente, la mayoría a partir de la última década del siglo XX. Es decir, en más de 150 años de entrenar doctores y crear una súper estructura para la ciencia y el desarrollo tecnológico, además de instituir programas para la selección y reclutamiento de jóvenes talentos para propósitos específicos en el campo de la investigación científica (Flores, 2011), prepararon el camino para que los estudiantes de pregrado siguieran al posgrado y de ahí brincaran al sistema científico y tecnológico y/o al educativo universitario como entrenadores de nuevos doctores. De manera tal que a lo largo del tiempo se modeló y se construyó lo que Schaeffer (2004) denomina "cultura del estudiante de doctorado", que permeó a todos los niveles de las universidades que hacen investigación y forman investigadores.

Otro aspecto importante de por qué los que se gradúan del doctorado en los Estados Unidos son muy jóvenes, según Godwin (2016) refiere en su tesis doctoral, es que numerosas universidades que poseen programas destacados en química o biología sintética o ciencias computacionales, entre otras, sólo aceptan estudiantes menores a 25 años, muchachos que piensen realizar la maestría y el doctorado desde que están en la licenciatura, y de ahí se van directamente sin dejar espacios de tiempo entre uno y otro programa.

En México, salvo el caso de la UNAM, IPN, COLMEX, UA de Chapingo, entre otras pocas instituciones de educación superior que tienen doctorados desde hace medio siglo o más, algunas universidades de provincia iniciaron sus programas de doctorado en los 80's, pero la mayoría en los 90's o principios del siglo XX.

En el caso de México, el gran impulsor de programas doctorales y promotor de la formación de doctores, becando a miles para que fueran al exterior y regresaran para integrarse a las universidades, fue el Consejo Nacional de Ciencia y Tecnología (CONACYT), institución fundada en 1970. Así, el contexto que diera pie a la vocación científica y a la necesidad de entrenar científicos fue madurando hasta transformarse en lo que es hoy. Sin embargo, existen varios factores por los que la edad de la gente que se está formando no refleja el mismo patrón de egreso que se ve en las universidades de los Estados Unidos.

Poniendo por caso, los profesores universitarios, que en su mayoría sobrepasan los 35 años de edad, representan uno de los mayores grupos de personas que salen a estudiar el doctorado en el extranjero o en otras instituciones del país, o lo realizan en casa, en la misma institución en la que trabajan, lo que genera endogamia académica.

¿Qué define la vejez y cuáles son sus límites?

Por cuestiones administrativas, los legisladores de los Estados Unidos tuvieron que crear categorías de edad para sus ciudadanos; en especial para caracterizar la edad avanzada, que es cuando en el individuo comienzan a decaer sus fuerzas físicas y muy pronto perderá su autonomía y pasará a ser dependiente, una probable carga para la familia o el gobierno. En la década de los 30's la vejez no se definía por la edad de los individuos, sino por su desgaste físico y mental. De hecho, en su investigación de tesis Mann (2014) menciona que un gran número de médicos y científicos se inclinaban por reconocer la vejez a partir de ciertos indicadores biológicos y no por la edad, diciendo que era el estado físico y no los años los que anunciaban el advenimiento de la ancianidad.

La definición de la vejez es importante para una sociedad cuando en un pueblo la expectativa de vida cambia con el progreso científico, como sucede en la época actual y como es el caso del país mencionado, donde a principios del siglo XX la expectativa de vida era de 48 años y al cierre del siglo aumentó a 78 años; esto es lo que se denomina "transición demográfica".

Por el escenario del incremento de la expectativa de vida, fue en 1961 que los legisladores de esa nación definieron de forma cronológica la edad madura de sus conciudadanos, y establecieron que la ancianidad empezaba a partir de los 65 años, sin importar qué tan fuerte o débil estuviera físicamente el individuo (Mann, op.cit).

Así, un PhD que haya egresado del doctorado entre los 23-30 años, edad que representa aproximadamente el 50% de los egresados en Estados Unidos, tendrán una vida profesional activa de entre 35-42 años hasta su retiro a los 65, edad en la que el promedio de los investigadores se retiran. Pero este retiro es voluntario, muchos otros profesores investigadores continúan trabajando a lo largo de sus vidas.

¿Incapacita para la vida o para los estudios doctorales la edad?

Ponerle un número a los años de las personas para decirles que a partir de ahí ya son viejos, es un convencionalismo. La pregunta es: ¿viejo para qué? ¿Para correr un maratón? Mientras camine lo puede hacer, como el caso de la anciana mexicana de casi 100 años que anualmente corría el maratón de la Cd. de México. ¿Para comenzar a procrear una familia a los 65 años? Lo está, sin duda. ¿Para tener sexo a los 75 años? Quizá biológicamente esté imposibilitado, pero con la ayuda del Viagra seguramente lo podrá hacer. Por ejemplo, Hugh Hufner fundador de la revista Playboy declaró, ya de viejo, que esa sustancia le había brindado un renacimiento sexual a su vida.

Entonces, ¿viejo para qué? Por ejemplo veamos el dato curioso que reporta Tortorello (2017) en un artículo publicado el mes de julio del 2017. Tortorello encontró que más del 75% de los conductores adultos de los Estados Unidos tiene licencia para manejar; y de ese grupo, 40 millones de conductores son mayores de 65 años.

Esto se debe, según Tortorello, a que conducir es un estilo de vida en ese país, y si las personas mayores de edad dejan de hacerlo les sobreviene depresión y su expectativa de vida disminuye, seis años a los hombres y diez años a las mujeres. Así, dentro de ese grupo de 40 millones mencionados líneas arriba, 3.5 millones son mayores de 85 años, habiendo algunos de 95 años con licencia y que aún manejan sus propios automóviles. El llamado "Tsunami Plateado" en los Estados Unidos se refiere al arribo proyectado de 74 millones de conductores mayores de 65 años para el año 2030. Paradójicamente, entre los conductores, que se distribuyen en varios grupos desde los 16 hasta más de 85 años, según datos del departamento de policía y de la AAA Foundation for Traffic Safety que reporta Tortorello, los conductores entre 60-69 años son los que muestran la menor tasa de accidentes, y los grupos de 16-24 años presentan los mayores índices de accidentes de tráfico. En general, el espectro de edad más seguro en los caminos está entre los 50-69 años de edad.

¿Qué significa esto? Que en los países donde las personas dependen tanto del automóvil, la relación que desarrollan con los vehículos es casi familiar; de hecho, la mayoría de la gente trabaja hasta el retiro pero conducen hasta la muerte. Y está visto, como prueban las cifras de fuentes oficiales, que los adultos mayores son más tranquilos y seguros en la vía pública que los jóvenes y adultos jóvenes.

Existen numerosos profesores investigadores que en la vejez continúan siendo tanto o más brillantes que cuando eran jóvenes. Por ejemplo, Bob Kahn de 76 años, quien inventó el protocolo de internet y otros protocolos de comunicación, es el CEO del Corporation of National Research Initiatives. John Polanyi, Premio Nobel de química 1986, a los 86 años continúa activo en la Universidad de Toronto. Mario Bunge, a sus 97 años se mantiene trabajando en la Universidad de McGill. Estos investigadores son sólo una pequeña muestra de los muchos que siguen produciendo.

También está el caso del ejército, donde los oficiales de mayor rango regularmente son personas mayores que tienen la mayor experiencia y cuentan con logros meritorios en sus áreas respectivas, lo cual difícilmente se alcanza a la edad en que muchos jóvenes obtienen su doctorado

¿Importa la edad en los estudios doctorales?

Partiendo del planteamiento: ¿para qué estudiar el doctorado?, se puede responder lo siguiente: La idea que subyace en los estudios doctorales de los países avanzados, es la de formar científicos que irán a integrarse a los procesos de investigación científica y tecnológica que forman parte de una inmensa maquinaria que cuenta con todos los recursos que necesita, que tiene múltiples propósitos, que está perfectamente aceitada, y que agendan una estrategia global y futurista. Para una situación como esta, sí les importa la edad, y mientras más jóvenes ingresen y egresen del doctorado, mejor.

Esa situación no existe ni por asomo en los países en desarrollo. Así que la edad no es un factor limitante para estudiar el doctorado. En primer lugar porque la formación de cuadros doctorales está orientado principalmente para elevar el nivel profesional de los docentes universitarios y, en consecuencia, la calidad de su enseñanza. En segundo término, algunos se preparan más para hacer investigación aplicada y no tanto investigación básica, además de que esta última difícilmente tendrá parecido alguno a la llamada "súper ciencia" de los países avanzados. En tercer lugar, a que sólo así podrá transformarse la universidad, apostando a que la mentalidad de los docentes y estudiantes sea empática y/o impulsora de la investigación y desarrollo científicos, y a conformar una tradición propia y no copiada a otros países –tradición que tardará generaciones en convertirse en realidad–.

No obstante, para un país en desarrollo también existen ventajas en formar doctores mayores de 40 años –ya con el tiempo serán cada vez menores de 30 años–, particularmente en aquellos que han participado en la praxis privada, y es la de que traen una experiencia que puede ser capitalizada para la implementación de otras plataformas para el desarrollo social no necesariamente basadas en la investigación científica. Es decir, el aprender a utilizar las habilidades de la investigación doctoral en el emprendimiento puede ser una ventaja para una sociedad no científica.

¿Qué significa ser un estudiante doctoral mayor de edad?

¿Estudiar el doctorado cuando se tiene más de 30 años? ¿En dónde? Porque no es lo mismo ser aceptado cuando se tiene una edad avanzada e ir a un programa doctoral en el propio país o en otro similar, que conseguir ser aceptado en una universidad de país avanzado donde tradicionalmente comienzan a formarse desde muy jóvenes. Y es que, como señala Bratrud (1999), la educación universitaria, tanto la de pregrado como la de posgrado, fue diseñada y planeada en aquellos países pensando en los jóvenes y no en los adultos; a pesar de eso, los cambios de mentalidad y reglas han ido dando paulatina apertura a mayores de edad.

Ahora bien, ¿qué significa estudiar el doctorado siendo mayor de edad? Esto es algo que Bratrud (op.cit.) se propuso conocer a través de una investigación gerontológico-fenomenológica en estudiantes doctorales mayores de 60 años de edad.

Para empezar, comenta la autora, se consideran estudiantes no-tradicionales a los mayores de 25 años. Los nombres con los que en las universidades americanas se identifican a los estudiantes que están por arriba de los 25 años, son varios: estudiante anciano, estudiante viejo, aprendiz adulto. Esto les crea una categoría especial para la cual las propias universidades han desarrollado materiales didácticos para que se guíen y ajusten sus vidas mientras están ahí.

Sin embargo, volver a la universidad después de 5, 10, 15, 20 o más años, exige a la persona tener que abandonar su forma de vida por un período de cinco o más años, quizá salir de su hogar, reducir sus gastos, ajustarse a un sistema estructurado para los jóvenes, y tener que convivir con algunos de costumbres extrañas que quizá jamás hubiera tenido que tratar de haberse quedado en su mundo. Además, durante el entrenamiento se somete a las reglas y disciplinas que impongan los profesores en sus asignaturas, y a las pautas que le imponga su director de tesis.

La juventud, la energía, la competitividad, la segregación por la edad entre los estudiantes, los distingos de los profesores por la edad, entre otras cosas, someten a los estudiantes mayores que tienen menos fortaleza que otros, a un continuo estrés, al aislamiento, a la subestimación, a la incomunicación, que en los primeros años del doctorado repercute en su personalidad y en ocasiones les orilla a renunciar (Clarke, 1980). Otros más terminan los estudios pero no la investigación, y si terminan la investigación se quedan sin escribir la tesis. Es decir, comprometerse a una carrera doctoral sin estar mentalmente preparado para realizarla conlleva considerables riesgos.

En resumen, creo que nunca es tarde para estudiar un doctorado ni para iniciar una nueva carrera. Creo que las universidades de la región latinoamericana no han cerrado las puertas de los estudios de pregrado y posgrado a las personas mayores, dándoles la oportunidad de cambiar para crecer.

PARTE 7

EL ESTILO DE LA ESCRITURA CIENTÍFICA, AUTORÍA Y MULTIAUTORÍA

> *Un orador refuerza el sentido de lo que dice con gestos e inflexiones vocales, y si la gente a la que se dirige no lo entiende pueden pedirle que aclare el punto; mientras que el escritor, no goza de esas ventajas, él debe formular y seguir ciertos principios literarios si desea ser completamente entendido.*
> Robert Graves

> *Por encima de todo, escribir nos ayuda a pensar y a expresar nuestros pensamientos. Cualquiera que escriba mal es un minusválido, tanto en lo privado como en el trato con los demás.*
> Robert Barrass

¿Qué es el estilo en la escritura?

El estilo en la escritura se define como el modo personal en que un individuo comunica cualquier asunto por escrito. En base a su personalidad, educación, contexto sociocultural, edad y experiencia, además de los propósitos que conlleva lo que desea escribir, cada individuo desarrolla su propio estilo. De la misma manera en que una persona tiene huellas digitales y genéticas únicas, lo mismo sucede con el estilo, cada ser humano tiene el suyo propio.

Otra definición de estilo, de acuerdo a Kirkman (2015), es el de que escribir es elegir. Es decir, como la persona que escribe tiene a su alcance la riqueza idiomática de su propia lengua o de otra que utilice, al disponerse a escribir decide con qué palabras y giros expresará sus ideas. Un idioma ofrece "opciones de palabras individuales y combinaciones de palabras en pequeñas y grandes 'estructuras', como modismos, frases, cláusulas, oraciones, párrafos, secciones, capítulos. Las opciones que hacemos crean el 'estilo', que es un término que comprende el equilibrio, el énfasis y el tono".

Los buenos autores, señala Hall (1968), independientemente de si son poetas, novelistas o ensayistas; sin son creyentes o ateos; vegetarianos o carnívoros; borrachos o abstemios; todos "comparten una idea común acerca del buen estilo, una idea sobre las virtudes de la claridad y la simplicidad".

Pero el estilo es una manifestación viva de la razón; no surge y permanece tal cual los años de existencia del escritor; se trabaja y forja a medida que la persona escribe una y mil veces y mil más hasta lograr poner por escrito lo que en su mente tiene claro y que quiere comunicar. Y esto último se obtiene trabajando constantemente, como el pianista que ensaya horas diariamente, siendo disciplinado y persistente.

El estilo evoluciona hasta un grado en que el repetido ensayo se convierte en un ejercicio creativo, según las intenciones del individuo. Así, se puede ver en la obra temprana de algunos autores cómo el producto de sus primeros ejercicios es tan diferente a sus trabajos posteriores, cuando ya son autores experimentados y hechos.

Por eso decía el Nobel de Literatura Hermann Hesse (1983), cuando era un escritor en sus treinta años, que aún estaba madurando, que sus primeros trabajos eran "pecado de juventud" de un joven de veinte años que, después de una década "no pueden ser retocados por él mismo, ya que su único valor es la expresión, el ritmo y el ademán (es decir, el estilo). Y tachar o mejorar algo me parecía ilícito". Esos textos de aprendiz de escritor representaban lo que él fue de joven y así debían mantenerse.

Otros factores que coadyuvan a darle una forma al estilo son el tema tratado, el género literario empleado (ensayo, novela, poesía, tesis, etc.), las lecturas acumuladas en la vida (ya sea que se haya leído mucho, poco o nada, y qué clase de lecturas), la época y/o transición de épocas (común en las últimas décadas), el estado de ánimo (tristeza, felicidad, euforia, disforia), el estado de salud (sano completamente, enfermo crónico, con enfermedad pasajera, con incapacidades, etc.), los viajes vividos (demasiado común en los últimos tiempos), la urgencia por escribir y mostrar (ya sea que no haya presión por terminar, o que tenga mediana o demasiada presión para entregar en fecha determinada), y, particularmente, los motivos que llevan a escribir.

El estilo en la escritura académica

En su libro "*Stylish academic writing*", Sword (2012) menciona que "para muchos académicos, 'la escritura académica con estilo' es, en el mejor de los casos, un oxímoron y en el peor –de los casos– un negocio arriesgado. ¿Por qué, preguntan –los académicos–, deberíamos complementar nuestra investigación con florituras estilísticas gratuitas?" La respuesta está en que para los académicos privilegiar la forma sobre el contenido no es negocio ni prioridad.

Comunicar las ideas en el lenguaje de la disciplina propia del investigador y con su muy particular manera de escribir, es lo que cuenta para el gremio académico. Hay ideas grandiosas y elegantes generadas por los científicos que se transmiten de manera tan ordinaria que no se les ve la gracia por ningún lado; sin embargo, cuando alguien retransmite esas mismas ideas con un mejor estilo y diferente lenguaje entonces, como si se pulieran diamantes en bruto, adquieren brillo y atractivo notables. Esta actitud de no pensar en mejorar el estilo sucede a menudo con la mayoría de las ideas recién difundidas en los journals académicos y científicos, lo que produce trabajos tan opacos y aburridos como cualquier documento notarial.

Sword también dice que la actitud de la academia en eternizar el uso de su estilo chato, seco y poco atractivo es puro conformismo. Que aún y cuando existen reglas estrictas específicas a cada disciplina, los investigadores siguen teniendo amplio margen para escribir sus ideas mucho mejor de lo que acostumbran hacerlo.

No lo hacen porque el modo común de escribir para publicar en la academia se ha hecho hábito; y si los escritos no encajan en ese estilo particular que exigen los journals, cuyos dueños se han erigido en los guardianes del estilo de la escritura científica, entonces los trabajos son rechazados.

Autoría, multiautoría y estilo

Otro aspecto sobresaliente del estilo académico es la autoría. En la actualidad son raros los artículos científicos producidos por un solo autor; de hecho, la autoría única o individual no es muy bien aceptada por los journals de ciencias físicas, químicas, biológicas ni tecnológicas. La multiautoría, que consiste en la publicación de artículos bajo el nombre de dos o más autores, que se originó a finales del siglo XIX, tomó fuerza después de concluida la II Guerra Mundial y desplazó a la monoautoría.

Pero la multiautoría tiene sus inconvenientes, como el de agregar supuestos colaboradores que no participaron en la investigación ni en la elaboración del artículo, tampoco en el financiamiento del proyecto, ni en actividades o apoyos al progreso y correcta culminación del estudio. También, se presta a que exista un intercambio de coautorías entre científicos. Asimismo, se ha observado que aparentes colaboradores aparecen como coautores en toda clase de trabajos de diferentes disciplinas.

Entre los excesos de la multiautoría basta ver el caso del artículo *"Combined Measurement of the Higgs Boson Mass in pp Collisions at $\sqrt{s}=7$ and 8 TeV with the ATLAS and CMS Experiments"*, publicado en el Physical Review Letters 114, en el año 2015, que es un artículo de 7 páginas, 40 referencias, y 24.5 páginas que enlistan a 5,154 (cinco mil ciento cincuenta y cuatro) autores.

Asimismo, Navarro (2015) menciona varios artículos del área médica con decenas de autores, como: *"Allergic rhinitis and its impact on asthma (ARIA) 2008"* [Allergy 2008: 63 (Suppl. 86): 8–160], con 96 autores. O *"An integrated map of genetic variation from 1,092 human genomes"* [Nature (2012; 491:56-65)], con 703 autores.

La multiautoría es hoy día una norma editorial dentro del mundo de la comunicación científica. Esto se debe a que supuestamente refleja el trabajo científico en colaboración. Luego, mientras más colaboradores haya involucrados en un trabajo, pertenecientes a múltiples centros, y de diferentes nacionalidades, más valor de autoridad tendrá él o los artículos que conjuntamente publiquen.

El tesista como autor individual

El estudiante de doctorado recibe una preparación por un largo período de tiempo, de entre 3-7 o más años, conducente a formarlo como científico o investigador académico. En ese lapso (1) se empapa en conocimiento; (2) asimila numerosas técnicas de laboratorio, campo y documentación, según aplique; (3) se adiestra para percibir e identificar situaciones anómalas en su campo de estudio; (4) desarrolla pericia para plantear, echar a andar y mantener trabajando proyectos de investigación; (5) identifica y apropia métodos de recolección, manejo, tabulación, y análisis de datos cosechados por la investigación; (6) aprende a especular partiendo de los datos duros cribados por los análisis y por sus observaciones, y a inferir algunas consecuencias; y (7) trasciende las conjeturas concebidas para darles sentido dentro del marco teórico del sistema disciplinario en cuestión.

A partir de aquí, el tesista deberá sustentar lo aprendido y realizado durante su investigación doctoral recapitulando todo su trabajo, de principio a fin, para la elaboración de un reporte escrito o tesis. En esta etapa se desempeñará como autor, y su función en esta etapa será la de redactar la tesis en los términos establecidos por la universidad o la administración del programa doctoral.

El estudiante no escribirá la tesis como si inventara un cuento o una novela; por el contrario, utilizará todos los datos producidos por su investigación para organizar inteligentemente el argumento de su reporte final

La tesis de multiautoría

¿Existe la tesis de múltiples autores? Aparentemente no. Y probablemente en todo lo que se refiere al trabajo de investigación el estudiante tuvo todo bajo su control, así haya tenido técnicos o estudiantes que le asistieran. Sin embargo, a la hora de presentar la tesis aparecen al lado del estudiante algunos coautores.

¿Cómo es esto? En las llamadas "tesis por publicación", donde para titularse el estudiante escribe y publica 3, 5 o más artículos, según lo que indique el reglamento, aparecen junto a él uno o más colaboradores. Después, cuando quedan compilados los artículos en la tesis queda en evidencia la coautoría de asesor y lectores, lo que da la impresión de que la tesis es una obra compuesta por varias personas.

Por ejemplo, la tesis doctoral de Chittenden (2007). Esta es una tesis experimental "sobre la estabilidad del agua bajo condiciones marcianas". La tesis consta de 6 capítulos y IX apéndices. En los capítulos 1-5 se muestran los capítulos publicados en el formato de tesis; el capítulo 6 consiste en la conclusión del trabajo íntegro. Después, en los apéndices se presentan las fotocopias de los 6 capítulos que ya como artículos fueron publicados en journals internacionales, y copia de 3 posters presentados en conferencias. En este caso, hay artículos que sólo acompaña la asesora a la estudiante, pero también hay artículos de multiautoría.

Otro caso similar, de los que en los últimos años comenzaron a proliferar, es la tesis doctoral de Matsumura (2006). Su investigación fue en referencia a "los discos proto-estelares y su evolución, desde el punto de vista de la formación y migración del planeta". La tesis contiene 7 capítulos. Al tiempo de concluir su tesis y de examinarse, Matsumura había publicado el capítulo 3, enviado a una revista el capítulo 5, y revisado para enviar el capítulo 6. El capítulo 7 reseñaba el trabajo de investigación. Finalmente, los otros capítulos fueron publicados. Todos los artículos tienen coautoría.

Como son cada vez más los programas doctorales que exigen a los estudiantes publicar los aspectos más relevantes de sus tesis –lo que normalmente sucede después de que la tesis fue escrita–, ahora las cosas están cambiando. Resulta que ya les están pidiendo publicar primero y después compilar los artículos que formarán el cuerpo de la tesis. Después de todo esto, el examen doctoral.

Cómo deben escribir los científicos

Según Barrass (1978), los científicos deben reunir ciertos requisitos al comunicar los resultados de sus estudios o sus reflexiones sobre cualquier tema:

1. Explicación: Debe considerar la audiencia a la cual va dirigido el escrito. Puede tratarse de un estudiante preparatoriano que va a comenzar la carrera universitaria; o de un estudiante avanzado que posee mayor información para comprender ciertas teorías; o de un estudiante de posgrado que necesita un curso avanzado. Sin embargo, como mencioné en el apartado de 'audiencia' de este libro, la audiencia del tesista se reduce a su asesor, el presidente del sínodo y los lectores, lo que de alguna manera ayuda al estudiante porque no tiene que es-

forzarse en buscar formas y palabras para que su trabajo sea entendido por su abuela.

2. Claridad: El pensamiento nítido del autor, al aplicar el método científico en el desarrollo del tema, tiene que verse reflejado en la exposición, tablas, gráficas y figuras. Hay que ser claro hasta donde sea posible, pero tampoco hay que subestimar la inteligencia del posible lector.

3. Compleción: El trato dado al trabajo tiene que ser completo. Cada parte del documento debe de ser íntegra y lógica. Evitar omisiones de puntos importantes que son clave para entender el trabajo en su totalidad. "El autor deberá ser honesto consigo mismo y tener en cuenta las limitaciones de su propio conocimiento".

4. Imparcialidad: "Aclarar aquellas asunciones que yazcan bajo los argumentos, porque si esas son incorrectas entonces las conclusiones podrán ser incorrectas. Indicar cuándo, dónde y cómo se obtuvieron los datos; poner en claro las limitantes del estudio, las fuentes de error, los probables errores de los datos y el rango de validez de las conclusiones". Evitar ser tendencioso y no preconcebir ideas. Cualquier asunción, extrapolación o generalización deberá basarse en evidencias, y deberá concordar con lo que es el tema de investigación.

5. Orden: Si las ideas se presentan en un orden lógico, el mensaje podrá entenderse más fácilmente.

6. Precisión: El método científico valida su utilidad para la ciencia por la repetición de los ensayos o experimentos científicos. En caso de que el estudio haya sido experimental, entonces cada experimento deberá ser descrito de tal forma que otros lo puedan repetir. Cada conclusión deberá ser verificable.

7. Objetividad: Por la reproducibilidad de la ciencia experi-

mental y la lógica del conocimiento científico, en el ámbito de la ciencia no caben las opiniones sin soporte; cada declaración deberá estar basada en evidencias. Cuando haya una idea a la que le falta evidencia científica, no importa que venga de un sabio reconocido, deberá tomarse con igual criterio; es decir, no aceptarla como conocimiento establecido y tomarla con el debido recelo. Nunca debe olvidar que la escritura científica no sugiere nada ni tampoco se dejan las cosas a la imaginación del lector; "lo que se comunica parte de una verdad establecida y de la lógica de un argumento".

8. Simplicidad: "Al seleccionar entre hipótesis o explicaciones, el científico debe escoger las más sencillas, aquellas que concuerden con la evidencia". Esto es lo que se conoce como la navaja de Occam.

Principios de estilo para cualquiera que escriba

Hall (op.cit.) ofrece algunos principios básicos para la escritura:

- Ninguna palabra o frase debe ser ambigua.
- Cada palabra o frase debe estar situada correctamente en la frase.
- Ninguna idea debe presentarse más de una vez en el mismo pasaje o sección.
- Las oraciones y los párrafos deben estar ligados lógica y legiblemente.
- El orden de las ideas en una oración o en un párrafo debe estar de forma tal que el lector no necesite reacomodarlas en su mente.
- Las metáforas no deben estar acopladas al texto de manera que confundan o distraigan al lector.
  Al respecto, Hemingway opinó: "No importa que tan buena sea una frase o un símil si se coloca donde no es absolutamente necesaria… La prosa es arquitectura, no decoración de interiores, y el Barroco ya no existe".

- Todas las frases en una oración o las oraciones en un párrafo, deben pertenecer al mismo vocabulario o nivel de lenguaje.
- Las oraciones no deben ser tan largas que el lector se pierda en ellas.

Algunos de los manuales de estilo académico más utilizado en las universidades son los siguientes:

a) American Psychological Association. *Publication Manual of the American Psychological Association*
b) Gibaldi, J., & WS Achtert. *MLA handbook for writers of research papers*
c) Turabian, K. *A manual for writers of research papers, theses and dissertations*
d) The University of Chicago Press. *The Chicago manual of style*

CONSTRUCCIÓN DEL CONOCIMIENTO A TRAVÉS DE CITAS Y REFERENCIAS

No hay originalidad pura. Todas las mentes citan. Lo viejo y lo nuevo hacen la urdimbre y la trama de cada momento.
Ralph Waldo Emerson

En la formación universitaria avanzada que procuran los posgrados de investigación se hace énfasis en tres cosas básicas: en el entrenamiento científico, en el aprendizaje de la disciplina que se estudia, y, eventualmente, en la enseñanza. Sin embargo, algo que está implícito en la educación pero que no se aborda con plenitud, es el tratar de entender el papel que juega en la realidad la teoría y práctica de lo que se cursa; interpretar el rol de los autores de temas importantes que se estudian y la tendencia evolutiva de esos temas, y, en general, el modo de aplicar en la investigación y/o en la praxis profesional el saber que se incorpora en los años de estudio.

Y, todo esto, ¿para qué? Para poder: (1) reconocer y discernir la problemática en la especialidad que sea, (2) plantear modos de profundizar el entendimiento de problemas particulares en su área, (3) generar información original sobre los problemas abordados, (4) proponer maneras de atajar y/o solucionar dichos problemas, y (5) aumentar, mediante la producción y publicación de tesis y/o artículos, la base de información que sobre el problema tratado existe en las fuentes de datos actuales.

Esto es lo que Bernard de Chartres (siglo XII) llamó: *Nani gigantum humeris insidentes*, que significa: "pararse sobre los hombros de los gigantes" –frase que equivocadamente se atribuye a Newton– (Gribbin, 2003). La idea va en el sentido de que para avanzar en el conocimiento el pensador se apoya en los trabajos de otros. Es decir, en la construcción del conocimiento que hace el investigador, se parte de la base de información ya existente.

Cuando el aprendiz de investigador pone demasiada atención al proceso de investigación de su problema y a los resultados encontrados, sin haber tomado en cuenta lo que otros investigadores ya hicieron y publicaron, su esfuerzo queda descalificado desde el punto de vista académico. Podrá ser un buen ejercicio de investigación el realizado, la repetición y afinación de una técnica, pero nada original que merezca ser publicado.

El valor de las citas en la investigación y publicación científicas está en que:

> Son un elemento esencial y definitorio de los manuscritos científicos. Idealmente, confirman las declaraciones de los autores o se refieren a trabajos importantes para la comprensión de un texto y, por lo tanto, permiten a los lectores comprender el contexto de un artículo... Las citas son indispensables para explicar el razonamiento o las conclusiones de un estudio o para el argumento de un artículo de revisión.
> (Jergas y Baethge, 2015).

Por todo lo anterior, se puede entender la importancia de la búsqueda exhaustiva de información referente al tema de tesis planteado, a la revisión crítica de la literatura encontrada y seleccionada, y al uso pertinente de citas a lo largo de la tesis. Además, mientras que el investigador permanezca en activo, la búsqueda de nueva información sobre su campo de interés y el apropiamiento de esos saberes, serán actividad rutinaria de su trabajo.

¿Qué tipo de artículos, libros, reportes o trabajos debe (usar y) citar un tesista de posgrado?

Todo depende de la disciplina que el estudiante esté cursando y el tema que esté investigando. No es lo mismo un estudio sobre nanotecnología de los alimentos que uno de filosofía del método científico, o la elaboración de prosa creativa para una novela que física cuántica, o el impacto social de la inmigración en un lugar que la caracterización de la variabilidad climática en una región en x tiempo.

En tal sentido, hay materiales documentales que para unos son filones de oro puro y para otros pirita (oro del bobo), o viceversa. *El Physical Review Letters*, una de las revistas de física de mayor prestigio en su campo, tiene sentido y utilidad para un grupo de personas, pero no para la mayoría. O un informativo como *The Economist*, que a pesar de ser elaborado con la mayor seriedad por expertos en comunicación, en asuntos internacionales y en economía, no reúne los criterios académicos de la revista universitaria *Journal of Political Economy*, porque tienen diferentes propósitos y sentidos; sin embargo, eso no es obstáculo para que la información de *The Economist* pueda ser empleada por algún investigador o estudiante de posgrado.

Normalmente se recomiendan como fuentes aceptables para la preparación de trabajos académicos los artículos que hayan sido publicados en revistas académicas y científicas con factor de impacto y/o indexadas por bases de datos de instituciones especializadas; libros colectivos y capítulos de libros producidos por académicos; páginas de internet de reputados centros de investigación, universidades o académicos serios. Pero esto es cerrarse la mente a fuentes informativas valiosas, como veremos enseguida:

Por ejemplo, algunos autores, como Gasparyan y colaboradores (2015), consideran "referencias inaceptables" para los trabajos académicos a cualquier recurso informativo procedente de fuentes tales como los periódicos o las revistas comerciales; páginas web que no tengan control o que carezcan de reglamento alguno, como podrían ser la páginas personales de Stephen Hawking (**http://www.hawking.org.uk/**) o la de Noam Chomsky (**https://chomsky.info/**) o la de Jane Goodall (**http://www.janegoodall.org/**), entre muchas más; y, en consecuencia, también quedan fuera de su visión como fuentes de información académica los medios sociales como Facebook, Twitter y cualquier medio similar; asimismo, los videos documentales, materiales visuales proyectados por YouTube, etc., son dejados fuera. Recomendaciones o reportes "no muy evidentes" de sociedades pequeñas o poco visibles tampoco las aceptan. Y, para colmo, tampoco acreditan como fuentes válidas a las tesis universitarias o "cualquier trabajo de posgrado generado por proyectos"

Sin duda alguna hay fuentes especializadas para trabajos especializados, como para biología sintética, química molecular y otros temas por el estilo, pero limitar al investigador sus fuentes informativas y/o de conocimiento es sesgar su orientación. Con la debida prudencia al manejar sus fuentes, habida una preparación y una experiencia, y, en el caso del estudiante de posgrado, una asesoría a su lado, cualquier dato informativo puede ocasionar una nueva línea de investigación o dar luz para resolver un problema

Es obvio que el estudiante de posgrado debe aprender a conocer, a ponderar, a discriminar, y a utilizar la información que obtenga; ya sea porque la busque directamente o porque de casualidad caiga en sus manos; y, por costumbre, empieza a trabajar con material documental proveniente de fuentes académicamente confiables. Sin embargo, el conocer, diferenciar, segregar, y manejar la información, cualquiera que sea su origen y seriedad, es parte del entrenamiento y de la maduración que el estudiante irá adquiriendo con el tiempo.

Errores comunes

Los errores que los autores cometemos al citar o no citar, son más frecuentes de lo que se pudiera pensar. Jergas y Baethge (op.cit.) realizaron un estudio meta-analítico sobre la correcta citación en los artículos científicos de revistas médicas internacionales. Observaron que los errores de los autores al citar los trabajos de otros son diversos y numerosos, hallando que un 25.4% de las citas de la muestra de artículos revisados no servían a su propósito.

En general, algunos de los detalles que regularmente se identifican como errores en un artículo o en una tesis de posgrado, son los siguientes:

1. Se agregan citas inapropiadas o innecesarias al contexto de la tesis o artículo.
2. Se utiliza información proveniente de una fuente y no se cita al autor, lo que se convierte en plagio.
3. Se parafraseo sin cita. Cuando la parte de un texto se parafrasea quiere decir que se interpreta eso que se leyó. Y si la paráfrasis se escribe, debe agregarse la referencia de donde proviene la información. No agregar la referencia es plagio.
4. No hay correspondencia entre lo que se dice en la línea o párrafo y la cita agregada.
5. La cita está incompleta. Faltan datos o está equivocada.
6. El contenido de la cita no se corresponde con el contenido de la fuente de referencia.

7. Las citas que se presentan son insuficientes de acuerdo a la magnitud y actualidad del tema investigado.
8. Se presentan citas apócrifas.
9. Se utilizan las citas de modo sesgado.
10. La cita es confusa o equivocada por deficiente traducción.

Sobre los hombros de los gigantes. Ejercicio de construcción de conocimiento a partir de dichos, frases y aforismos.

Uno de los ejercicios que desarrollé para el taller de escritura de tesis para estudiantes de doctorado, consiste en hacer uso de cierta información no académica que se proporciona en el momento, a realizar en un breve período de tiempo, y que pone en juego las habilidades del estudiante.

El propósito de este ejercicio es el de practicar un tipo de escritura semi-dirigida. Este ejercicio se diferencia de la escritura libre y de la escritura directa en que el ejercitante no deja escapar su mente al escribir sin control –como pasa en la escritura libre–, ni se engancha a una sola idea que le guía de principio a fin –como ocurre en la escritura directa.

La escritura semi-dirigida es una mezcla de las escrituras libre y directa, pues utiliza como material de trabajo diferentes citas de varias fuentes, identifica en ellas una idea común, y luego construye de forma arbitraria su ensayo, haciendo crecer las citas con ideas propias y enlazándolas unas con otras.

No se trata de incorporar las palabras dichas por otras personas (famosas o no famosas) a un escrito que sobre un tema se está elaborando, como un artículo o una tesis; es todo lo contrario, se trata de idear un ensayo o un relato, cuyo tema no ha sido siquiera imaginado aun, a partir de la búsqueda azarosa de citas, refranes, dichos, aforismos o cualquier texto corto que encierre un posible mensaje, y que por el simple gusto o porque llame la atención sea elegido uno tras otro hasta juntar varios.

¿Dónde obtener las citas? Existen numerosas fuentes, como los libros de citas; o páginas de citas de internet; o de obras clásicas como la Biblia, la Odisea, el Quijote, novelas famosas, biografías, libros de divulgación científica, entre otras más. Y, ¿cómo se procede? Se busca y selecciona cualquier número de citas o frases que llamen la atención del lector; se analizan y eligen las que la persona crea conveniente.

Nombre del ejercicio: **Construcción del conocimiento a través de citas celebres.**

Objetivo: Elaborar un breve ensayo a partir de citas celebres.

Instrucciones:
1. Lea cuidadosamente las citas o dichos que se enlistan.
2. Seleccione tres citas según convenga a su interés.
3. Pre elabore un pensamiento central sobre lo que intenta escribir.
4. Prepare diferentes párrafos que apunten a su idea central.
5. Escriba el ensayo.

Tiempo para escribir el ensayo:
8 minutos para leer y seleccionar las citas
7 minutos para pre-elaborar un pensamiento central
8 minutos para preparar e hilvanar párrafos
7 minutos para escribir un ensayo breve (200–250 palabras)

Yo no hablo de venganzas ni perdones, el olvido es la única venganza y el único perdón.
Jorge Luis Borges

Yo no fracasé, sólo descubrí mil maneras que no funcionan.
Tomás Alva Edison

La mente es como un paracaídas. Sólo sirve si se abre.
Albert Einstein

La vocación del político de carrera es hacer de cada solución un problema.
Woody Allen

El relativismo, al no reconocer nada como definitivo, deja como última medida sólo el propio yo con sus caprichos; y, bajo la apariencia de la libertad, se transforma para cada uno en una prisión, porque separa al uno del otro, dejando a cada uno encerrado dentro de su propio "yo".
Benedicto XVI

Aquellos que más hablan de progreso, lo miden por cantidad y no por calidad.
George Santayana

Somos lo que hacemos repetidamente. Por lo tanto, la excelencia no es un acto, sino un hábito.
Aristóteles

Comienza haciendo lo que es necesario, después lo que es posible y de repente estarás haciendo lo imposible.
San Francisco de Asís

La mayoría de las conversaciones son simplemente monólogos emitidos en presencia de testigos.
Margaret Millar

La vida no es un problema para ser resuelto, es un misterio para ser vivido.
Platón

El Arte no es lo que ves, es lo que haces ver a los demás.
Edgar Degas

Una pila de piedras deja de ser una pila de piedras en el momento en que un solo hombre la contempla, concibiendo por dentro la imagen de una catedral.
Antoine de Saint Exupéry

El gran enemigo del conocimiento no es la ignorancia, sino la ilusión de conocimiento.
Stephen Hawking

Como no me he preocupado de nacer, no me preocupo de morir.
Federico García Lorca

De todos los animales de la creación el hombre es el único que bebe sin tener sed, come sin tener hambre y habla sin tener nada que decir.
John Steinbeck

La procrastinación es como una tarjeta de crédito: lo pasas estupendo hasta que te llega la cuenta.
Christopher Parker

La ciencia es conocimiento organizado. La sabiduría es vida organizada.
Immanuel Kant

Quien se empeña en pegarle una pedrada a la luna no lo conseguirá, pero terminará sabiendo manejar la honda...
Proverbio árabe

Es un error capital el teorizar antes de poseer datos. Insensiblemente uno comienza a deformar los hechos para hacerlos encajar en las teorías, en lugar de encajar las teorías en los hechos.
Sherlock Holmes (personaje de novela de A. Conan Doyle)

Al estudiante que nunca se le pide que haga lo que no

puede, nunca hace lo que puede.
John Stuart Mill

Los únicos interesados en cambiar el mundo son los pesimistas, porque los optimistas están encantados con lo que hay.
José Saramago

Puedes delegar autoridad, pero no responsabilidad.
Stephen W. Comiskey

Todos los días la gente se arregla el cabello, ¿por qué no el corazón?
Ernesto (Che) Guevara

Ejemplo.

Se seleccionaron tres citas:

1. Como no me he preocupado de nacer, no me preocupo de morir. Federico García Lorca

2. El relativismo, al no reconocer nada como definitivo, deja como última medida sólo el propio yo con sus caprichos; y, bajo la apariencia de la libertad, se transforma para cada uno en una prisión, porque separa al uno del otro, dejando a cada uno encerrado dentro de su propio "yo". Benedicto XVI

3. Todos los días la gente se arregla el cabello, ¿por qué no el corazón? Ernesto (Che) Guevara

A partir de las citas mencionadas identifiqué un pensamiento central, y construí el breve ensayo que se muestra a continuación:

Somos lo que pensamos, lo que creemos, lo que soñamos, lo que conocemos. Y en ese mundo de subjetividad, alimentado por lo que existe a nuestro alrededor y que se ofrece a nuestros sentidos, construimos nuestra existencia. Como dijera García Lorca: "como no me he preocupado por nacer, no me preocupo de morir", que para mí significa tomarse en poco el ser lo que uno es. Y al no dar importancia a los dos más importantes eventos de nuestra vida, que son el nacimiento y la muerte, caemos en un relativismo donde, como otro pensador (Benedicto XVI) lo manifestó, "al no reconocer nada como definitivo, deja como última medida sólo el propio yo con sus caprichos" en medio de una vida que transcurre entre el nacer y el morir. Pero, como casi siempre lo hacemos muchos de nosotros, si nos cuidamos en el arreglo personal diario, con el propósito de mirarnos mejor de lo que nos vemos o nos perciben, quizá haya una esperanza para la humanidad contra ese relativismo, que algunos consideran como el problema más preocupante del siglo XXI, y quizá esa postura podrá cambiar en los tiempos por venir, pues, como lo afirmó el Che Guevara, si "todos los días la gente se arregla el cabello, ¿por qué no el corazón?". VGA.

La incorporación de la práctica de citación al trabajo cotidiano del aprendiz de investigador, le hará cada vez natural la construcción de conocimiento a partir de eso nuevo que vaya conociendo en los textos de otros autores.

EL PLAGIO EN LA TESIS*

> *¿Por qué roban los plagiarios? Transmutando una frase de Jorge Luis Borges diré que: "quizá porque la materia comprendida en el espacio existente entre los parietales, está insuficientemente cultivada."*
> *VGA*

Lo más doloroso y estresante para un profesor universitario que no sabe escribir, entendiendo por 'saber escribir' como la forma de comunicar por escrito las ideas y pensamientos producidos por la reflexión creativa o la investigación, es atenerse a evaluaciones periódicas de las que dependen cosas importantes, como: obtención de apoyos económicos que complementarán su salario, estatus, ascensos, viajes, financiamiento de proyectos, y repunte entre colegas.

Pocos saben escribir para la academia y la ciencia de manera natural, otros aprenden con el tiempo, pero muchos más nunca lo asimilan. Y ante el apremio por hacerse de esas 'cosas importantes', algunos cometen fraude. El más común es el plagio. Así de fácil se dice, y así de sencillo lo hacen quienes perpetran el robo de la propiedad intelectual de otros como medio para alcanzar sus fines personales.

En los últimos años, dos casos de plagio, presuntamente perpetrados por profesores investigadores de la Universidad Michoacana San Nicolás de Hidalgo –caso que afectó a investigadores de ocho universidades americanas– y El Colegio de San Luis –caso que afectó a un escritor mexicano–, salieron a la luz pública.

El primero, Rodrigo Núñez Arancibia, quien estudió el doctorado en ciencias sociales en el Centro de Estudios Sociológicos de El Colegio de México, obtuvo su título mediante el plagio del libro "*La revolución empresarial chilena*" de Cecilia Montero Saavedra. En el año 2004 presentó la obra de Montero como su tesis doctoral bajo el título "*Las transformaciones del empresariado chileno: Empresarios y desarrollo*" (Martínez, 2015a). Pero no fue esto lo que le llevó al descrédito y posterior retiro de su título, a pesar de haber existido reclamos de la autora al respecto y de demostrar que más del 90% de su libro fue plagiado por Arancibia, a lo que el director del Centro de Estudios Sociológicos respondió: "no tenemos pruebas para asegurar que la tesis que presentó sea un plagio" (Martínez, 2015b), sino la demanda que interpuso un grupo de investigadores internacionales a quienes plagió en su totalidad un libro colectivo titulado: "*Religion in New Spain*", editado por Susan Schroeder y Stafford Poole, y publicado en 2007 por la University of New Mexico Press. Finalmente, Núñez Arancibia fue expulsado de la Universidad Michoacana y del Sistema Nacional de Investigadores.

El otro caso se refiere a Juan Pascual Gay, profesor investigador de El Colegio de San Luis, quien fue señalado por Guillermo Sheridan de plagiarle un artículo que él había publicado en la revista *Vuelta* de México en 1993, y remitido bajo su nombre a la revista *Arrabal* de España en 2000. Por tal motivo, a Pascual Gay se le corrió de El Colegio y del Sistema Nacional de Investigadores. Sin embargo, a pesar de la probada culpabilidad de esta persona, un alto número de intelectuales le defendió aduciendo que se trataba del "linchamiento público de una persona que, más allá de este hecho, ha destacado por tener una trayectoria brillante y honesta" (VV.AA., 2015; Ugalde, 2016).

El plagio en el ambiente académico, de acuerdo a Eret y Gokmenoglu (2010), "se define como robo literario, robo intelectual o deshonestidad académica, e incluye copiar palabras o ideas sin darle el crédito a su autor."

El robo intelectual es un síntoma de la aprensión y estrés que existe entre el profesorado universitario por escribir y publicar... o perecer; condición obligatoria para ingresar al Sistema Nacional de Investigadores (SNI) y al Programa para el Mejoramiento del Profesorado ahora Programa para el Desarrollo Profesional Docente (PROMEP – PRODEP), y para mantenerse dentro de ese tipo de órganos certificadores que confiere apoyos económicos y privilegios a quienes están dentro.

El plagio incurrido por estudiantes de posgrado –que reproducen parcial o totalmente las tesis de otros para presentarlas como suyas y así titularse–, y por profesores universitarios –que aprovechan los trabajos de sus estudiantes y colegas para publicarlos como propios–, es más común de lo que la gente pudiera imaginar. Se considera que con el surgimiento del internet se multiplicó exponencialmente el problema, al grado que los expertos lo califican hoy como 'la mayor plaga que existe en las universidades'.

Pero no solamente académicos han incurrido en el plagio para elaborar sus tesis, también personas que estaban encaminadas a iniciar una carrera política o que ya estaban en medio de ella. Por ejemplo, de acuerdo al diario mexicano Reforma (2016), el presidente de México Lic. Enrique Peña Nieto (EPN) "plagió al menos a 10 autores de quienes reprodujo 197 párrafos sin que en algunos casos ni siquiera los mencionara en su bibliografía". El equipo de investigación que evaluó la tesis titulada "*El presidencialismo mexicano y Álvaro Obregón*", encabezado por la periodista Carmen Aristegui, tesis constituida por 682 párrafos en 200 páginas, "detectó que cerca del 28.8 por ciento del contenido del escrito fue plagiado".

El vocero de la Presidencia, en respuesta a dicha denuncia periodística, comentó que EPN presentó su tesis de acuerdo a los requisitos de la universidad donde estudió, y atribuyó a "errores de estilo como citas sin entrecomillar o falta de referencia a autores" el llamado plagio. Por su parte, la Universidad Panamericana que extendió el título de Licenciatura en Derecho a EPN, aceptó que "el presidente de México, Enrique Peña Nieto, si plagió parte de su proyecto de titulación universitaria" (Forbes, 2016), pero no actuó al respecto.

Otros personajes públicos envueltos en escándalos de plagio, son el ministro de defensa Karl Theodor zu Guttenberg (Lucchini, 2011) y la ministra de educación Annette Schavan (Alcaraz, 2013), ambos de Alemania, quienes tuvieron que dimitir de sus puestos públicos ante las acusaciones que existían en su contra de plagiar sus tesis doctorales.

De igual manera, el presidente de Hungría Pál Schmitt renunció a la presidencia por el mismo motivo: por plagiar su tesis doctoral. La declaración que acompañó a su dimisión fue la siguiente:

> "En esta situación en donde mis asuntos personales dividen a mi amada nación en vez de unificarla, siento que es mi deber finalizar mi servicio y renunciar a mi mandato como presidente".

Incontables personalidades han estado envueltas en casos de plagio. Uno de los más sonados últimamente, denunciado por *The Washington Post*, es el de la reconocida científica de los chimpancés, Jane Goodall, quien posteriormente se disculpó por haber omitido entrecomillados y referencias en numerosos pasajes de su libro *"Seeds of hope"* (Levingston, 2013).

Debo comentar al lector que por más veinte años he estado impartiendo talleres de escritura científica y de escritura de tesis de posgrado, pero desde la década de los 70´s he vivido y conozco el ambiente universitario, ya como estudiante y luego como profesor. En casos sobre deshonestidad académica que conozco de primera mano (que son de varias clases, además del plagio), he observado que son varios los factores que influyen en el estudiante para que este cometa el plagio de su tesis.

En primer lugar, el tesista no trabaja solo. Tiene a su director de tesis que, en teoría, debe estar pendiente de los avances de su investigación, y, después de que esta concluye, de evaluar y aprobar el reporte redactado por el estudiante. Por lo tanto, el asesor o director de tesis es corresponsable de la investigación y de la tesis.

Tesista - Asesor son (o deben ser) un binomio que trabaje en colaboración para un propósito común: que el estudiante obtenga su título profesional o de posgrado defendiendo su tesis ante un jurado examinador. Así pues, el tesista es el aprendiz y el asesor el maestro. Así, el primer lector de la tesis del estudiante es el director de tesis.

En segundo lugar, la tesis no la evalúa únicamente el asesor; hay un grupo de lectores que se asignan o se invitan para que la "lean", para que detecten fallas de contenido y/o forma, y para requieran al estudiante que las enmiende.

Es decir, se supone que la tesis que presenta el estudiante pasa, en teoría, por un rígido tamiz que cuela el trabajo para que, al final, lo que se muestre en el examen de titulación sea un texto originalmente redactado y digno del título universitario.

Otro aspecto importante que nunca se menciona es que las instituciones de educación superior de México, salvo unas pocas, no preparan a sus estudiantes ni profesores en este tema. Buena parte de los profesores universitarios ni siquiera sabe citar a sus fuentes. Y si no saben citar, pueden plagiar imprudencialmente cuando escriben un documento.

Es creencia común que el profesor universitario, por poseer un doctorado y escribir artículos científicos, sabe escribir; peor aún, que por ósmosis su asesorado aprende a escribir trabajos académicos como la tesis. Y no es así.

De tal manera, (1) si el tesista no sabe escribir y mucho menos citar una fuente; (2) si el asesor ni sus lectores leen la tesis; (3) si ni las universidades que exigen que el estudiante elabore un tesis les enseña a escribirlas; (4) y si no se vigila ni castiga el plagio, que es lo más común en muchas universidades; por lo tanto, no nos asombremos si incluso encontremos no digo presidentes, como el caso de México y el de Hungría, si no -¡el colmo!- hasta funcionarios de instituciones de educación superior que plagien, como Philip Baker, dean de medicina de la universidad de Alberta, Canadá (Dyer, 2011); o HJ Maitre, dean de la escuela de comunicaciones de la universidad de Boston (Tabor, 1991); o el profesor T. Antoniou de la universidad de Durham, que fue acusado de plagiar a sus pares para escribir su tesis doctoral y un posterior artículo (Shepherd, 2007).

Quizá habría que comenzar por revisar las tesis de quienes pretenden dirigir los destinos de las universidades.

Paradójicamente, en México, la *Ley Federal de Derecho de Autor* (última reforma publicada DOF 17-03-2015), ni siquiera menciona la palabra 'plagio'. En las universidades mexicanas es común que el plagio no esté tipificado en sus normativas, y cuando un caso trasciende sus muros, los cuerpos colegiados penalizan –o no– conforme a criterio.

CÓMO ELABORAR UNA MINI–TESIS

Un ejercicio que diseñé e implementé en el Seminario de Investigación III (taller de escritura de tesis) durante el segundo semestre del año 2016, seminario que se imparte en el cuarto semestre de la Maestría en Ingeniería Ambiental en que participo, es uno que denominé "mini-tesis". Con toda intención lo apliqué cuando faltaban dos semanas para concluir el curso; es decir, cuando los estudiantes ya habían trabajado intensamente todo el semestre en las diferentes partes de sus tesis, y cuando ya habían aprendido nuevos aspectos que les ayudarían a reforzar sus escritos.

Ahora bien, el término "mini-tesis" o "mini-disertación" no es nuevo; sin embargo, lo que si es nuevo es el enfoque que le di. Este concepto de "mini-tesis" que adapté es diferente al que utilizan en universidades de otros países, como la South West University de Sudáfrica, la Universidad de Pretoria o la Universidad de Johannesburgo, que con el término de "mini-disertación" se refieren a la tesis de maestría en oposición a "disertación" que es la tesis doctoral.

Otro concepto de "mini-tesis" es el que aplican otras universidades, como la de Edimburgo (2017) que ofrece un curso llamado *Psychology mini-dissertation* que se imparte en dos semestres a nivel licenciatura. En esta clase de cursos los estudiantes son entrenados para trabajar en grupo y escribir sus reportes de investigación de acuerdo a la norma. En *Psychology mini-dissertation* se forman equipos de 6-10 estudiantes y se les asigna un supervisor, quien les ofrece o les orienta para que descubran temas de investigación, les ayuda con la literatura y la metodología. La coordinación está a cargo del responsable del curso.

En *Psychology mini-dissertation* los estudiantes aprenden a seleccionar un tema de investigación, a diseñar su estudio, a realizar las actividades investigativas del caso, a manejar y analizar los resultados, y a escribir su reporte. La mini-tesis que entregan debe llevar el formato del artículo científico.

En el caso de The University of Kent, se han encontrado ejemplos de cómo el término de "mini-tesis" se aplica a la presentación periódica de resultados parciales de investigación que el estudiante va mostrando a lo largo de su carrera. Es decir, cada semestre reportan avances de su trabajo de investigación, que se extiende a lo largo de dos o tres años, conducentes a lo que al final será la tesis.

En otras universidades, cuando se habla de la "mini-tesis" o la "mini-disertación", se refieren a la propuesta de investigación de tesis. Por este motivo es que Cassuto (2011) hace énfasis en que la "mini-tesis" o "mini-disertación" no es la propuesta de investigación doctoral, como muchos profesores suelen pensar y enseñar. La propuesta de investigación del doctorado es una cosa, así se lleve prepararla al estudiante uno o dos años, como a muchos les ha sucedido, y otra cosa muy diferente es la tesis o disertación doctoral. Por tal motivo, programas doctorales de las universidades de Harvard o New Mexico, entre muchas otras más, remarcan la idea de que la propuesta de investigación no es otra cosa que la ruta de acción del proyecto.

Habiendo hecho estas diferencias y volviendo al concepto que apliqué en el seminario de investigación de tesis, debo mencionar que los estudiantes no tenían la menor idea de lo que se les pediría hacer durante esa sesión. Tampoco se les adelanto pista alguna cuando una semana antes se les pidió que juntaran y llevaran al aula todo el material de investigación de sus tesis; es decir, los registros que hubieran acumulado desde que seleccionaron e investigaron el tema de tesis, desarrollaron la propuesta, e investigaron, hasta la fecha actual.

Ese "todo" significa que deberían de traer consigo sus notas de entrevista con el asesor, apuntes, bitácora del proyecto, datos registrados, etc. Asimismo, tenían que llegar con las notas tomadas durante el seminario.

Como el ejercicio iba a durar varias horas, les sugerí que cargaran con su botella de agua, refresco o café, antojos para comer, preferentemente barras energizantes de granola o chocolate, pues el trabajo que harían será maratónico. Durante la sesión de trabajo la única salida que tendrían sería al WC.

A estas alturas de desarrollo del seminario, los estudiantes ya estaban preparados para escribir contra el tiempo, bajo presión, pues en cada clase que teníamos los había sometido a ejercicios de escritura libre y/o escritura directa, a la preparación del tema del día o a la redacción de ensayos. Rutinas que utilizo en los talleres de escritura académica. Al mismo tiempo, a lo largo del semestre, se les condujo para que aprendieran a manejar su ansiedad y nervios. Esto se logró eliminando sus inhibiciones al obligarles a leer en voz alta lo que acababan de escribir.

Llegada la hora de la mini-tesis, cada estudiante se sentó a sus anchas en mesas donde pudiera desplegar los materiales para trabajar. La laptop al frente, memorias USB con los resultados de sus investigaciones, libros, fotocopias, cuadernos, recursos a un lado y al otro, y silencio absoluto. Cada cual tenía el formato oficial de tesis que les había proporcionado el programa o el asesor, y que, para este caso, debían seguir para elaborar la mini-tesis.

Este ejercicio fue el examen final. Así que en poco más de tres horas de intenso trabajo y concentración se entregaron a escribir una tesis pequeña. Todos cumplieron y entregaron su documento. La intención era que terminaran un borrador de la tesis y que se dieran cuenta de que teniendo todos sus materiales el borrador de la tesis se podía elaborar en breve plazo. Con este primer escalón podrían trabajar por su cuenta y entregar a tiempo un buen borrador de sus tesis a sus asesores.

El Seminario de Investigación III consistió en dos sesiones de tres horas por semana durante 16 semanas, lo que representó 96 horas de trabajo frente a grupo. En este tiempo los estudiantes analizaron bajo diferente perspectiva sus investigaciones, incorporaron nuevas ideas y reestructuraron los esquemas de sus tesis.

La idea que yo sustentaba, la de que si el estudiante ya tenía en la mano los resultados de su investigación de tesis, además de la información que recabaron desde el comienzo de sus proyectos, les bastarían 100 horas para documentarla; es decir, en 100 horas de trabajo efectivo podría escribir la tan ansiada tesis.

Y también pensé que si esta estrategia funcionó para unos, igualmente podría ser de utilidad para aquellos estudiantes que están al filo de la navaja y a punto de perder sus años de estudio, a esos que están a pocos días o semanas de que se les venza el plazo de entrega de la tesis.

LA ESCRITURA LIBRE COMO EJERCICIO PRÁCTICO APLI-CADO AL DESARROLLO DE LA TESIS

Por encima de todo, escribir nos ayuda a pensar y a expresar nuestros pensamientos. Cualquiera que escriba mal es un minusválido,

tanto en lo privado como en el trato con los demás.
Robert Barrass

Mencionar la frase "escritura libre", en el ambiente académico, puede antojarse como un tipo de escritura que fluye sin ninguna limitación para expresar algún pensamiento desenvuelto. Es la improvisación de la palabra nombrando cosas que se vienen a la mente sin restricción ni atadura alguna. Es un escribir y escribir sostenidamente, dejando caer las ideas tan rápido como surgen de la mente del escribidor. "Escritura libre" es como el nado libre, una práctica sin reglas que se ejecuta por el afán de disfrutar el momento, sin pensar si se está haciendo bien o qué significa eso que se está redactando. Es una forma de descongelar eso que mantiene atenazado al individuo y le impide ponerse a escribir y a decir cosas de una manera diferente a si las estuviera platicando.

La "escritura libre" no tiene que ver absolutamente nada con cuestiones políticas, ideológicas, religiosas, laborales, ni de ninguna otra clase.

"Escritura libre" es un ejercicio mente-cuerpo que, si lo practica diariamente quien tenga problemas de escrituralidad, poco a poco irá venciendo el fantasma del bloqueo para abordar tareas como la escritura de la tesis. Como los ejercicios físicos, que por semanas o meses realizan los deportistas para preparar el cuerpo para la competencia, lo mismo pasa con la escritura libre, ayuda a preparar la mente para que deje fluir sin inhibiciones sus pensamientos y la persona pueda plasmarlos sobre la superficie del papel o en la pantalla de la computadora.

A medida que el practicante de la escritura libre adquiere pericia, podrá entonces pasar a otro nivel y practicar la llamada "escritura directa", que es una forma de expresión escrita que se hace teniendo en mente un tema concreto. También, la escritura libre entrena a la persona a concatenar sus ideas para que no suenen como pensamientos sueltos y descompuestos, y cumplan con las normas de la lengua.

Pero no hay de qué preocuparse, pues no importa cómo se empiece ni se termine de escribir durante los minutos que se realice la escritura libre, pues lo que interesa es que la mente se sienta libre; no es relevante lo que se haya puesto por escrito.

Durante los minutos en que el individuo esté concentrado escribiendo con libertad, cualquier cosa que le esté llegando a la punta del lápiz o a los dedos sobre el teclado la registrará. Si tiene o no tiene sentido, que no le incomode; pues es como si estuviera practicando el trote en preparación para una competencia deportiva, y se tropieza dos o más veces. ¡Qué importa!, lo que interesa es hacer el ejercicio. Con el tiempo verá que ese tipo de tropezones los tiene hasta el más preparado de los individuos y que, además, ayudan a descubrir qué los provoca y cómo enmendarlos.

Cuando corres, ya sea porque te estás preparando para una carrera o porque necesitas el ejercicio para mejorar tu estado de salud, no te paras a cada momento para volver la vista atrás y mirar el trecho de camino que acabas de pasar y observar al derredor otras posibles vías que pudiste haber tomado para que tu carrera fuera mejor y más tranquila. Esta sola idea le parecerá una locura a cualquiera, ya sea corredor profesional o amateur.

La escritura libre es precisamente así, un correr sin mirar atrás. Es decir, un escribir sin pararse a cada frase o párrafo para releer y corregir con palabras que expresen mejor eso que se tiene en la mente. La escritura libre es como la entrevista a un hombre sabio, que responde a su entrevistador según le broten las ideas y le salgan las palabras. Lo dicho queda dicho, no tendrá margen de corregir cualquier comentario imprudente que se le haya salido.

Lo que hace tan valioso al ejercicio de la escritura libre es que se trata de una forma simple de calentamiento escritural, ejercicio que ayuda a quienes lo practican con regularidad a entrar en contacto con sus voces interiores (Bruno, 2002).

La escritura seria

Cuando queremos hacer las cosas en serio, nos tomamos las cosas con calma. Y eso pasa cuando tenemos que escribir un artículo científico o una tesis. Nos la tomamos tan en serio que por precavidos no avanzamos o lo hacemos muy lentamente. El peso de esa responsabilidad, de la "escritura seria", como le llaman algunos, es lo que provoca en muchos estudiantes el entumecimiento de sus sentidos. No es para menos, tienen que documentar su investigación de maestría o doctorado en montones de páginas; seguir una serie de reglas; utilizar un esquema con el que se está poco familiarizado.

Entonces, el estudiante se da cuenta que escribir la tesis es un asunto demasiado formal; más que contar campechanamente la historia de la propia investigación, se trata de explicarla de acuerdo a una lógica y con un lenguaje especializado. Un lenguaje en el que no caben las expresiones coloquiales del diario vivir, ni la forma ordinaria de pensar ni de ver las cosas.

El estudiante de posgrado conoce el contexto de la comunicación académica y/o científica, porque durante años ha estudiado numerosas materias de su disciplina, ha leído textos complejos, y se ha entrenado para comprenderlos. Pero una cosa es la preparación profesional, y otra imitar esa manera de escribir de los académicos y/o científicos.

Pues bien, el propósito de este ejercicio es que te lances directamente a nadar en la escrituralidad. Es como el chapoteadero para el niño que no sabe nadar. Lo sensibiliza con el agua, aprende a manejar sus miedos, practica movimientos corporales que fuera del agua nunca hubiera hecho ni pensado hacer, y aprende a mover músculos nunca antes utilizados.

Con la práctica constante de la escritura libre te quitarás los miedos de encima, echarás fuera de ti las ideas equivocadas que hayas tenido acerca de la escritura, y aprenderás por ti mismo a comunicar conocimiento, ideas, experiencias, y hechos, de una forma que no habrías adivinado siquiera.

Pero la escritura libre no es sólo un salvavidas para los momentos en que te encuentres en aprietos, es una práctica escritural que puedes añadir a tu vida como los ejercicios físicos cotidianos, o mirar la televisión o cualquier otra cosa que hagas como parte de tus rutinas.

Si aprendes a conocer y ejercitar la escritura libre, añadirás a tu vida una herramienta que podrás utilizar en cualquier momento de necesidad, tanto en tu vida laboral, social o personal.

Historia de la escritura libre

Quizá tú te preguntes cómo es que se originó este asunto de la escritura libre, a quién se le ocurrió tamaña sonsera, qué valor educativo tiene, en qué clase de centros de enseñanza se aplica, a estudiantes de qué nivel se les impone, y si en verdad tiene un impacto favorable en quien hace uso de este ejercicio escritural.

Boice y Meyer (1986), mencionan que "la escritura automática y la escritura libre son actividades semi-hipnóticas mediante las cuales los escritores escriben (sic) sin esfuerzo, quizá con un poco de conciencia o quizá sin sentir responsabilidad por lo que están escribiendo". Y esta clase de escritura se diferencia de la escritura normal en que, en ésta última, la persona escribe conscientemente; y, en la escritura libre, el individuos deja fluir sus ideas a través de la pluma sin ponerse a razonar sobre lo que está plasmando.

Es por esto último que algunas personas asocian la escritura libre con la inspiración, pues había autores que escribían sin levantar la mano del cuaderno, escribiendo de corrido; y lo hacían, según decían, inspirados por las musas. Según los poetas W.B. Yeats y William Carlos Williams, esa era la verdadera imagen del 'genio-escritor', que nace y no se hace (Fraser, 1991).

Según Fraser, quien dedicó sus estudios de maestría y de doctorado para investigar el tema de la escritura libre, entrevistándose incluso con Peter Elbow, promotor e impulsor de esta técnica desde la década de los 70's del pasado siglo XX, rastreó los antecedentes de esta técnica de escritura hasta el siglo XIX.

Según Fraser, los autores de literatura romántica del siglo XIX creían que la imaginación creativa era producto del inconsciente, y estaban en la idea de que la buena escritura fluía por sí sola de las profundidades de la mente del escritor.

Con la aparición del psicoanálisis de Sigmund Freud, "la escritura automática de libre asociación", dice Fraser, fue una de las vías utilizadas por el psicólogo para llegar al interior del paciente; a veces, por voluntad propia de la persona tratada que se entregaba a escribir, otras bajo hipnosis inducida donde el sujeto escribía automáticamente. "El propósito de comprometer en esta actividad al paciente era para extraerle al paciente imágenes asociadas con el evento bajo análisis", afirma Fraser.

La escritura automática también estuvo –está– asociada a "cuestiones religiosas, místicas, espiritistas, tabla ouija, sueños, disociaciones", personas zurdas (obligadas a ejercitar su escritura con la mano derecha porque 'la izquierda es del mal'), etc.

Una de las primeras personas en darle un cariz científico a la escritura automática fue la Dra. Anita M. Mühl (1930), quien aplicaba el método de la escritura automática a mano "para descubrir qué pasaba en la mente de los pacientes que eran inaccesibles a través de las entrevistas de rutina". Según deja ver la autora, la técnica de la escritura automática fue utilizada ampliamente en el siglo XIX y principios del siglo XX, hasta antes de la II Guerra Mundial. Algunas escuelas de psicología la descartaron, pero ella estaba convencida de su utilidad médica y científica porque los pacientes la asimilaban rápida y fácilmente como ninguna otra técnica para el análisis de la mente.

En cuanto a la aplicación de la escritura automática en la enseñanza, en la acepción de 'escritura libre', según Reynolds (1984), se empezó a aplicar en la década de los 60's del pasado siglo XX. El primero en hacerlo fue el profesor Ken Macrorie; posteriormente, Peter Elbow (1973) publicó "*Escribiendo sin maestros*", libro en cual minuciosamente describe la técnica de la escritura libre y el empoderamiento del arte de escribir a través de su ejercicio.

Bower (2010), otro estudiante de doctorado que hizo su investigación sobre el mismo tema que Fraser pero enfocado a una autora pionera en el asunto, dice que Macrorie reveló en una de sus obras que él tomo la idea de la escritura libre de Dorothea Brande y la puso a trabajar en la escuela. ¿Por qué fue esto? ¿Cómo se le vino a Macrorie la idea de que algo tan aparentemente simple pudiera funcionar? Porque en su libro "Becoming a writer", publicado originalmente en 1934, la autora propuso que "para empezar, debes enseñar al inconsciente a fluir en el canal de la escritura", idea básica que se convierte en la bandera de su obra y de la escritura libre (Brande, 1981). En un apartado lo describe así:

> "El inconsciente debe fluir libre y ricamente, demandando todos los tesoros de la memoria, emociones, incidentes, intimaciones de carácter y relaciones que haya almacenado en sus profundidades; la mente consciente debe controlar, combinar y discriminar entre todos estos materiales sin obstaculizar el flujo inconsciente".

Y para enseñar a poner por escrito las ideas y pensamientos, pensó Macrorie, los estudiantes debían soltarse y escribir libremente, y conectar la mente con la mano, tal como Brande sugirió en su libro:

> "Entonces, si deseas obtener el beneficio completo de la riqueza del inconsciente, debes aprender a escribir fácil y suavemente cuando el inconsciente está en ascenso... Escribe cualquier cosa que te venga a la cabeza: el último sueño de la noche; las actividades del día anterior; una conversación, real o imaginaria; un examen de consciencia. Escribe cualquier clase de ensimismamiento, rápido y acríticamente".

Así, Brande adaptó la idea de la escritura automática al ejercicio de una escritura fluida y rápida; Macrorie le dio nombre, sentido y uso; Elbow desarrolló la idea y propuso en el libro de su autoría ya mencionado.

Breve guía para practicar la escritura libre, según Elbow (1986)

Se recomienda incorporar este ejercicio como precalentamiento durante la temporada de escritura de la tesis.

- Es la más fácil manera de poner las palabras en el papel y la mejor práctica que exista para comenzar a escribir.
- Para hacer el ejercicio de "escritura libre", simplemente oblíguese a sí mismo a escribir sin parar por 10 minutos.
- Algunas veces producirá un buen escrito, pero esa no es la intención.
- Algunas veces producirá basura, pero tampoco esa es la intención.
- Ud. podrá escribir sobre un tema o cambiar repetidamente de uno a otro, eso no importa.
- Algunas veces podrá mantener un buen balance en su escritura, pero no siempre lo conservará.
- La velocidad con que escriba tampoco es el objetivo.
- Si no puede pensar en lo que sea para escribir, escriba sobre lo que sienta o repita en su escritura lo mismo,

una y otra vez: "No tengo nada de que escribir", o "Esto no tiene sentido", o sencillamente "No".
- Si usted se bloque o atora en medio de una frase o una pensamiento, simplemente repita la última palabra o frase hasta que pueda continuar.
- Lo verdaderamente importante es escribir, escribir y escribir, no dejar de hacerlo ni por un instante.
- Son muchos los objetivos del ejercicio de la "escritura libre", pero el mejor es, mientras se escribe, aceptar esta única, simple y solitaria meta: NO PARAR DE ESCRIBIR.
- Cuando se consigue un buen texto no quiere decir que lo hizo mejor que esa otra ocasión en que escribió una frase una y otra vez durante 10 minutos. Las dos veces hizo una buena escritura libre.
- La meta de la "escritura libre" no es el proceso, sino el producto; es decir, que usted escriba.
- La escritura libre no se somete a revisión.

CÓMO MEDIR Y APROVECHAR EL TIEMPO DEDICADO A LA REDACCIÓN DE LA TESIS

¿Qué, entonces, es el tiempo? Si nadie me lo pregunta sé lo que es. Si deseara explicárselo a alguien, no lo sabría.
San Agustín de Hipona

Sólo cuento las horas que son serenas.
Inscripción en un reloj de sol.
Venecia, Italia
En The essence of time. LJ Warner

Cuando sabes que la fecha de entrega de la tesis está por vencerse y que intentar ganar más tiempo no será negociable con la administración del programa, lo mejor será que busques la salida más ventajosa a esa situación. Y, ¿cómo es eso? Utilizando de la forma más racional y dirigida hacia un propósito el tiempo que te quede. Ahora bien, ¿cómo puedes usar de la mejor manera el tiempo que te resta? ¿Cómo podrás establecer una rutina de trabajo durante las semanas que te quedan? ¿Cómo evaluar esa fracción de tiempo para hacerla más productiva?

"Evaluar el tiempo, dice en su disertación Cuk (1957), significa evaluar la duración de una serie de eventos consecutivos". Y esa evaluación se puede hacer de dos formas: (1) físicamente, midiendo la relación de la tierra en relación al sol y otros cuerpos celestes, y (2) psicológicamente, que "es la habilidad de estimar y comparar intervalos de tiempo en base a factores psicológicos".

Y cuando en función del evento físico –días o meses o años– paulatinamente se cumple el ciclo de la entrega de la tesis, el relajamiento que en un principio existió termina tornándose en un evento psicológicamente adverso y estresante que puede congelar al individuo. Para combatir esta situación, el ejercicio de medición del tiempo de escritura sirve para ayudar al estudiante a poner las cosas en claro, para liberarle de tensión, y para que produzca materiales que sean avances de su tesis.

Cuando crees que dedicas una buena cantidad de tiempo para escribir la tesis y que no avanzas, ¿crees que estas escribiendo? En su investigación sobre lo que requiere un estudiante de doctorado para escribir su tesis, Frenek (1982) trabajó con un grupo de jóvenes que estaban inmersos en el proceso de la redacción de sus disertaciones. Había sujetos que trabajaban 20 horas a la semana en sus tesis y sólo lograban escribir una página. Lograron grandes avances en la recolección y análisis de los datos durante el tiempo en que tuvieron que hacerlo, pero no pudieron lograrlo cuando se dedicaron a la escritura.

¿Cómo ayudarles a hacer más productivas las horas que dedicaron a la escritura? Albertson (1998), puso en práctica un experimento con estudiantes que tenían que redactar determinados trabajos escolares, pero que no tenían idea de cómo hacerlo. Un grupo "recibió una instrucción estratégica para planear y revisar información para la escritura de su historia, y también fueron enseñados a auto-regular sus conductas de escritura, establecer metas de trabajo, y a monitorear su progreso". El resultado obtenido fue que los participantes "planearon más, desarrollaron historias más largas de lo usual, e incluyeron más elementos en sus historias".

En tal sentido, en el marco de una conducta de auto-control, el registro del tiempo dedicado a la escritura de la tesis y a la medición de lo que se escribe, particularmente cuando se aproxima la fecha límite de entrega del documento, permitirá al estudiante tomar control de su tarea e ir directo a su objetivo, que es terminar la redacción del borrador de la tesis.

Con "registro del tiempo dedicado a la escritura de la tesis", quiero decir que al realizar esta práctica tendrás que llevar un riguroso inventario de los espacios de tiempo dedicados a escribir, ya sean 10, 15, 20, o 30 minutos por tanda predeterminada, y de la cantidad de páginas redactadas; así, tiempo transcurrido y páginas escritas se irán acumulando y contando. Con esto, podrás ver claramente que el tiempo acumulado será igual al tiempo que verdaderamente empleaste para escribir, y lo que hayas escrito será igual a tu productividad. Este "régimen de escritura forzada", como le llama Boice (1985), marcará la pauta de tu trabajo escritural.

La clave de este ejercicio, en que diariamente se emplea una cantidad de tiempo determinada y se escribe en serio, depende totalmente del auto-control del individuo. En consecuencia, como refiere Albertson (op.cit), al aplicar las estrategias de auto-regulación, las estrategias cognitivas y habilidades escriturales se incrementan.

Graficar el tiempo empleado en la escritura y la producción diaria de páginas escritas, ha sido una estrategia utilizada por numerosos escritores para tener consigo una prueba palpable de su esfuerzo y avance. Por ejemplo, el novelista y Premio

Nobel Ernest Hemingway, llevaba un control diario de lo que escribía: 500 palabras por sesión, que es más o menos una página y media a doble renglón. Pero si Hemingway tenía planeado realizar alguna otra actividad al día siguiente, entonces, antes de llevar a cabo su plan escribía el doble desde el día anterior; así, el desarrollo de su novela no se rezagaba (De Vos, 1986).

Irving Wallace, prolífico novelista, registraba en una gráfica la fecha y la cantidad de páginas producidas por día. De Vos (op. cit) menciona que observando las gráficas correspondientes a la escritura de cualquiera de sus novelas, es posible ver cómo el arranque de su historia era lento hasta agarrar un ritmo con el tiempo; después, cuando se aproximaba al final de la obra, su ritmo de producción diaria era acelerado. Esto refleja la denominada "curva de aprendizaje", que a medida que pasa el tiempo y que el esfuerzo del trabajo se mantiene, la habilidad para escribir y manejar el tema se incrementan.

Tiempo y escritura

¿De qué sirve conocer la cantidad de tiempo que le dedica un investigador a la escritura? Boice ha encontrado en varios estudios que, por lo regular, el investigador estima que el tiempo que dedica a su trabajo está muy por encima de la realidad. Pero la productividad es baja. Los profesores investigadores encuestados por Boice (1990) respondieron que trabajaban un promedio de 60 horas por semana. Boice les pidió a esas mismas personas que llevaran un escrupuloso registro de las horas destinadas a su trabajo, y el resultado fue que:

- Esas personas reportaron trabajar en promedio 29 horas a la semana,
- Incluidas 1.5 horas dedicadas a la investigación, y
- 1.5 horas a la escritura del reporte.
- De tal forma, Boice estableció que mientras que esos profesores trabajaban 30 horas a la semana, se pasa-

ban otras 30 horas preocupados.

Llevando un registro minucioso de sus actividades, los profesores pudieron percatarse de que se figuraban trabajar de más porque se les hacían muy largas las semanas de labor. Es decir, estaban más preocupados que ocupados. También descubrieron que eran raros los días en que verdaderamente estaban ocupados, normalmente tenían tiempo para conversar en los pasillos, para llamadas telefónicas, para revisar el correo y las noticias, para navegar por internet, etc.

A esos momentos gastados en pláticas, chateo, telefonemas, guguleo (búsquedas por Google), etc. Boice los denominó *espacios libres de tiempo*. Se les hizo ver a los profesores investigadores que podían dedicar parte de esos ratos perdidos a tareas más útiles: como escribir.

Escribir a diario

En el medio científico y académico existen dos maneras de responder a un compromiso que demanda la preparación de un documento:

1. A último momento, cuando les entra la urgencia porque se les vence el plazo. Entonces dedican montones de horas, de día y de noche, para preparar en breve tiempo la ponencia o el artículo. A esto se le denomina borrachera o intoxicación escritural.
2. Escribiendo por cortos espacios de tiempo todos los días, sin tener encima la presión de la fecha de entrega del documento. Con 15 o 30 minutos dedicados diariamente a la escritura de sus proyectos o artículos o libros, el investigador avanza rápidamente.

Boice encontró que los investigadores que escriben poco y a diario, sin importar lo ocupados que estén, hacen un mejor uso de su tiempo y son 5 veces más eficientes que aquellos que esperan hasta el último momento para elaborar un proyecto o un artículo o conferencia.

Quienes dicen (1) que sólo pueden escribir *bajo presión*, o (2) que necesitan estar *motivados*, es porque no están organizados –primer caso–, o porque no saben qué hacer –segundo caso–. Si escriben a diario:

1. Aprenderán a organizarse para escribir, y
2. Hallarán la motivación para hacerlo.

¡No subestimen el poder de un solo minuto! Por ejemplo:

- El médico americano y poeta William Carlos Williams, escribía,
- Palabra a palabra
- Línea a línea
- Frase a frase
- Entre uno y otro de sus pacientes

Asimismo, el médico, historiador de la medicina, escritor y editor de la revista MD, Félix Martí Ibáñez:

- Viajaba en metro a su oficina o a la universidad de New York, para aprovechar el tiempo de traslado leyendo y escribiendo.
- Aprovechaba cualquier resquicio de tiempo para escribir. Decía que los minutos que había entre una y otra actividad de su vida diaria, eran polvo de oro.
- Mientras más a menudo escriba, menos tiempo le costará comenzar cuando deba de hacerlo
- Y aprovechará cualquier momento para redactar aunque sea una línea de su artículo o libro o proyecto.
- El aprovechamiento de los minutos, más que el uso eventual de horas de trabajo, es lo que hace que un investigador o escritor sea productivo, o prolífico.

Planteamiento

Tiempo: Conociendo tus ocupaciones y distracciones, identifica que momentos de tu día puedes bloquear para dedicar a la escritura de tu tesis.

Orientación: Establece los aspectos de la tesis que tienes que escribir y desmenúzalos en partes para manejarlos mejor.

Lugar: De preferencia establece un lugar donde trabajaras los siguientes días, semanas o meses.

Bitácora: Anota (a) la fecha del día, (b) las horas o minutos dedicados a escribir, (c) el número de palabras o páginas.

Muestra: Como Wallace, coloca en un lugar visible tu bitácora. Mirar el reflejo de tus progresos te incentivará.

Requisitos: Para lograr tu cometido necesitaras de lo siguiente: (1) fuerza de voluntad o auto-control, (2) enfoque, (3) disciplina, (4) constancia.

Como dijera Lin Tai Wao: "El tiempo no es otra cosa sino lo que recordamos y el momento que vivimos; el futuro, eso no existe, es el momento que actualmente vivimos y que empujamos o que nos lleva hacia quien sabe dónde".

Postscript

Las tesis y disertaciones universitarias, en especial las de maestría y doctorado, son escritas por los estudiantes atendiendo a guías exclusivas de la universidad a la que están inscritos. Pero cuando a nivel institucional no existen esas guías, lo cual ocurre con cierta frecuencia en universidades de países latinoamericanos, los jóvenes siguen indicaciones particulares brindadas por el departamento o por el programa de posgrado que estudian. Y si aun en ese nivel no hay normas para la elaboración de la tesis de maestría o disertación doctoral, el último recurso que le queda al estudiante es la guía de su asesor. Pero, también a veces sucede que el asesor no tiene la menor idea de qué normas proporcionarle, y sólo le dice a su asesorado que siga el ejemplo de alguna tesis. Así, en el desamparo total, cientos de estudiantes de posgrado tratan de adivinar cómo escribir sus tesis.

A pesar de que existen en el mercado más de 4000 títulos sobre cómo escribir la tesis de licenciatura o maestría y la disertación doctoral, la mayoría de ellos en lengua inglesa, las asociaciones de universidades no tienen estándares para esta clase de documento, ni folletos con información mínima que al menos ayuden a los estudiantes a entender y familiarizarse con la cosidad de la tesis mientras estudian y realizan sus investigaciones. Y sí, extrañamente, hay reglas; para cada universidad y para cada carrera; donde cada profesor, al final, todavía decreta cambios en el borrador de su asesorado que se queda aturdido por no entender ahora lo que hay que hacer.

Así, como declaró en una entrevista Mariana Frenk cuando A. D. Torres (1990) le preguntó sobre cuáles eran las normas de estilo que regulaban la escritura de las metáforas, ella le respondió con una sentencia que lo mismo se aplica a las tesis y disertaciones donde los jóvenes estudiantes no encuentran un lugar común:

"Hay ciertas reglas… pero la definición del género es muy amplia, y además al diablo con las reglas, sólo sirven para ser violadas o ignoradas lo más pronto posible".

Y eso fue lo que encontré en muchas de las miles de tesis que revisé, que los autores escribieron sus tesis en la mejor forma que pudieron o creyeron, y que las normas… Bueno, terminaron y se presentaron.

Lo verdaderamente importante es, sí, apegarse a un patrón, a un patrón de tesis que el estudiante conozca desde el mero comienzo y no al término de sus estudios, pero también que la explicación escrita del trabajo de investigación hecha por él tome un sentido más sustancial y vital.

Colofón

Me alegro de haberlo hecho (este libro); en parte porque valía la pena hacerlo, pero sobre todo porque nunca tendré que hacerlo otra vez.
Mark Twain

Y, si al final...

Si tú no puedes
– en el largo plazo –
Dile a todos lo que has estado haciendo, que lo que has hecho ha sido inútil.

Erwin Schrödinger

Anexos I, II, III

Los mapas conceptuales que se presentan en este libro fueron desarrollados por el autor con CmapTools versión 6.02

Anexo I

DIFERENTES MODELOS DE TESIS DE VARIOS
INVESTIGADORES Y CREADORES

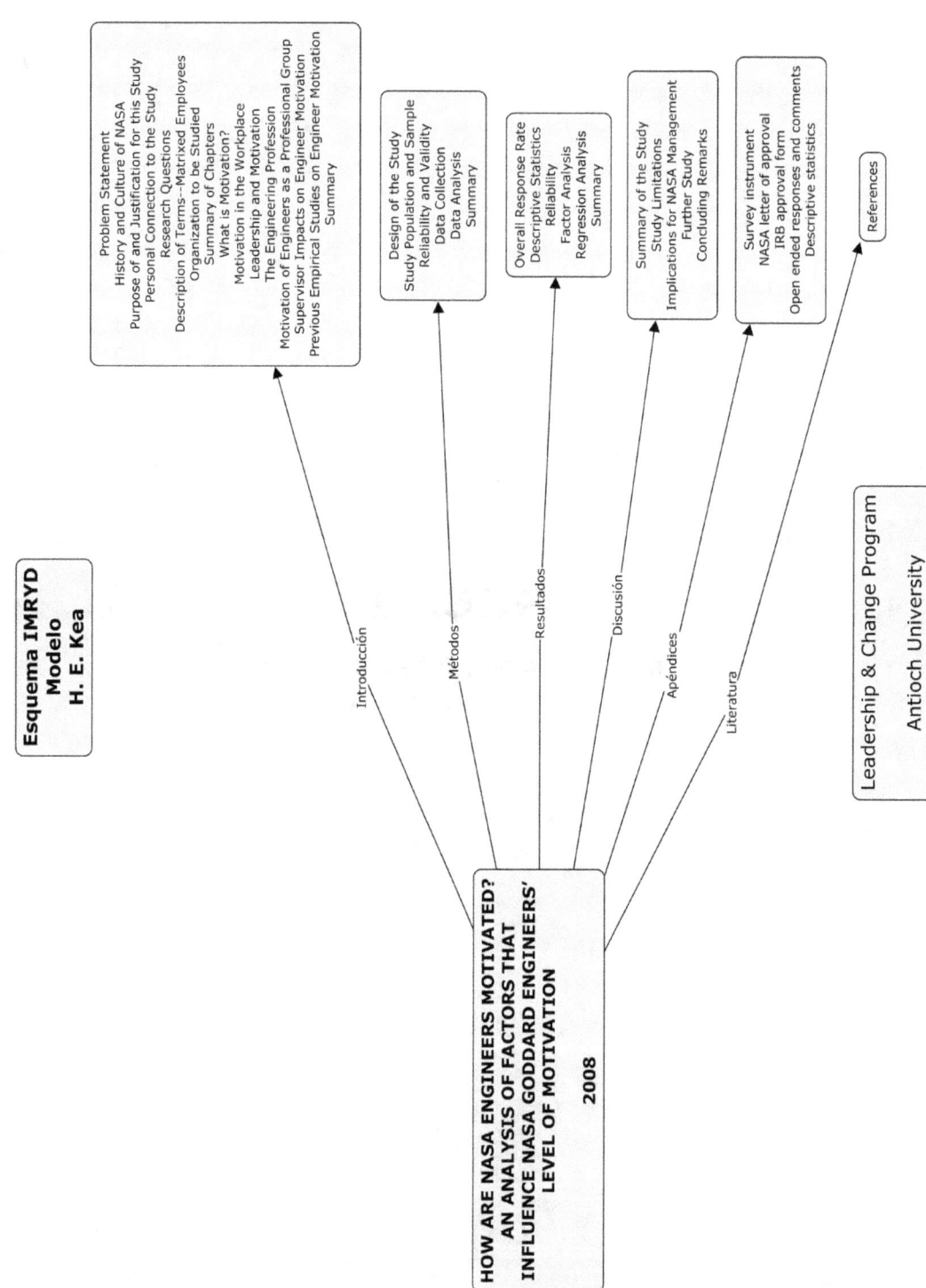

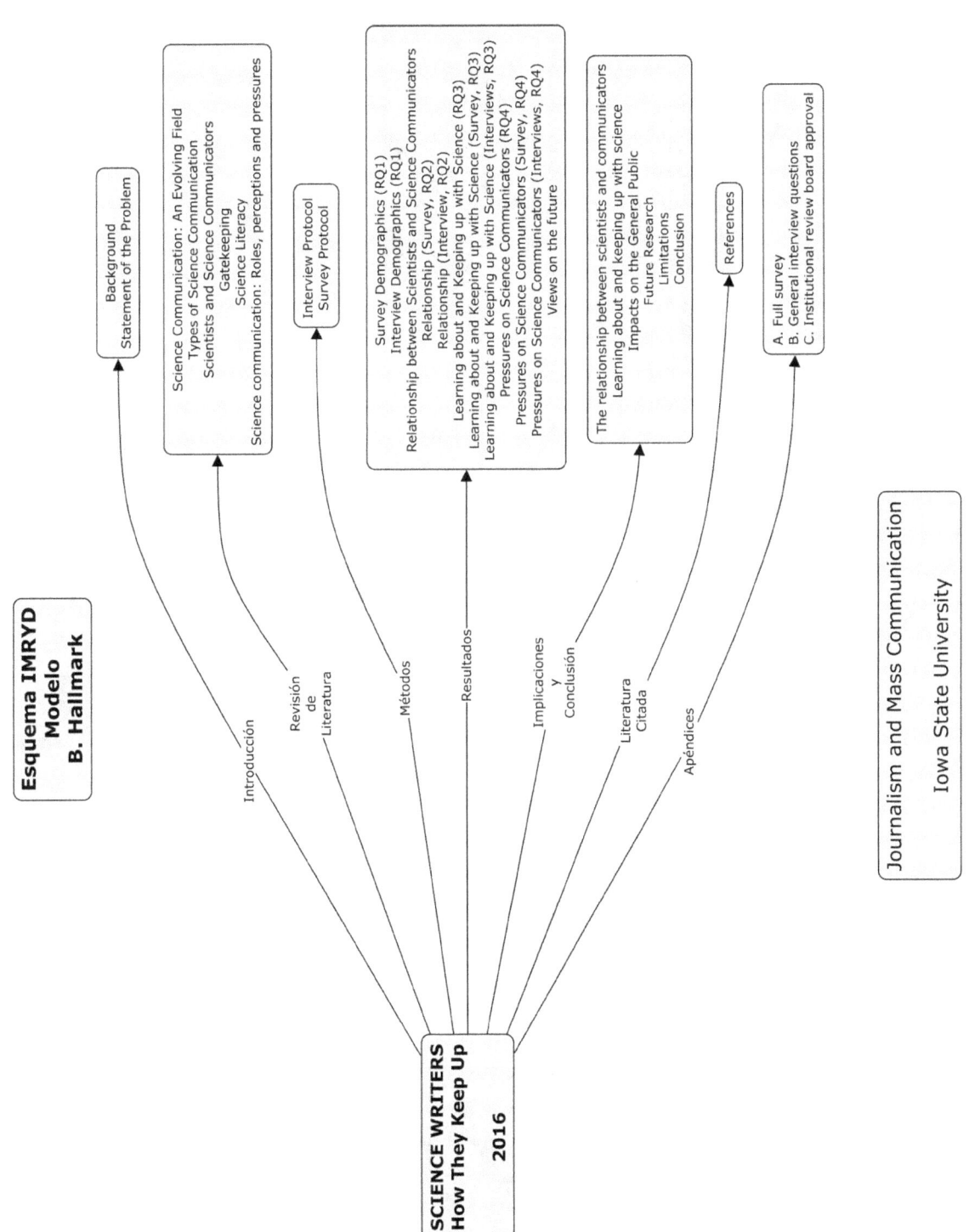

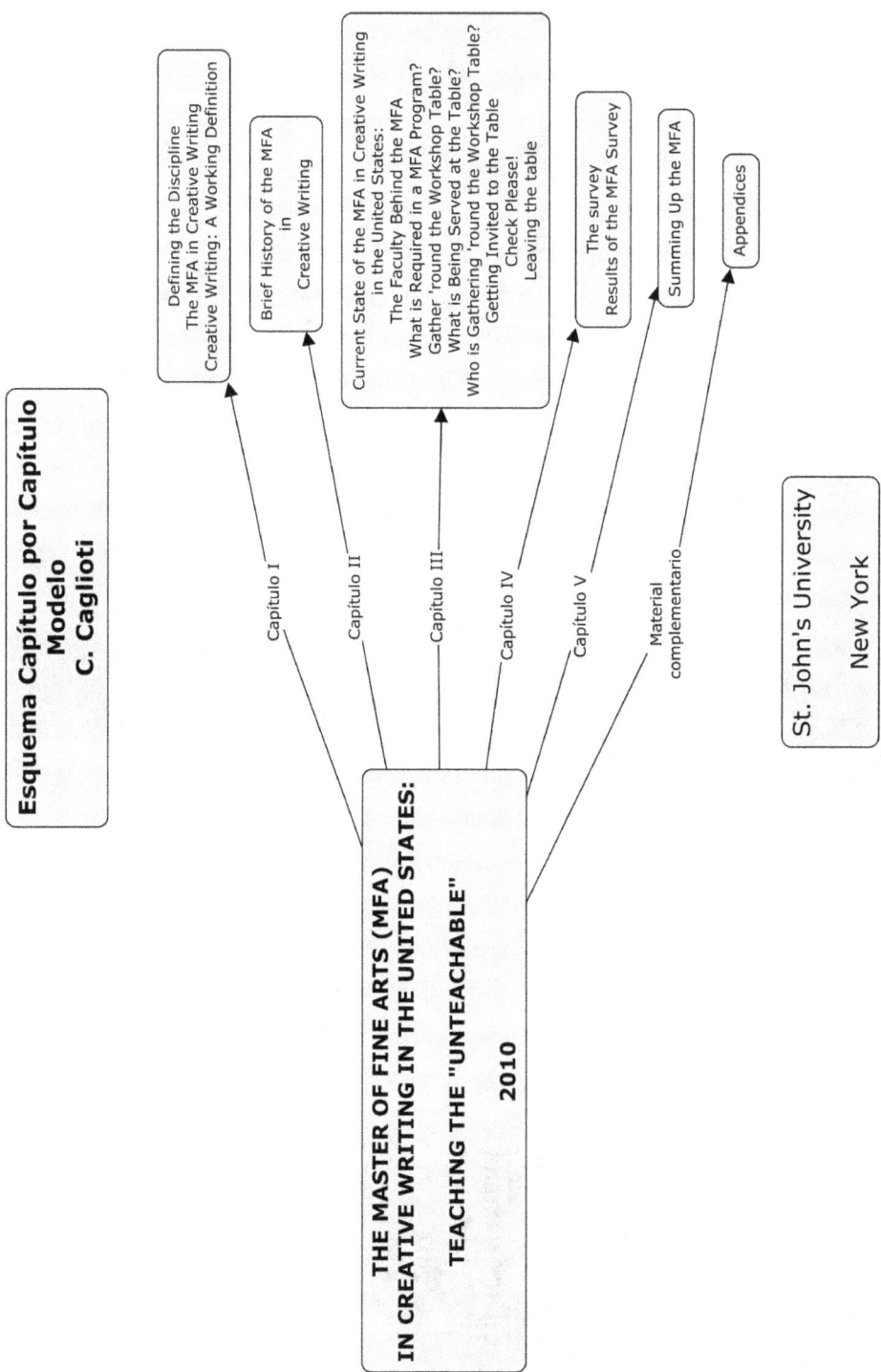

Anexo I | 335

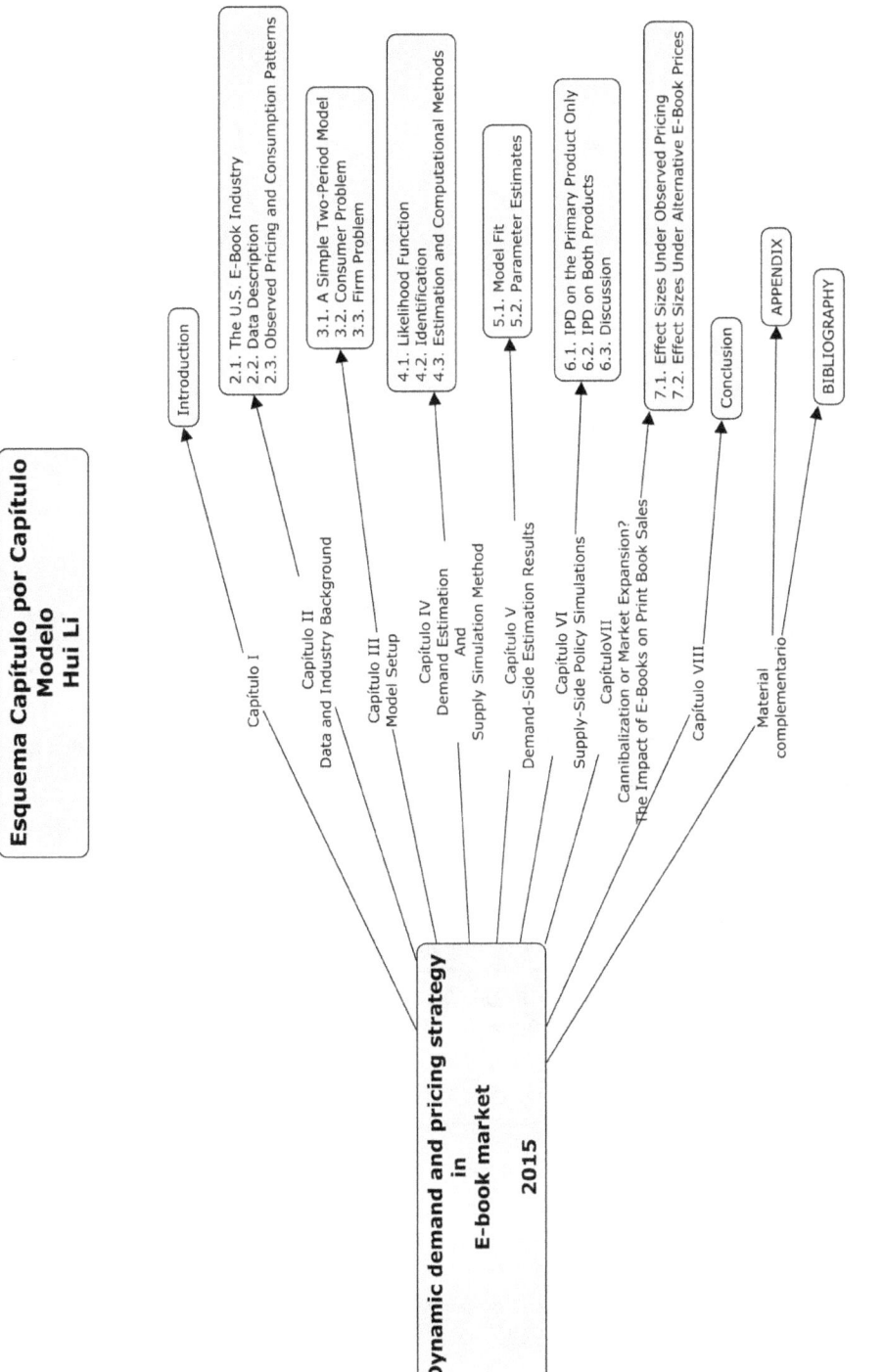

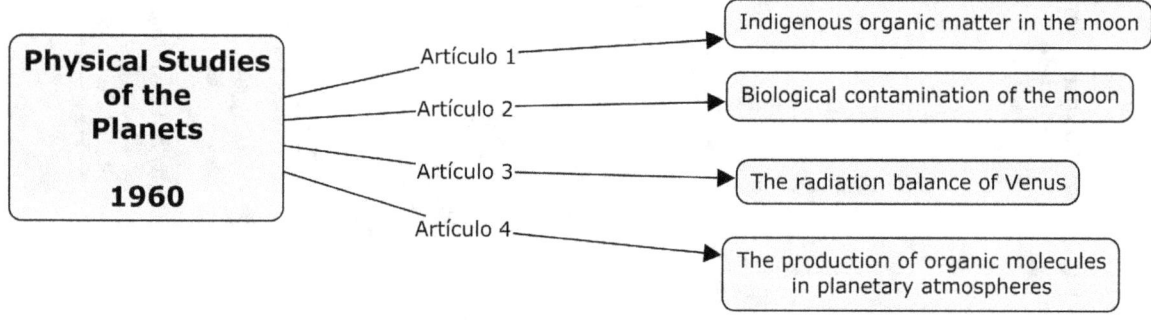

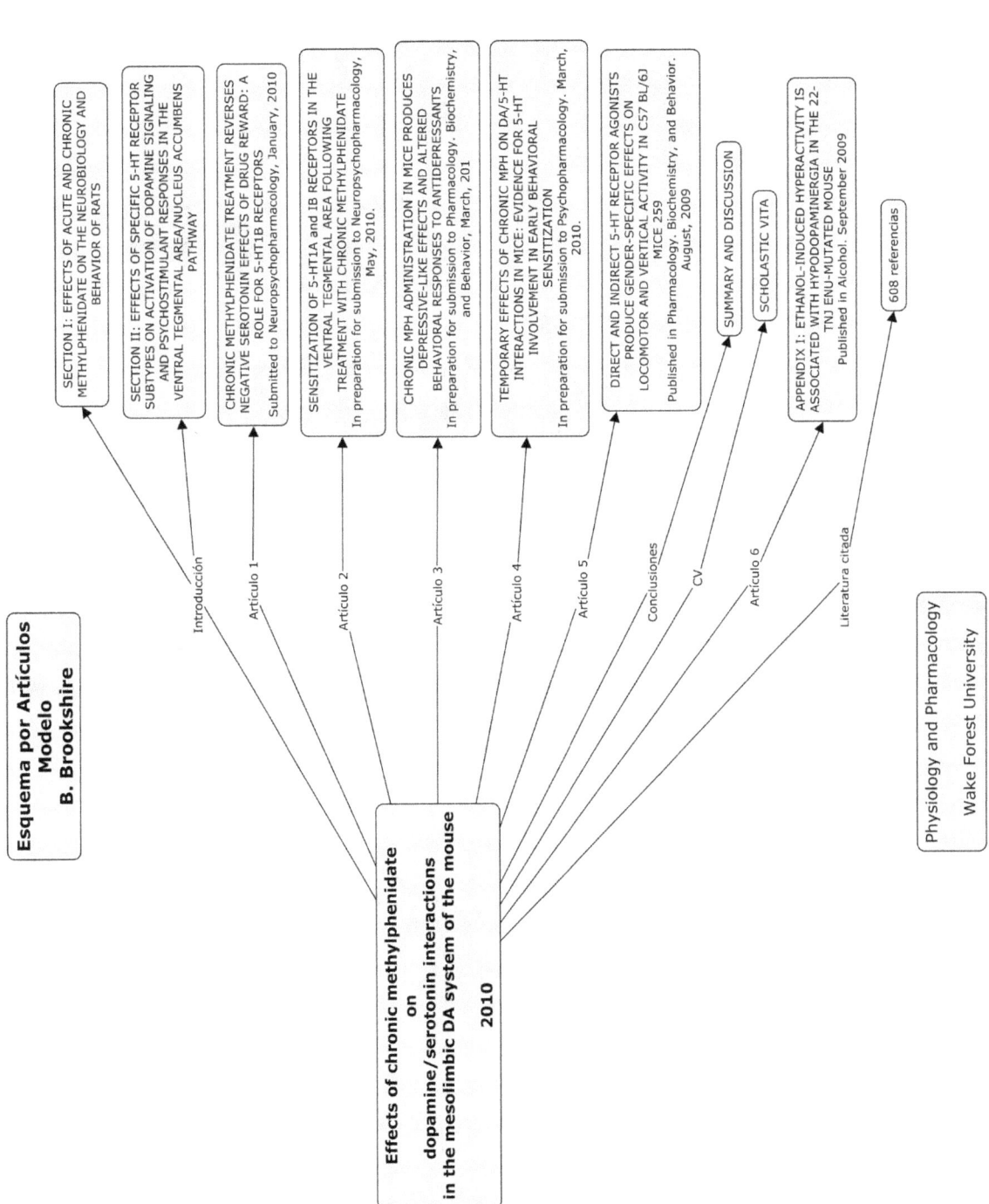

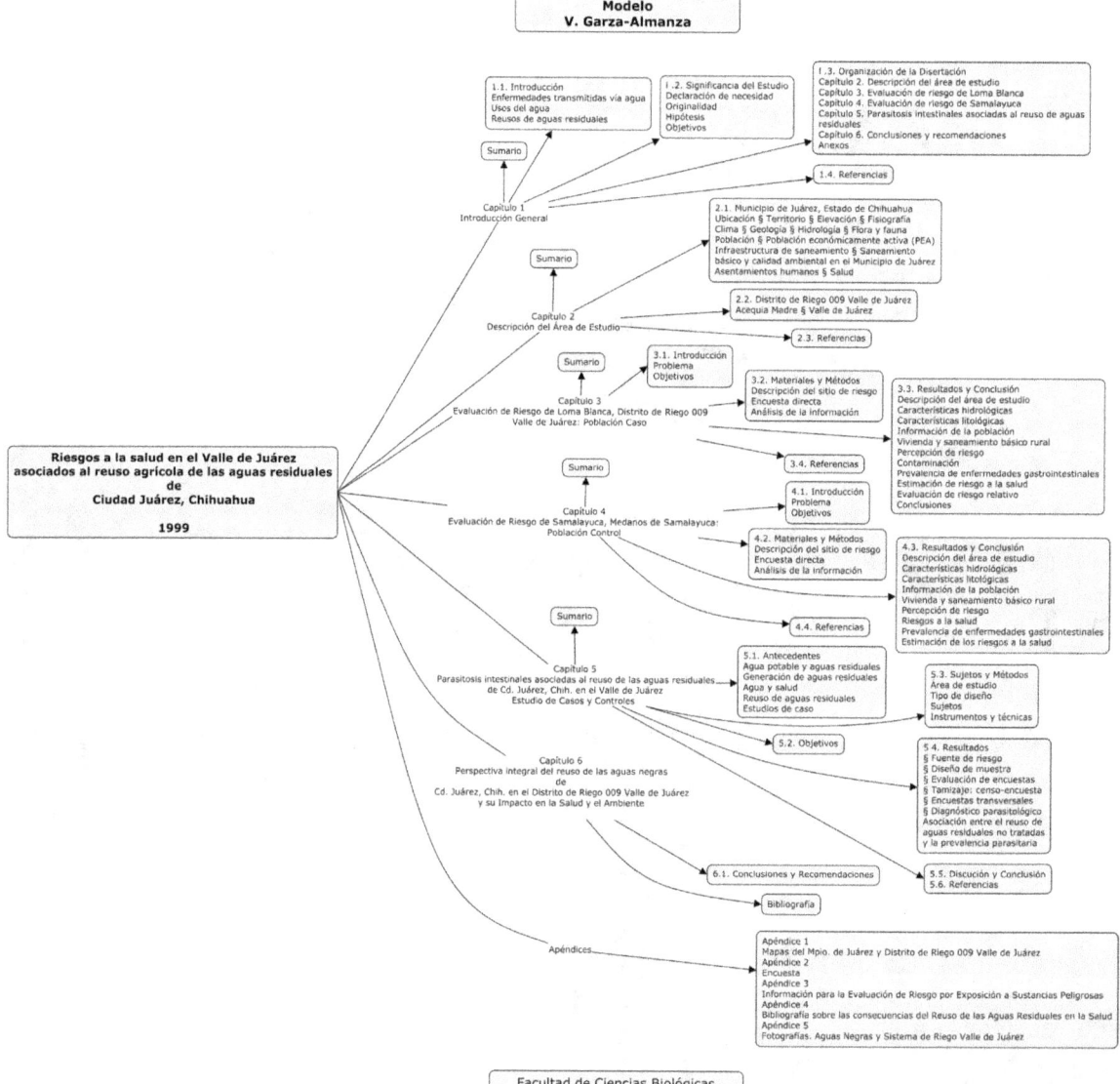

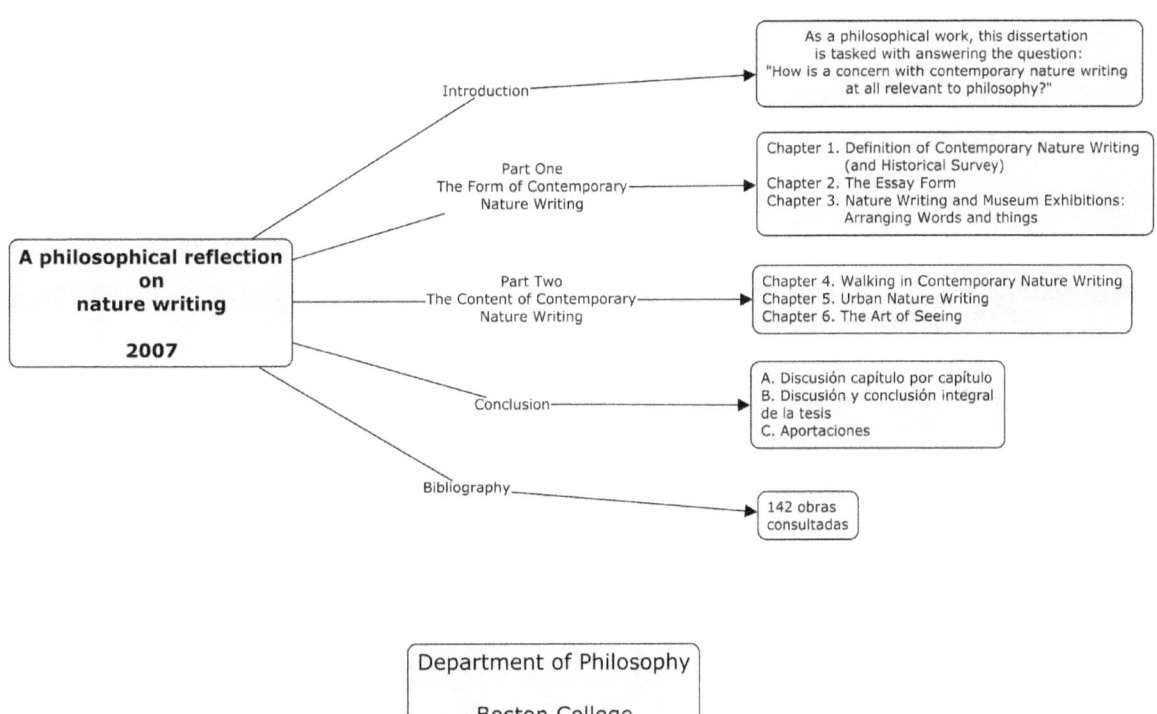

**Esquema de Ensayo Compuesto
Modelo
Martin Luther King, Jr.**

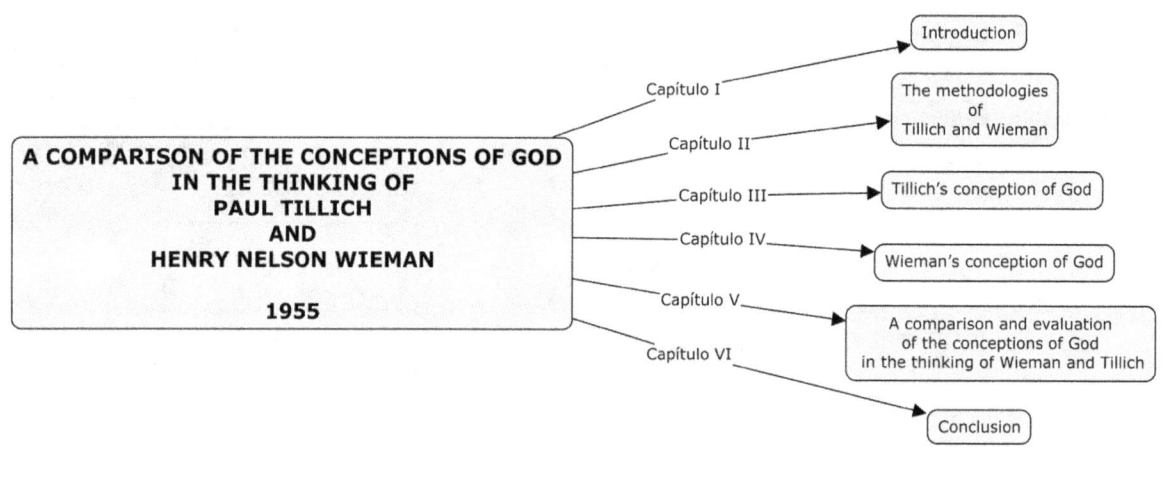

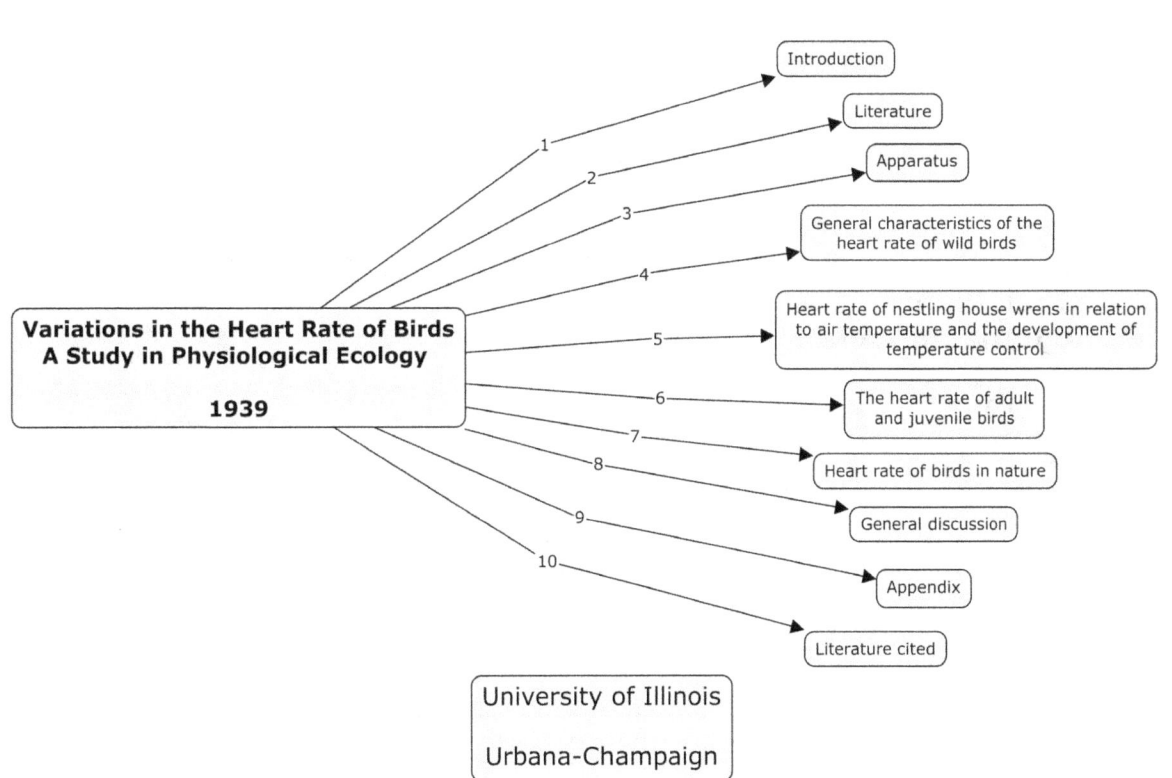

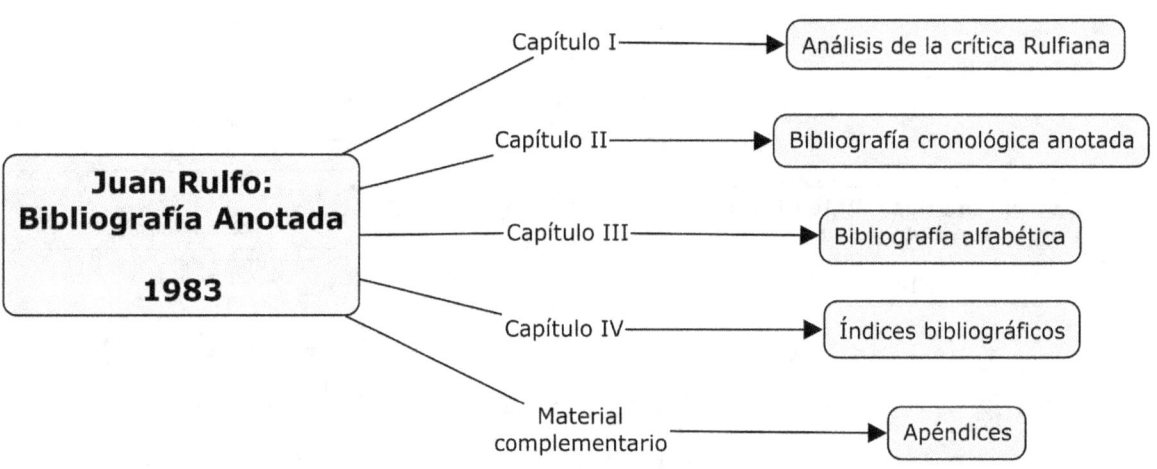

Anexo I | 343

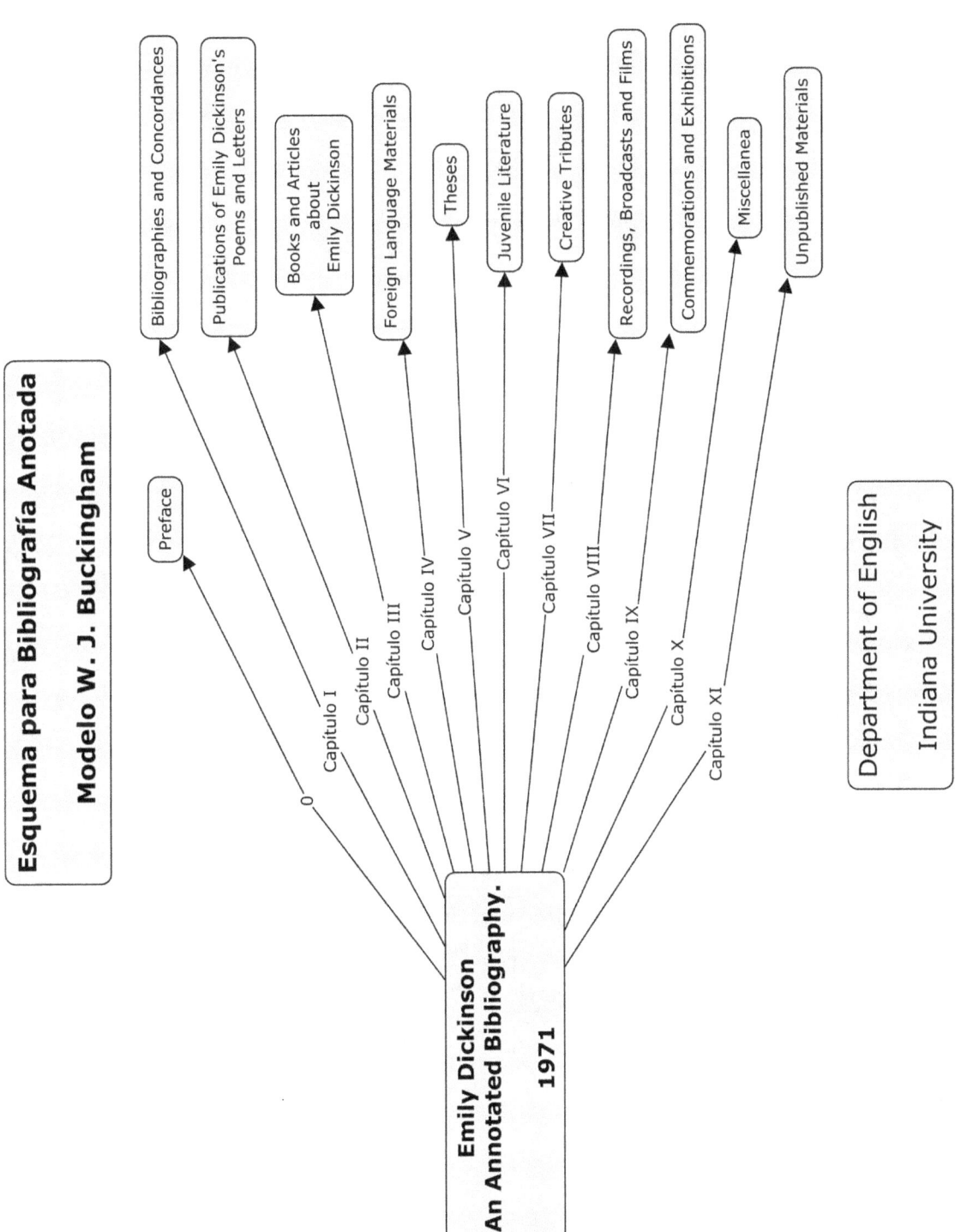

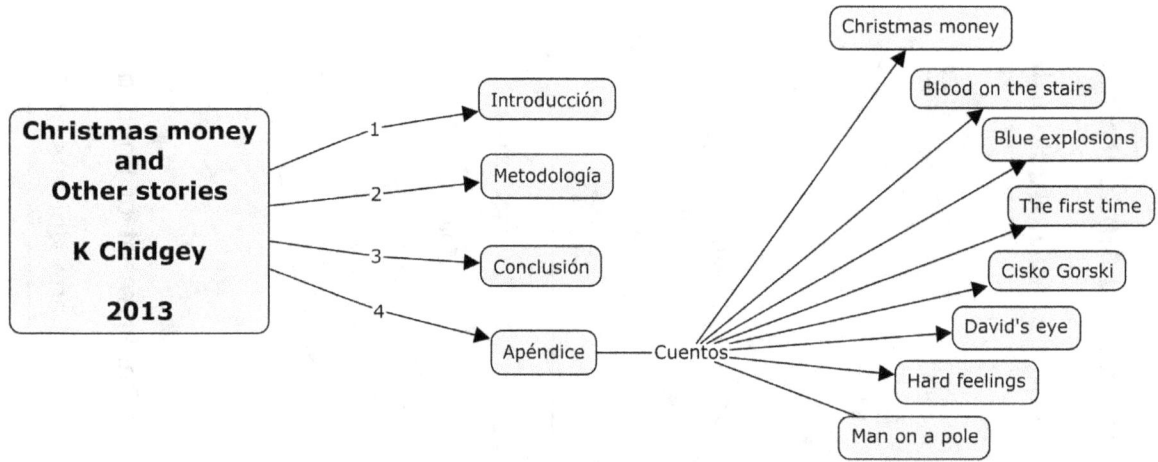

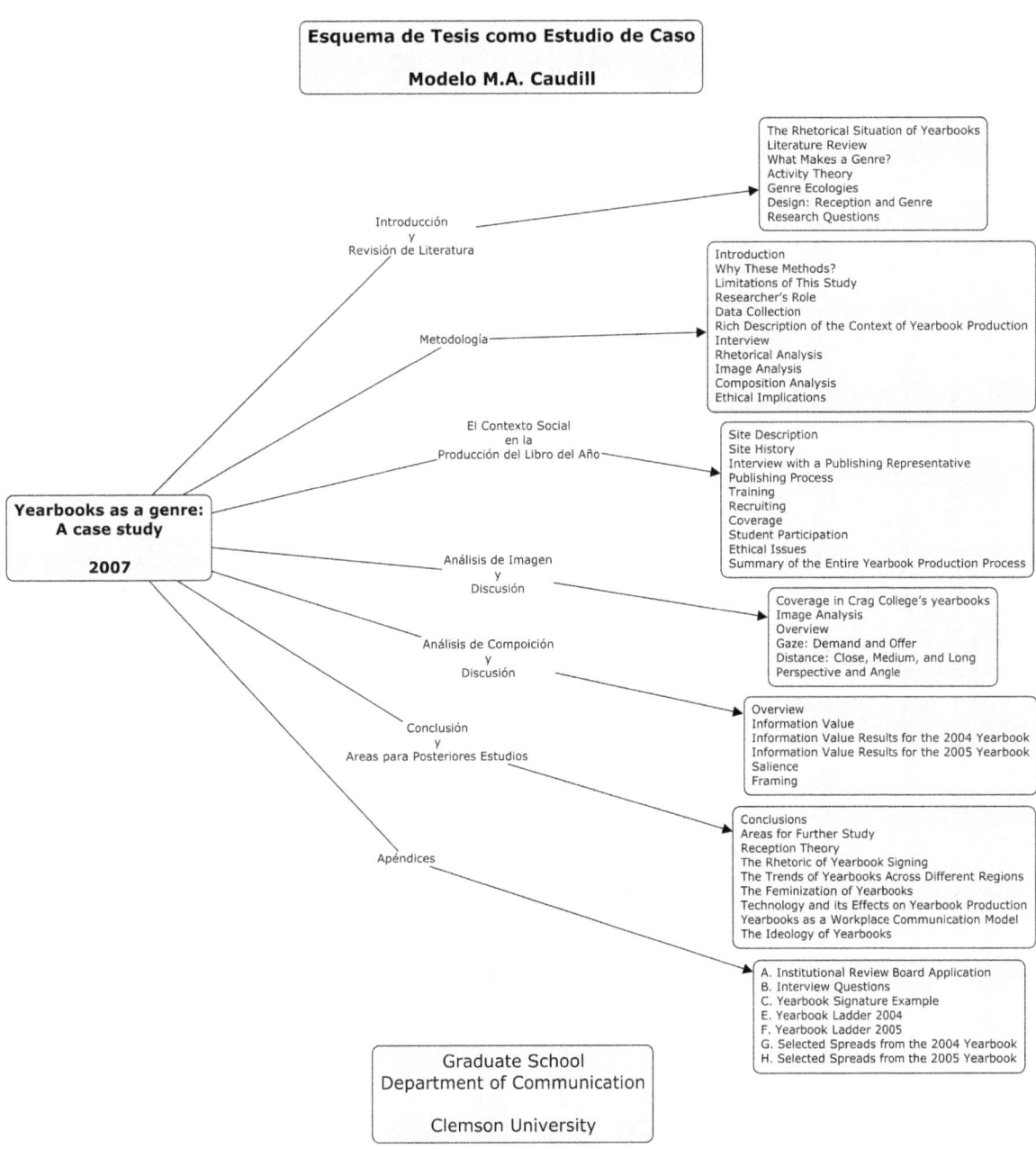

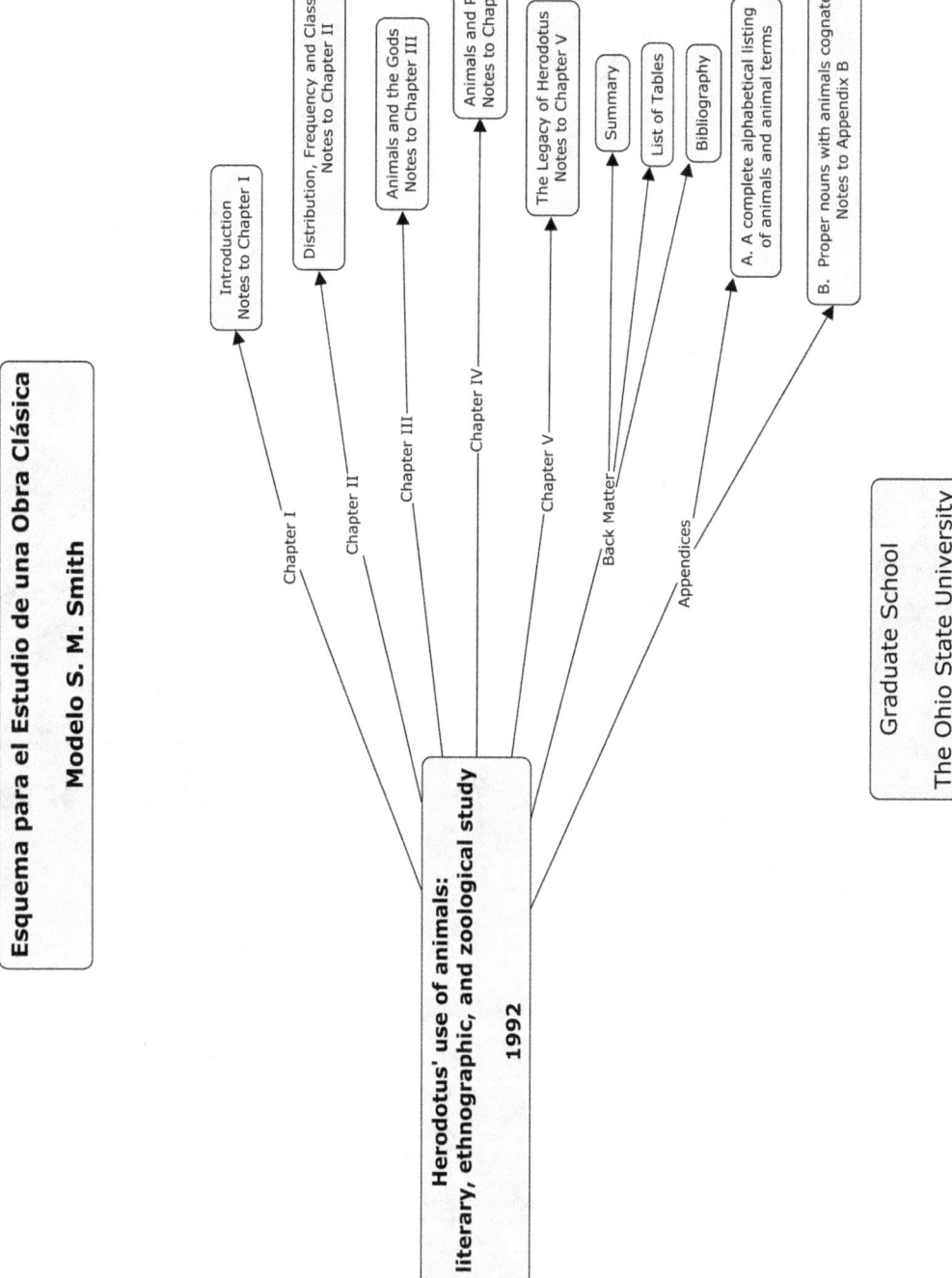

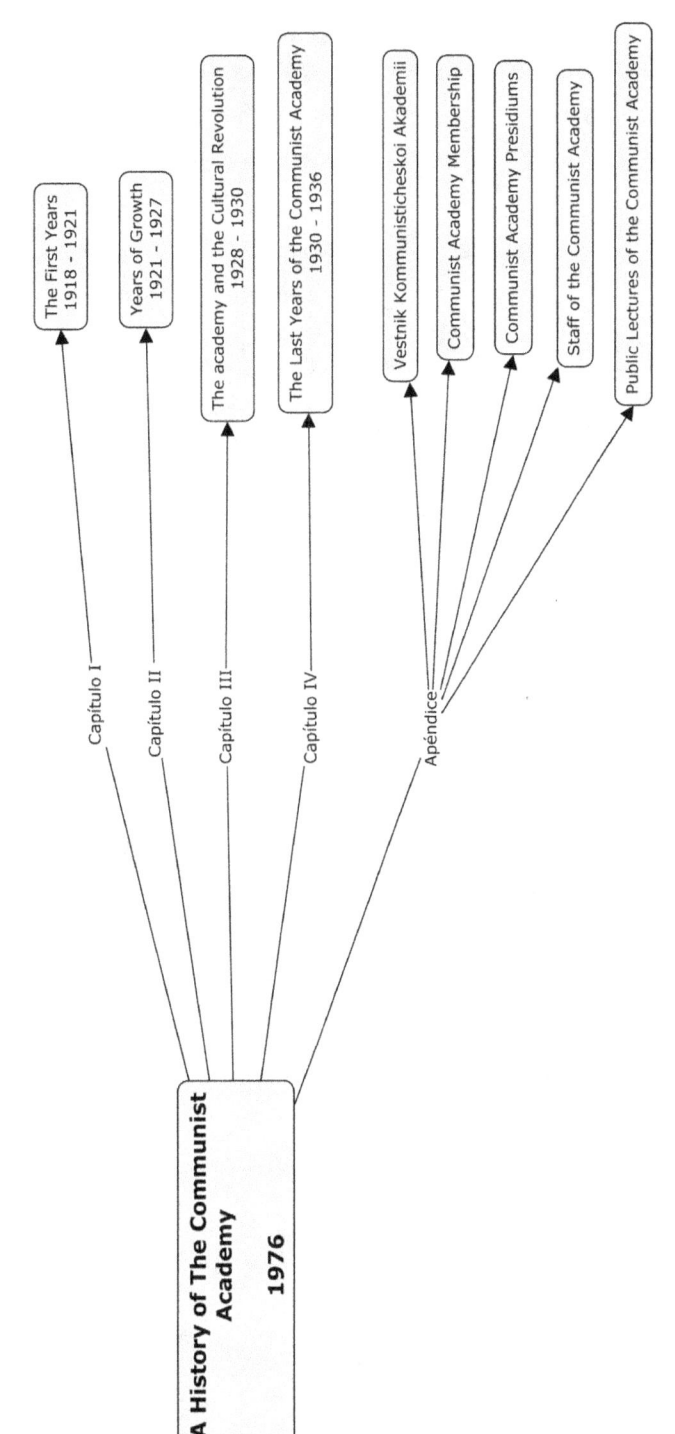

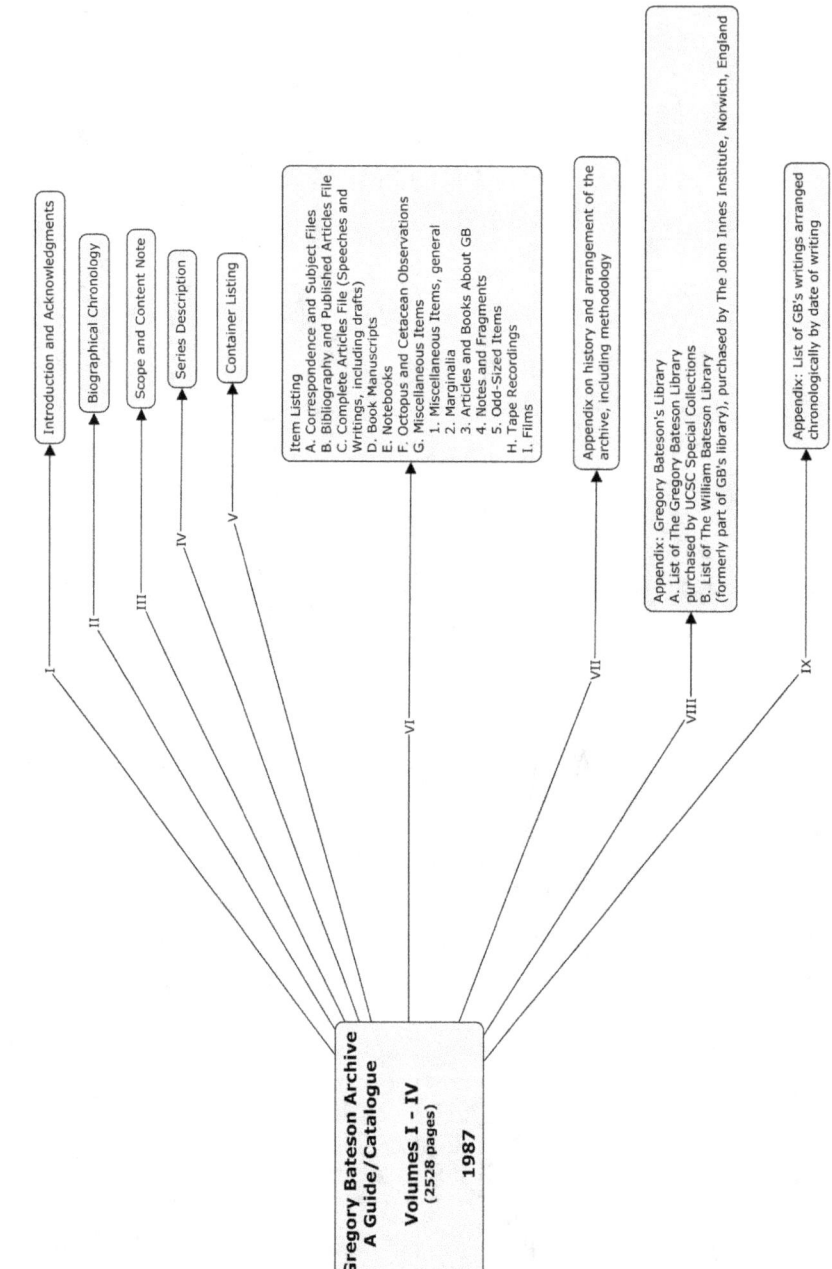

Anexo I | 349

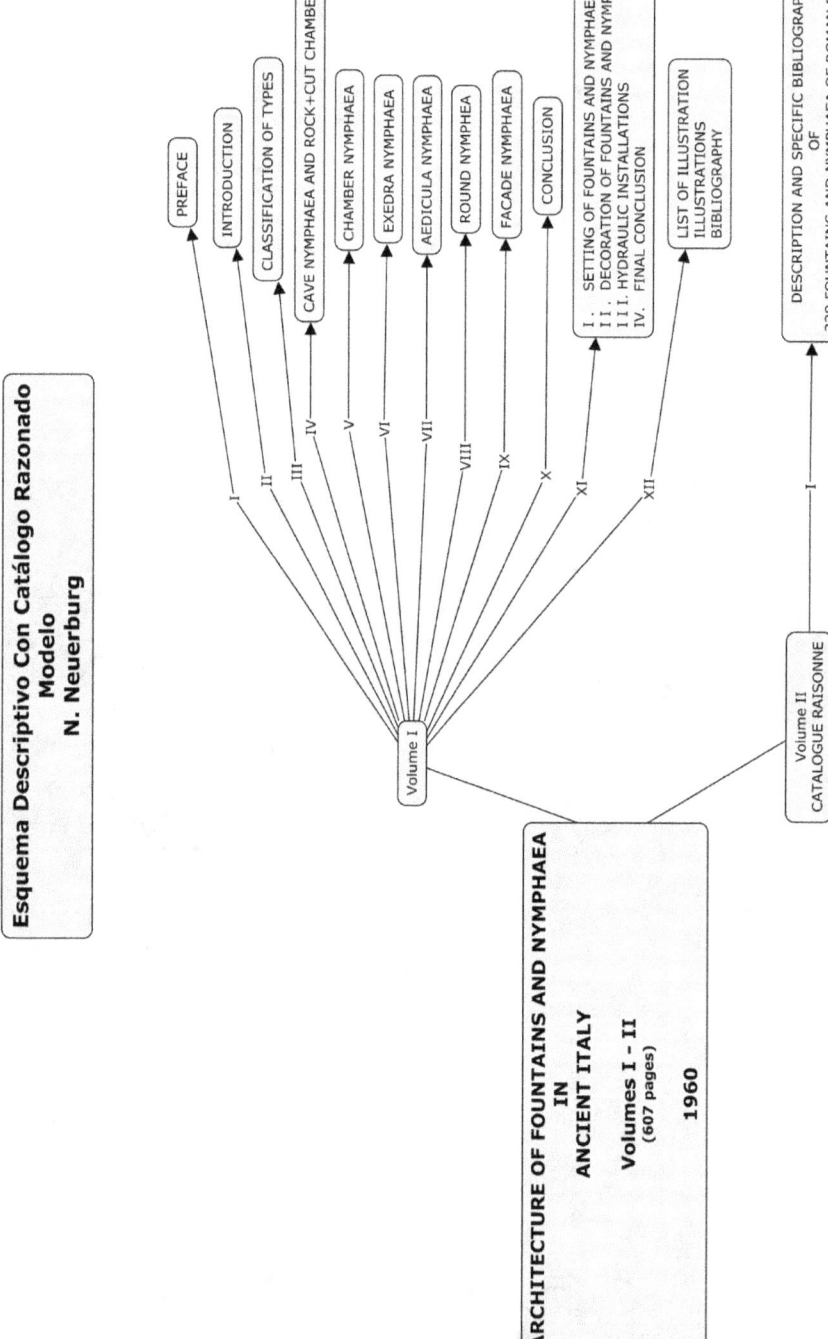

Anexo I | 351

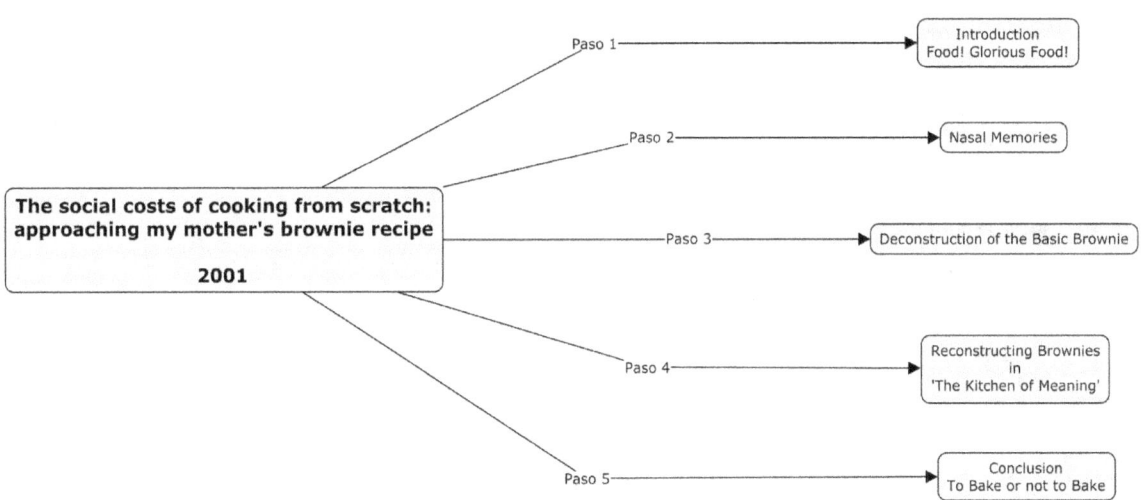

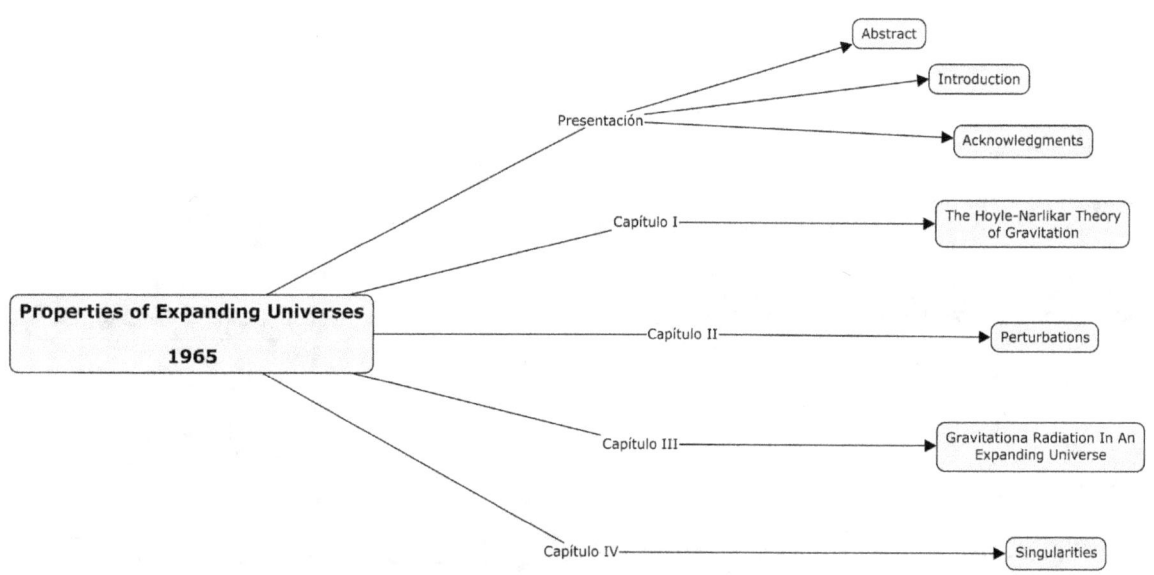

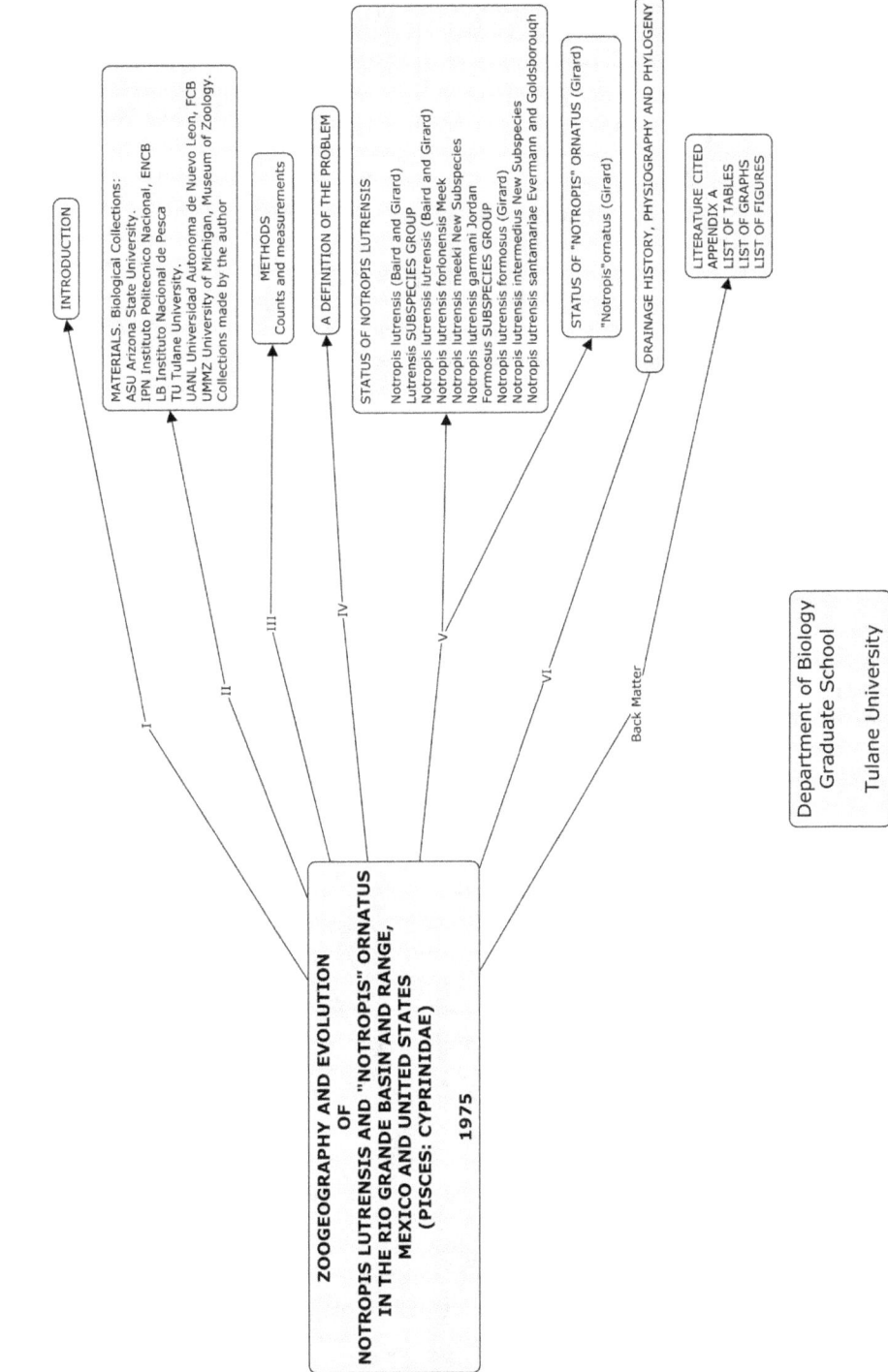

Anexo I | 353

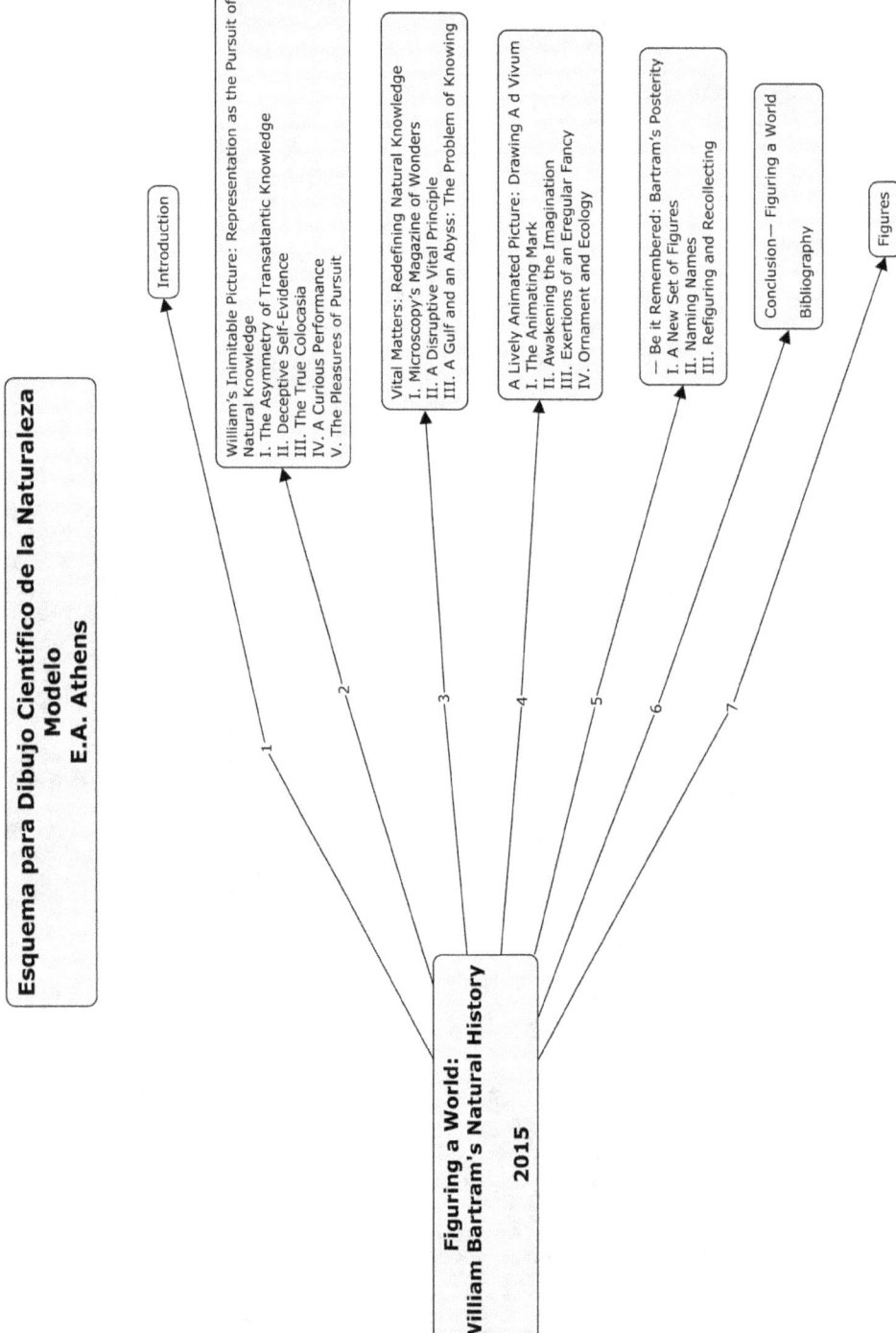

Anexo I | 355

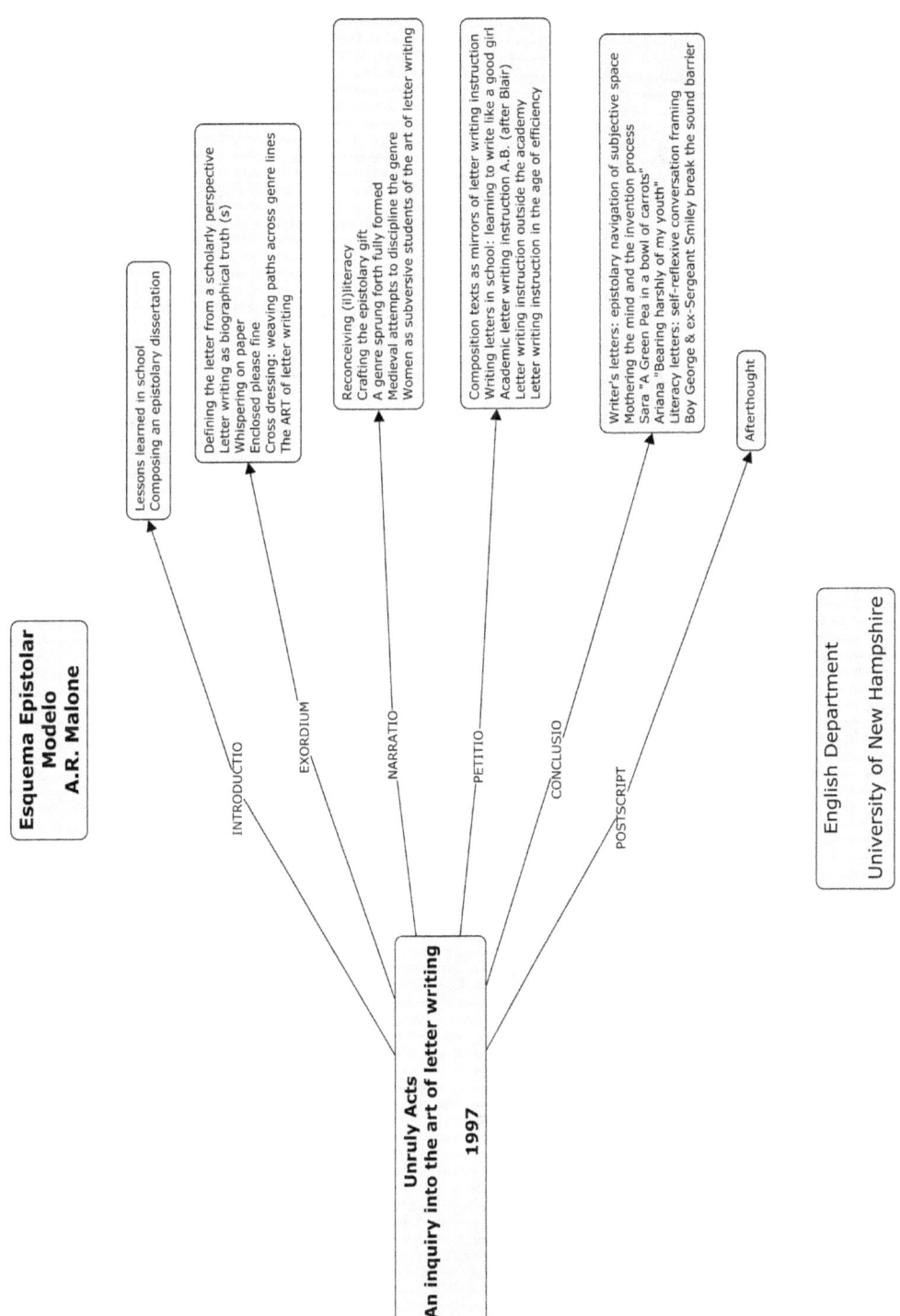

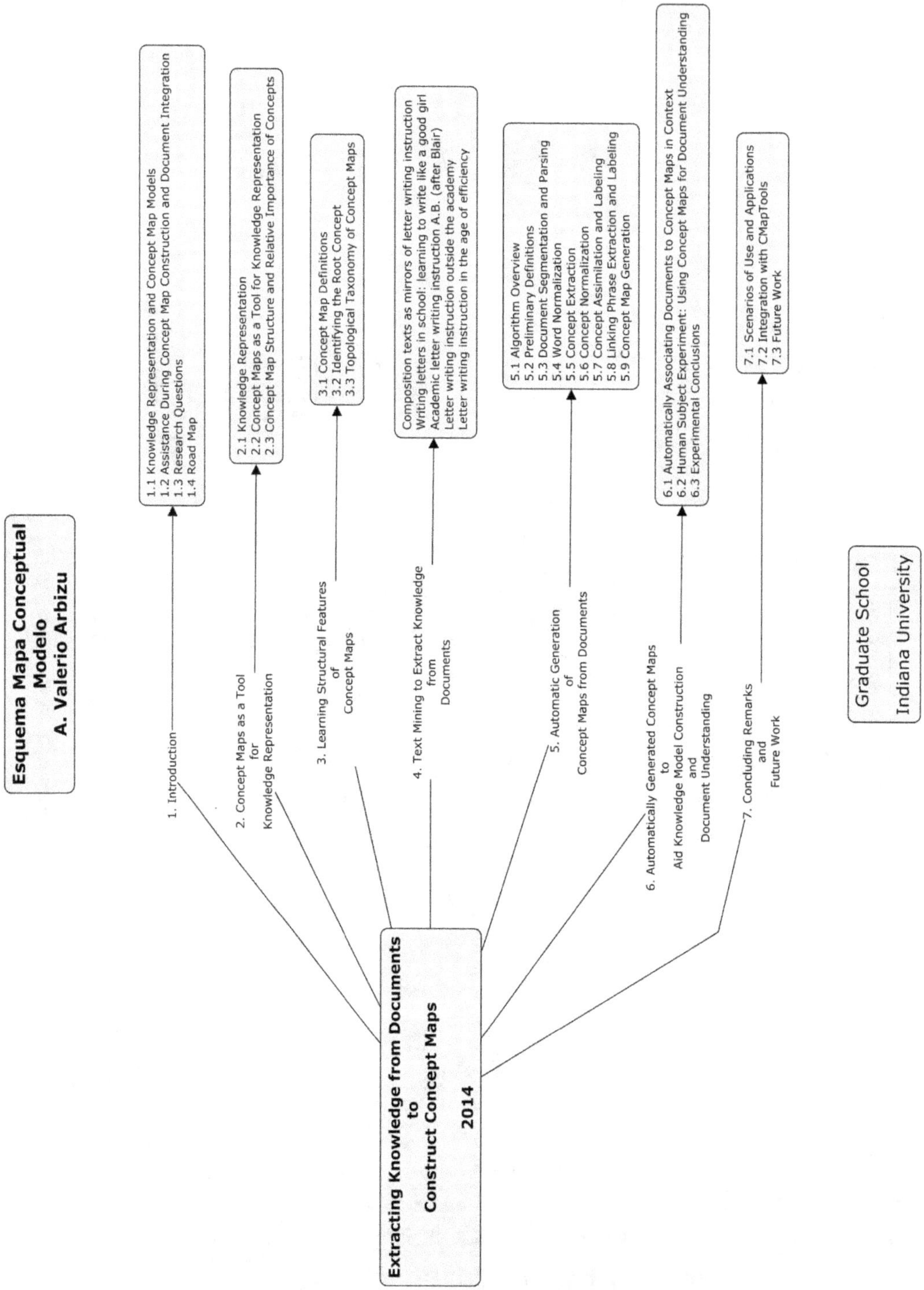

356 | METODO DE LAS 100 HORAS

Esquema Mapa Conceptual Modelo
A. Valerio Arbizu

Extracting Knowledge from Documents to Construct Concept Maps
2014

1. Introduction
- 1.1 Knowledge Representation and Concept Map Models
- 1.2 Assistance During Concept Map Construction and Document Integration
- 1.3 Research Questions
- 1.4 Road Map

2. Concept Maps as a Tool for Knowledge Representation
- 2.1 Knowledge Representation
- 2.2 Concept Maps as a Tool for Knowledge Representation
- 2.3 Concept Map Structure and Relative Importance of Concepts

3. Learning Structural Features of Concept Maps
- 3.1 Concept Map Definitions
- 3.2 Identifying the Root Concept
- 3.3 Topological Taxonomy of Concept Maps

4. Text Mining to Extract Knowledge from Documents
- Composition texts as mirrors of letter writing instruction
- Writing letters in school: learning to write like a good girl
- Academic letter writing instruction A.B. (after Blair)
- Letter writing instruction outside the academy
- Letter writing instruction in the age of efficiency

5. Automatic Generation of Concept Maps from Documents
- 5.1 Algorithm Overview
- 5.2 Preliminary Definitions
- 5.3 Document Segmentation and Parsing
- 5.4 Word Normalization
- 5.5 Concept Extraction
- 5.6 Concept Normalization
- 5.7 Concept Assimilation and Labeling
- 5.8 Linking Phrase Extraction and Labeling
- 5.9 Concept Map Generation

6. Automatically Generated Concept Maps to Aid Knowledge Model Construction and Document Understanding
- 6.1 Automatically Associating Documents to Concept Maps in Context
- 6.2 Human Subject Experiment: Using Concept Maps for Document Understanding
- 6.3 Experimental Conclusions

7. Concluding Remarks and Future Work
- 7.1 Scenarios of Use and Applications
- 7.2 Integration with CMapTools
- 7.3 Future Work

Graduate School
Indiana University

Anexo I | 357

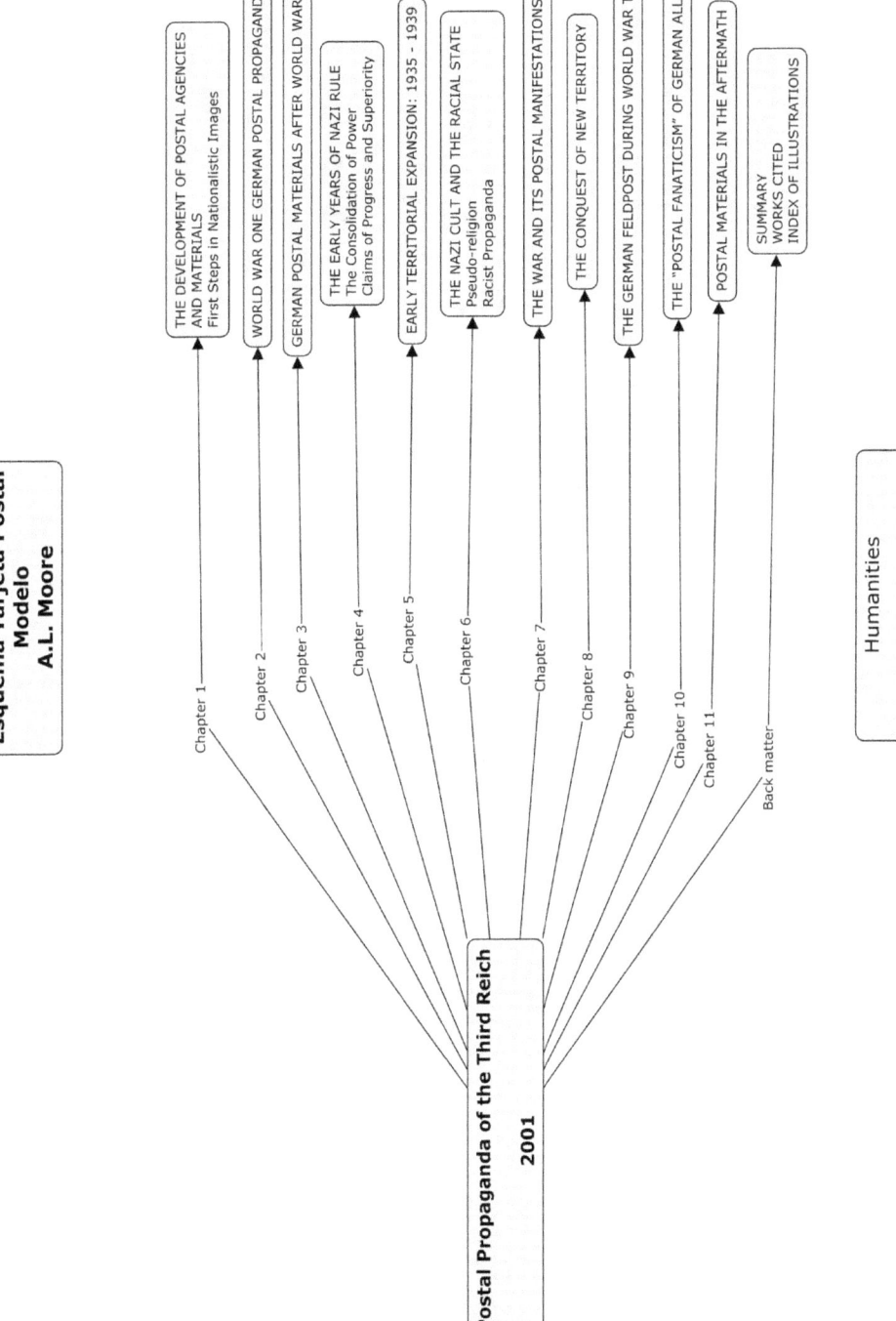

Anexo II

CUESTIONARIO PARA IDENTIFICAR EL BLOQUEO ESCRITURAL Y CÓMO COMBATIRLO

El auto-examen, llamado "Cuestionario del escritor bloqueado" creado por Mike Rose, consta de 24 preguntas conducentes a descubrir cómo se siente uno al escribir, cuanta euforia o disforia provoca el acto de escribir, y averiguar si se está totalmente, parcialmente o absolutamente nada bloqueado. El propósito buscado con esta herramienta es el de identificar el problema del bloqueo con mayor precisión –es decir, saber en dónde está–, y así tratar de manejarlo y controlarlo con medidas adecuadas y a tiempo.

A cada pregunta planteada le sigue una escala de cinco posibles respuestas que describen lo que la persona puede sentir ante la situación descrita en el punto pertinente.

Esto describe qué hago o cómo me siento. Ver Tabla 1.

Tabla 1		
Esto describe cómo me siento cuando tengo que escribir.		
Respuesta	Estado anímico	Porcentaje del tiempo
a	Casi siempre	90-100 %
b	A menudo	75 %
c	A veces	50 %
d	Ocasionalmente	25 %
e	Casi nunca	0-10 %

Descripción

Los 24 ítems del cuestionario se subdividen en 5 sub-escalas. Tabla 2.

Rose recomienda que si un profesor quiere simplificar los bloques, puede reducir el número de preguntas de acuerdo a

Tabla 2	
Conductas del estudiante a la hora de escribir.	
Conducta	**Número de pregunta**
Bloqueo	7, 9, 12, 16, 17, 22, 24
Retraso	4, 14
Edición prematura	3, 8, 18
Estrategias para la complejidad	5, 11, 15, 19, 23
Actitudes	1, 2, 6, 10, 13, 20, 21

las conductas que desee diagnosticar.

1. Aunque a veces es difícil, disfruto escribir.
(a)   (b)   (c)   (d)   (e)

2. He visto muy buenos escritos, pero mi escritura no coincide con ellos.
(a)   (b)   (c)   (d)   (e)

3. Mi primer párrafo tiene que ser perfecto antes de continuar.
(a)   (b)   (c)   (d)   (e)

4. Entrego tarde las tareas porque no consigo poner las palabras sobre el papel.
(a)   (b)   (c)   (d)   (e)

5. Para mí es difícil escribir sobre algunos temas que pueden ser abordados desde diferentes ángulos.
(a)   (b)   (c)   (d)   (e)

6. Me gustaría tener la oportunidad de expresar mis ideas por escrito.
(a)   (b)   (c)   (d)   (e)

7. Hay momentos en que por horas me siento a escribir sin ser capaz de escribir nada.

(a)　　　　(b)　　　　(c)　　　　(d)　　　　(e)

8. Espero hasta que encuentro la frase precisa.
(a)　　　　(b)　　　　(c)　　　　(d)　　　　(e)

9. Mientras escribo un trabajo, llego a algunos aspectos que me detienen por horas.
(a)　　　　(b)　　　　(c)　　　　(d)　　　　(e)

10. Mis maestros están familiarizados con tan buena escritura que en comparación la mía les ha de parecer mala.
(a)　　　　(b)　　　　(c)　　　　(d)　　　　(e)

11. Tengo problemas para darme una idea de cómo escribir temas que tienen diferentes interpretaciones.
(a)　　　　(b)　　　　(c)　　　　(d)　　　　(e)

12. Hay momentos en que me toma hasta dos horas para escribir mi primer párrafo.
(a)　　　　(b)　　　　(c)　　　　(d)　　　　(e)

13. Pienso que mi escritura es buena.
(a)　　　　(b)　　　　(c)　　　　(d)　　　　(e)

14. Me paso de la fecha de entrega porque me quedo atascado tratando de escribir mis documentos.
(a)　　　　(b)　　　　(c)　　　　(d)　　　　(e)

15. A veces me pasa que no sé cómo organizar toda la información que recabé para un artículo.
(a)　　　　(b)　　　　(c)　　　　(d)　　　　(e)

16. A veces me encuentro escribiendo una frase y luego borrándola, luego tratando de escribir otra y enseguida desechándola; puedo hacer esto por horas.
(a)　　　　(b)　　　　(c)　　　　(d)　　　　(e)

17. Es terriblemente difícil para mí comenzar un escrito.
(a)　　　　　(b)　　　　　(c)　　　　　(d)　　　　　(e)

18. Cada frase que escribo tiene que estar correcta antes de proseguir con la siguiente.
(a)　　　　　(b)　　　　　(c)　　　　　(d)　　　　　(e)

19. Tengo problemas para escribir ensayos sobre libros y artículos que son muy complejos.
(a)　　　　　(b)　　　　　(c)　　　　　(d)　　　　　(e)

20. Pienso que mis maestros reaccionan a mi escritura de una manera positiva.
(a)　　　　　(b)　　　　　(c)　　　　　(d)　　　　　(e)

21. Escribir es una tarea muy desagradable para mí.
(a)　　　　　(b)　　　　　(c)　　　　　(d)　　　　　(e)

22. Hay momentos en que encuentro difícil escribir lo que quiero decir.
(a)　　　　　(b)　　　　　(c)　　　　　(d)　　　　　(e)

23. Tengo problemas para escribir tareas donde me piden comparar, contrastar o analizar.
(a)　　　　　(b)　　　　　(c)　　　　　(d)　　　　　(e)

24. Algunas personas experimentan períodos en los que, por más que lo intenten, escriben muy poco, si es que acaso lo hacen. Cuando estos períodos duran una considerable cantidad de tiempo se dice que la persona tiene un bloqueo escritural. Estima que tan a menudo experimentas bloqueo escritural.
(a)　　　　　(b)　　　　　(c)　　　　　(d)　　　　　(e)

¿Cómo combatir el bloqueo escritural del tesista?

Auto-terapia. Consejos varios:
- La principal y mejor forma de combatir al bloqueo escritural es conocerlo y enfrentarlo.
El cuestionario de Rose puede ayudarte a ubicar tu problema y la dimensión del mismo.
- Escribe sobre por qué crees que no puedes escribir.
Identificando el o los problemas, lo recomendable es reflexionar y escribir al respecto.
- Lee novelas, revisa ensayos sobre escritores bloqueados o personas que desean aprender a escribir:
    a. Bartleby, el escribano de Herman Melville
    b. Bartleby y compañía de Enrique Vila-Matas
    c. El diario de los escritores de la libertad de Erwin Gruwell
- Investiga qué es y cómo se trata el bloqueo del escritor.
Otra forma de combatir el bloqueo escritural es indagando en qué consiste y trabajando en él.
- Haz las cosas fáciles primero.
Si tienes que redactar un trabajo, concéntrate en las partes más sencillas, esto aumentará tu confianza, después sigue con las partes complicadas.
- Platícale tu investigación a alguien de confianza y graba.
Otra estrategia para romper el bloqueo y poder escribir algún trabajo importante, como la tesis, es aquella mediante la cual conversas o presentas tu tema a alguien conocido, pues a veces las personas son más sueltas verbalmente, y grabas todo lo que dijiste. Este material puede servirte de guión para comenzar y darle forma al documento.
- Glosario de conceptos relevantes en la tesis.
Otra estrategia que no se contrapone con la anterior ni con ninguna otra, es la de identificar los términos más importantes de tu investigación de tesis y elaborar con ellos un glosario. Esta información también te puede servir para construir mapas conceptuales y tener con ello una estructura conceptual de la tesis.

- Elabora mapas conceptuales
  d. Utiliza el software gratuito *CmapTools*
- Evita la distracción.
  Este es un punto en el que cada cual debe trabajar conociendo primero qué es lo que le distrae y buscando maneras de reducir esos distractores.
- Lee biografías de escritores y emprendedores.
  Si tienes tiempo puedes encontrar motivación en historias de éxito, ya se trate de biografías o de ensayos.
- Ve películas que te motiven, como:
  e. Stranger than fiction
  f. The ghostwriter
  g. The freedom writer's diary

Anexo III

LO QUE EXPRESARON ALGUNOS TESISTAS EN SUS TESIS

Agradecimientos, temas y quejas

Ahora he escrito una disertación sobre Linneo. Hubiera sido mucho más alegre, sin embargo, haber escrito una disertación bajo Linneo. Porque fue la costumbre de Linneo, ser el autor de las disertaciones que dirigió. En efecto, de las 186 disertaciones que asesoró en la universidad de Uppsala entre 1741 y 1776, la gran mayoría fueron escritas por él y no por sus estudiantes. Simplemente dictó el texto en sueco a los doctorandos, cuya única tarea fue la de ir traduciendo a un latín aceptable. La mayoría de las disertaciones tenían un par de páginas. Para los términos científicos, Linneo ya empleaba el latín. Y puesto que el latín de la Escandinavia del siglo XVIII era descuidado en cuestiones de ortografía y gramática, el estudiante no estaba demasiado agobiado. De principio a fin, una disertación bajo Linneo tomaba alrededor de dos a tres horas.

Koerner, L. 1993. *Nature and nation in Linnaean travel.* Doctoral dissertation. USA: Harvard University

---

Esta disertación [...] no es simplemente el registro de un viaje de placer, sino el de un movimiento hacia una meta.

Sloan, JM. 1979. *Mark Twain's travel books: A study in form. Doctoral dissertation.* USA: Yale University

---

Finalmente, quisiera agradecer a todos aquellos que cortésmente me preguntaron ¿de qué trata tu tesis? Tanto como fue posible, me forzaron a poner en pocas palabras los años de trabajo y, al mismo tiempo, mantenerlo claro e interesante.

Las respuestas me ayudaron a profundizar la comprensión de mi tema de investigación y a ampliar sus implicaciones.

Atassi, AN. 2009. *A History of Ibn Sa`d's Biographical Dictionary Kitāb al-Tabaqāt al-Kabīr.* Doctoral dissertation. USA: University of California at Santa Barbara

---

Aunque este fue un proyecto independiente, no fue un viaje solitario.

Flores, EM. 2011. *Becoming a Researcher. Apprenticeship Model in Doctoral Education. Doctoral dissertation.* USA: University of Washington

---

Muchas cosas pueden suceder durante un doctorado. La cantidad de tiempo que pasas en tus empeños académicos implica una rica mezcla de sentimientos y experiencias con momentos de felicidad, ansiedad, inseguridad, alegría, descubrimientos, emoción y miedo.

Amorim Pascoa, MB. 2002. *Becoming a scientist. A qualitative study of the educational experience of undergraduates working in an American and Brazilian research laboratory.* Doctoral dissertation. USA: University of California at Los Angeles

---

Escribir esta disertación ha sido la experiencia más desafiante, aunque también la más gratificante de mi vida.

Fields, DJ. 2002. *Doctoral education: Communication Ph.D. programs at three Michigan universities.* Doctoral dissertation. USA: Wayne State University

Escoger a mi asesor en el doctorado no fue un proceso fácil para mí. Sin conocer lo que quería hacer con mi doctorado, además de obtenerlo, encontré las puertas cerradas cuando intenté conseguir un director de tesis.

Lowe, REM. 2016. *Education all a'Twitter: Twitter's role in educational technology.* Doctoral dissertation. USA: Marshall University

---

Con profunda gratitud el autor reconoce el ánimo y las valiosas sugerencias recibidas del Dr. William Lynch, quien fue director de esta tesis. El escritor nunca estuvo cansado mientras trabajó en el mismo tema una y otra vez. Esto lo atribuye a la forma en que el Dr. Lynch lo motivó y a la manera en que estimuló su pensamiento. El escritor también desea reconocer su ayuda en la planeación del curso del trabajo.

Parikh, AK. 1958. *The role of craft in basic education in India.* Doctoral dissertation. USA: Indiana University

---

Durante mis dos primeros años [en el doctorado], discutí con mi primer asesor varios posibles temas [de investigación] que podría abordar en mi disertación. Pero de alguna manera ninguno de ellos se ajustó bien a mí, por lo que seguí buscando. Cuanto más miraba en los artículos, más dolor sentía. Había estado así durante tanto tiempo que empecé a sentir vergüenza de mí mismo. Pero todavía esperaba que algún día tuviera mi momento "ah-ha" y entonces todo saldría bien, pero ese momento nunca llegó. Eventualmente, la presión sobre los estudiantes de tercer año para establecer el tema de tesis aumentó, lo que me forzó a perder toda esperanza. No estaba preparado para esa área y necesitaba cambiar. Con gran pena, vergüenza y culpa avisé a mi primer asesor de mi decisión y mis razones.

De hecho, me sentí tan repulsivo conmigo mismo de ni siquiera informarle mi decisión: le mandé un correo electrónico.

Xia, J. 2013. *A Mixed Method Study on Students' Experiences in the Selection of a Dissertation Topic.* Doctoral dissertation. USA: Arizona State University

---

Todas las disertaciones están construidas sobre la citación de ideas y palabras de otros, pero hay muchos que contribuyeron a este proyecto en formas mucho más allá de la verba que pudiera ser citada en una bibliografía.

Spielberg, LM. 2015. *The rhetoric of documentary quotation in Roman historiography.* Doctoral dissertation. USA. University of Pennsylvania

---

Una escribe sola con el mundo. Me gustaría reconocer a la audiencia que ha escrito y leído y actuado conmigo en las páginas que siguen.

Langellier, KM. 1980. *The audience of literature: A phenomenological poetic and rhetoric.* Doctoral dissertation. USA: University of Carbondale

---

Seminario de invierno. Una semana obligatoria en el campus de la Universidad de La Verne para concluir el semestre de otoño. Ocho días y noches de actividad sin escalas, estresante, casi sin dormir, emocionante, trabajando con otros estudiantes en grupos pequeños y grandes, produciendo trabajos de equipo y presentaciones bajo plazos estrictos.

Cook, MJ. 2000. *A dramatic break with tradition. The La Verne Doctoral Program in Educational Leadership, 1973–1999.* Doctoral dissertation. USA: University of La Verne

---

La gestión de proyectos ha sido un campo intrigante para esta investigadora desde la escuela preparatoria. Por supuesto, el campo no tenía nombre hasta que la investigadora entró en el mundo corporativo a los veintitantos años. Como consultora, la investigadora ha sido llamada para trabajar en muchos proyectos batallosos.

Slack, ME. 2014 *The Integration of Three Factors That Lead to a Project Manager's Success.* Doctoral dissertation. USA: University of St. Thomas

---

Deseo reconocer y expresar mi gratitud a mis compañeros y pacientes de diálisis, que sufren en silencio, y cuyos actos diarios de heroísmo y coraje desaparecen sin dejar huella.

A mi voz interior, sin la cual nada de esto hubiera sido posible.

Ekus, E. 1981 *Illness as therapy. A crisis path to enlightenment. Doctoral dissertation.* USA: Union Graduate School

---

Mi apoyo ha venido de muchos, muchos lugares y gente, muchos escenarios y conversaciones; del diario de vinil amarillo mostaza, de relieves dorados que Katherine me dio hace 22 años; de los paseos en la playa, un tranquilo apartamento de verano, y un confortable diván frente al cálido fuego con mis amigos… quienes escucharon y continúan escuchando tan bien…

Fraser, RJ. 1991. *Theory and pedagogy in freewriting acts: Exploring the spaces between.* Doctoral dissertation. USA: New York University

---

Esta tesis es un análisis contextual de la receta del brownie de mi madre. Siguiendo la receta a través de lo microcósmico a lo macrocósmico, ilumino su biografía en cada contexto. Con este fin, he estructurado mi tesis bajo el paraguas general de la teoría cultural marxista, sobre la relación entre los modos básicos de producción global y las instituciones sociales superestructurales. Dentro del microcosmos, aplico un análisis de desempeño, críticas comparativas históricas y feministas. Para entender cómo el brownie y su receta se comunican dentro del macrocosmos, deconstruyo la receta, analizo la naturaleza histórica de los ingredientes y cómo esas naturalezas se convierten en símbolos de opresión y explotación.

Grant, J. 2001. *The social costs of cooking from scratch. Approaching my mother's brownie récipe.* Master thesis. Canada: Memorial University of Newfoundland

---

Hace varios años, cuando estaba luchando por comprender qué podría ser una tesis de maestría, pasé una larga tarde en la biblioteca hojeando las tesis y disertaciones de estudiantes que me habían precedido en este empeño. Recuerdo que me llamó la atención el hecho de que cada uno comenzó con varias páginas de reconocimientos florales y sentimentales que insistían, de una u otra manera, en que el autor no podría haber logrado este trabajo sin la ayuda, el apoyo y la guía de lo que a veces parecía ser un elenco de miles de personas. Me preguntaba si esto era parte de la forma de una tesis. Seguramente exageran, pensé. Ahora miro hacia atrás, a los 17 años que han pasado desde que comencé a tomar clases... como estudiante no matriculada, y me doy cuenta de que no hubo exageración. En todo caso, las palabras son inadecuadas para transmitir mi deuda a mi propio elenco de miles de personas que apoyaron, alentaron, ayudaron o simplemente no perdieron la esperanza. Y a pesar de la certeza de que voy a omitir inadvertidamente a muchas personas que deberían haber sido mencionadas, intento, no obstante, agradecerles aquí.

[Siguen 2.5 páginas de agradecimientos a un centenar de personas y grupos de trabajo]

Y así, desde aquella larga tarde que pasé en la biblioteca, he llegado a comprender los agradecimientos en más formas de lo que esperaba. Les agradezco a todos.

Ward, K. 2001. *Understanding acknowledgements.* Doctoral dissertation. USA: Oregon Graduate Institute of Science and Technology

---

Informé a mi asesora acerca de mis habilidades avanzadas de procrastinación y ella compartió conmigo su deseo de aprender más sobre mi proceso de trabajo creativo mientras me animaba "comienza a escribir ahora". Ella fue una fantástica guía, que me empujó a fundamentar mi trabajo en hechos reales en vez de dedicarme a autocomplacientes vuelos de reflexión imaginativa y personal. [...] Ella me animó a profundizar en mis teorías y fuentes, y al final ella me empujó a confiar en mí misma y poner mis propias ideas en primer plano. Ella leyó mis embarazosos primeros borradores y fue una firme editora.

Alexander, ST. 2014. *It stains the tablecloth: The persistence and evolution of manchamanteles.* MA thesis. USA: University of Delaware

Esta disertación, como las cartas que se entrelazan a través de sus páginas, hace eco de muchas voces, algunas cantando melodías, otras entonando suavemente entre líneas. Cada una ha agregado su riqueza al texto final.

Malone, AR. 1997. *Unruly acts: An inquiry into the art of letter writing.* Doctoral dissertation. USA: University of Hampshire

---

Para Sherlock Holmes y John Watson: Son tan reales a mi imaginación como lo podría ser cualquier personaje histórico, y ha sido un privilegio para mí saber y escribir sobre ustedes.

Miller, JG. 2017. *Beyond Baker Street: The Evolution of Wit in Sherlock Holmes.* ME thesis. USA: University of Wyoming

---

A todos esos Seres dentro y fuera de mí que han creado las condiciones para que este trabajo se desarrolle. A aquellas criaturas que han sufrido o muerto por la aparición de estas palabras ahora (espero que no se hayan entregado en vano). Al Sueño al que me aferro, que algún día podré vivir, amar y aprender sin destruir a quienes me rodean. Te lo agradezco.

Affifi, R. 2008. *"Thesis writing" as a prelude to living environmental education.* MA thesis. Canada: Royal Roads University

Anexo IV

DE LA TESIS AL LIBRO

Escribir un libro es como la ilusión de escalar el monte Everest;
muchos lo sueñan, algunos lo intentan, y pocos lo logran.
Lin Tai Wao

Decenas de miles de estudiantes de maestría y doctorado se gradúan cada año en miles de universidades alrededor del mundo. Sus tesis, en más del 99.5 % de los casos, no se publican como libros. Debemos considerar que el propósito original no es convertir las tesis en libros y venderlos, sino que se elaboran para servir de sustento escrito a la justificación, argumentos y conclusiones de las investigaciones realizadas, de modo que los estudiantes puedan defender y así obtener el título correspondiente.

No son demasiados los estudiantes que piensan en hacer de sus tesis libros y publicarlos; excepción hecha, claro, de aquellos que se inscriben a programas de escritura creativa, como se verá más adelante. Además, los contenidos de la mayoría de las tesis son concretos y no dan la suficiente materia para desplegarla en la extensión de un libro.

La sola idea, en la cabeza del tesista, de que el tema de la tesis tiene atractivo, no basta para convertirla en libro. Aun y cuando la tesis haya sido un triunfo a nivel de invento o descubrimiento, y que el departamento y la universidad sientan orgullo por ese adelanto, eso no da pie para que la tesis se transforme en libro. Otro aspecto más que se pasa por alto, es que el formato de la tesis en las ciencias y la tecnología es totalmente diferente al formato de un libro de no ficción (nonfiction); ni siquiera se parece a la estructura del libro de texto.

Sin embargo, hay casos, como el de la tesis doctoral de Hutchison (2006), que se publicó como libro tal cual es, sin cambiarle una coma al título ni al texto. La única explicación que encuentro a esto, y a otros casos similares que hay en el mercado, es que se trata de una auto-publicación. Es decir, detrás de la impresión de esa tesis-libro no hay una editorial que la respalde; el autor publicó por su cuenta la obra y la distribuyó. Con esto queda claro que el interés académico no es igual al interés de las editoriales que se preocupan por el público al cual ofrecen sus catálogos de libros.

Y si a alguna editorial le parece que el tema tiene sustento para que se publique, entonces el graduado deberá revisar la tesis a consciencia y hacer los cambios donde sea necesario. Lo más probable es que reescriba un nuevo y muy diferente documento.

Por otro lado, no hay nada extraño en las publicaciones independientes; de hecho, se han convertido en una enorme fuerza que ya compite en algunos rubros con las editoriales tradicionales. Pero al tener esa facultad de auto publicarse, los tesistas deben cuidar las formas para que sus trabajos cumplan con las normas editoriales de un buen libro.

De la tesis al libro: Taller de desarrollo profesional

Cuatro graduadas del doctorado, que en lo particular revisaron y convirtieron sus tesis doctorales en libros y los publicaron, fueron: Sulik (2004, 2010), Eich-Krohm (2008, 2012), Loe (2002, 2004), y Nack (2001, 2008) Tabla 18. Estas autoras, que también son profesoras en cuatro diferentes universidades, formaron un equipo y, a través de la Asociación Americana de Sociología (ASA), organizaron un taller de escritura llamado *"De la disertación al libro"*.

El taller que ofrecieron consiste en un ejercicio práctico basado en sus experiencias personales, donde enseñan al estudiante de posgrado a evaluar sus proyectos en proceso, al egresado a valorar con otros ojos la tesis terminada, y qué hacer para convertir sus materiales en libro. Desde el inicio del taller aconsejan a los participantes deshacerse de la idea de que en sus tesis

De la Disertación al Libro		
Tabla 18		
Autora	**Título de la disertación**	**Título del libro**
Gayle Sulik	When women need care: How breast cancer 'survivors' cope with being care –receivers	Pink Ribbon Blues: How breast cancer culture undermines women's health
Astrid Eich-Krohm	From temporary to permanent? A qualitative study about settlement decisions of German professionals and their families on assignments in the U.S.	German Professionals in the United States: A Gendered Analysis of the Migration Decision of Highly Skilled Families
Meika E. Loe	(De) constructing the Viagra phenomenon: Claims, markets, and the science of sex	The Rise of Viagra: How the Little Blue Pill Changed Sex in America
Adina L. Nack	Damaged goods: The sexual self -transformations of women with chronic STDs	Damaged Goods?: Women living with incurable sexually transmitted diseases

no tendrán que hacer cambios, y tomar en cuenta lo siguiente:

"Al escribir una disertación descubriste algo importante y lo explicaste de una manera que tus asesores entenderían y validarían. Para tu libro, deberás contar la historia de manera diferente, con una nueva visión, claridad y con diferentes lectores en mente. Tendrás que repensar en la audiencia, en la estructura y en el estilo de escritura; en encontrar tu voz como autor, y tomarte un tiempo para hallar el correcto desarrollo de tu libro, y luego convencer al editor de que tu trabajo vale la pena ser publicado" (Sulik, 2012).

Existen numerosas tesis de múltiples especialidades que fueron transformadas en libros, y que pueden servir de guía al tesista que tenga la intención de pasar al libro, como las que se muestran en la Tabla 19.

De la tesis al libro, en los casos de Bennett, Greenberg, Lovitts, Seifer y Womack/Wright, los trabajos sufrieron pocas transformaciones en el contenido original, pero hubo cambio en el formato y agregaron nuevo material. Womack/Wright presentó la tesis bajo un nombre y publicó su libro bajo otro nombre. La tesis de Walter Nickell Sousanis, que también es semejante a lo que publicó como libro, se diferencia de la de

De la Disertación al Libro
Tabla 19

Autor	Título de la disertación	Título del libro
Wendy Laura Belcher	Ethiopian discourse in medieval European and eighteenth-century English literature	Abyssinia's Samuel Johnson: Ethiopian Thought in the Making of an English Author
Eric Bennett	Creative writing and the Cold War	Workshops of Empire: Stegner, Engle, and American Creative Writing during the Cold War
Miriam Greenberg	Branding New York: A new strategy of economic development, 1967–1981	Branding New York: How a city in crisis was sold to the world
Barbara E. Lovitts	Leaving the ivory tower: A sociological analysis of the causes of departure from doctoral study	Leaving the ivory tower: The causes and consequences of departure from doctoral study
Scott A. Melzer	The National Rifle Association: Conservative politics and frontier masculinity	Gun Crusaders: The NRA's Culture War
Marc J. Seifer	Nikola Tesla: Psychohistory of a forgotten inventor (Volumes I & II)	Wizard. The life and times of Nikola Tesla: Biography of a genius
Nick Sousanis	Unflattening: A visual-verbal inquiry into learning in many dimensions	Unflattening
J. Leonore Womack J. Leonore Wright	The philosopher's 'I': Autobiography and the search for the self	The philosopher's 'I': Autobiography and the search for the self
Stephen L. Burt	Randall Jarrell and his age	Randall Jarrell and his age
John Womack, Jr	Emiliano Zapata and the revolution in Morelos, 1910-1920	Zapata and the Mexican Revolution

los tesistas mencionados y de cualquier otro, porque elaboró la tesis como un comic. Es la primera disertación que utiliza el formato del comic para comunicar los resultados de un estudio; en este caso, para un tema de filosofía de la educación.

Otro caso, el de Burt (2000), quien escribió una tesis doctoral sobre la vida y la obra de Randall Jarrell, poeta y escritor americano del siglo XX, transformó su trabajo de graduado en un libro exitoso. Actualmente es profesor de la universidad de Harvard y colaborador de la revista literaria *The New Yorker*, además de publicar en otros medios, y lleva ya 12 libros publicados.

La disertación doctoral de John Womack Jr. se publicó como libro en 1968, dos años después de la obtención del grado. De inmediato se convirtió en un bestseller y se tradujo a varias lenguas. Es una obra que no pierde vigencia y se sigue editando.

En el caso de las tesis que fueron escritas en el formato de artículos, cabe la posibilidad de reciclarlos y reescribir con ellos una monografía y no tanto un libro, como hicieron los autores arriba señalados. Como los artículos para journals son trabajos especializados para reducidas audiencias, al tallarlos para construir una monografía se conservará mucho del estilo y del lenguaje, pues la audiencia a la que se dirigirá será casi la misma. La diferencia es que ahora esa monografía tendrá formato de libro e incluirá los contenidos de los artículos y nuevas ideas que agregue el autor.

Así, el estudiante graduado que de pronto se le mete en la cabeza la idea de publicar su tesis como libro, tendrá que aprender nuevas cosas en materia de escritura y géneros literarios, ocupaciones que de seguro nada tienen que ver con su formación universitaria; y, antes que nada, tendrá que aprender a diferenciar a la tesis del libro.

Tesis que se escriben como novelas, cuentos o poesía

Comparar la tesis de maestría y doctorado con las novelas no tiene sustento racional, en apariencia, pues se trata de dos objetos totalmente diferentes. Sin embargo, existen algunos programas académicos, como el 'Master in Fine Arts' (MFA), que están orientados hacia la formación y/o entrenamiento de escritores y artistas. Estos programas, de los cuales existen varios cientos en los Estados Unidos, están facultados para recibir y manejar cualquier propuesta creativa de sus alumnos. En el caso de los estudiantes que se quieran formar como escritores son preparados en talleres de escritura creativa y tienen la oportunidad de escribir una novela, una obra de teatro, el guión para una película, una serie de cuentos o una antología de poesía.

Si a la tesis se la evaluara como una novela, entonces habría que considerar otros aspectos, como: la historia, la originalidad de dicha historia, los personajes, la trama o forma en cómo se desarrolla la historia, el estilo con que el escritor la cuenta, la extensión y, sobre todo, la calidad del conjunto. Bajo estas circunstancias, difícilmente lograría el estudiante obtener un aprobatorio por su tesis.

En la Tabla 20 se presentan algunas de las diferencias más notorias entre una novela y una tesis. Si tú has sido lector de novelas, sin esfuerzo alguno las reconocerás. Pero si jamás has leído una novela en tu vida, habrá elementos que con dificultad asimilarás.

Ahora, ¿cuál es la idea de esta comparación? La de mostrarte que, aunque la tesis y la novela son dos géneros por demás disímiles, tienen algo en común, y es que se trata de documentos que por escrito cuentan una historia. Ahora bien, para escribir su novela el novelista suele recurrir a muchos trucos y costumbres que le ayudan a mantenerse trabajando y dentro de su tema. El motor que lo lleva de principio a fin lo forman su voluntad, disciplina, perseverancia y enfoque que pone en la realización de su obra.

En programas de MFA muchos estudiantes entregan, como tesis de grado para su titulación, lo que denominan "novelas en progreso". Se trata de escritos inconclusos y que, como ocurre con la mayoría de esta clase de 'tesis', las novelas que iban a ser concluidas después de la universidad quedaron archivadas y no se publicaron.

Por ejemplo, Hajjar (2014) entregó como tesis la "parte I de una novela en progreso", que es "la historia de una joven que desea ser una niña estadounidense normal y que tiene una madre jordana. Su lucha entre encajar y sobresalir como la 'otra' se ejemplifica a través de su infancia en las demandas sociales de la escuela media". Quién sabe si Hajjar terminó su novela, pero lo que si consta es que su tesis no se publicó; al menos no por un medio que permita rastrearla. Tampoco se le detectó obra alguna publicada.

Elberta, tesis de maestría MFA de Johnson (2013), es una propuesta para escribir una novela. La llamada "tesis" que entregó consta de 13 páginas. No obstante, Johnson se convirtió en un novelista publicado.

Yancey (2009), estudiante de MFA, escribió una serie de cinco cuentos como tesis creativa de grado. Resultado: su tesis no se publicó. No tiene obra publicada. Por su parte, Duffy (2012) desarrolló cuatro cuentos cortos como tesis de MFA. Esos cuentos no se publicaron, pero la tesista ya es una novelista publicada.

Creley (2009), en su tesis de maestría MFA, que es en dos partes, en la primera analiza la naturaleza de su propia poesía. En la segunda parte incluye 21 poemas. Esos poemas, además de otros, fueron publicados por su autor bajo el título de '*Digging a hole to the moon*' (2014).

La tesis de McClanahan (2005) "representa el quid de mi objetivo al venir a la UNLV: comenzar y completar con éxito la primera mitad de una novela que he desarrollado durante años. Atribuyo gran parte de mi éxito a la dedicación que aprendí en el programa MFA con la ayuda de mis asesores, y dejaré el programa con suficiente visión para completar la novela que comencé". Resultado: su tesis no se publicó. No tiene obra publicada. En otro caso, con una tesis que lleva por título "*Back roads, una novela en progreso. Una tesis creativa*", Hudson (2015) consiguió su título. La novela, si acaso fue finalizada, no ha salido a la luz pública.

Un caso diferente al anterior es el de Stolls (2000), quien entregó como tesis la primera parte de la novela *'Palms to the ground'* en el programa de MFA de American University. En el 2005 publicó su tesis como novela completa. En la actualidad Amy es directora de literatura del *National Endowment for the Arts* de los Estados Unidos.

Así, pueden contarse por montones las tesis de estudiantes de MFA que lograron titularse presentando 'adelantos de novelas' que nunca fueron concluidas, o compilaciones de poesías o cuentos que, en realidad, jamás llegan a publicarse. El motivo que percibo detrás de esto, es que legiones de jóvenes se sienten atraídos por los programas de escritura y pretenden convertirse en escritores cursando una maestría. Muchos obtienen el título, pero pocos logran realizarse como escritores.

Diferencias entre una Tesis y una Novela
Tabla 20

CARACTERÍSTICAS	TESIS	NOVELA
Propósito del autor	Acreditar el posgrado	Sobrevivencia, fama
Beneficios del autor	Entrenamiento científico	Más experiencia
Coautoría	Indirecta: asesor y revisores	Ninguna
Antecedentes del autor	Grado académico universitario	Con/Sin grado académico universitario
Tipo de escritura	Académica no profesional	Comercial profesional
Ámbito del texto	Realidad: experimental, observacional, documental, reflexiva	Ficción
Tipo de trabajo	De investigación	Creativo
Justificación	Problematización de un asunto de interés	Interés personal en el tema
Procedimiento	Rigurosamente basado en el método científico	Diversos métodos no académicos
Lo que comunica	Resultados de investigación	Una historia
Ilustraciones	Tablas, figuras, gráficas	Ninguna
Conclusión	Lógica y abrupta	Tensionada y armónica
Referencias	Soporte bibliográfico obligatorio y evidente mediante citas y referencias	No requiere soporte bibliográfico
Recomendaciones	Por costumbre	Nunca
Flujo	Como en diapositivas, cuadro por cuadro	Como en película, acción en movimiento
Enfoque	Argumentativo | Expositivo | Analítico | Narrativo | Comparativo	Épico | Romántico | Misterio | Fantástico | Horror | Suspenso | Ciencia ficción
Lenguaje	Científico | Técnico | Filosófico | Especializado	Claro | Sin jerga | Accesible
Estructura	Formatos particulares a la comunicación académica	Unidad orgánica de principio a fin
Retroalimentación durante el proceso	De los seminarios de tesis y del asesor	Ninguna
Audiencia	Cerrada	Abierta
Extensión	Indeterminada: muy corta o demasiado larga. Depende de criterios escolares	Extensa: entre 50 mil y 150 mil palabras. Depende del tipo de novela
Publicación	Muy rara vez. Cuando se publica, es más común como artículos en las áreas de ciencia y tecnología; como libro en áreas humanísticas	Si la acepta la editorial
Vigencia	Efímera: obsolescencia a corto plazo	Largo plazo: Hay casos de 500 años y más
Evaluación	Se evalúa al autor	Se evalúa la obra
Formato	Existen numerosos formatos para presentar los resultados. Con estándares de la institución	Libro. Con estándares internacionales
Registro legal	No cuenta con ISBN	Con ISBN

Anexo V

ACERCA DEL AUTOR

Victoriano Garza Almanza

Doctor en Ciencias Biológicas (Summa Cum Laude) por la Facultad de Ciencias Biológicas de la Universidad Autónoma de Nuevo León. Profesor titular "C" en la Universidad Autónoma de Ciudad Juárez: Programa Ambiental del Instituto de Ingeniería y Tecnología.

El Dr. Garza Almanza está profundamente comprometido con la comunicación científica y ambiental. Algunos de los libros que ha publicado son: *El ambiente a la sombra del hombre* (2006); *Publica o perece* (2009); *Tráfico y comercio ilegal de vida silvestre* (2010); *La posibilidad de lo imposible* (con LA Lightbourn) (2010); *Breve Historia Ambiental de la Frontera México-Estados Unidos 1889 – 2010* (2011); *Comunicación ambiental y fuentes de riesgo a la salud* (2011); *Impacto de la inseguridad en el desarrollo humano y la sustentabilidad* (2011); *El Niño y el Arca de Noé* (2012); *Animales fantásticos de Chihuahua* (2012); *Cómo escribir sobre la naturaleza* (2014); *Cómo se escribe en la ciencia y la academia* (2015); *Los peligros ambientales dentro del hogar: Una guía para la familia* (2017); *Uso de los medios sociales para la comunicación científica y ambiental universitaria: Guía práctica para el investigador* (2018).

Fundador y director editorial de la revista universitaria *CULCYT Cultura científica y tecnológica* (2003-presente). Miembro del Comité Editorial del *Journal Rhetoric, Professional Communication, and Globalization*. New Mexico State University, United States. 2010-Presente. Fue columnista en El Diario NTR Guadalajara, y en la sección *Lunes en la Ciencia* La Jornada con temas de ciencia y ambiente.

Este libro se basa en la experiencia adquirida por el autor al impartir seminarios de investigación de tesis y talleres de escritura de tesis durante más de dos décadas, y en la supervisión

@publicaoperece

publicaoperece.com

de más de 30 tesis de posgrado. Ha ofrecido numerosos talleres de escritura científica en diferentes universidades de México, y participado en congresos y seminarios ambientales en diversos países de Norte, Centro, Sudamérica, y Europa.

El Dr. Garza Almanza brinda servicios de asesoría a instituciones de educación superior; talleres de escritura científica a profesores investigadores y docentes; y escritura de tesis a estudiantes de maestría y doctorado.

REFERENCIAS

Abdullah, R et al. 2014. *Patterns of information sources used by graduate students: A citation analysis of doctoral dissertations in the field of Islamic studies.* International Conference on Library Space and Content Management for Networked Society, 18-20 Oct. Bangalore, India

Ackerman, D. 1979. *The metaphysical mind: Studies in a comprehensive muse.* Doctoral dissertation. USA: Cornell University

Aitchison C, et al. (2010). *Publishing pedagogies for the doctorate and beyond.* Doctoral dissertation. USA: Routledge

Akosile, M. 2016. *A systematic review of exposure to toxic metals as a risk factor for hematologic malignancies.* MPH thesis. USA: The University of Texas at Houston

Alanazy, SM. 2011. *Research methods and statistical techniques employed by doctoral dissertations in education.* MEd thesis. USA: Wayne State University

Albertson, LR. 1998. *A cognitive-behavioral intervention study: Assessing the effects of strategy instruction on story writing.* Doctoral dissertation. USA: University of Washington.

Albright, MK. 1976. *The role of the press in political change: Czechoslovakia 1968.* Doctoral dissertation. USA: Columbia University

Alcaraz, Y. 2013. *Plagio a la alemana.* México: Proceso. http://bit.ly/2xFbmDp

Amato, S. 2008. *Curiosity killed the cat: Animals in nineteenth-century British culture.* Doctoral dissertation. Canada: University of Toronto

Amberg, JW. 1980. *Voice in writing*. Doctoral dissertation. USA: Northwestern University

Amiraslany A. 2010. *The impact of climate change on Canadian agriculture. A Ricardian approach*. Doctoral dissertation. Canada: University of Saskatchewan

Amis, M. 2002. *The war against cliché: Essays and reviews 1971–2000*. USA: Vintage

Amos, M. 2009. *Education for a sustainable future in northern Quebec: An autoethnographical account*. MA thesis. Canada: Royal Roads University

Anderson, RC. 2006. *Why Truman bombed: An analysis of Truman's decisions to use atomic weapons against Hiroshima and Nagasaki*. MA thesis. USA: California State University Dominguez Hill

Anderson, ST. 2017. *A Qualitative Dissertation an Autoethnographic Inquiry Into an African American, Classbased Perspective in Educational Delivery*. Doctoral dissertation. USA: Mercer University

Aniolek, J. 1996. *In the shadow of Churchill: The influence of Winston Churchill on Richard Nixon*. Doctoral dissertation. USA: Southern Connecticut State University

Anselmo EH. 1982. *Productivity, Impact, and the Library/Information Science Doctorate: A Methodological abd Quantitative Study of Publications, Citers, and Citations*. Doctoral dissertation. USA: Rutgers The State University of New Jersey

ANSI/NISO. 1997. *Guidelines for abstracts*. USA: NISO Press

Archer, J. 2014. *Reading the bestseller: An analysis of 20,000 novels*. Doctoral dissertation. USA: Stanford University

Armstrong, RP. 1957. *Patterns in the stories of the Dakota Indians and the negroes of Paramaribo, D. Guiana*. Doctoral dissertation. USA: Northwestern University

Arnette, A. 2017. *Everest 2017: Why Does it Take so Long to Climb Everest?* Climbing. http://bit.ly/2w0E1xJ

Arrhenius, S. 1884. *Recherches sur la conductibilité galvanique des électrolytes*. Mémoire. R. Acad. des Sciences de Suede. Suecia

Ashworth, RA. 1982. *An annotated bibliography of Beaver Reservoir*. MS thesis. USA: The University of Arkansas

Asimov, I. 1949. *The kinetics of the reaction inactivation of tyrosinase during its catalysis of the aerobic oxidation of catechol*. Doctoral dissertation. USA: Columbia University

Astorga, A. 2009. *William Germano: "Una tesis doctoral es la bestia, el libro que nace de ahí, la bella"*. ABC.es http://bit.ly/2uTrjTw

Auti P et al. 2016. *Project management in medical publication writing: A less explored avenue in pharmaceutical companies and clinical research organisations*. Medical Writing. Vol 25, N 1

Axelrod, VM. 1980. *Relationship between characteristics of educational project managers, nature of task, coordination modes and perceived project performance dissertation*. Doctoral dissertation. USA: The Ohio State University

Bair, CR. 1999. *Doctoral student attrition and persistence: A meta-synthesis*. Doctoral dissertation. USA: Loyola University. Chicago.

Balenzuela, CM. 1993. *The "Ars cantus mensurabilis mensurata per modos iuris" (Coussemaker's "Scriptores" 3, Anonymous V): An introduction, critical text, and English translation with commentary.* Doctoral dissertation. USA: Indiana University

Banks, HW. 1961. *The first spectrum of Titanium from 6000 to 3000 Angstroms.* Doctoral dissertation. USA: Georgetown University

Barnard, SR. 2012. *Twitter and the journalistic field: How the growth of a new(s) medium is transforming journalism.* Doctoral dissertation. USA: University of Missouri

Barrass, R. 1978. *Scientists must write: A guide to better writing for scientists, engineers and students.* USA: Chapman & Hall

Barzun, JM. 1932. *The French race: Theories of its origins and their social and political implications prior to the revolution.* Doctoral dissertation. USA: Columbia University

Bazerman, Ch. 1971. *Verse occasioned by the death of Queen Elizabeth and the accession of King James I.* Doctoral dissertation. USA: Brandeis University

Beck MW. 2014. *How long is the average dissertation?* USA: R is my friend (blog). http://bit.ly/2qBppTt

Belcher, WL. 2008. *Ethiopian discourse in medieval European and eighteenth-century English literature.* Doctoral dissertation. USA: University of California at Los Angeles

Belcher, WL. 2012. *Abyssinia's Samuel Johnson: Ethiopian Thought in the Making of an English Author.* USA: Oxford University Press

Bell, SJ. 1968. *The measurement of radio source diameters using a diffraction method.* Doctoral dissertation. USA: University of Cambridge

Bennett, E. 2009. *Creative writing and the Cold War.* Doctoral dissertation. USA: Harvard University

Bennett, E. 2015. *Workshops of Empire: Stegner, Engle, and American Creative Writing during the Cold War.* USA: Iowa University Press

Bernoulli, D. 1721. *Dissertatio de respiratione.* Switzerland: Universitate Patria, Basel

Beverly, DA. 2003. *I Got Shoes, an original screenplay: Methodology and writing.* MA thesis. USA: Morgan State University

Bialik, M. 2007. *Hypothalamic regulation in relation to maladaptive, obsessive-compulsive, affiliative, and satiety behaviors in Prader-Willi syndrome.* Doctoral dissertation. USA: University of California at Los Angeles

Billman, T. 2015. *The balancing act: Negotiating home and school for the father doctoral student.* Doctoral dissertation. USA: Southern Illinois University

Bird, TS. 2012. *Blogging Through my Son's Incarceration: An Autoethnography Exploring Voice and Power in an Online Space.* Doctoral dissertation. USA: North Carolina State University

Boecker A. 1912. *A probable italian source of Shakespeare's Julius Caesar.* Doctoral dissertation. USA: New York University

Boice, R. 1985. *The Neglected Third Factor in Writing: Productivity*. College Composition and Communication, Vol. 36, No. 4

Boice, R. 1990. *Professors as writers: A self-help guide to productive writing*. USA: New Forums Press,Inc.

Boice, R. 1990. *Professors as writers. A self-help guide to productive writing*. USA: New Forums Press

Booth, WC. 1950. *'Tristam Shandy and its precursors: The self-conscious narrator*. Doctoral dissertation. USA: The University of Chicago

Borlaug, N. 1944. *Variation and variability in Fusarium lini*. Doctoral dissertation. USA: University of Minnesota

Bower, R. 2010. *Recovering Brande: Freewriting and sustainable (procedural) expression*. Doctoral dissertation. USA: University at Albany - SUNY

Boyer, CJ. 1972. *The Doctor of Philosophy dissertation: An analysis of the doctoral dissertation as an information source*. Doctoral dissertation. USA: The University of Texas at Austin

Braam, CA. 1994. *"I'll do it tomorrow": A radical behavioral analysis of procrastination*. Doctoral dissertation. USA: Western Michigan University

Brande, D. 1981. *Becoming a writer*. USA: G.P. Putnam's Sons

Bratrud, SA. 1999. *The lived experience of attending college as an older adult: The phenomenological perspective of students age 60 and older*. Doctoral dissertation. USA: Texas Tech University

Broglie, LV. 1925. *Recherches sur la théorie des quanta*. Annales de Physique, vol. 10, issue 3

Brookshire, B. 2010. *Effects of chronic methylphenidate on dopamine/serotonin interactions in the mesolimbic DA system of the mouse*. Doctoral dissertation. USA: Wake Forest University

Brown, TF. *Notes in the margin*. Doctoral dissertation. USA: Union Institute and University
Bruno, M. 2002. *Creative writing: The warm-up*. USA: Chicago, Ill. Annual Meeting of the Conference on College Composition and Communication

Bruster BL. 2015. *Catholicism, classical imitation, and St. Ignatian meditation in the sonnets of William Shakespeare*. Doctoral dissertation. USA: Texas A&M University

Buckingham, WJ. 1971. *Emily Dickinson: An annotated bibliography*. Doctoral dissertation. USA: Indiana University

Bukowski, Ch. 2002. *The last night of the earth poems*. USA: Ecco

Bunton, D. 2005. *The structure of PhD conclusion chapters*. Journal of English for Academic Purposes. Vol. 4, Num. 3

Burke, D. 2007. *An autoethnography of Whiteness*. Doctoral dissertation. USA: Oregon State University

Burke, S. 2003 *Mental strategies of elite Mount Everest climbers*. MA thesis. Canada: University of Ottawa

Burt, SL. 2000. *Randall Jarrell and his age*. Doctoral dissertation. USA: Yale University

Burt, SL. 2005. *Randall Jarrell and his age*. USA: Columbia University Press

Butler, AH. 2016. *Self-Portrait: An illustrated autoethnography of chronic illness and disability*. MA thesis. USA: Prescott College

Butler, AH. 2016. Self-Portrait An Illustrated Autoethnography of Chronic Illness and Disability. MA thesis. USA: Prescott College

Butler, KH. 2012. *Deconstructing an icon: Fidel Castro and revolutionary masculinity*. Doctoral dissertation. USA: University of Kentucky

Butorac, M. 2001. *From the other oil field. Mendeleev, the West and the Russian oil industry*. Doctoral dissertation. Canada: McGill University

Cage, J. 1952. *4'33" for piano*. YouTube http://bit.ly/2y7YntC

Carroll, L. 1980. *El juego de la lógica*. España: Alianza Editorial

Carroll, L. 1986. *Alicia en el país de las maravillas. Alicia a través del espejo. La caza del Snark*. España: Plaza & Janes Editores

Carroll, PT. 1982. *Academic chemistry in America, 1876-1976: Diversification, growth, and change*. Doctoral dissertation. USA: University of Pennsylvania

Cassuto, L. 2011. *Demystifying the dissertation proposal*. The Chronicle of Higher Education http://bit.ly/2xzX2ap

Castillo, M. 2014. *Writer's block*. American Journal of Neuroradiology. Vol. 35, Issue 6

Chittenden, JD. 2007. *Investigation of the effect of dissolved salts, soil layers, and wind on the evaporation rate of water on Mars*. Doctoral dissertation. USA: Arkansas State University

Chomsky, N. 1955. *Transformational analysis*. Doctoral dissertation. USA University of Pennsylvania

Clark, A. 1980. *The influence of adult developmental processes upon the educational experiences of doctoral students*. Doctoral dissertation. USA: The Humanistic Psychology Institute

Clendenen, CC. 1959. *The United States and Pancho Villa*. Doctoral dissertation. USA: Stanford University

Cole, K. 1992. *Doctoral students in education and selecting resources for the literature review*. Doctoral dissertation. USA: Kansas State University

Colon, TL. 2012. *From cohort to dissertation completion: A grounded study of doctoral program completers*. Doctoral dissertation. USA: Cambridge College.

Colvin, BB. 2008. *Passing the story: A study of personal memoirs—letters, recipes, and quilts*. Doctoral dissertation. USA. Indiana University of Pennsylvania

Corcoran, LA. 2014. *Exploring the best approach to teaching "The Diary of Anne Frank" and other traumatic texts of Holocaust literature: A literary contribution to the study of oppressive history*. Doctoral dissertation. USA: California State University,

Dominguez Hills

Cornell, Eric A. 1990. *Mass spectroscopy using single ion cyclotron resonance*. Doctoral dissertation. USA: Massachusetts Institute of Technology

Cornell University Library. *¿Qué es una bibliografía anotada?* http://bit.ly/2s4ItJC

Crawford, LJR. 1998. *Perceptions of asthma control and the adequacy of medical treatment*. MS thesis. USA: California State University at Long Beach

Creley, S. 2009. *The angelic machinery*. MFA thesis. USA: California State University at Long Beach

Creley, S. 2014. *Digging a hole to the moon*. USA: Spout Hill Press

Csíkszentmihályi, M. 1965. *Artistic problems and their solutions: An exploration of creativity in the arts*. Doctoral dissertation. USA: The University of Chicago

Cuk, A. 1957. *Effects of age and sex on time estimation*. Doctoral dissertation. USA: Fordham University

Curie, M. 1904. *Recherches sub les substances radioactives*. Theses. Docteur es Sciences Physiques. Faculté des Sciencies de Paris

Currit, NA. 2003. *Environmental dependency: Maquiladoras as drivers of land use and land cover change in Chihuahua, Mexico*. Doctoral dissertation. USA: The Pennsylvania State University

Daley, J. 2012. *Bioamplification as a bioaccumulation mechanism*. Doctoral dissertation. Canada: University of Windsor

Damask, T. 2006. *Language and the art of writing*. Doctoral dissertation. USA: University of North Texas

De Vos, IB. 1986. *Designing and evaluating corporate writing programs*. Doctoral dissertation. USA: Harvard University

Dobakhti, L. 2011. *The discussion section of research articles in applied linguistics. Generic structure and stance features*. Doctoral dissertation. Malasia: University of Malaya at Kuala Lumpur

Drexler, E. 1991. *Molecular Machinery and Manufacturing with Applications to Computation*. Doctoral dissertation. USA: Massachusetts Institute of Technology

Dryden PN. 2012. *These are a few of my favorite things: The cultural meaning of the tree*. Doctoral dissertation. USA: University of California, Santa Barbara

Duckworth, AL. 2006. *Intelligence is not enough: Non-IQ predictors of achievement*. Doctoral dissertation. USA: University of Pennsylvania

Duckworth, AL. 2016. *Grit: The power of passion and perseverance*. USA: Scribener

Duffy, LC. 2012. *Who we become*. MFA thesis. USA: University of Massachusetts Boston

Dyer, O. 2011. *Alberta University medical dean resigns after students detect plagiarism in his speech*. BMJ 2011;342:d4038 http://bit.ly/2hHpO2T

Eich-Krohm, A. 2008. *From temporary to permanent? A qualitative study about settlement decisions of German professionals and their families on assignments in the U.S.* Doctoral dissertation. USA: State University of New York at Albany

Eich-Krohm, A. 2012. *German Professionals in the United States: A Gendered Analysis of the Migration Decision of Highly Skilled Families.* USA: LFB Scholarly Pub LLC

Einstein, A. 1901. A New Determination of Molecular Dimensions. Doctoral dissertation. Switzerland: University of Zurich

Elbow, P. 1969. Complex irony in Chaucer. Doctoral dissertation. USA: Brandeis University

Elbow, P. 1986. *Writing with power: Techniques for mastering the writing process.* USA: Oxford University Press

Elbow, P. 1998. *Writing without teachers.* USA: Oxford University Press

England, AS. 2004. *Teaching about plagiarism and referencing: Theory and practice.* Doctoral dissertation. USA: University of Louisville

Eret, E & T Gokmenoglu. 2010. *Plagiarism in higher education: A case study with prospective academicians.* Procedia Social and Behavioral Sciences: 2

Eveleth, R. 2014. *Academics Write Papers Arguing Over How Many People Read (And Cite) Their Papers.* Smithsonian.com http://bit.ly/2tOuSdL

Ewert, K. 2006. *An adaptive machine learning approach to knowledge discovery in large datasets.* Doctoral dissertation. USA: Nova Southeastern University

Farrell, RJ. 2013. *Accommodating Asperger's: An autoethnography on the learning experience in an e-learning music education program.* Doctoral dissertation. USA: Boston College

Feynman, RP. 1939. *Forces and stresses in molecules.* Doctoral dissertation. USA: Massachusetts Institute of Technology

Feynman, RP. 1939. Principles of Least Action in Quantum Mechanics. Doctoral dissertation. USA: Massachusetts Institute of Technology

Fink, A. 2014. *Conducting research literature reviews: From the internet to papers.* USA: SAGE

Fitt, MRH. 2011. *An investigation of the doctoral dissertation literature review.* Doctoral dissertation. USA: Utah State University

Flores, EM. 2011. *Becoming a Researcher: Apprenticeship Model in Doctoral Education.* Doctoral dissertation. USA: University of Washington

Forbes/Staff.2016. *Peña Nieto si plagió parte de su tesis: Universidad Panamericana.* Forbes México. http://bit.ly/2gi0RON

Foskett, A. 2007. *Self-help reading: An autoethnography.* MS thesis. Canada: University of Calgary

Fouts,RS. 1970. *The use of guidance in teaching sign language to a chimpanzee.* Doctoral dissertation. USA: University of Nevada

Franek, SA. 1982 ABD to PH.D. *Counseling interventions to facilitate dissertation completion.* Doctoral dissertation. USA: The University of Nebraska - Lincoln

Fraser, RJ. 1991. *Theory and pedagogy in freewriting acts: Exploring the spaces between.* Doctoral dissertation. USA: New York University

Froeschner RCh. 1954 *Monograph of the Cydnidae of the Western Hemisphere.* Doctoral dissertation. USA: Iowa State College

Gale IV LR. 1994. *Essays on the environmental impact of the North American Free Trade Agreement in Mexico.* Doctoral dissertation. USA: Arizona State University

Garza-Almanza, V. 2006a. *Principales dificultades del estudiante de doctorado en la elaboración de la tesis.* CULCYT: Año 3, Núm. 14/15

Garza-Almanza, V. 2006b. *El ambiente a la sombra del hombre.* México: El Colegio de Chihuahua

Garza-Almanza, V. 2015. *Como se escribe en la academia y la ciencia.* Ebook. USA. Fabro Editores.

Garza-Almanza V. 2005. *El artículo científico.* CULCYT: Año 2, Núm. 6

Garza-Almanza V. 2009. *Publica o perece: Escritura y publicación en la universidad.* México: El Colegio de Chihuahua

Gasparyan, AY et al. 2015. *Preserving the integrity of citations and references by all stakeholders of science communication.* J Korean Med Sci; 30

Glass, GV. 1976. *Primary, secondary and meta-analysis of research.* Educational Researcher: Vol. 5, N° 10

Glassman, GS. 2007. *All you need is creativity: The Beatles creative process.* Doctoral dissertation. USA: University of Laverne

Godwin, CA. 2016. *The Doctoral Journey: A Case Study of One Doctoral Student's Experience.* Doctoral dissertation. USA: University of Nevada

Goldbort, R. 2006. *Writing for science.* USA: Yale University Press

Goodenough, FL. 1926. *Measurement of intelligence by drawings.* Doctoral dissertation. USA: University of Minnesota

Gottfried, PN. 2016. *Faculty mentor insights on dissertation literature reviews: Critical components and professional practices for scholarship.* Doctoral dissertation. USA: Capella University

Gould SJ. 1967. *Pleistocene and recent history of the subgenus poecilozonites (Poecilozonites) (Gastropoda: Pulmonata) in Bermuda: An evolutionary microcosm.* Doctoral dissertation. USA: Columbia University

Gould SJ. 1967. *Pleistocene and recent history of the subgenus poecilozonites (Poecilozonites) (Gastropoda: Pulmonata) in Bermuda: An evolutionary microcosm.* Doctoral dissertation. USA: Columbia University
Grandin, T. 1989. *Effect of rearing environment and environmental enrichment on behavior and neural development in young pigs.* Doctoral dissertation. USA: University of Illinois at Urbana-Champaign

Gray-Grant, D. 2017. *83 excuses for not writing.* Publication Coach & Grant Communications. http://bit.ly/2xyS2En

Green, R. 2009. *American and Australian Doctoral Literature Reviewing Practices and Pedagogies.* Doctoral dissertation. Australia: Deakin University

Greenberg, M. 2005. Branding New York: A new strategy of economic development, 1967–1981. Doctoral dissertation. USA: City University of New York

Greenberg, M. 2008. *Branding New York: How a city in crisis was sold to the world.* USA: Routledge

Gribbin, J. 2003. *On the shoulders of midgets.* Skeptic. Vol. 10, Num. 1

Grinder MI. 1999. *Ecology of coyotes in Tucson, Arizona.* Doctoral dissertation. USA: The University of Arizona

Gross AD. 2014. *Botanical pesticides. Identification of a molecular target and mode of action studies.* Doctoral dissertation. USA: Iowa State University, Ames

Güemes, C. 2003. *Rulfo definía la literatura como una mentira que dice la verdad, rememora Montemayor.* La Jornada. http://bit.ly/2xCsZ3n

Gustavii, B. 2012. *How to prepare a scientific doctoral dissertation based on research articles.* USA: Cambridge University Press

Guzman, S. 2014. *En la frontera entre la vida y la muerte: A study of women reporters on the U.S.-Mexico border.* MA thesis. USA: University of North Texas

Haidich AB. 2010. *Meta-analysis in medical research.* Hippokratia. Supp 1

Hajjar, L. 2014. *Parts of me.* MFA thesis. USA: Hofstra University

Hall, D. 1968. *The modern stylists.* USA: The Free Press

Hall HVM. 1913. *A review of the genera of the Uropodinae.* Doctoral dissertation. USA: University of Nebraska

Harmon, AM. 2010. *A natural history and autoethnographic study of non-Hodgkin's lymphoma.* Doctoral dissertation. USA: University of Arkansas

Harmon AM. 2010. *A natural history and autoethnographic study of non-Hodgkin's lymphoma.* Doctoral dissertation. USA: University of Arkansas

Hawking, S. 1966. *Properties of expanding universes.* Doctoral dissertation. England: University of Cambridge

Hawking, SW. 1965. *Properties of expanding universe.* Doctoral dissertation. England: University of Cambridge

Heider, K. 1975. *What Do People Do? Dani Auto-Ethnography.* Journal of Anthropological Research. Vol. 31, No. 1

Henry, M. 2008. *The Simpsons and American Culture.* Doctoral dissertation. USA: The University of Texas at Dallas

Hesse, H. 1983. *Escritos sobre literatura, 1.* España: Alianza Editorial

Ho, JCW. 2005. *What helps and what hinders thesis completion: A critical incident study.* Doctoral dissertation. USA: Trinity Western University

Holton, JT. 1980. *The educational thought of Jacques Barzun. Its historical foundation and significance for teacher education.*

Doctoral dissertation. USA: The Ohio State University

Hong L. 2015. *Twitter and the comicbookfan community: Building identities and relationships in 140 characters*. MA thesis. USA: University of the Pacific

Horn, R. 2012. *Researching and writing dissertations*. USA: CIPD

Hough, MJ. 2008. *Research techniques, habitat use, and ecology of northern flying squirrels, and research techniques and distribution of red squirrels in the Black Hills National Forest and northeastern South Dakota*. MS thesis. USA. South Dakota State University
http://bit.ly/2zh2kcU

Hudson, K. 2015. *Back roads, a novel in progress. A creative thesis*. MA thesis. USA: University of Delaware

Hull, E. 2016. *What keeps me up at night. An autoethnography of new motherhood*. MA thesis. USA: Oklahoma State University

Hutchison, WR. 2006. *Groundwater management in El Paso, Texas*. Doctoral dissertation. USA: The University of Texas at El Paso

Innes, AH. Biases. 1981. *Biases: Threats to validity in evaluation models*. Doctoral dissertation. USA: University of Virginia

Isaac, PD, et al. 1992. *Faculty perceptions of the doctoral dissertation*. Journal of Higher Education, 63

Issues in Science & Technology. 2014. *Natural histories*. Issues in Science & Technology. Vol. 30, Issue 4

Jergas, H & Ch Baethge. 2015. *Quotation accuracy in medical journal articles - A systematic review and meta-analysis*. Peer J. 2015; 3: e1364

Jerome, R. 2006. *The Apple: An autoethnography of experiences in education*. MA thesis. Canada: Lakehead University

Johannson, EEE. 1999. *Human-animal bonding: An investigation of attributes*. Doctoral dissertation. Canada: University of Alberta
Johnson, C. 2013. *Elberta*. MFA thesis. USA: The University of Wyoming

Joy, ME. 1947. *A modified method for testing fungicides and a study of the resistance to iodine of certain spores of some pathogenic fungi*. MS thesis. USA: University of Southern California

Kahler, DV. 2008. *The role of Lois Marie Gibbs in the Love Canal crisis and its effect on Federal 'Superfund' Legislation, 1973-1981*. MS thesis. USA: West Virginia University

Kaku, M. 1972. *Spin and unitarity in dual resonance models*. Doctoral dissertation. USA: University of California, Berkeley

Kamler, B & P Thomson. 2008. *The failure of dissertation advice books: Toward alternative pedagogies for doctoral writing*. Educational Researcher. Vol. 37, No. 8

Kaur, M. 2016. *Cholera Case Control Studies: A Systematic Review and Analysis*. Doctoral dissertation. USA. Tufts University

Kelly Sargent, B. 2016. *Just do it: How to conquer writer's block.* Publishers Weekly. Vol. 263, Issue 17

Kim JD. 2002. *The environmental effect of the North American Free Trade Agreement.* Doctoral dissertation. USA: University of Texas at Dallas

King, ML Jr. 1955. *A comparison of the conceptions of God in the thinking of Paul Tillich and Henry Nelson Wieman.* Doctoral dissertation. USA: Boston University

Kirkman, J. 2005. *Good style: Writing for science and technology.* USA: Routledge

Klapp, OE. 1948. *The hero as a social type.* Doctoral dissertation. USA: The University of Chicago

Kluever, RC, KE Green, E Katz. 1997. *Dissertation Completers and Non-Completers: An Analysis of Psycho-Social Variables.* Conferencia presentada en la American Educational ResearchAssociation Annual Meeting. Chicago.

Kolby BT. 2003. *Wisdom from the perspective of the elderly.* Doctoral dissertation. USA: University of the Pacific

Konnikova, M. 2013. *The Limits of Self-Control. Self-Control, Illusory Control, and Risky Financial Decision Making.* Doctoral dissertation. USA: Columbia University

Kostelac, ME. 2013. *Ignatian discernment as seen in Shakespearean tragedy.* MA thesis. USA: Georgetown University

Krantz, GS. 1971. *The origin of man.* Doctoral dissertation. USA: The University of Minnesota

Krantz, GS. 1971. *The origin of man.* Doctoral dissertation. USA: The University of Minnesota

Krugman, PR. *Essays on flexible exchange rates.* Doctoral dissertation. USA: Massachusetts Institute of Technology

Kruif, PH. 1916. *The primary toxicity of normal serum.* Doctoral dissertation. USA: University of Michigan

Kruif P de. 1916. *The primary toxicity of normal serum.* Doctoral dissertation. USA: University of Michigan

Kuhn, T. 1948. *The cohesive energy of monovalent metals as a function of their atomic quantum defects.* Doctoral dissertation. USA: Harvard University

Lahiri, S. 2012. *A meta-analysis of payments for ecosystem services: A tripartite typology.* MS thesis. USA: State University of New York

Laughlin, RB. 1979. *The structure and excitations of amorphous solids and surfaces.* Doctoral dissertation. USA: Massachusetts Institute of Technology

Lee, JL. 2010. *Chasing the ghost: When data gets noisy, scientists find creative ways to clean it up.* MA thesis. USA: University of Southern California

Leischner, J. 2015. *Exploring Yoga as a Holistic Lifestyle for Sustainable Human and Environmental Health.* Doctoral dissertation. USA: Walden University

Lenz, KS. 1994. *A multiple case study examining factors affecting the completion of the doctoral dissertation by academically able women.* Doctoral dissertation. USA: University of Denver

Lett, AJ. 2015. *Autoethnography of Illness and Rites of Passage.* MA thesis. USA: Prescott College

Levingston, S. 2013. *Jane Goodall's 'Seeds of Hope' contains borrowed passages without attribution.* The Washington Post. http://wapo.st/2xFSHY4

Lewis, O. 1940. *The effects of white contact upon blackfoot culture with special reference to the role of the fur trade.* Doctoral dissertation. USA: Columbia University

Li, X. 2002. *Origin of life and synthetic biology: DNA-templated polymerization of synthetic molecules.* Doctoral dissertation. USA: The University of Chicago

Lieblich, MH. 1999. *The model of emotions in the 'I Ching', The Book of Changes.* MEWP thesis. USA: California Institute of Integral Studies

Lockhart T. 2008. *Revising the essay: Intellectual arenas and hybrid forms.* Doctoral dissertation. USA: University of Pittsburgh

Loe, ME. 2002. *(De) constructing the Viagra phenomenon: Claims, markets, and the science of sex.* Doctoral dissertation. USA: University of California, Santa Barbara

Loe, ME. 2004. *The Rise of Viagra: How the Little Blue Pill Changed Sex in America.* USA: New York University Press

Lovitts, BE. 1996. *Leaving the ivory tower: A sociological analysis of the causes of departure from doctoral study.* Doctoral dissertation. USA: University of Maryland

Lovitts, BE. 2001. *Leaving the ivory tower: The causes and consequences of departure from doctoral study.* Rowman & Littlefield Publishers

Lucchini, L. 2011. *Dimite el ministro de Defensa alemán por plagiar su tesis doctoral.* España: El País. http://bit.ly/2hFTVI5

Magnini, LM. 2015a. *Collaborative dissertations in composition: A feminist disruption of the status quo.* Doctoral dissertation. USA: Indiana University of Pennsylvania

Magnini, SM. 2015b. *Composition and the cooperative dissertation study: Our collaborative resistance.* Doctoral dissertation. USA: Indiana University of Pennsylvania

Mann, T. 2014. *Honor Thy Father and Mother: Defining and Solving the Problem of Old Age in the United States, 1945-1961.* Doctoral dissertation. USA: Columbia University

Margerum, LA. 2014. *Late completers: How and why non-traditional graduate students who exceeded program timelines of ten years ultimately complete the doctoral process.* Doctoral dissertation. USA: Andrews University.

Margolin, PM. 1994. *How to deal with non-writer's block.* Writer. Vol. 107, Issue 6

Martin, KN. 2011. *Visual Research: Introducing a Schema for Methodologies and Contexts.* Doctoral dissertation. USA: North Carolina State University

Martínez, G. 2015a. *Nuevo caso de plagio serial en la academia.* México: El Universal. http://eluni.mx/2wWojUK

Martínez, G. 2015b. *El Colmex: "No hay pruebas para afirmar que tesis fue plagiada".* México: El Universal. http://eluni.mx/2yhusPf

Marx, K. 1841. *The difference between the democritean and epicurean philosophy of nature.* Doctoral thesis. Deutschland: Universität Jena

Mason PA. 1998. *An annotated bibliography of books on bees and beekeeping from 1492 to 1992.* Doctoral dissertation. USA: Cornell University

Matsumura, S. 2006. *Planet formation and migration in evolving protostellar disks.* Doctoral dissertation. USA: McMaster University

Mazur, BC. 1959. *On embedding of spheres.* Doctoral dissertation. USA: Princeton University

McAloon, RF. 2004. *Publish or Perish: Writing Blocks in Dissertation Writers--The ABD Impasse.* Modern Psychoanalysis. Vol. 29, No 2

McCaskill, TA. 2008. *Exploring personal transformation through autoethnography.* Doctoral dissertation. USA: Pepperdine University

McClanahan, K. 2005. *A place, near water.* MFA thesis. USA: University of Nevada at Las Vegas.

McKinney, CH. 2014. *Possession phenomena: A critical literature review.* Doctoral dissertation. USA: Azusa Pacific University
McLoskey, MD. 1992. *Occam's Razor.* MM thesis. USA: University of Southern California

Medina-Lopez, KM. 2017. *Coyolxauhqui is how I know: Myth as methodology.* Doctoral dissertation. USA: New Mexico State University

Melville, H. 2001. *Bartleby, el escribiente.* Traducción de Jorge Luis Borges. Argentina: EMECÉ Editores

Melzer, SA. 2004. *The National Rifle Association: Conservative politics and frontier masculinity.* Doctoral dissertation. USA: University of California Riverside

Melzer, SA. *Gun Crusaders: The NRA's Culture War.* USA: NYU Press

Milhorn, ER. 2004. *An application of contemporary technical writing standards to Benjamin Franklin's works.* MA thesis. USA: East Tennessee State University

Miller, JJ. 2016 *Wordsmiths Without Words.* National Review http://bit.ly/2yDn6TB

Miller, KM. 2010. *Stranger than fiction: A study of student perceptions of writer's block and film in the composition classroom.* Doctoral dissertation. USA: Indiana University of Pennsylvania

Milojevic, S. 2009. *Big science, nano science? Mapping the evolution and socio-cognitive structure of nanoscience-nanotechnology using mixed methods.* Doctoral dissertation. USA: University of
California, Los Angeles

Mineo L. 2017. *Making rhyme and reason speak for him.* Harvard Gazette. http://bit.ly/2rYRNlB

Mishan, L. 2008. *Blocked: The Other Side.* The New Yorker. http://bit.ly/2fv70qC

Moliner, M. 2007. *Diccionario de uso del español.* España: Gredos

Moliner M. 2010. *Diccionario de uso del español.* España: Gredos

Montgomery, B. 2000. *"Those candid and ingenuous vivisectors": Frances Power Cobbe and the anti-vivisection controversy in Victorian Britain, 1870–1904.* Doctoral dissertation. Canada: University of Calgary

Moore, KCh. 2013 *The Myth of Writer's Block: Imagining American Moral Realism.* Doctoral dissertation. USA: University of California at Los Angeles

Moretti, JE. 2013. *Catalytic RNAs for a RNA world.* Doctoral dissertation. USA: San Diego State University

Mühl, AM. 1930. *Automatic writing.* Germany: Theodor Steinkpoff, Dresden & Leipzig

Nabokov, V. 1999. *Opiniones contundentes.* España: Taurus

Nabokov, V. 1999. *Opiniones contundentes.* España: Taurus

Nack, AL. 2001. *Damaged goods: The sexual self-transformations of women with chronic STDs.* Doctoral dissertation. USA: University of Colorado
Nack, AL. 2008. *Damaged Goods?: Women living with incurable sexually transmitted diseases.* USA: Temple University Press

Nash, J. 1950. *Non-cooperative games.* Doctoral dissertation. USA: Princeton University

Nash J. 1950. *Non-Cooperative_Games.* Doctoral dissertation. USA: Princeton University

Nathan, P. 1952. *Mexico under Càrdenas.* Doctoral dissertation. USA: The University of Chicago

Navarro, FA. 2015. *Más autores que contenido.* Laboratorio del lenguaje. http://bit.ly/2xZAKTL

Nawrotsky NJ. 2014. *Climate change as a migration driver in Mexico, 1986-99.* Doctoral dissertation. USA: University of Colorado at Boulder

Neuerburg, N. 1960. *The architecture of fountains and nymphae in ancient Italy, [with a Catalogue Raisonne as Part II].* Doctoral dissertation. USA: New York University

Neumann, C. 2011. *Marketing methods German businesses utilize: A correlation study comparing methods to revenue generation.* Doctoral dissertation. USA: University of Phoenix

Northcut, KM. 2004. *The making of knowledge in science: Case studies of paleontology illustration.* Doctoral dissertation. USA: Texas Tech University

NSF. 2015. *Doctorate recipients from U.S. universities.* USA: National Science Foundation

Odum, EP. 1941. Variations in the heart rate of birds: A study in physiological ecology. Doctoral dissertation. USA: University of Georgia

Onwuegbuzie, AJ, et al. 2005. *Evidence-based guidelines for publishing articles in research in the schools and beyond.* Research in the Schools: 12 (2)

Ortega y Gasset, J. 1959. El libro de las misiones. España: Espasa-Calpe, S.A. Colección Austral 101

Osheroff, DD. 1973. Compressional cooling and ultralow-temperature properties of helium-3. Doctoral dissertation. USA: Cornell University

Ottino, JM. 2003. Is a picture worth 1,000 words. Nature. Vol. 421, Issue 6922

Pacelli Villarreal, E. 2001. *La escritura epistolar de Sor Juana Inés de la Cruz.* Doctoral dissertation. USA: State University of New York

Perry, SK. 1996. *When time stops: How creative writers experience entry into the flow state.* Doctoral dissertation. USA: The Fielding Institute

Perry, SK. 1996. *When time stops: How creative writers experience entry into the flow state.* Doctoral dissertation. USA: The Fielding Institute

Perry, SK. 1999. *Writing in flow: Keys to enhanced creativity.* USA: Writer's Digest Books

Peter, LJ. 1963. An evaluation of the written psychological report in an elementary school guidence program. Doctoral dissertation. USA: University of Washington
Phillips, JA & D Michaelis. 1978. *Mushroom: The story of the A-Bomb Kid.* USA: William Morrow and Company, Inc.

Phillips, William D. 1976. *I. The magnetic moment of the proton in H2O. II. Inelastic collisions in excited Na.* Doctoral dissertation. USA: California Institute of Technology

Pinis G. 2007. *Project Management Skills and Activities that Doctoral Candidates Use to Manage Their Dissertation Work Successfully.* Doctoral dissertation. USA: University of Cincinnati

PMISC. 2000. *A guide to the project management body of knowledge (PMBOK® guide).* USA, Newtown, PA: Project Management Institute Standards Committee

Pong, LW. 2012. *Journey of a thousand miles leading to an acculturated self: The autoethnography of a Chinese American immigrant.* Doctoral dissertation. USA: Fielding Graduate University

Presley, A.S, 2005. *A critical literature review on the assessment and diagnosis of posttraumatic stress disorder.* Doctoral dissertation. USA: Alliant International University

Project Management Institute. 2017. *Project management professional certification handbook.* USA, Newtown, PA: Project Management Institute Inc.

Quave CL. 2012. *HLTH 385-000/ANT 385-003 Special Topics: Human Health. Botanical Medicine and Health.* Emory University

RAE. 2017. *Diccionario de la lengua española.* Real Academia Española. http://bit.ly/2ruC1hi

Rayala, MP. 1983. *Pictorial ethnography: A descriptive study of the history, theory, and practice of drawing as a research tool in the social sciences from 1800 to 1983.* Doctoral dissertation. USA: University of Oregon

Reed-Danahay, DE. 1997. *Auto ethnography: Rewriting the Self and the Social.* US: Berg

Reforma/Staff. 2016. *Exhiben plagio en tesis de Enrique Peña Nieto.* México: Reforma

Reynolds, M. 1984. *Freewriting's origin.* The English Journal, Vol. 73, No. 3

Rhodes, LL. 2001. *Groupies, Girls, and Chicks: Articles on Women Musicians and Fans in Rolling Stone and Selected Other Mainstream Magazines, 1967-1972.* Doctoral dissertation. USA: University of Texas at Austin

Rice, C. 1981. *The politics of client command: Party-Military relations in Czechoslovakia: 1984-1975.* Doctoral dissertation. USA: University of Denver

Rice C. 1981. *The politics of client command: Party-Military relations in Czechoslovakia: 1984-1975.* Doctoral dissertation. USA: University of Denver

Ricklefs, TK. 2015. *I am who I am because I am a sister: Exploring sister relationships in middle adulthood.* Doctoral dissertation. USA: Kansas State University

Rogers, K. 2017. *Scientific hypothesis.* Encyclopedia Britannica. https://www.britannica.com/topic/scientific-hypothesis

Ronnevik, KA. 2016. *The twenty-first century cellist's bibliography. A guide to cello research from 2000-2015.* Doctoral dissertation. USA: University of North Carolina

Rose, M. 1984. *Writer's Block. The Cognitive Dimension. Studies in Writing & Rhetoric.* USA: Southern Illinois University Press

Rose,M. 1984. *Writer's Block: The cognitive dimension.* USA: Southern Illinois University Press

Ross, SR. 1951. *Mexican Apostle: The life of Francisco I. Madero.* Doctoral dissertation. USA: Columbia University

Roszak, T. 1958. *Thomas Cromwell and the Henrican reformation.* Doctoral dissertation. USA: Princeton University

Rothstein, E. 2012. *Jacques Barzun dies at 104; cultural critic saw the sun setting on the west.* The New York Times. http://nyti.ms/2uU2VCn

Rymer, MC. 1976. *Amino acid dating techniques.* Doctoral dissertation. USA: Union Institute and University

Sagan, C. 1960. *Physical studies of planets.* Doctoral dissertation. USA: The University of Chicago

Sagan, C. 1960. *Physical Studies of the Planets. Doctoral dissertation.* USA: The University of Chicago

Sagan C. 1960. *Physical Studies of the Planets.* Doctoral dissertation. USA: The University of Chicago

Salmani MA & N Khakbaz. 2011. *Theses 'Discussion' Sections. A Structural Move Analysis.* Int. Jour. of Language Studies. Vol. 5 (3)

Salsedo, C. 2010. *Andrea and me: A digital autoethnographic journey into the past.* Doctoral dissertation. USA: University of Massachusetts Amherst

Schaeffer, S. 2004. *Doctoral student culture in a College of Education.* Doctoral dissertation. USA: The University of Wyoming

Schaffer, KR. 1971. *Book review: Management personnel in libraries: A theoretical model for analysis, by Kenneth Plate.* College and Research Libraries.

Schulz, DB. *Simplicity in science.* Doctoral dissertation. USA: The University of Iowa

Schwalbe K. 2002. *Information technology project management.* USA, Boston, MA: Course Technology.

Sears, AL.2001. *Of diapers and dissertations: The experiences of doctoral student mothers and studenthood.* Doctoral dissertation. Canada: University of British Columbia

Seifer, MJ. 1986. *Nikola Tesla: Psychohistory of a forgotten inventor (Volumes I & II).* Doctoral dissertation. USA: Saybrook Institute
Seifer, MJ. 2016. *Wizard. The life and times of Nikola Tesla: Biography of a genius.* USA: Citadel Press

Shannon, CE. 1940. *An algebra for theoretical genetics.* Doctoral dissertation. USA: Massachusetts Institute of Technology

Sharp D. 2002. *Kipling's guide to writing a scientific paper.* Croat Med J. 43(3)

Shepherd, J. 2007. *When plagiarism is academic.* The Guardian. http://bit.ly/2z7PnBi

Simmonds, WL. 1949. *An in vitro method for the evaluation of water soluble fungicides against Trichophyton mentagrophytes.* Doctoral dissertation. USA: University of Southern California

Singh, S. 2016. *What is the difference between method and methodology in research.* Quora. http://bit.ly/2tc2mi3

Sinnott-Armstrong, WP. 19882. *Moral dilemmas.* Doctoral dissertation. USA: Yale University

Slovin, M. 2013. *Becoming Sustainable: An autoethnography in Story and Song.* Doctoral dissertation. USA: Prescott College

Smiley, O. 2017. *Asperger's disorder: The end of an era.* Doctoral dissertation. USA: Capella University

Smith-Sullivan, K. 2008. *The autoethnographic call: Current considerations and possible futures.* Doctoral dissertation. USA: University of South Florida

Sousanis, WN. 2014. *Unflattening: A visual-verbal inquiry into learning in many dimensions.* Doctoral dissertation. USA:

Columbia University

Sousanis, WN. 2015. *Unflattening*. USA: Harvard University Press

Spence, ChF. 2002. *Nanobiology: Halting steps into a portion of Richard Feynman's vision*. Doctoral dissertation. USA: California Institute of Technology

Steel, P & CJ König. 2006. *Integrating theories of motivation*. Academy of Management Review, 31(4)

Stevens, ND. 1971. *Book review: Management personnel in libraries: A theoretical model for analysis, by Kenneth Plate*. Library Resources and Technical Services. XXXI. 419

Stolls, AM. 2000. *Palms to the Ground*. MFA thesis. USA: American University

Stone, DA. 1999. *The neuropsychological correlates of severe academic procrastination*. Doctoral dissertation. USA: Michigan State University

Stufflebeam, DL & WJ Webster. 1981. *An Analysis of Alternative Approaches to Evaluation*. Educational Evaluation and Policy Analysis. Vol. 2, Núm. 3

Sulik, G. 2004. *When women need care: How breast cancer 'survivors' cope with being care –receivers*. Doctoral dissertation. USA: State University of New York at Albany

Sulik, G. 2010. *Pink Ribbon Blues: How breast cancer culture undermines women's health*. USA: Oxford University Press

Sulik, G. 2012. *From dissertation to book: A professional development workshop*. http://bit.ly/2mq5AjQ

Sutherland IE. 1963. *Sketchpad: A man-machine graphical communication system*. Doctoral dissertation. USA: Massachusetts Institute of Technology

Swales, JM & Ch B Feak. 1994. *Academic Writing for Graduate Students: Essential Tasks and Skills*. Doctoral dissertation. USA: The University of Michigan Press

Swaminathan, N. 2005. *In Writer's Block, Hints of a Novelist's Malady*. Psychology Today. Vol. 38, Issue 5

Tabor, MBW. 1991. *Boston dean quits in plagiarism case*. The New York Times. http://nyti.ms/2yoFC4C

Tarnas, R. 1976. LSD psychotherapy: Theoretical implications for the study of psychology. Doctoral dissertation. USA: Saybrook University

The University of Edinburgh. 2017. *Course catalogue. Psychology mini-dissertation*.

Tortorello, M. 2017. *At the wheel over 65.Driving safer, driving longer*. CR.Org

Turing, A. 1938. *Systems of logic based on ordinals*. Doctoral dissertation. USA: Princeton University

Tuten, HC. 2011. *Zoos as experiment environments: Biology of larval and adult mosquitoes (Diptera: Culicidae)*. Doctoral dissertation. USA Clemson University

Ugalde, LC. 2016. *Plagio e impunidad universitaria*. México: El Universal. http://bit.ly/2yojgQ5

Upper, D. 1974. T*he unsuccessful self-treatment of a case of writer's block*. Journal of Applied Behavior Analysis. 7 (3)

Venter, JC. 1975. *Immobilized and insolubilized drugs, hormones and enzymes: Characterizations and applications to physiology and medicine*. Doctoral dissertation. USA: University of California at San Diego

Venter JC. 1975. *Immobilized and insolubilized drugs, hormones and enzymes. Characterizations and applications to physiology and medicine*. Doctoral dissertation. USA: University of California, San Diego

Viana, I. 2013. *John Cage: El hombre que "compuso" el silencio*. ABC.es http://bit.ly/2y7ZBoI

Vila.Matas, E. 2000. *Bartleby y compañía*. España: Anagrama

VV.AA. 2015. *Carta sobre el caso Juan Pascual Gay*. México: NEXOS. http://bit.ly/2g9mgGj

Waddell, S. 2010. *An autoethnography of a mother and educational leader*. Doctoral dissertation. USA: Lewis University

Walker JR. 2016. *Carlo Fontana and the Origins of the Architectural Monograph*. Doctoral dissertation. USA: University of California Riverside

Wallack NB. 2013. *Finding the form: Crafting the writer's presence in the best American essays: 1986-2003*. Doctoral dissertation. USA: New York University

Watson, JD. 1950. *The biological properties of x-ray inactivated bacteriophage*. Doctoral dissertation. USA: Indiana University

Webb, C. 2016. *How to beat procrastination*. Harvard Business Review. http://bit.ly/2wCTDqD

Weber, M. 1889. *Development of the Principle of Joint Liability and a Separate Fund of the General Partnership out of the Household Communities and Commercial Associations in Italian Cities*. Doctoral dissertation. Deutschland: Universität Berlin

Weber, ME. 2003. *Consuming silences: How we read nonpublication*. Doctoral dissertation. USA: University of Maryland

Wellerstein, A. 2010. *Knowledge and the bomb: Nucear secrecy in the United States, 1939-2008*. Doctoral dissertation. USA: Harvard University

White, KR. 1976. *The relationship between socioeconomic status and academic achievement*. Doctoral dissertation. USA: University of Colorado

Wickman, E. 2001 *Experiences of chronic procrastination*. Doctoral dissertation. Canada: University of Alberta

Willgohs, EH. 2016. *Methods for studying nucleic acid interactions with ionic solvents*. MS thesis. USA: University of California at Davis

Williams, M. 2015. *Single and Working Motherhood Redefined in 'The Exorcist' (1973)*. MFS thesis. USA: Chapman University

Winberg, S. 1957. The role of strong interactions in decay processes. Doctoral dissertation. USA: Princeton University

Wittgenstein, L. 1929. *Tractatus Logico-Philosophicus*. Doctoral dissertation. England: University of Cambridge

Womack, JL.1998. *The philosopher's 'I': Autobiography and the search for the self*. Doctoral dissertation. USA: University of New York at Buffalo

Wright, JL. 2006. *The philosopher's 'I': Autobiography and the search for the self*. USA: State University of New York Press

Wyche-Smith, SL. 1988. *The magic circle: Writers and ritual*. Doctoral dissertation. USA: University of Washington

Xia J. 2013. *A mixed method study on student's experiences in the selection of a dissertation topic*. Doctoral dissertation. USA: Arizona State University

Yancey, JD. 2009. *Traveling with Demons: A short story collection*. MFA thesis. USA: University of Missouri

Yishak, M. 2017. *Prevalence of food allergy in developing countries: A systematic review and meta-analysis*. MS thesis. USA: Icahn School of Medicine at Mount Sinai

Zahariev, M. 2004. A (acronyms). Doctoral dissertation. Canada: Simon Fraser University

Zaporozhetz, LE. 1987. *Dissertation literature review: How faculty advisors prepare their doctoral candidates*. Doctoral dissertation. USA: University of Oregon

Zavadil, JA. 2016. New therapeutics for hepatocellular carcinoma using the C3HeB/FeJ mouse model. Doctoral dissertation. USA: University of Texas Health Science Center at San Antonio

www.ingramcontent.com/pod-product-compliance
Lightning Source LLC
Chambersburg PA
CBHW080117020526
44112CB00037B/2762